Thomas Krämer

PRAKTISCHE HARMONIEÜBUNGEN

Themen

Aufgaben

Lösungen

Breitkopf & Härtel

Die **Harmonielehre im Selbststudium** ist unter BV 261 (ISBN 978-3-7651-0261-5) erschienen.

BV 479
ISBN 978-3-7651-0479-4
2. Auflage 2023

Satz und Layout: Ansgar Krause, Krefeld
Druck: Memminger MedienCentrum, Memmingen

Inhaltsverzeichnis

Vorwort

Die *Praktischen Harmonieübungen* sind entstanden, um dem gewachsenen Bedarf an nützlichem und fundiertem Übungsmaterial zur traditionellen Harmonielehre entgegenzukommen. Zwar verbreiten neue und neueste Medien unserer Zeit vielfach Angebote. Diese sind aber meist nicht in der Lage, verständliche, methodisch durchdachte und unkomplizierte Konzepte und Materialien für die praktische Handhabung bereitzustellen, die dabei helfen, durch begleitende Übungen das in der *Harmonielehre* Gelernte gezielt zu vertiefen. Hier also möchte das Buch eine Lücke füllen.

Die *Praktischen Harmonieübungen* verstehen sich jedoch nicht als Lehrwerk. Das Buch ist vielmehr ein Begleitwerk mit Aufgaben sowie deren Lösungen, indem es in 16 Kapiteln Übungsmaterial zu abgegrenzten Themen und Fragestellungen der dur-moll-tonalen Harmonielehre bereitstellt. Dabei orientiert sich der Aufbau eng an meinem Basisbuch, der *Harmonielehre im Selbststudium* (BV 261). Diese ist im selben Verlag erschienen. Wer beide Bücher miteinander verknüpft, wird ein breites Spektrum an Beispielen und ein umfangreiches Übungsmaterial zur Verfügung haben. Somit liegt nun ein Gesamtkomplex dessen vor, was gemeinhin unter *traditioneller Harmonielehre* verstanden wird.

Ganz offensichtlich gibt es den dringenden Wunsch seitens vieler Leser, nach intensiver Eigenarbeit mit meiner *Harmonielehre im Selbststudium* auch eine Rückmeldung zu deren etwas anspruchsvolleren Aufgaben C. und D. zu erhalten. Mit dem vorliegenden Buch werden nun Lösungsvorschläge zu genau diesen Aufgaben gemacht, die im Basisbuch wegen des gesteigerten Schwierigkeitsgrades bewusst ausgespart sind. Damit gehen Autor und Verlag auf vielfältige Anregungen und Wünsche ein, die von außen an sie herangetragen wurden. Das methodische Konzept der *Praktischen Harmonieübungen* ist so angelegt, dass sich alle Übungsvorgänge gezielt zur Eigenarbeit eignen. Deshalb sind sämtliche Aufgaben am Ende des Buches mit einem Lösungsvorschlag versehen. Aber natürlich ist auch die Einsatzfähigkeit der Übungen im Unterricht und als häusliches Arbeitsmaterial ohne Abstriche möglich.

Die stilistische Bandbreite der Schreib- und Analyseaufgaben erstreckt sich von Kantionalsätzen des 17. Jahrhunderts über Beispiele aus den gewichtigen Epochen des Barock, der Klassik und der Romantik bis hin zu Gospels und populären Songs unserer Zeit. Hier kann sich also jeder wiederfinden, der Fragestellungen zur Harmonielehre bearbeiten will oder muss.

Aber ob wollen oder müssen – es ist zu hoffen, dass die Arbeit mit den unterschiedlichen Aufgaben des Buches zum Erfolg führt und die Freude an der Eroberung harmonischer Erkenntnisse und Fähigkeiten steigert.

Saarbrücken, im Frühjahr 2019 — Thomas Krämer

1. Arbeitsanleitungen

Wer Musik machen will, muss üben.

Diese ebenso simple wie allgemein akzeptierte Erkenntnis wird gelegentlich vergessen, wenn man auf die Vorbedingung allen Musizierens zu sprechen kommt, nämlich das Schreiben von Musik. Und das geschieht durch schöpferisch begabte Menschen, denen das Notieren von Klängen ein Grundbedürfnis war und ist: den Komponisten. Nahezu alle Komponisten der Musikgeschichte haben aber einen Aneignungsprozess von zwar regelkonformer und doch individueller Erstellung von Musikwerken durchlaufen müssen – und das ging nur durch regelmäßige Schreibübungen.
Sicherlich fiel das Erlernen eines sauberen und flüssigen Schreibens von Musik manchen Komponisten leicht; andere brauchten dagegen mehr Zeit. Fast immer jedoch gibt es durch Übungshefte oder Skizzenbücher großer Tonsetzer Belege dafür, dass vor dem Komponieren oft ein langer Prozess des Ausprobierens, Skizzierens, Übens, Zweifelns, Korrigierens und Verwerfens durchlaufen wurde.

Die *Praktischen Harmonieübungen* möchten nun genau diesen Arbeitsprozess akzentuieren. Unmittelbar orientiert an dem Basiswerk, der *Harmonielehre im Selbststudium*, stellt das Buch umfangreiches Übungsmaterial bereit, welches auf die Themen eines jeden einzelnen Kapitels der *Harmonielehre* gezielt und vertiefend eingeht. Dabei werden in großem Umfang neue Aufgaben zum Schreiben und Analysieren bereitgestellt, die das in der *Harmonielehre* schon enthaltene Übungsmaterial methodisch ergänzen.
Denn hierin liegt der besondere Vorteil der *Praktischen Harmonieübungen*: Alle gestellten Aufgaben finden sich mit einem Vorschlag im Lösungsteil wieder und dienen damit der vergleichenden Orientierung mit dem eigenen Lösungsversuch.

Wer also die *Praktischen Harmonieübungen* begleitend zu meiner *Harmonielehre im Selbststudium* verwendet, sei es in Eigenarbeit oder im Unterricht, hat nicht nur den Effekt des vertieften Übens harmonischer Phänomene für sich gewonnen. Er hätte damit vor allem einen Schreibkurs durchlaufen, der die Grundzüge der dur-moll-tonalen Musik von etwa 1600 an bis zur heutigen Zeit umfasst.

Um eine optimale Nutzung der *Praktischen Harmonieübungen* zu erzielen, sollten die folgenden **Arbeitsanleitungen** – insbesondere im Verlauf der Schreibarbeit – immer wieder bedacht und in Erinnerung gerufen werden.

1. Voraussetzungen

Wer mit den ersten Schreibübungen in der Harmonielehre beginnt, ohne mit Schwierigkeiten kämpfen zu wollen, sollte folgende Vorkenntnisse mitbringen:
- die Kenntnis von den Grundlagen der Allgemeinen Musiklehre; hierzu gibt es zahlreiche empfehlenswerte Publikationen (siehe die Literaturempfehlungen am Ende des Buches),
- die Beherrschung des Violinschlüssels und des Bassschlüssels,
- Grunderfahrungen im Singen (besonders im Chorsingen),
- die Kenntnis der wichtigsten Epochen, Stile, Stationen und Komponisten der Musikgeschichte,
- Grundkenntnisse von Schlüsselwerken der Musik,
- Grundkenntnisse bei der Beherrschung eines Tasteninstruments.

2. Arbeitsweise für Schreibübungen

Für alle Kapitel gilt:

Bei jeder Aufgabe ist berücksichtigt und zugleich sichergestellt, dass sie ausschließlich mit demjenigen Akkordmaterial gelöst werden kann, welches im Verlauf des Buches bis zu dieser Stelle erläutert wurde.

Alle Aufgabentypen, die das Aussetzen eines vierstimmigen Satzes fordern, sollten nach folgendem, praxisbewährtem Erarbeitungsmodus angefertigt werden:
- Das Notenbeispiel *still lesen*; je nach Aufgabenstellung jedes System zunächst getrennt, bei entsprechender Erfahrung beide Systeme zusammen.
- Die vorhandene Melodie oder die Bassstimme der Aufgabe *singen*. Dieser Umsetzungsprozess des Gelesenen mit Hilfe der Stimme ist erfahrungsgemäß die beste Möglichkeit, um das Verfasste zu überprüfen. Überdies dient das stete Singen der Ausbildung dessen, was man unter „innerem Hören" versteht.
- Die gestellte Aufgabe vor der Eigenarbeit an einem *Tasteninstrument* spielen.
- Erst jetzt beginnt der *Schreibvorgang*: mit Bleistift und Radiergummi die Aufgaben- und Arbeitshinweise des Buches befolgen und schriftlich fixieren.
- Für den Fall der Arbeit am *Computer* gilt: Bei den ersten Arbeitsschritten die Noten möglichst noch ohne Soundunterstützung eingeben und kontrollieren.
- Beim Schreiben *schrittweise* vorgehen (Abschnitte überlegen).
- Die einzelnen Stimmen *mitsingen* oder später singend *nachkontrollieren*.
- Um einen sauberen Satz zu erhalten, *jede Stimme mit jeder* abgleichen und kontrollieren.
- Bei der *Beseitigung* von Fehlern oder sonstigen Korrekturen gilt: Auf eventuell neu *entstandene* Fehlerquellen im Umfeld der Korrektur achten.
- *Jederzeit* zu Kontrollen, Korrekturen und Verbesserungen bereit sein.
- Nur im *Notfall* und für *Einzelprobleme* (Teil-)Ratschläge des Lösungsteils einholen.
- Das fertige Arbeitsergebnis *spielen* oder vom Soundprogramm des Computers vorspielen lassen.
- Die Vorschläge des Lösungsteils erst *nach Beendigung der Eigenarbeit* einsehen.

3. Arbeitsweise für Analyseübungen

Liegt der Akzent der Aufgabenstellung auf dem Aspekt der **Analyse**, empfiehlt sich folgende Vorgehensweise:
- Das Beispiel zunächst in Ruhe *lesen*, um eine innere Klangvorstellung zu entwickeln.
- Schon in diesem Arbeitsschritt sollte man sich Gedanken um gliedernde *Abschnitte*, harmonische *Räume* und sonstige Besonderheiten harmonischer und/oder formaler Natur machen.
- Da die Analyseaufgaben in Klavierauszugnotation vorgegeben sind, empfiehlt es sich, das Beispiel auf einem *Tasteninstrument zu spielen*, auch langsam oder gezielt einzelne Systeme oder Stimmen.
- Ausschnitte aus Originalbeispielen der Musikliteratur können jederzeit in entsprechenden Portalen des *Internets* abgehört werden. Diese Vorgehensweise vor dem eigentlichen Analysevorgang dient zunächst der Repertoireerweiterung, hat aber zudem den Vorteil, dass man den Originalklang kennenlernt. Außerdem kann der im Buch abgedruckte Ausschnitt im Zusammenhang gehört werden, sodass sich der Effekt eines formalen Gefühls für die Analysearbeit einstellen kann.
- Erst jetzt beginnt die eigentliche Analysearbeit durch das *Eintragen der Funktionsbuchstaben*.
- Dabei ist die *Gesamtheit* der notierten Musik zu beachten (alle Stimmen und Systeme).
- Nur im *Notfall* und bei *Einzelfragen* (Teil-)Vorschläge des Lösungsteils einsehen.
- Erst nach *Beendigung der Eigenarbeit* sollte der Vorschlag des Lösungsteils mit der Eigenarbeit verglichen werden.

Bei der Analyseanfertigung gelten darüber hinaus zwei Grundsätze:

1. Alles, was nicht falsch ist, ist zunächst richtig. Die Eigenanalyse sollte bei Abweichungen mit dem Lösungsmodell kritisch hinterfragt werden. So sind häufige Fehlerquellen und Ungereimtheiten beim Aspekt der *Logik der Akkordbeziehungen* anzutreffen. Und immer lohnt ein Blick in das Regelwerk sowie in sonstige Grundsätze des jeweiligen Kapitels im Basisbuch.
2. Würde man nach erfolgter Eigenanalyse das Notenbeispiel zudecken, so müsste die Umsetzung der eigenen Funktionsbezeichnungen zurück in Musik zum gleichen *klanglichen Ergebnis* führen.

4. Vergleich mit dem Lösungsteil

Genauere Hinweise zur optimalen Verwendung der Lösungsvorschläge bei der Arbeit mit dem Buch finden sich am Anfang des Lösungsteils.
Es wird empfohlen, die im Verlauf der Arbeit *schon gelösten Aufgaben* aus vorigen Kapiteln erneut aufzugreifen und mit dem nun erworbenen erweiterten Wissensstand noch einmal auszusetzen.

5. Benutzung des Buches

Die *Praktischen Harmonieübungen* sind in erster Linie dazu gedacht, als *Begleitwerk* im Rahmen eines methodisch durchdachten Lehrgangs zur Harmonielehre eingesetzt zu werden, speziell zu meiner *Harmonielehre im Selbststudium*. Zwar richtet sich das Buch dabei vorrangig an Lernende, indem es den Akzent der *Eigenarbeit* stark betont. Es kann aber auch jederzeit Lehrenden Anregungen konzeptioneller Art geben und für jede Art von *Lehrtätigkeit* geeignetes Übungsmaterial bereithalten.

Das Konzept des Buches mit seinen 16 thematisch abgeschlossenen Kapiteln lässt auch ohne Weiteres eine *selektive Nutzungsmöglichkeit* zu. Wer will, kann also ein einzelnes Kapitel entweder zur Wiederholung oder als Vertiefung durcharbeiten. Die Inhalte und der Schwierigkeitsgrad gehen dabei nie über das bis zu diesem Zeitpunkt Erlernte hinaus.

Es sei daran erinnert, dass weiterführende harmonische Themen wie erweiterte Tonalität, entfernte Terzverwandtschaften, Alterationen und Modulationen in meiner *Harmonielehre im Selbststudium* bewusst ausgespart sind und somit auch in den vorliegenden *Praktischen Harmonieübungen* nicht vorkommen. Abhilfe wird eine gesonderte Publikation schaffen, die sich auf mein *Lehrbuch der harmonischen Analyse* beziehen wird, wo diese Themen schon jetzt einen breiten Raum einnehmen.

Jedes Kapitel des vorliegenden Buches wird mit einer *Kurzzusammenfassung* des jeweiligen Behandlungsgegenstandes eingeleitet. Diese Hinführung kann selbstverständlich in keiner Weise die ausführliche Darstellung des betreffenden Themenkomplexes im Basisbuch ersetzen.

Auf passende Inhalte im Basisbuch wird durch *Querverweise* aufmerksam gemacht. So verweist das Kürzel → *Harmonielehre* auf die entsprechenden Aufgaben oder Erläuterungen in meiner *Harmonielehre im Selbststudium*.

2. Hauptdreiklänge und Kadenz

→ *Harmonielehre* Kapitel 2

Die Dreiklänge auf der *I., IV.* und *V. Stufe* einer Durtonleiter werden *Hauptdreiklänge* genannt. Sie stellen die einzigen leitereigenen *Durdreiklänge* dar, bilden das statisch-harmonische Fundament zur Festigung und Sicherung des tonalen Raumes und decken alle Töne der jeweiligen Tonart ab.
Das Schaubild einer Quintengerade zeigt, dass die drei Hauptdreiklänge im direkten Quintabstand zueinander stehen. Um die in der Mitte stehende *Tonika* auf der I. Stufe gruppieren sich im *oberen* Quintabstand die *Dominante* auf der V. Stufe sowie im unteren Quintabstand die *Subdominante* auf der IV. Stufe.
In der Funktionslehre werden die Hauptdreiklänge *Tonika, Dominante* und *Subdominante* mit den Kürzeln ***T, D*** und ***S*** bezeichnet (Großbuchstaben für Durdreiklänge).
Werden die Hauptdreiklänge in die Abfolge ***T–S–D–T*** gebracht, spricht man von *Kadenz*. Dabei ist die Kadenz eine eher formelhafte Anordnung der Hauptdreiklänge und dient der schematischen Veranschaulichung der tonalen Absicherung des jeweiligen Musikstücks.

Von Bedeutung dagegen ist die *harmonische Wirkung*, die von den einzelnen Hauptdreiklängen ausgeht: Während die *Tonika* ***T*** im Zentrum steht und alle harmonischen Spannungen immer auf sie gerichtet sind, gehen von den quintverwandten Dominantklängen unterschiedliche Wirkungen aus. Die *Dominante* ***D*** hat das ausschließliche Bestreben, in die Tonika zu drängen, ausgelöst durch den ihr innewohnenden *Leitton*, welcher der Funktion einen *Spannungsgehalt* verleiht. Überdies hat der *Bassquintfall* zum Grundton der Tonika eine seit Urzeiten bekannte fundamentale Qualität. In der *Subdominante* ***S*** dagegen überwiegt das entspannende Moment, das als *Klanggehalt* bezeichnet wird. Die ***S*** hat keine Strebewirkung, wird aber zur Sicherung des kadenziellen Raumes benötigt, um alle Töne der Tonart harmonisch abzudecken und das statisch notwendige Dreieck von ***T, D*** und ***S*** zu vervollständigen.

Hinweise und Empfehlungen zum Lösen der Aufgaben

1. Es kann von Vorteil sein, sich die Hauptdreiklänge der jeweils gegebenen Tonart aufzuschreiben, um einen klaren Blick auf den Tonvorrat und damit auf die mögliche harmonische Heimat der Melodietöne zu haben.
2. Je nach Liedvorlage, deren Taktart und Tempo muss entschieden werden, ob der Harmoniegang *ganztaktig, halbtaktig* oder in noch *kleineren rhythmischen Einheiten* verläuft. Es kann auch einen unregelmäßigen Wechsel geben.
3. Am *Anfang* steht *regelhaft* die Tonika, es sei denn, es liegt ein Auftakt vor. Die ***T*** bildet immer den *Schlussakkord* und wird dabei gerne durch die Dominante vorbereitet (*authentischer Ganzschluss* ***D–T***.) Die seltener anzutreffende, wenngleich nicht weniger starke Schlusswendung ***S–T*** wird als *plagal* bezeichnet.
4. Es gilt das Verbot, nach der Dominante unmittelbar die Subdominante folgen zu lassen.
5. Bei Taktübergängen ist ein Funktionswechsel anzustreben, also eine *neue Harmonie zu Taktbeginn* vorzusehen. Wenn die Melodievorlage das nicht zulässt, sollte wenigstens die *Akkordstellung gewechselt werden*; ist auch das nicht möglich, sollte im Bass ein *Oktavsprung* auf- oder abwärts probiert werden.

Aufgabe 2.1. → *Harmonielehre* **Aufgabe 2.C.**

Der Choral „Ich singe dir mit Herz und Mund" ist harmonisch zu untersuchen, zu spielen, zu singen und zu begleiten sowie danach mit den Funktionsbezeichnungen der Hauptdreiklänge zu versehen. Bei einer Tonwiederholung in der Melodie ist ein Harmoniewechsel nicht erforderlich. Wo möglich, können Nachbartöne in einer Funktion zusammengefasst werden.

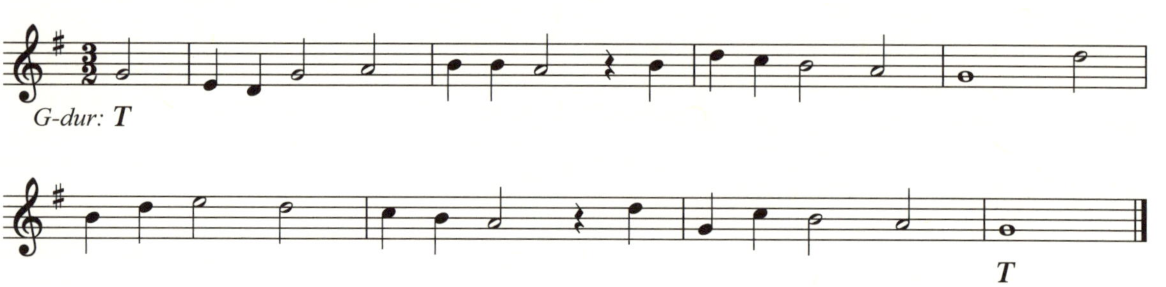

Aufgabe 2.2. → *Harmonielehre* **Aufgabe 2.D.**

Das Gospel „Hört, wen Jesus glücklich preist" ist harmonisch zu untersuchen, zu spielen, zu singen und zu begleiten sowie danach mit den Funktionsbezeichnungen der Hauptdreiklänge zu versehen. Funktionszeichen stehen immer am Taktanfang und bei Harmoniewechsel. Das Lied hat einen rhythmisch unsteten Harmoniegang.

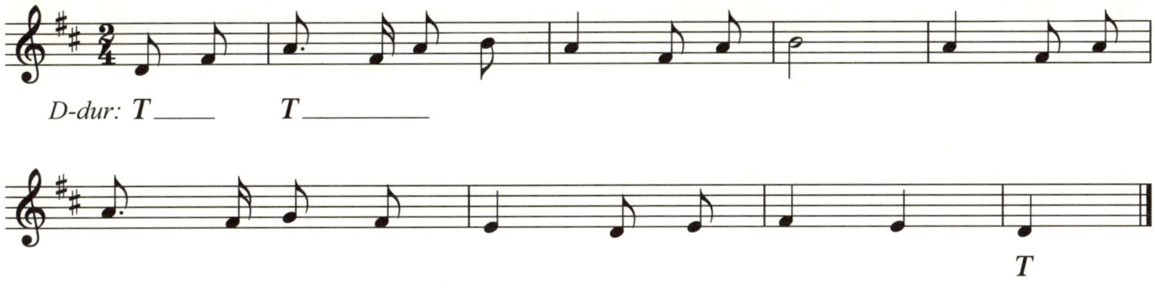

Aufgabe 2.3.

Das Lied „Abend wird es wieder" ist harmonisch zu untersuchen, zu spielen, zu singen und zu begleiten sowie anschließend mit den Funktionsbezeichnungen der Hauptdreiklänge zu versehen. Der harmonische Wechsel ist unregelmäßig: mal halbtaktig, mal Ton für Ton. Bei Tonwiederholungen genügt eine Funktion.

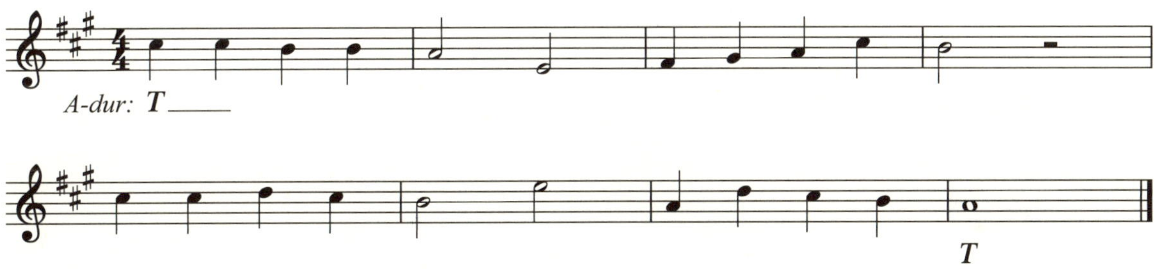

Aufgabe 2.4.

In der nachfolgenden Melodie sind die fehlenden Funktionen zu ergänzen. Passende Nachbartöne sollten zu einer Funktion zusammengebunden werden, in den anderen Fällen muss ein Harmoniewechsel erfolgen.

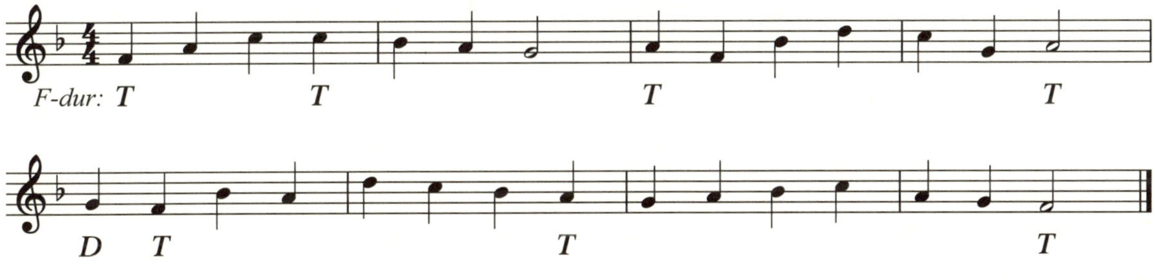

Aufgabe 2.5.

Die nachfolgende Melodie ist mit Funktionsangaben wiedergegeben. Dabei auftretende Fehler sind zu finden und zu kennzeichnen. Mögliche *Fehlerquellen* sind z. B. unzulässige Funktionsfortschreitungen, aber auch harmonische Stillstände bei Taktübergängen.

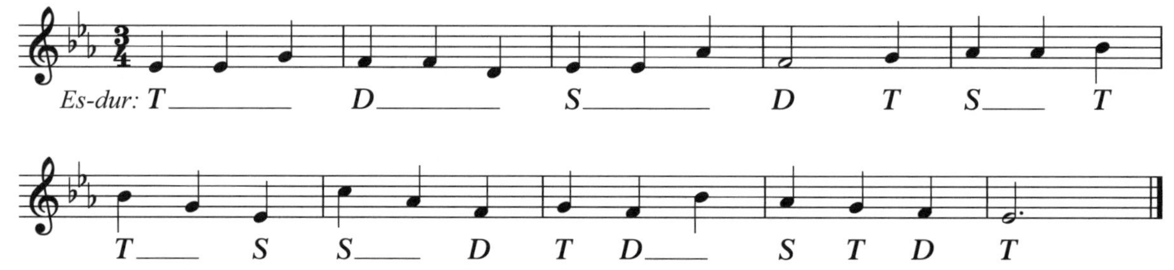

3. Die Grundlagen des vierstimmigen Satzes

→ *Harmonielehre* Kapitel 3

Zum Anfertigen eines vierstimmigen Satzes gemäß den Vorgaben der traditionellen Dur-Moll-Tonalität, deren Zeit auf etwa 1600 bis 1920 fällt, sind zunächst die Handhabung und das Ineinandergreifen der verschiedenen Parameter des Komponierens zu lernen. Ebenso muss aber auch der ständige Wandel berücksichtigt werden, den die Musik während des genannten Zeitraums erfährt. Die „Grundlagen des vierstimmigen Satzes" loten *Gemeinsamkeiten* trotz dieses Stilwandels aus und fassen sie in Regeln zusammen. Die solcherart gewonnenen Regeln sowie die unmittelbar aus den Werken der Komponisten geschöpften Empfehlungen sollen helfen, im Sinne der Tradition *fehlerfreie sowie klanglich überzeugende* Sätze zu schreiben.

Zu den essentiellen Punkten gehört dabei die Beachtung des *Verbotes der Bewegung in parallelen offenen Primen, Quinten und Oktaven* aller Stimmen zueinander.
Verdeckte Parallelen mit den genannten Intervallabständen (also *Geradbewegungen* in Primen, Quinten und Oktaven) sind dagegen gestattet, solange die oberste Stimme dabei schreitet und nicht springt. *Nachschlagende Parallelen* sowie *Akzentparallelen* zwischen den Außenstimmen sind mit Vorsicht anzuwenden.
Eine Besonderheit stellen die *Antiparallelen* dar. Sie entstehen, wenn in *Gegenbewegung* Parallelen auftreten. Sie rufen dabei jedoch das Gegenteil, nämlich eine *parallele Klangwirkung* hervor. Meist ist es die Anti-Oktavparallele, die wegen ihrer klanglich reinen Oktavidentität als offen parallel empfunden und daher gerne vermieden wird (siehe die Lösung zu Aufgabe 3.6.).

Eine nicht unwichtige Rolle spielt im vierstimmigen Satz auch der Begriff der *Lage*, den es in zwei unterschiedlichen Ebenen gibt.
Aus der Spieltechnik des *Generalbasses* stammt zunächst die Unterscheidung von *enger* und *weiter Lage*. Als *eng* wird die Lage eines vierstimmigen Klanges bezeichnet, wenn die *drei Oberstimmen* so gesetzt sind, *dass kein akkordeigener Ton mehr eingefügt* werden kann. Als *weit* gilt die Lage eines Klanges, wenn in *wenigstens einem Zwischenraum der drei Oberstimmen* noch ein akkordeigener Ton hineinpasst. Die Position des Basstons ist in beiden Fällen unerheblich.
Eine andere Lagendifferenzierung wird mit Blick auf die *oberste Stimme* vorgenommen. Befindet sich in dieser der *Grundton* des jeweiligen Klanges, spricht man von *Oktavlage*; tritt die *Terz* in der Oberstimme auf, kommt es zur *Terzlage*, und lässt sich die *Quinte* als oberster Ton ausmachen, entsteht die *Quintlage*.

Bei der praktischen Erstellung eines vierstimmigen Satzes hat sich die Beachtung der *Fünf goldenen Satzregeln* bewährt, bei deren Anwendung ein ständiger Abwägungsprozess ihrer Kraftfelder empfohlen wird. Da vor dem Schreiben eines Tonsatzes der *Harmoniegang* festgelegt wird und das *Verbot* des Schreitens *in offenen Primen, Quinten* und *Oktaven* keine Ausnahmen zulässt, enthalten die Bedingungsfelder der *Fünf goldenen Satzregeln* willkommene Möglichkeiten, flexibel auf bestimmte Problemsituationen zu reagieren.

Fünf goldene Satzregeln:

1. Die *Verdoppelung* eines Tons des Dreiklangs muss bedacht werden, damit die Vierstimmigkeit hergestellt werden kann. Dabei ist die *Terz der Dominante* („Leitton") von der *Verdoppelung strikt ausgeschlossen*. Alle übrigen Töne sind verdoppelungsfähig.
2. Das Prinzip der *Gegenbewegung* zwischen den *Außenstimmen Sopran und Bass* ist möglichst konsequent zu verfolgen, um Parallelprobleme zu und unter den Mittelstimmen weitgehend zu verhindern.
3. Das *Gesetz des nächsten Weges* ist zu beachten, d. h. jede Stimme sollte mit möglichst *kleinen Schreitbewegungen* agieren und *gemeinsame Töne* mit dem vorherigen oder nachfolgenden Klang *liegen lassen*.
4. Das *Gebot der Linearität* ist zu beachten. Jede Stimme ist so zu schreiben, dass ihr Absingen oder Spielen *ohne Schwierigkeiten* möglich ist.
5. Man sollte von der Möglichkeit der *Stimmkreuzung* zwischen den Mittelstimmen (Alt und Tenor) Gebrauch machen, wenn dadurch etwa Parallelverbote zu umgehen sind. Eine Stimmkreuzung von Sopran mit Alt oder Bass mit Tenor ist dagegen nicht ratsam.

Aufgabe 3.1.

Der Kantionalsatz „Vom Himmel hoch, da komm ich her" von Hans Leo Hassler soll untersucht werden. Dabei sind folgende Analysekriterien zu verfolgen:

- Es sollen nur die *Hauptdreiklänge* der Tonart Es-dur *in Grundstellung* bestimmt, untersucht und mit Funktionszeichen versehen werden (***T, S, D***); die übrigen Klänge bleiben bei dieser Aufgabe unberücksichtigt.
- Am Funktionssymbol soll der jeweilige Klang durch eine hochgestellte *8*, *5* oder *3* nach *Oktav-*, *Quint-* oder *Terzlage* differenziert werden.
- In der Mitte der Akkolade soll durch die Kürzel *e* und *w* angegeben werden, ob die jeweilige Funktion in *enger* oder *weiter* Lage gesetzt wurde.
- Über dem Sopran ist anzugeben, welcher Dreiklangston in den jeweiligen Funktionen verdoppelt wurde: **G** für Grundton, **T** für Terz und **Q** für Quinte.

Alle Untersuchungskriterien sind in Takt 1 vorgegeben.

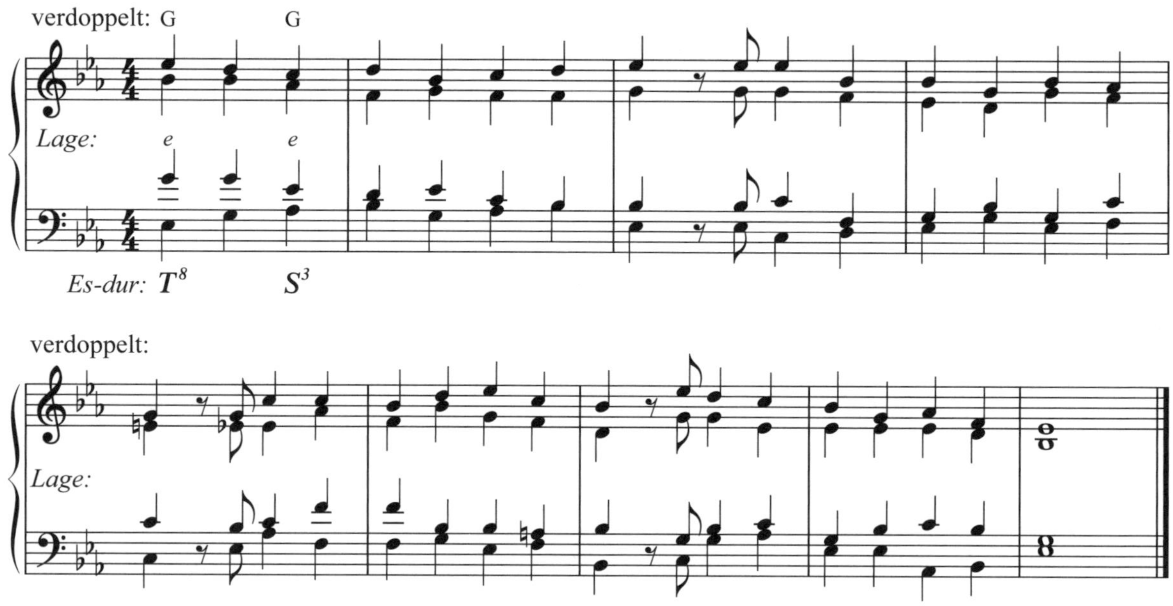

Aufgabe 3.2.

Auf Grundlage der nachfolgenden Basslinie soll ein vierstimmiger Satz erstellt werden. Dabei ist folgende Vorgehensweise empfehlenswert:

- Zunächst ist der Sopran nach den Lagenvorgaben der hochgestellten Zahlen der Funktionssymbole zu schreiben.
- Danach sind die Mittelstimmen zu ergänzen. Es sollte auf die Vollständigkeit der Akkordtöne geachtet und eine möglichst gesangliche Linie erstellt werden („Gesetz des nächsten Weges").

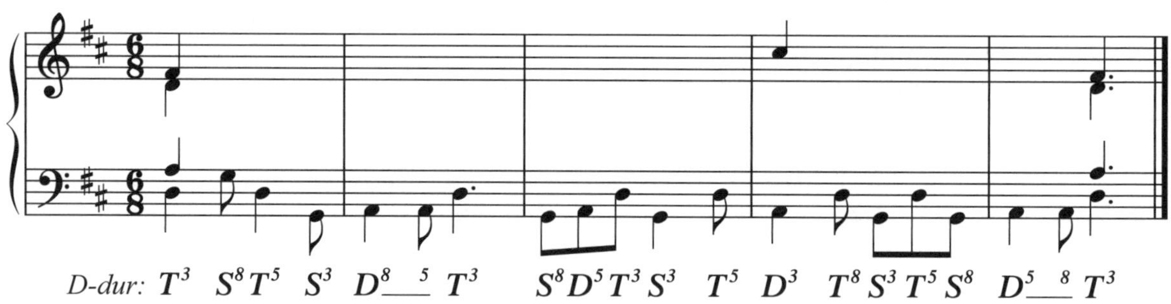

Aufgabe 3.3.

Der folgende Satz enthält insgesamt 13 offene Oktav-, Quint- und Primparallelen, einschließlich der in Takt 1 bezeichneten. Die fehlerhaften Stellen sind entsprechend der Art der Parallele mit **8**, **5** bzw. **1** zu kennzeichnen. Zunächst sind die Funktionszeichen zu vervollständigen, danach ist jede Stimme mit jeder zu vergleichen. Achtung auch beim Wechsel vom oberen System in das untere.

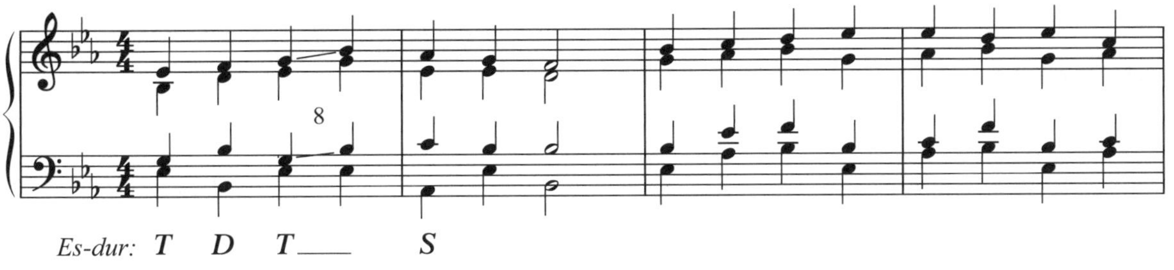

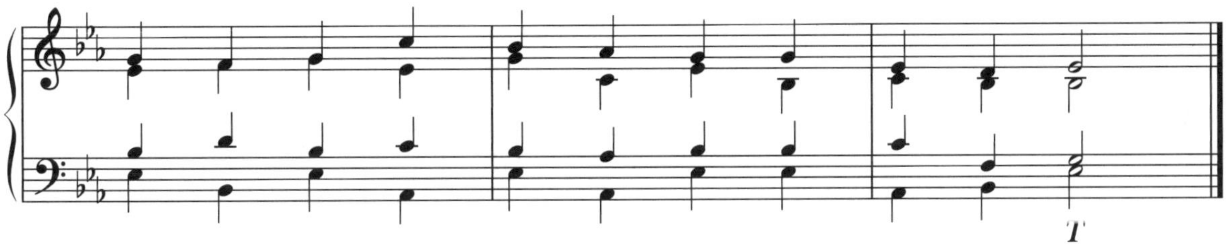

Aufgabe 3.4.

Die Mittelstimmen des nachfolgenden Satzes sind mit Blick auf folgende Punkte kritisch zu untersuchen:
- fehlende Akkordtöne,
- unnötige bzw. fehlerhafte Stimmkreuzungen,
- die Linearität der Einzelstimme.

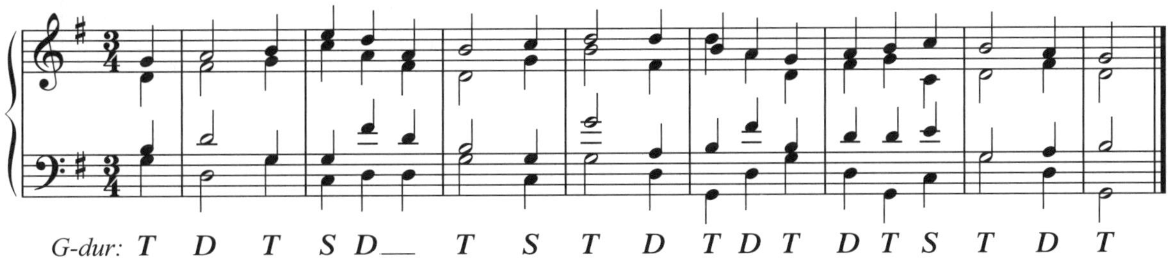

Aufgabe 3.5.

Bei dem nachfolgenden Satz handelt es sich um die einen Ganzton abwärts transponierte Fassung der Aufgabe 3.4., die Funktionen bleiben folglich die gleichen. Das Rahmengerüst ist nunmehr besser und fehlerfrei durch die Mittelstimmen zu ergänzen. Dabei ist besonders auf das *Parallelverbot*, das *Gesetz des nächsten Weges* sowie auf das *Gebot der Linearität* zu achten.

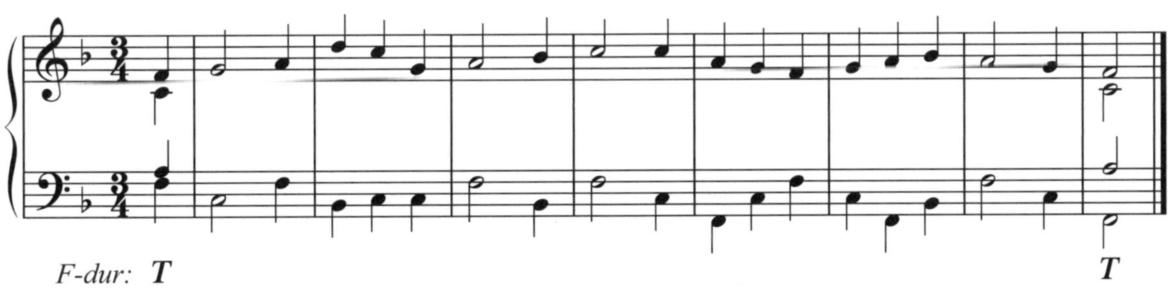

Aufgabe 3.6. → *Harmonielehre* **Aufgabe 3.D.2.** und **2.C.**

Bei dem in Aufgabe 2.1. mit Funktionszeichen versehenen Choral „Ich singe dir mit Herz und Mund“ sind unter Beachtung der festgelegten Harmonien die Mittelstimmen zu ergänzen. Wegen der Beschränkung auf die Verwendung der Hauptfunktionen in ihren Grundstellungen ergeben sich zwangsläufig einige Antiparallelen zwischen den Außenstimmen. Diese können später durch den Einsatz von *Sextakkorden* verhindert werden (→ Kapitel 4).

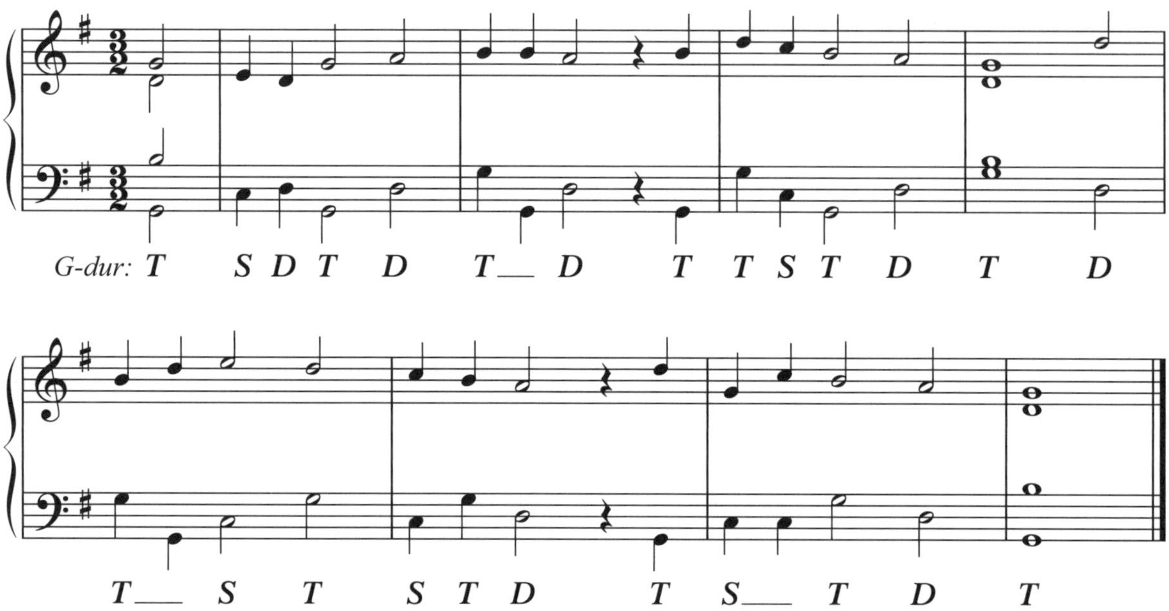

Aufgabe 3.7. → *Harmonielehre* **Aufgabe 3.D.3.** und **2.D.**

Bei dem bereits in Aufgabe 2.2. bearbeiteten Gospel „Hört, wen Jesus glücklich preist“ sind unter Beachtung der festgelegten Funktionen die Mittelstimmen zu ergänzen. Bei textgebundener Musik sollte die Notation des *Rhythmus* in der vorgegebenen Melodie von allen Stimmen übernommen werden, also Fähnchen, keine Balken. Bei *Punktierungen* in der Melodie kann auch entschieden werden, diese in wenigstens einer der übrigen, manchmal auch in mehreren Stimmen nicht zu übernehmen (siehe den ersten Volltakt). Durch den Reiz der Gegensätzlichkeit von Punktierung und Gleichmaß erfährt der Rhythmus eine besondere Qualität.

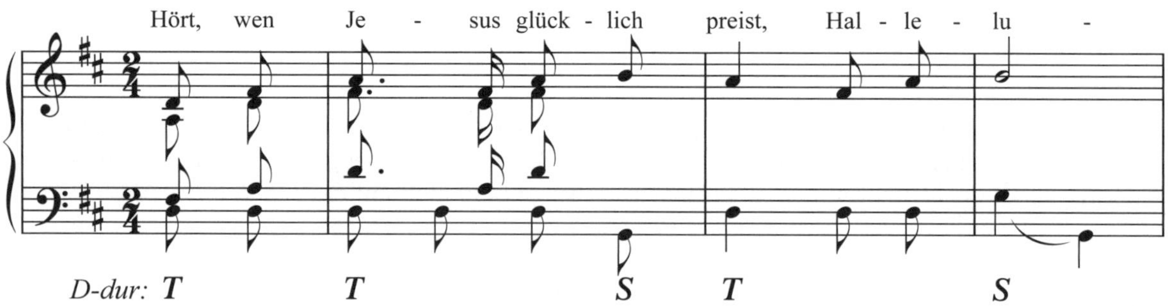

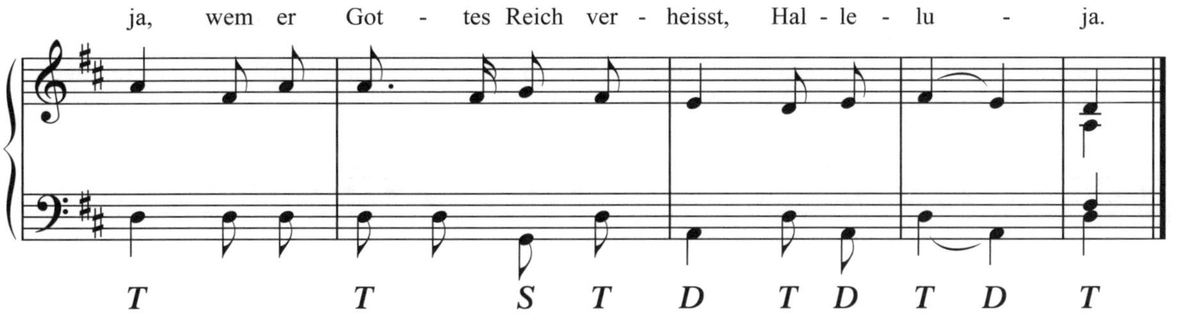

Aufgabe 3.8. → *Harmonielehre* **Aufgabe 3.D.4.** und **3.B.1.**

Das nachfolgende Satzmodell soll durch die Mittelstimmen zur Vierstimmigkeit ergänzt werden. Die Basslinie gestaltet sich wegen der auf die Hauptfunktionen beschränkten Wahl der Harmonien naturgemäß recht eintönig und melodisch wenig ergiebig.

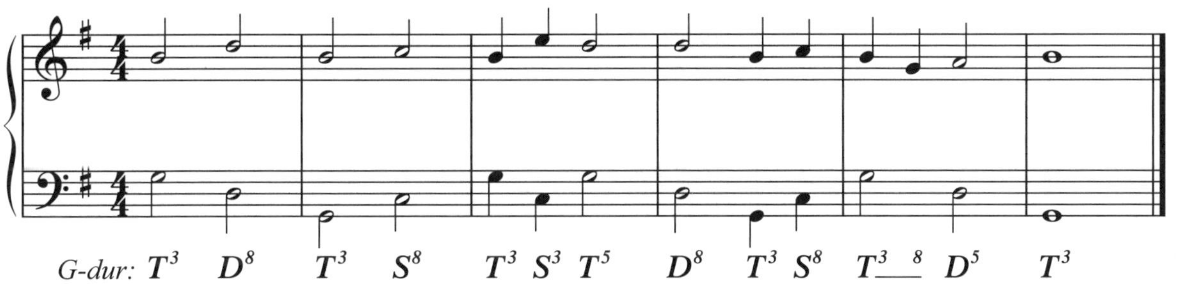

Aufgabe 3.9. → *Harmonielehre* **Aufgabe 3.D.5.** und **3.D.1.**

Das nachfolgende Satzmodell ist durch die Erstellung der Basslinie sowie die Ergänzung der Mittelstimmen vierstimmig auszusetzen.
Folgende Lösungsschritte empfehlen sich:

- Die Hauptdreiklänge der Tonart überlegen, dabei nur die Grundstellungen in Betracht ziehen.
- Den Sopran mit der jeweils passenden Funktion in Übereinstimmung bringen, d. h. die latente (verborgene) Harmonik erspüren.
- Auf das Verbot der Verbindung ***D–S*** achten.
- Die Funktionen mit Lagenbezeichnung eintragen (vgl. Takt 1).
- Die Basslinie erstellen.
- Abschließend gleichzeitig die Mittelstimmen ergänzen.

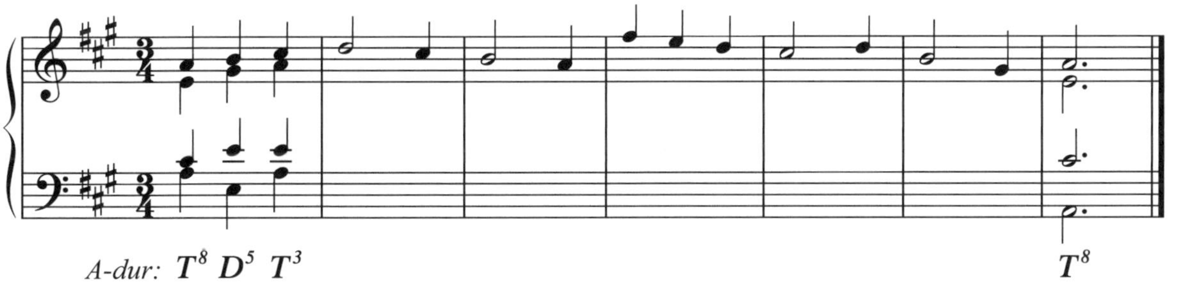

Aufgabe 3.10. → *Harmonielehre* **Aufgabe 3.C.**

Die folgende Melodie ist auf ihre latente Harmonik hin zu untersuchen, mit Funktionsbezeichnungen zu versehen und vierstimmig auszusetzen.

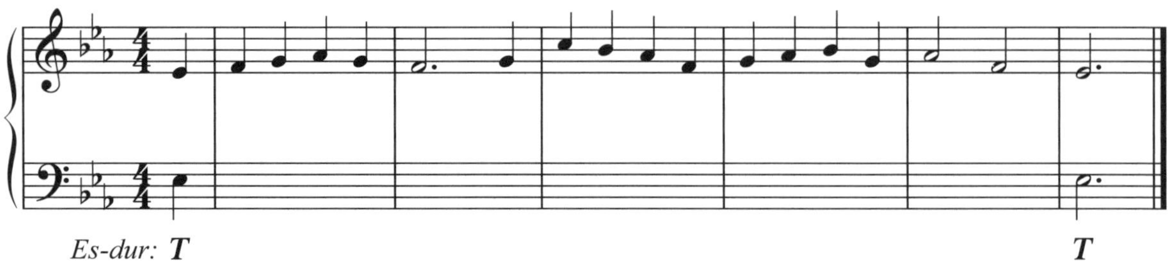

Aufgabe 3.11.

Das nachfolgende Lied „Leer ist das Feld“ ist durch das Setzen von Funktionen und das Erstellen einer Basslinie zu harmonisieren. Die Melodie ist derart konstruiert, dass sich pro Takt eine Funktion ergibt („harmonisches Feld“). Oft werden Funktionen auch mehrfach hintereinander wiederholt. Die eingekreisten Töne sind *harmoniefremd* (→ Kapitel 5) und bleiben bei der Festlegung der Funktion unberücksichtigt.

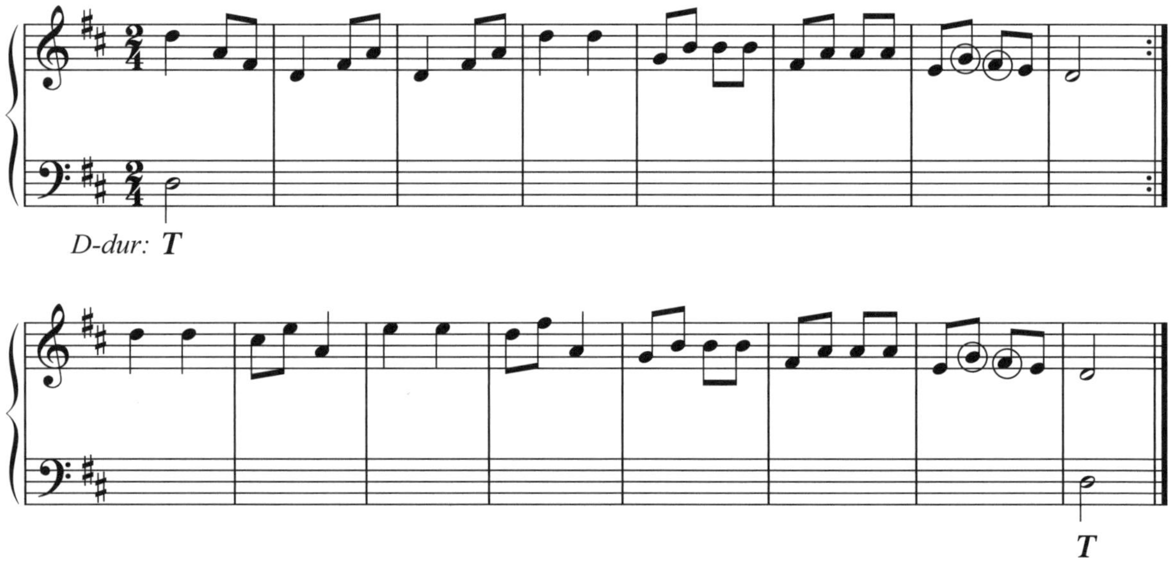

4. Die Sextakkorde

→ *Harmonielehre* Kapitel 4

Unter der Bezeichnung *Sextakkord* wird die erste Umkehrung eines Dreiklangs verstanden: Nicht mehr der Grundton, sondern die *Terz* rückt als *unterster Akkordton* in den Bass. Die *Funktionslehre* hat für diesen Umstellungsvorgang die Chiffren $\underset{3}{T}$, $\underset{3}{S}$ und $\underset{3}{D}$ geschaffen.

Die Bezeichnung *Sextakkord* ist historisch begründet, dabei allerdings eher irreführend. Der Ausdruck entstammt der *Generalbasslehre* des 17./18. Jahrhunderts, also der Praxis des stets mitlaufenden Akkordspiels bei der Ausführung von Musik, meist auf dem Cembalo oder der Orgel. Für die zu greifenden Akkorde der rechten Hand des Tastenspielers ersann man Kurzbezeichnungen, die zum Ton der linken Hand errechnet wurden. Beim C-dur-Sextakkord *e-g-c* ergeben sich, jeweils bezogen auf den Basston *e*, die *Terz e-g* plus die *Sexte e-c*; es ist also eigentlich ein *Terzsextakkord*, woraus die Abkürzung *Sextakkord* wurde.
Für die moderne Funktionslehre ist jedoch nicht so sehr die *Abbildung* des Klanges auf dem Tasteninstrument von Bedeutung, sondern die *Wirkung*, die von den *Basstönen* ausgeht.

Daher gilt (auch für alle folgenden Kapitel):

Wird unter einer Funktion *kein Basston* angegeben, steht sie auf dem *Grundton.*
Liegt eine *Umkehrung* vor, muss sie durch die entsprechende *Zahl unmittelbar unterhalb der Funktion* angegeben werden (z. B. $\underset{3}{T}$, $\underset{3}{S}$ und $\underset{3}{D}$).
Dabei gilt grundsätzlich für alle im Laufe der nachfolgenden Kapitel neu hinzutretenden Funktionszeichen: **Hochgestellte und tiefgestellte Ziffern beziehen sich stets auf den Grundton der Funktion und nicht auf den Basston – es sei denn, dieser ist Grundton.**

Die im Bass liegende Terz eines Dreiklangs löst ein *harmonisches Drängen* aus. Dies führt dazu, dass *Sextakkorde* im Gegensatz zu ihren Grundstellungen den harmonischen Fluss stark beleben und auch die lineare Gestaltungsmöglichkeit des Basses wesentlich verbessern können. Weil den Sextakkorden jedoch der Quintfall zur nächsten Funktion fehlt, sind sie zur Gestaltung der *Schlusskadenz* oder einer *Zwischenkadenz ungeeignet.*

Die Verwendung des $\underset{3}{D}$ verpflichtet zur Weiterführung in die Grundstellung der *T*, da der in der Außenstimme (Bass) deutlich wahrnehmbare *Leitton* in den *Grundton* der Tonika drängt.
Die Sextakkorde $\underset{3}{T}$, $\underset{3}{S}$ und $\underset{3}{D}$ sind überdies generell frei verwendbar. Sie werden gerne untereinander kombiniert, wenn die Melodie es zulässt, z. B. im Sextakkordzug $\underset{3}{S}$ - $\underset{3}{D}$ - *T*.

Hinweise und Empfehlungen zum Lösen der Aufgaben

1. Bei der satztechnischen Anwendung von Sextakkorden sind im Prinzip alle Dreiklangstöne verdoppelbar. Eine *Ausnahme* stellt die Terz der Dominante, der *Leitton*, dar. Er ist von der Verdoppelungsmöglichkeit *strikt ausgenommen*, da er eine Oktavparallele provozieren würde und als *sensibler Ton* unverstärkt bleiben muss (→ Kapitel 5).
2. Eine besonders klangintensive Wirkung kann von einem Sextakkord ausgehen, wenn er zu einem Ton gesetzt wird, der einen *melodischen Höhepunkt* darstellt, entweder bezogen auf den Gesamtverlauf oder auf einen Melodieabschnitt (vgl. Takt 5 in Aufgabe 4.1. und Takt 2 in Aufgabe 4.3.).

Aufgabe 4.1.

Der nachfolgende Satz ist mit Blick auf folgende Punkte kritisch zu untersuchen:
- fehlerhafte Akkordverbindungen,
- Fehler durch nicht gestattete Verdoppelungen,
- sonstige Satzfehler (z. B. Parallelen),
- fehlerhafte Verwendung von Sextakkorden.

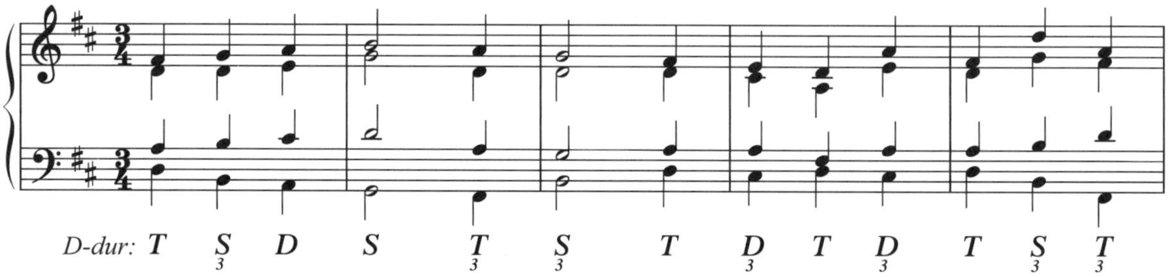

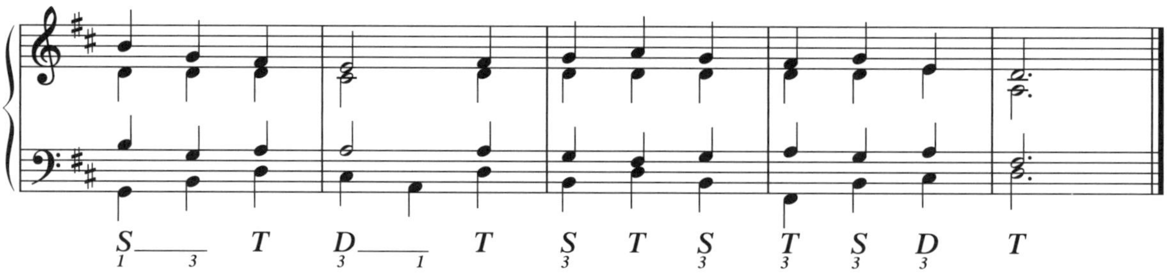

Aufgabe 4.2.

Die Melodie „Stabat mater dolorosa" ist unter Beachtung der Funktionsangaben zu einem vierstimmigen Satz auszuarbeiten. Zunächst ist die Basslinie zu erstellen; dabei sind alle Notenhälse abwärts zu führen. Der Bass schreitet am besten in regelmäßigen Vierteln und kann somit drei Mal die Punktierungen der Melodie beleben. Im Anschluss daran sind Alt und Tenor in *einem Arbeitsgang* zur Vierstimmigkeit zu ergänzen.

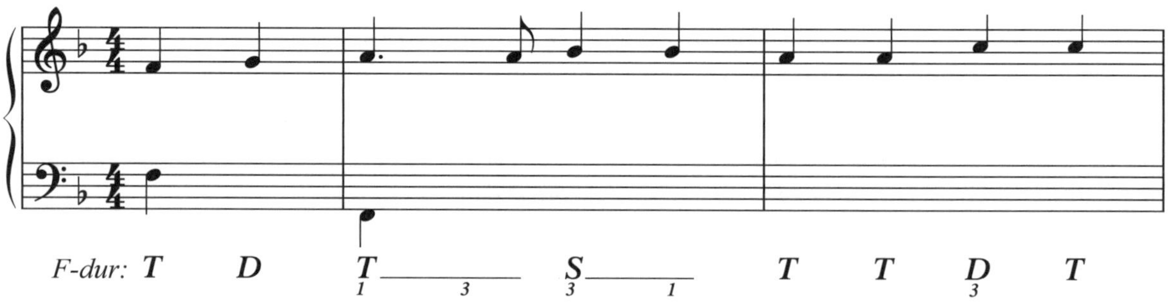

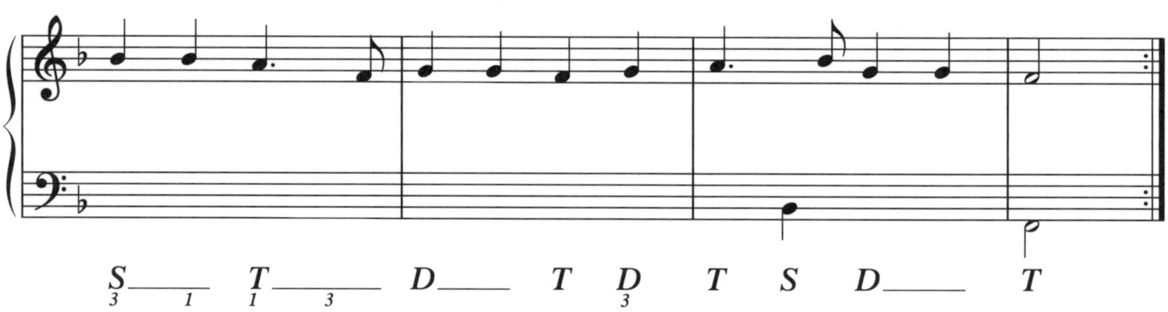

Aufgabe 4.3.

Der folgende Rahmensatz mit Sopran und Bass ist durch möglichst gleichzeitiges Schreiben von Alt und Tenor zur Vierstimmigkeit zu ergänzen. Achtung vor Parallelen im vorletzten Takt!

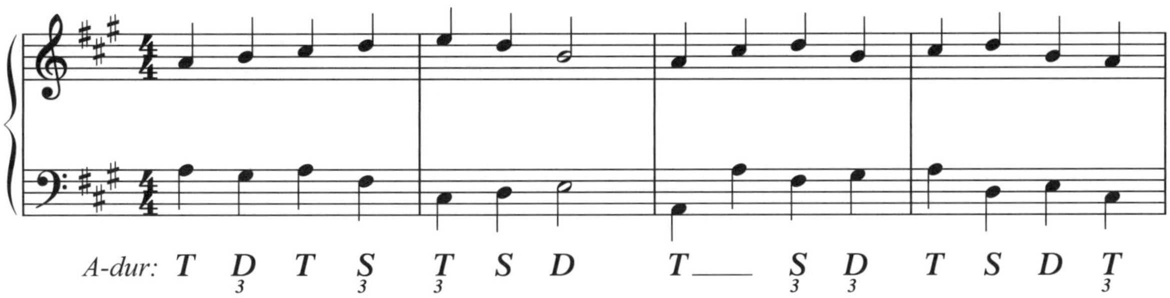

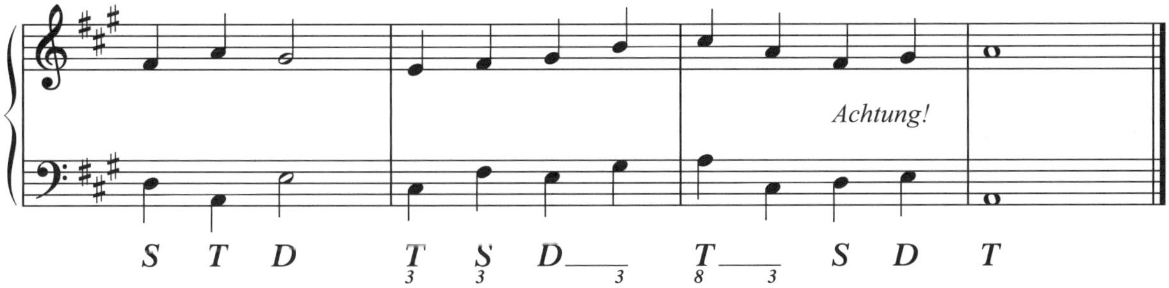

Aufgabe 4.4.

Der Choral „Erhebt in vollen Chören" ist vierstimmig auszusetzen.

Der Anfang des Chorals zeigt eine vielfach angewandte Lösung bei einem *Quartauftakt der Melodie*: Wird der Beginn einstimmig (unisono) gestaltet, wirkt er sehr kraftvoll und setzt jedwedes Parallelverbot außer Kraft. Das Regelwerk greift erst mit dem Einsetzen der Mehrstimmigkeit in Takt 1. Die eingerahmten Punktierungen erinnern daran, dass zu ihnen sowohl der Bass wie auch der Harmoniegang in *Vierteln* – also *nicht punktiert* – schreiten sollten.

Es wird folgende Vorgehensweise empfohlen:
- Alle Hauptfunktionen sowie ihre Sextakkorde sollten zur Anwendung gelangen.
- Die Funktionsreihe ist zu erstellen und eine ausgeglichene, möglichst in Gegenbewegung zum Sopran verlaufende Bassstimme zu schreiben.
- Alt und Tenor sind zu ergänzen; dabei ist stets auf das Verbot von Parallelen sowie auf die Einhaltung linear überzeugender Stimmen zu achten.

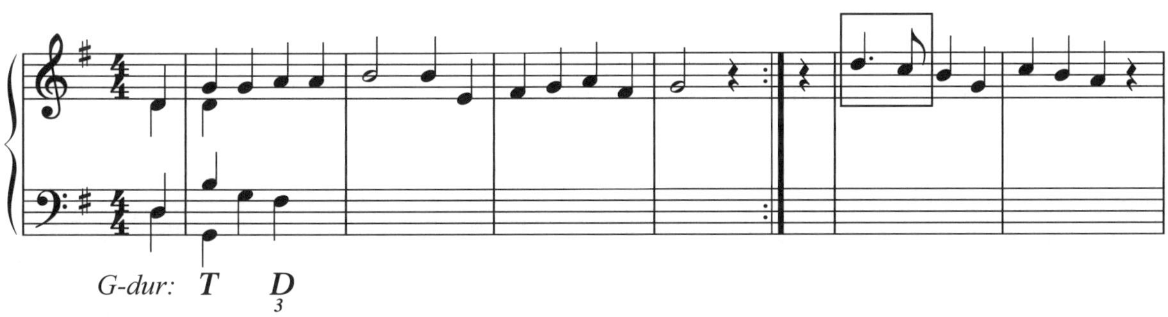

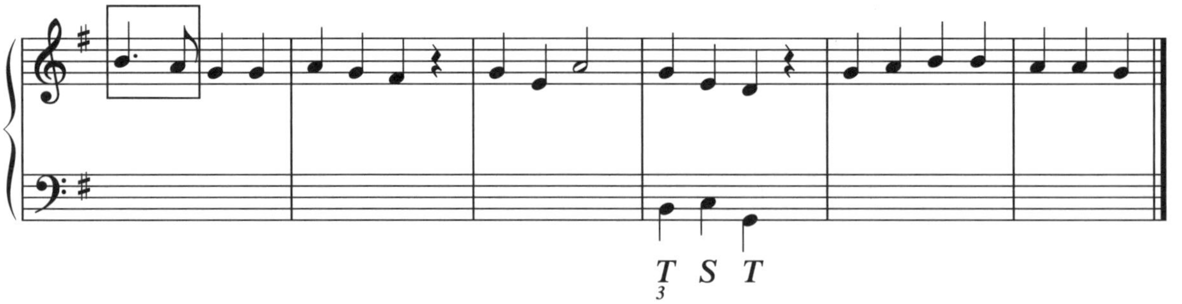

Aufgabe 4.5.

Der Choral „Gott, Vater aller" ist vierstimmig auszusetzen. Empfohlen wird eine Vorgehensweise wie in Aufgabe 4.4. Achtung beim Übergang von Takt 12 auf 13: *Pausen* in allen Stimmen heben das Parallelverbot nicht auf! Die Unterbrechung des Satzflusses durch eine Pause wird vom Ohr lediglich als Zäsur und nicht als Neuanfang wahrgenommen. Das Gleiche gilt im Übrigen sinngemäß für alle *Wiederholungsanweisungen*.

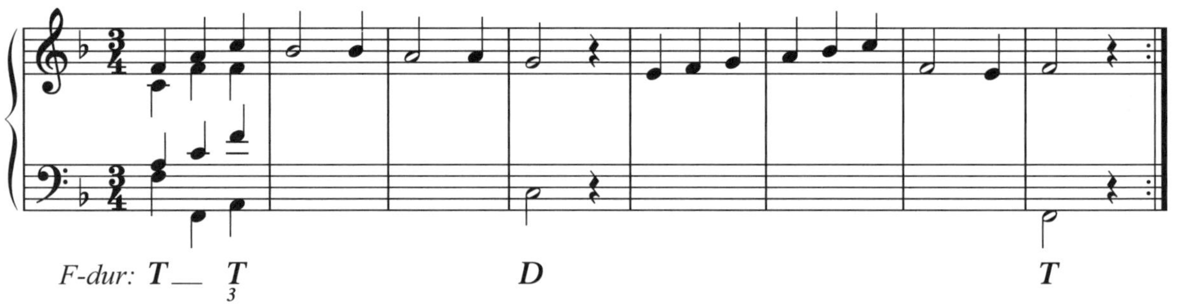

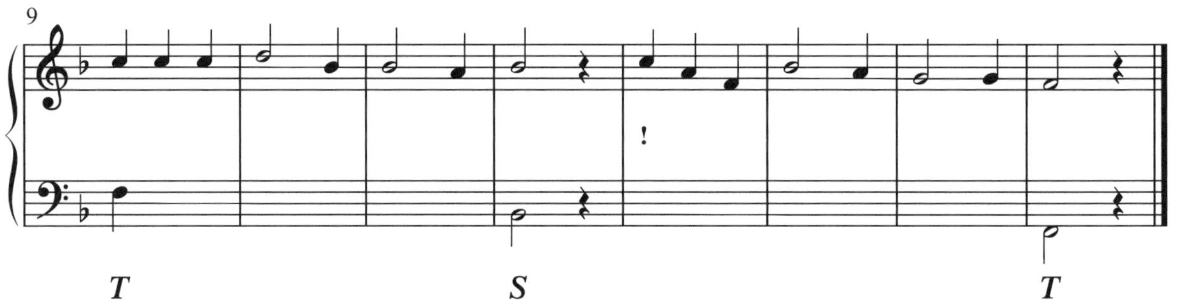

Aufgabe 4.6. → *Harmonielehre* **Aufgabe 4.C.**

Die folgende Melodie ist zu bezeichnen und vierstimmig auszusetzen. Alle Hauptfunktionen und ihre Sextakkorde sollten zur Anwendung gelangen (Ausnahme: $\underset{3}{D}$). Zunächst ist eine ausgeglichene Basslinie mit den entsprechenden Funktionen zu schreiben. Danach sind Alt und Tenor zu ergänzen, wobei ständig auf die Vermeidung von Parallelen sowie auf die Einhaltung von linear überzeugenden Stimmen geachtet werden sollte.

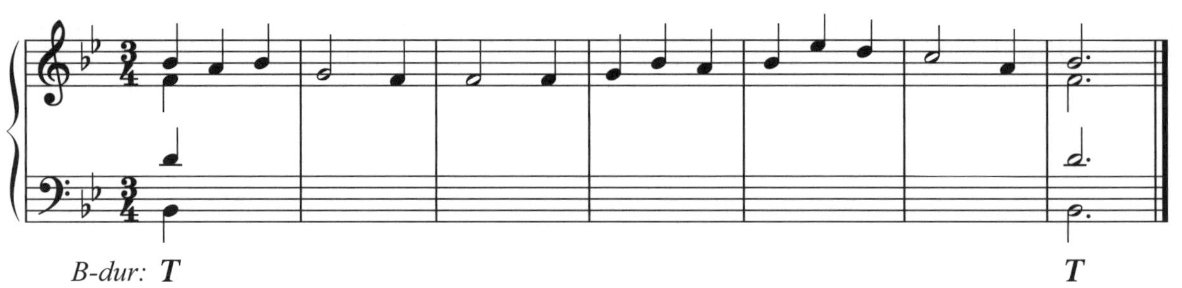

Aufgabe 4.7. → *Harmonielehre* **Aufgabe 4.D.1.**

Der Choral „Seid nun fröhlich“ ist mit Funktionsbezeichnungen und sodann mit der Basslinie zu versehen und vierstimmig auszusetzen.

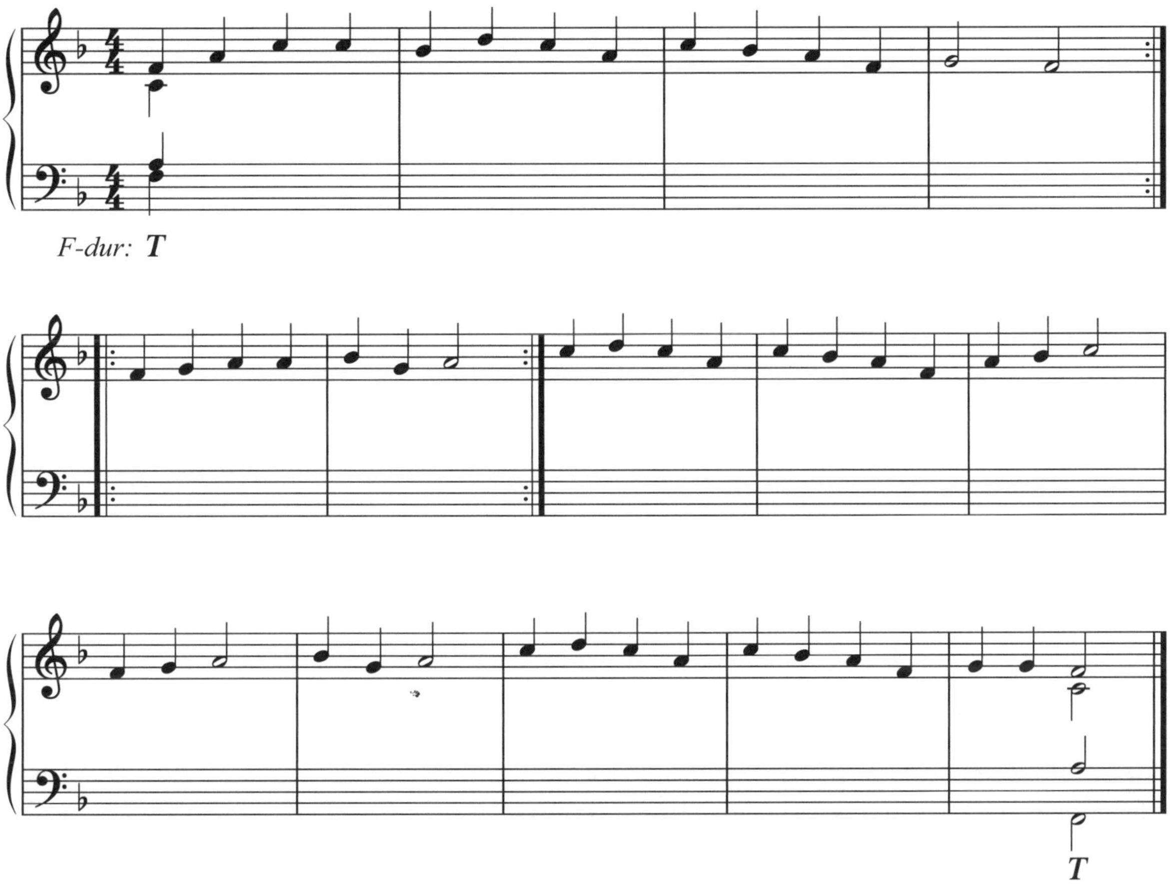

Aufgabe 4.8. → *Harmonielehre* **Aufgabe 4.D.2.** und Beispiele 4.3. und 4.4.

Die Mittelstimmen sind zu ergänzen.

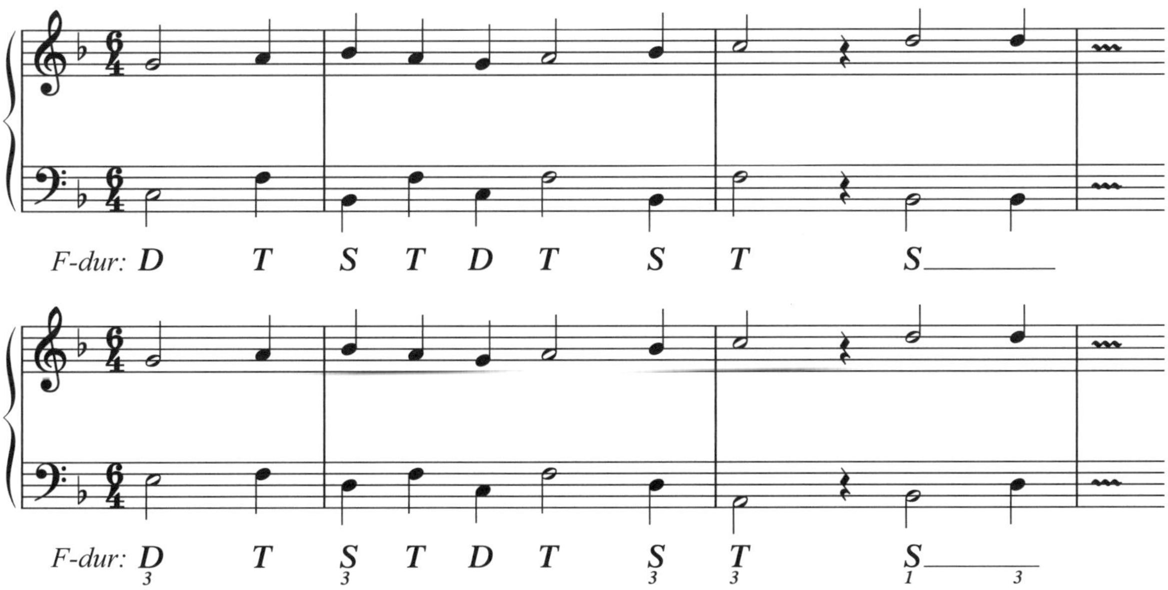

Aufgabe 4.9.

Der Beginn des Chorsatzes „Kommt, ihr G'spielen" von Melchior Franck ist durch Eintragen von Funktionsbezeichnungen zu analysieren. Die eingekreisten Töne gelten als *harmoniefremd* (→ Kapitel 5) und bleiben bei der Analyse hier unberücksichtigt.

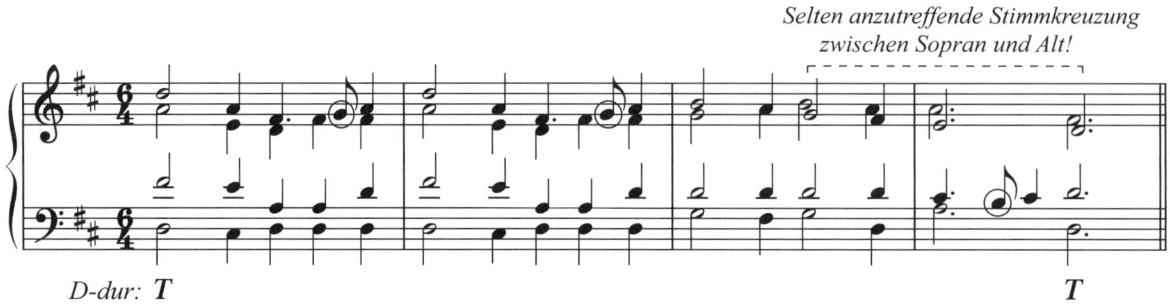

Aufgabe 4.10.

Der Beginn des Chorsatzes „Die Wollust in den Maien" von Johannes Brahms ist durch Eintragen von Funktionsbezeichnungen harmonisch zu analysieren. Des Weiteren soll wie in Aufgabe 3.1. untersucht und eingetragen werden:

- die Klangdifferenzierung jeder Funktion nach **Oktav-**, **Quint-** oder **Terzlage** durch hochgestellte Ziffern ***8***, ***5*** und ***3***,
- der Abstand der Stimmen in jedem Klang nach *enger* bzw. *weiter* Lage (*e/w*),
- die Tonverdoppelungen im vierstimmigen Klang: **Grundton**, **Quinte** oder **Terz** (**G**, **Q** oder **T**).

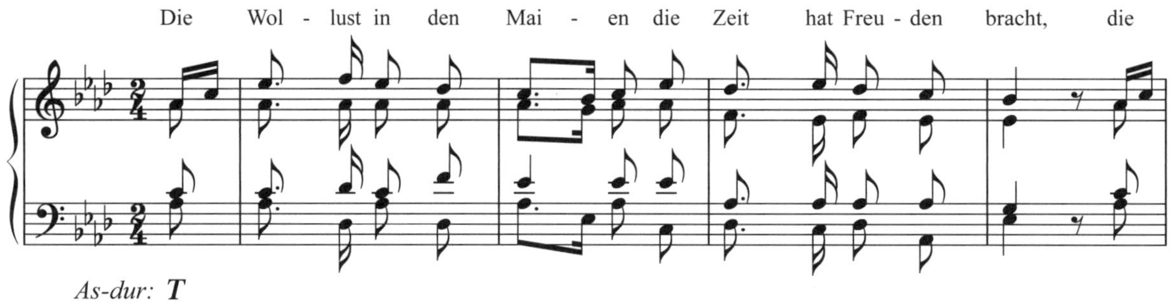

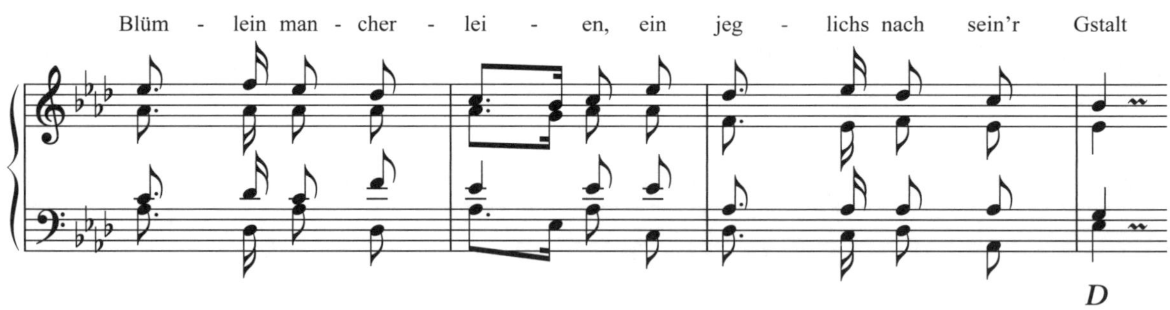

5. Harmoniefremde Töne

→ *Harmonielehre* Kapitel 5

Sie sind wie das Salz in der Suppe und können den Klang, in welchem sie auftreten, beleben, trüben, prägen oder verwässern: die *harmoniefremden Töne.* Oft erkennt man sie an den rhythmisch kleineren Notenwerten in Bezug zu ihrem Hauptklang. Ihre Harmonisation würde zu unbefriedigenden klanglichen Ergebnissen führen; sie bleiben daher bei der Harmoniewahl *unberücksichtigt.* Nur so kann sich ihr Zweck, wie ein *Fremdkörper* im Klang zu wirken, ungeschmälert entfalten.

Harmoniefremde Töne sind in aller Regel *diatonisch*, werden also aus dem Material der vorgezeichneten Tonart geschöpft. *Chromatische harmoniefremde Töne* sind an *zusätzlichen Versetzungszeichen* zu erkennen; sie gelten daher als tonartfremd.
Harmoniefremde Töne können in *allen Stimmen* auftreten, nicht nur in der meist führenden Oberstimme. Immer aber üben sie im jeweiligen Klang eine *dissonierende*, also *nach Auflösung strebende* Wirkung aus.

Vielfach haben sich im Verlauf der Kompositionsgeschichte ehemals harmoniefremde Töne zu *harmonieeigenen, charakteristischen Zusatztönen* entwickelt. Hierzu zählen etwa die *Septime* und die *None* in der *Dominante* und die *Sexte* in der *Subdominante* (→ Kapitel 8, 9, 11 und 12).

Für die Analyse sowie für die Vorbereitungsarbeit zur Harmonisation ist es von Wichtigkeit, welche *metrische Position* im Klang oder im Takt die erkennbar harmoniefremden Töne einnehmen; sie werden deshalb unterschieden nach ihrer Stellung auf *unbetonter, leichter Zeit* bzw. *Zwischenzählzeit* sowie nach ihrem Auftreten auf *betonter, schwerer Zeit* bzw. *Hauptzählzeit.*

Zu den *leichten, unbetonten* harmoniefremden Tönen zählen:
- der ***Durchgang***, der *schrittweise* in *Auf-* oder *Abwärtsrichtung* zwei harmonieeigene Töne miteinander verbindet,
- die ***Wechselnote***, die eine *schrittweise Auf-* oder *Abwärtspendelbewegung* vollzieht, also zum *Ausgangspunkt zurückkehrt*,
- die ***Vorausnahme***, die einen Ton des *nachfolgenden Klangs verfrüht zitiert*,
- die ***Nebennoten***. Hierbei wird die *abspringende Nebennote*, die sich *schrittweise* vom Akkord löst und den Folgeakkord *im Sprung* erreicht, von der *anspringenden Nebennote* unterschieden, die den Erstakkord *sprungweise* verlässt und den Folgeakkord mit einem *Schritt* erreicht.

Ein auf *schwerer*, also auf *betonter* Zeit auftretender harmoniefremder Ton gilt hingegen als ***Vorhalt.*** Beim Vorhalt handelt es sich um eine harmoniefremde Dissonanz zu *Akkordbeginn*, die sich meist stufenweise abwärts in eine Akkordkonsonanz auflöst. Die spezifische Wirkung des Vorhaltes liegt in seinem „Betrug“: Er *zögert* einen eigentlich vom Hörer erwarteten *akkordeigenen Ton hinaus.*

Vorhalte bedürfen einer besonders sensiblen satztechnischen Behandlung und Differenzierung. So darf beim *4-3*-Vorhalt die *Quarte* auf *keinen Fall verdoppelt* werden; die *Terz* bleibt ausgespart. Beim *9-8*-Vorhalt hingegen ist der „vorenthaltene“ Grundton im Klang *immer präsent.* Zudem muss man die historisch älteren *vorbereiteten Vorhalte* von den späteren *freien* oder *unvorbereiteten Vorhalten* unterscheiden.

Bei der Anwendung von harmoniefremden Tönen kann es auch zu *Mischformen* kommen. So hat sich das Phänomen des *harten Durchgangs* entwickelt, bei dem Elemente von *Durchgang* und *Vorhalt* zusammentreffen.
Gelegentlich spricht man auch von einer *uneigentlichen Vorausnahme*, wenn diese einen Ton zitiert, der im Klang selbst *nicht dissoniert.*
Für den *Vorhalt* hat sich als Synonym die Bezeichnung *Suspension* (engl. *suspension*) etabliert. Daher rührt bei der im Jazz und in der Popmusik bevorzugten Akkordsymbolschrift die hochgestellte Abkürzung *sus* (z. B. A^{4sus}).

Hinweise und Empfehlungen zum Lösen der Aufgaben

1. Um Missverständnisse innerhalb der Gruppe der harmoniefremden Tönen einerseits und Verwechslungen mit den Funktionsbuchstaben andererseits zu vermeiden, werden zur Kennzeichnung der *harmoniefremden Töne* folgende *Kürzel* empfohlen und nachfolgend im Buch verwendet:
- ***Dg*** für den Durchgang
- ***Wn*** für die Wechselnote
- ***Vn*** für die Vorausnahme
- ***Vh*** für den Vorhalt
- ***ab*** für die abspringende Nebennote
- ***an*** für die anspringende Nebennote

2. *Leichte, unbetonte* harmoniefremde Töne bleiben bei der Darstellung der Funktionsbezeichnung *unberücksichtigt*, da sie den Klang nicht essentiell beeinflussen. Anders hingegen die *Vorhalte*: Da sie *wesentliche akkordeigene Töne* zu Akkordbeginn *hinauszögern* und somit in die *Klangwirkung eingreifen*, müssen sie als *hochgestellte* und zum *Funktionsgrundton errechnete Kürzel* angegeben werden.

Aufgabe 5.1.

Das Shanty „Ick heff mol en Hamborger Veermaster sehn“ ist mit etlichen *fehlerhaften Funktionsangaben* versehen. Es ist zu untersuchen, speziell unter Beachtung der Taktmetrik, an welchen Stellen es zu unbefriedigenden Harmoniewechseln kommt.

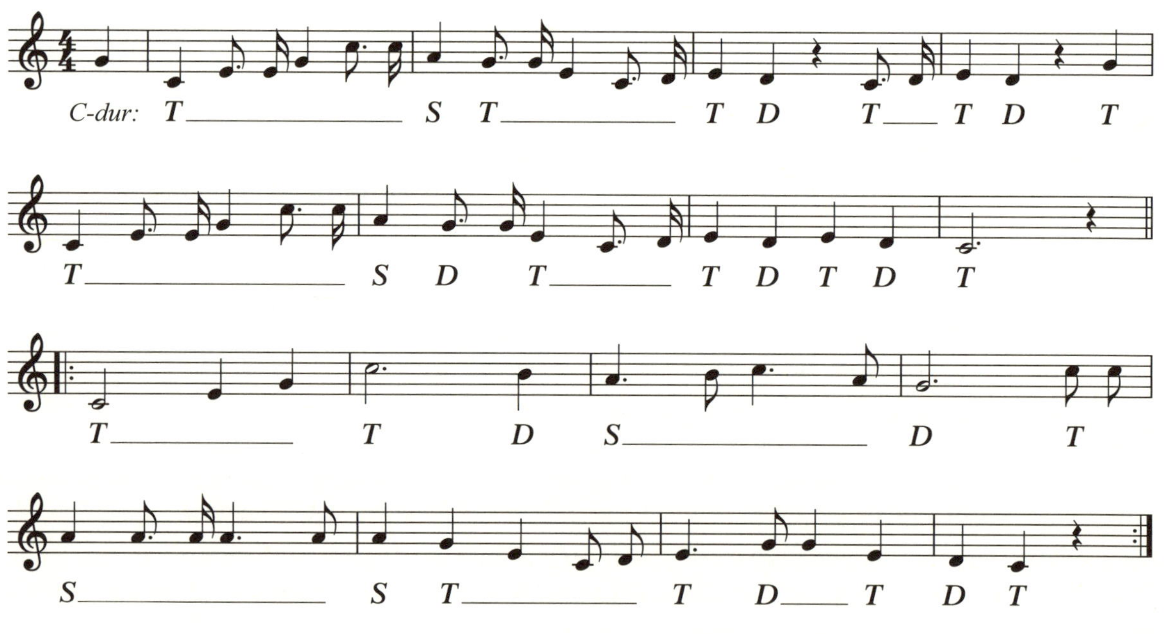

Aufgabe 5.2.

Das nach *D-dur* transponierte Shanty „Ick heff mol en Hamborger Veermaster sehn“ ist unter Würdigung der im Lösungsteil angegebenen Fehler nunmehr mit eigenen Funktionsangaben zu versehen; dabei ist auch der Einsatz von *Sextakkorden* zu bedenken. Die aus der Neuharmonisation resultierenden *harmoniefremden Töne* sind einzukreisen und zu bezeichnen.

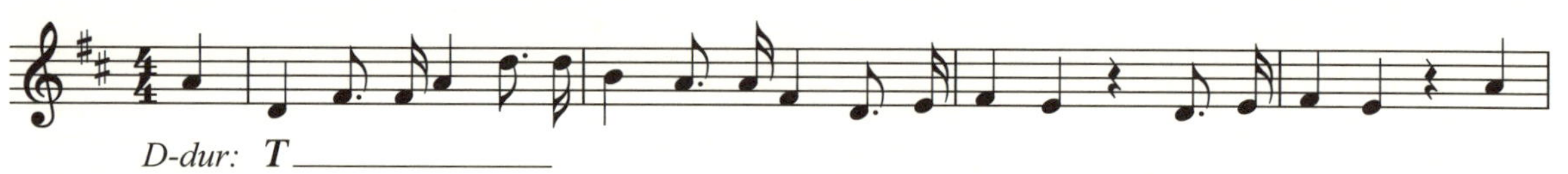

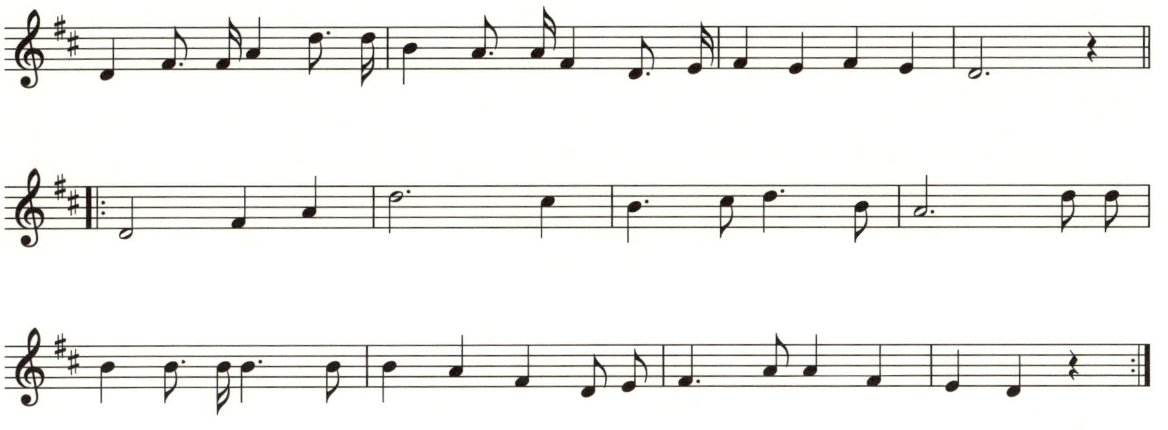

Aufgabe 5.3.

Die beiden – nicht unmittelbar zusammenhängenden – Ausschnitte aus dem Choralsatz „Lobt Gott, ihr Christen“ von J. S. Bach sind durch Eintragen der *Funktionssymbole* und durch Einkreisen und Bestimmen der *harmoniefremden Töne* zu analysieren.

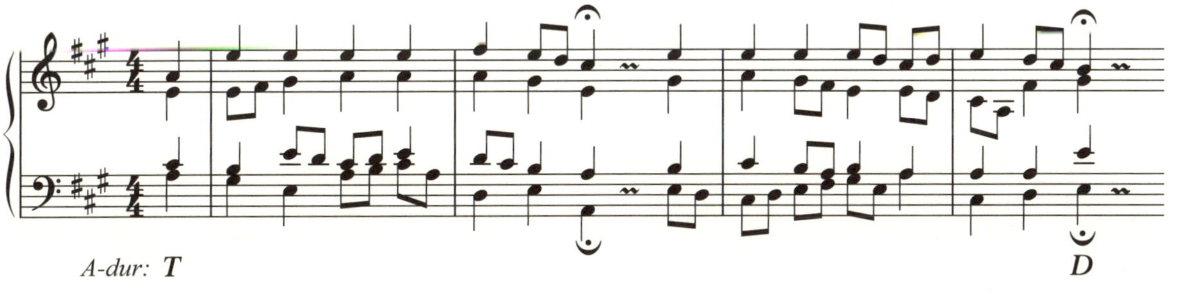

Aufgabe 5.4.

Das Lied „In einen Harung“ ist unter Beachtung der durch die Funktionsangaben vorgegebenen Harmonien auf *harmoniefremde Töne* hin zu untersuchen. Diese sind zu umkreisen und genau zu bezeichnen.

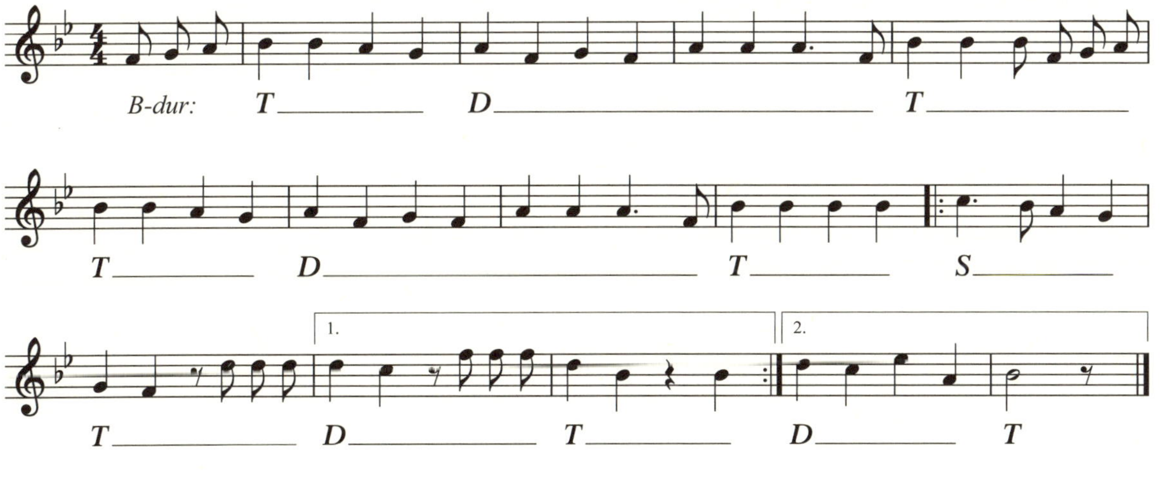

Aufgabe 5.5. → *Harmonielehre* **Aufgabe 5.C.1.**

Das Lied „Wenn die Bettelleute tanzen“ ist mit Funktionszeichen zu versehen. Die *harmoniefremden Töne* sind zu bezeichnen.

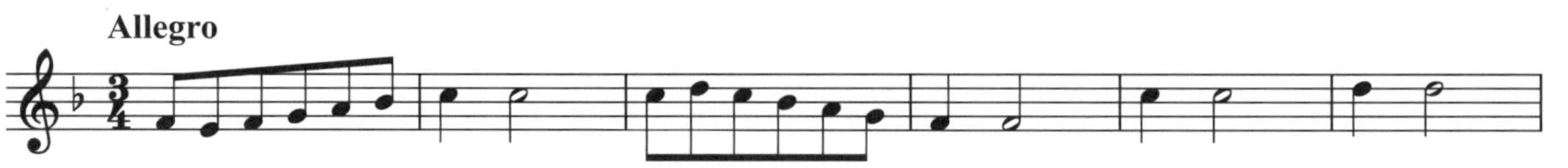

F-dur: ***T*** ________ ***T*** ________

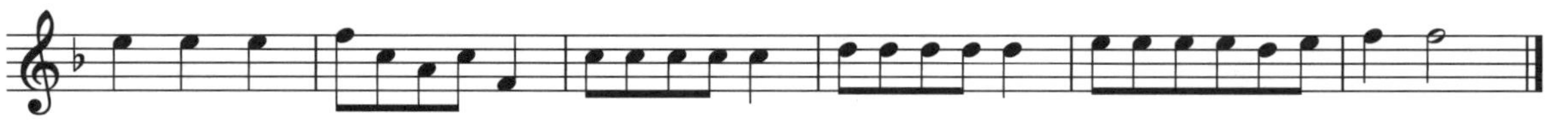

Aufgabe 5.6. → *Harmonielehre* **Aufgabe 5.D.1.**

Das Lied „Es ist für uns eine Zeit angekommen“ ist mit Funktionszeichen zu versehen. Die *harmoniefremden Töne* sind zu bezeichnen.

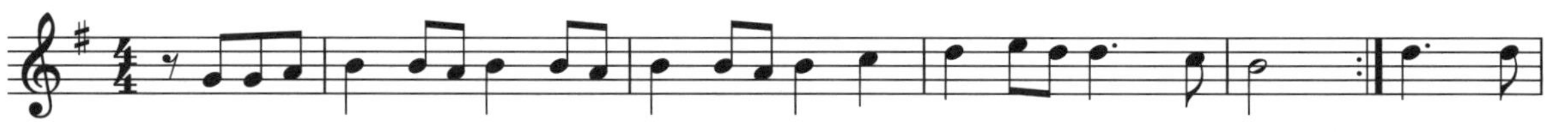

G-dur:

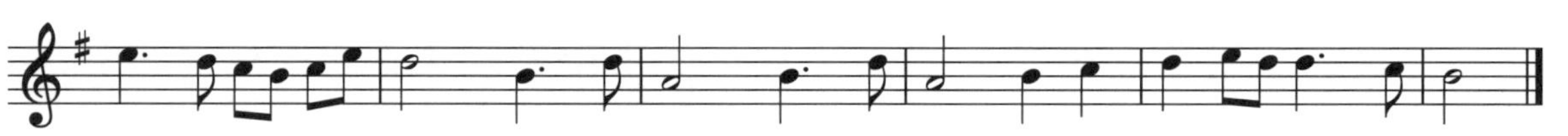

Aufgabe 5.7. → *Harmonielehre* **Aufgabe 5.D.2.**

Der Choral „Kommt, ihr Seelen“ ist in folgenden Schritten zu bearbeiten:
- Zunächst ist die Basslinie zu schreiben (mögliche Funktionen: T, $\underset{3}{T}$, S, $\underset{3}{S}$, D, $\underset{3}{D}$).
- Danach sind die harmoniefremden Töne zu bezeichnen.
- Zuletzt werden die Mittelstimmen ergänzt.

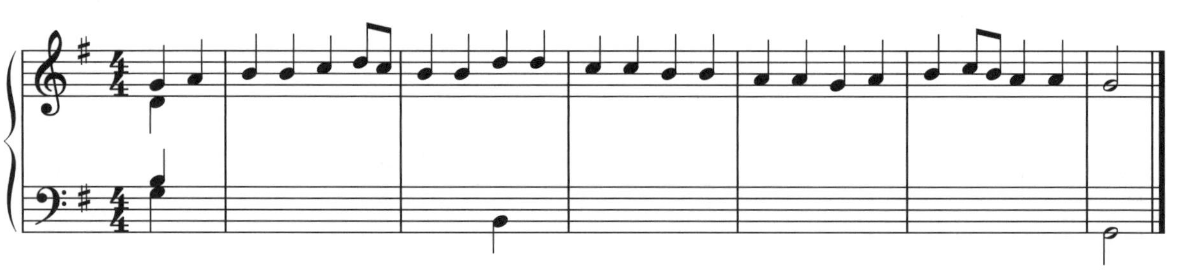

G-dur:

Aufgabe 5.8.

Das norddeutsche Lied „Dat du min Leevsten bist“ ist durch Eintragen von Funktionssymbolen mit *ganztaktigen Harmonien* zu versehen. Die sich dadurch ergebenden *harmoniefremden Töne* sind einzukreisen und zu bezeichnen.

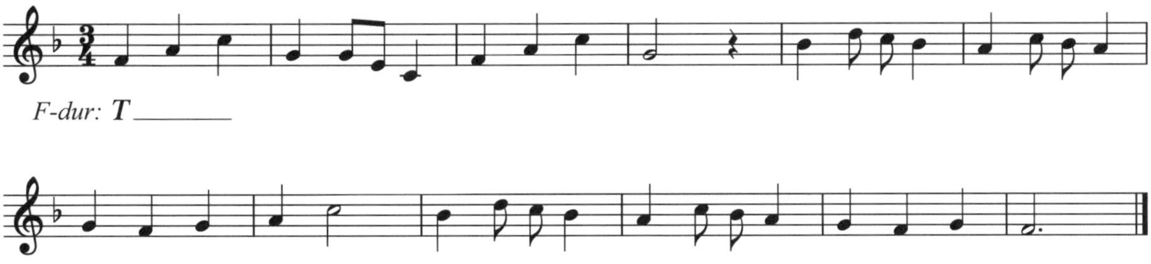

Aufgabe 5.9.

Der Beginn des *Menuetts* aus dem „Notenbuch für Wolfgang“ von Leopold Mozart ist durch die Funktionsangaben harmonisch schon erklärt. Die *harmoniefremden Töne* sind jedoch einzukreisen und zu bezeichnen. Der in Takt 7 eingekreiste Ton *f* bleibt bei dieser Aufgabenstellung noch unberücksichtigt (→ Kapitel 8).

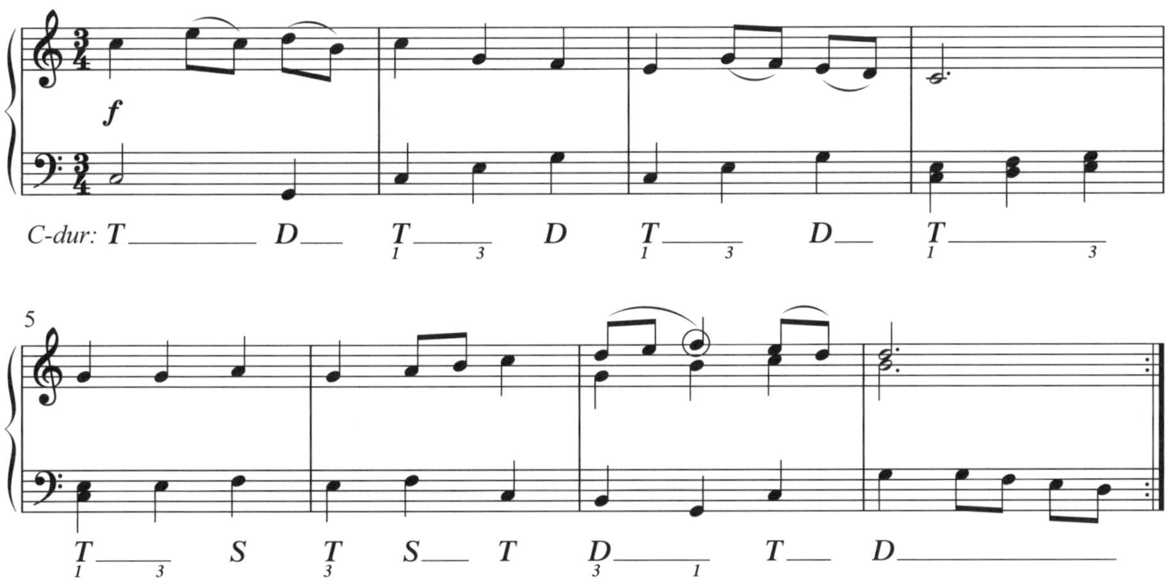

Aufgabe 5.10.

Bei dem englischen Lied „Amazing Grace“ ist gemäß den Funktionsangaben die Basslinie zu vervollständigen. Danach sind die *harmoniefremden Töne* zu bestimmen und der Rahmensatz ist zur Vierstimmigkeit zu ergänzen. Beispielhaft sind bereits einige harmoniefremde Töne eingekreist. Der vierstimmig ausgesetzte Beginn zeigt zum Einen, dass die *Achtel-Auftakte* tonikal zu deuten sind, zum Anderen, dass die zahlreichen *Triolen* optimal durch Akkorde im Wert einer *Viertel* harmonisiert werden. In beiden Fällen ist zu beachten, dass die *Terz* der Funktion im Klang immer vertreten sein muss – siehe Auftakt und Takt 1.

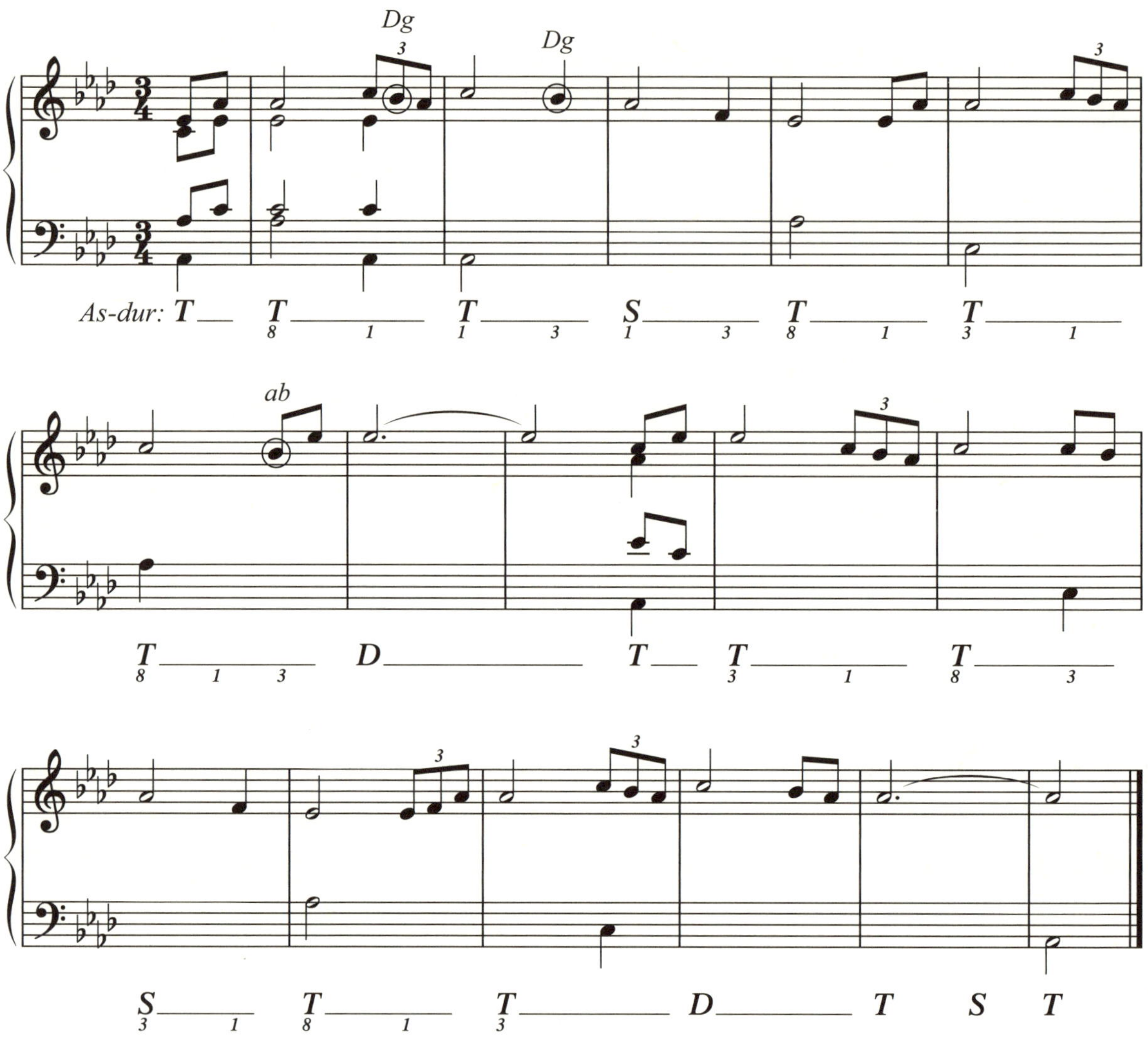

Aufgabe 5.11. → *Harmonielehre* **Aufgabe 5.C.2.**

Das Volkslied „Ich ging durch einen grasgrünen Wald" ist gemäß den Funktionsangaben zu einem vierstimmigen Satz auszuarbeiten. Die harmoniefremden Töne sind als Hilfestellung zum Lösen der Aufgabe bereits bezeichnet.

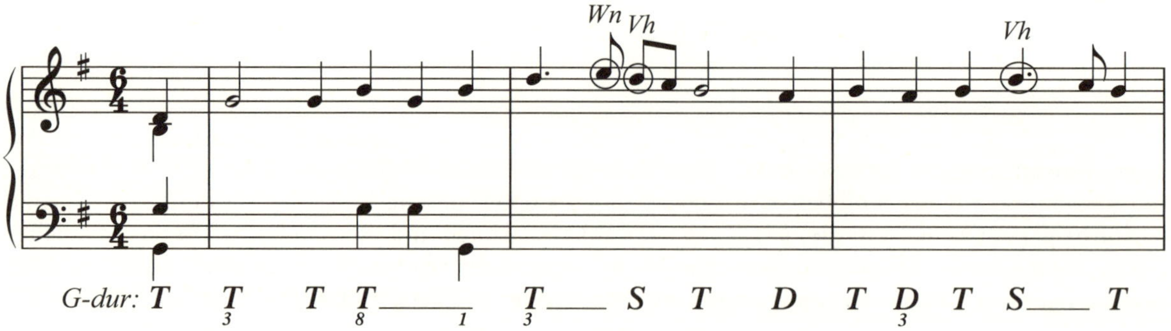

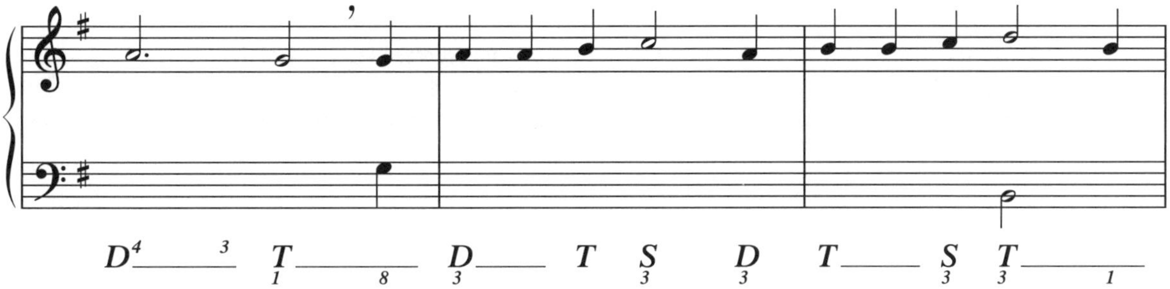

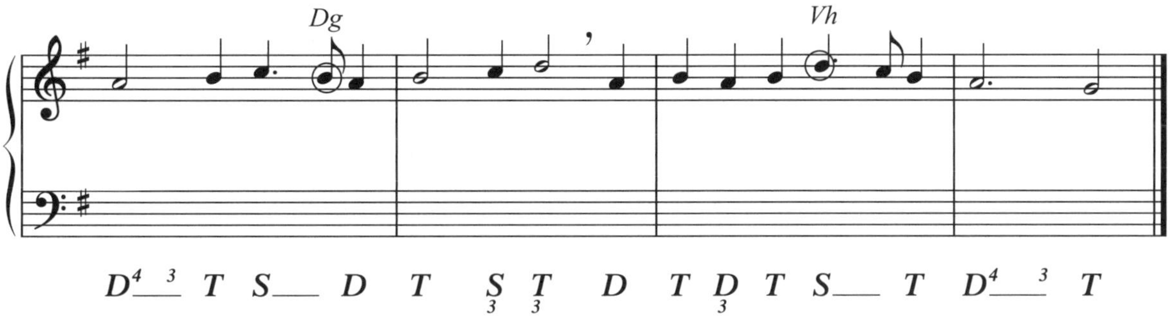

Aufgabe 5.12. → *Harmonielehre* **Aufgabe 5.D.3.**

Der Choral „Vom Himmel hoch, ihr Englein kommt“ ist zu einem vierstimmigen Satz auszuarbeiten. Von der Möglichkeit des kadenziell starken *4-3*-Vorhalts in der Dominante ist besonders dann Gebrauch zu machen, wenn in Abschlusskadenzen von Melodieteilen Begrenzungspunkte gesetzt werden sollen. Die Bögen zeigen an, dass auch eine Harmonisierung in Halben möglich ist.

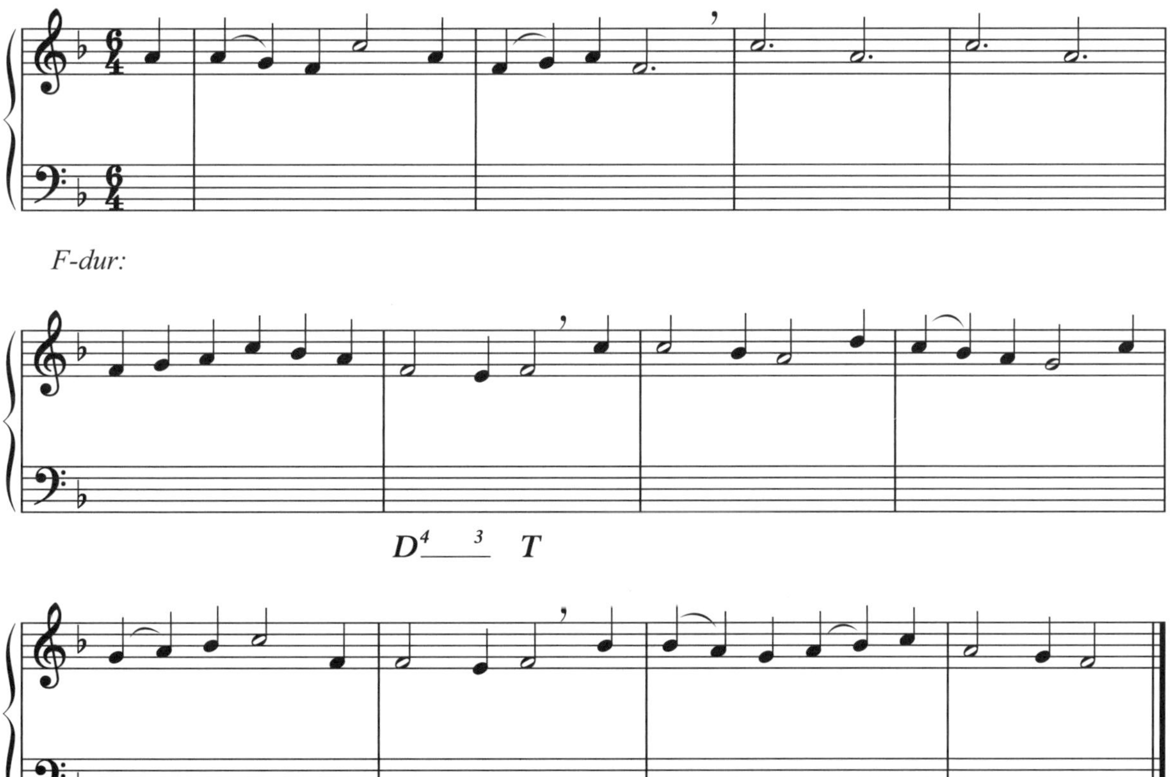

Aufgabe 5.13.

Der im stiltypischen Bewegungsablauf eines Bachchorals ausgesetzte Beginn der Melodie „Nun danket alle Gott“ weist zahlreiche *harmoniefremde Töne* auf. Diese sind einzukreisen und zu bestimmen. Hilfreich hierbei ist die genaue Beachtung des harmonischen Verlaufs, erläutert durch die Funktionsbezeichnungen.

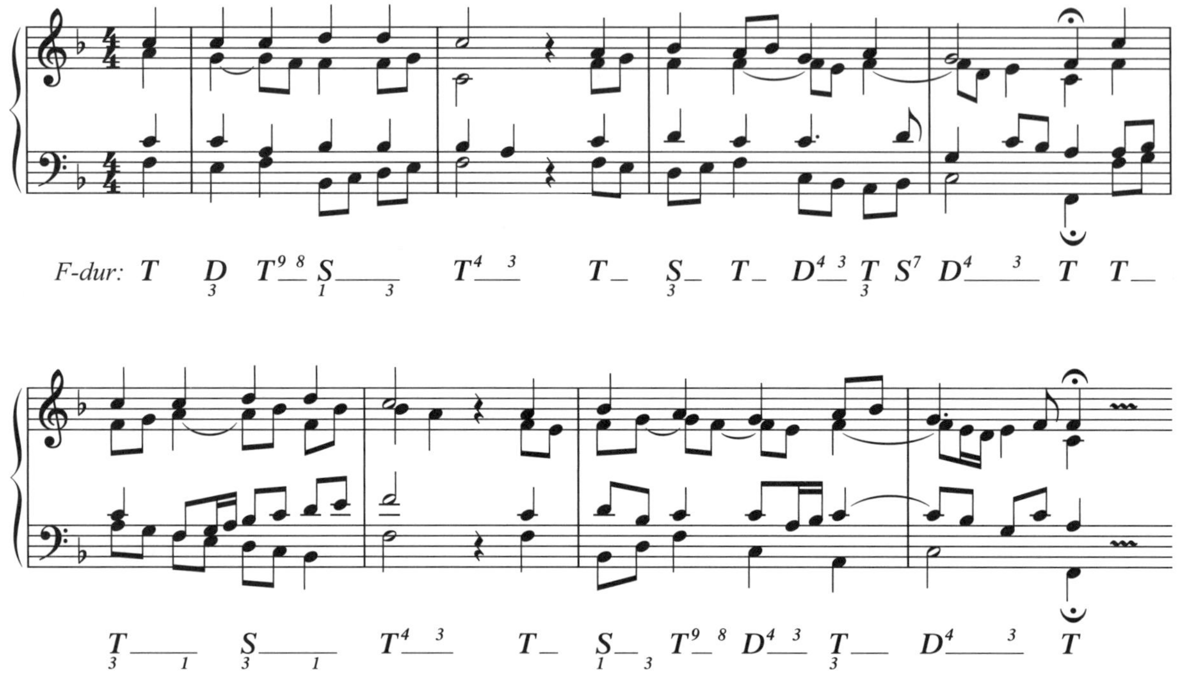

6. Die Quartsextakkorde

→ *Harmonielehre* Kapitel 6

Unter der Bezeichnung *Quartsextakkord* wird die zweite Umkehrung eines Dreiklangs verstanden: Nicht mehr der Grundton oder die Terz, sondern die *Quinte* rückt als *unterster Akkordton* nunmehr in den Bass. Die *Funktionslehre* hat für diesen Umstellungsvorgang die Chiffren T_5, S_5 und D_5 geschaffen.
Die Bezeichnung *Quartsextakkord* lässt sich – wie auch der Sextakkord – historisch begründen und ist in diesem Falle auch logisch. Gemäß der *Generalbasslehre* ergeben sich beim C-dur-Quartsextakkord *g-c-e*, jeweils bezogen auf den Basston *g*, die *Quarte g-c* plus die *Sexte g-e*, also *Quartsextakkord*.
Während die im Bass liegende *Terz* eines Dreiklangs beim *Sextakkord* ein *harmonisches Drängen* auslöst, verhält sich die im Bass befindliche *Akkordquinte* beim *Quartsextakkord* eher *neutral*.
Deshalb gilt es zu beachten, ob ein Quartsextakkord auf *leichter* oder *schwerer Taktposition* auftritt und welche kadenzielle Wirkung somit von ihm ausgeht. Entscheidend ist zudem, wie sich das Fortschreiten des Basses in den *Klang hinein* und aus dem *Klang heraus* darstellt. Dieses melodische Moment ist ohne die Kenntnis der *harmoniefremden Töne* nicht differenzierbar. In Analogie zu den harmoniefremden Tönen sind deshalb auch die Quartsextakkorde nach ihrer *metrischen Stellung* im Takt zu unterscheiden.

Quartsextakkorde auf *leichter, unbetonter Taktzeit* oder einer *Zwischentaktzeit* sind:
1. der ***Durchgangsquartsextakkord***, der aus einer *Sekundfortschreitung* des Basses resultiert; Kürzel: ***Dg***,
2. der ***Wechselquartsextakkord***, bei dem – auf liegendem Basston – eine *Pendelbewegung* von einer Funktion zur nächsten und wieder zurück typisch ist; Kürzel: ***W***,
3. der ***Vorausnahmequartsextakkord***, der – meist am Taktende – den ersten Klang des nachfolgenden Taktes *frühzeitig zitiert*; Kürzel: ***Vn***,
4. die ***Nebennotenquartsextakkorde***, unterschieden in *anspringende* und *abspringende Nebennotenquartsextakkorde*: *springt* der Bass in den Quartsextakkord *hinein*, lautet das Kürzel ***an***; *springt* der Basston aus dem Quartsextakkord *heraus*, ist das Kürzel ***ab***,
5. der ***Umkehrungsquartsextakkord***, bei dem keine der Kategorien greift. Der Umkehrungsquartsextakkord ergibt sich kurzzeitig aufgrund des *Durchschreitens einer melodischen Dreiklangslinie im Bass* bei meist liegen bleibenden Oberstimmen. Wenn der Bass dabei die *Akkordquinte* streift, lautet das Kürzel ***U***.

Der einzige auf *schwerer, betonter* Taktzeit stehende Quartsextakkord ist der ***Vorhaltsquartsextakkord***, Kürzel: ***Vh***. Seine wohl fundamentalste Wirkung und am häufigsten anzutreffende Anwendung liegt im *verzögerten Eintritt der Dominante*. Er wird daher mit $D^{T}_{\_}$ bezeichnet. Dabei ersetzt die *Tonika* auf *liegendem Dominantgrundton* und meist zum Taktbeginn die vom Hörer erwartete *Dominante*, bevor nach diesem Verzögerungsvorgang der Dominantklang auf leichter Zeit erscheint. Eine solchermaßen herbeigeführte starke Schlusswendung wird *kadenzierender Vorhaltsquartsextakkord* genannt.

Hinweise und Empfehlungen zum Lösen der Aufgaben

1. Bei der satztechnischen Anwendung von Quartsextakkorden sind im Prinzip *alle Dreiklangstöne verdoppelbar*. Eine *Ausnahme* stellt die Terz der Dominante, der *Leitton*, dar.
2. Bei der vierstimmigen Darstellung des kadenzierenden Vorhaltsquartsextakkordes muss *stets der Grundton der Dominante verdoppelt* werden.
3. Beim Vorhaltsquartsextakkord selbst darf als *Vorausklang keine Dominantfunktion* auftreten.
4. Für die Darstellung der analytischen Bezeichnungen aller Quartsextakkorde sei das Lösungsmodell zu Aufgabe 6.1. empfohlen.

Aufgabe 6.1.

Der nachfolgende Satz enthält acht *Quartsextakkorde* einschließlich des in Takt 1 bezeichneten. Nach einer kompletten Funktionsanalyse sind diese zu markieren und mit den oben erläuterten Kürzeln (*Dg, Wn, U, an, ab, Vn* sowie *Vh*) zu differenzieren.

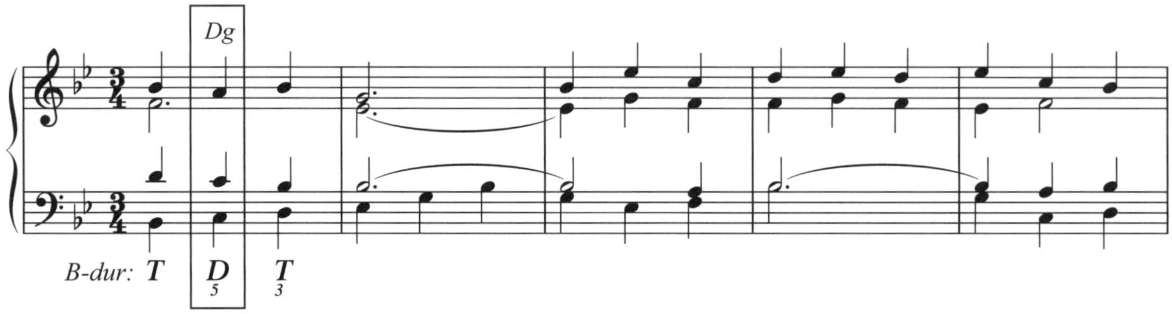

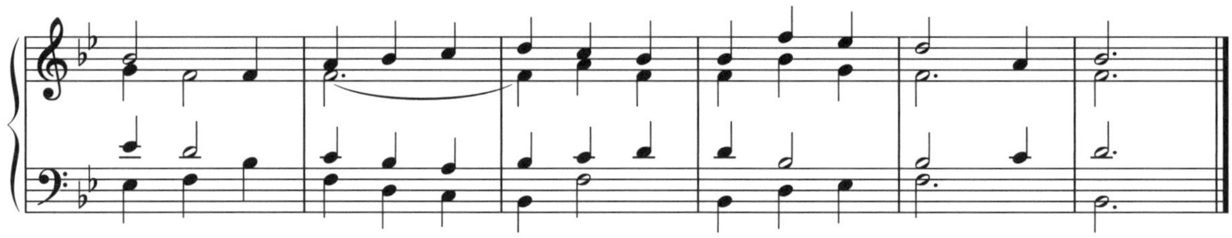

Aufgabe 6.2.

Die nachfolgende Melodie ist unter Beachtung der vorgegebenen Funktionsangaben zu einem vierstimmigen Satz auszuarbeiten. Die *Quartsextakkorde* sind mit den bekannten Kürzeln zu differenzieren.

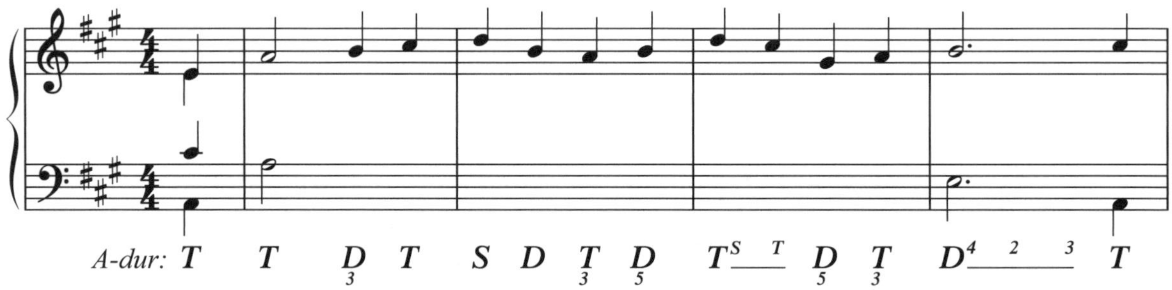

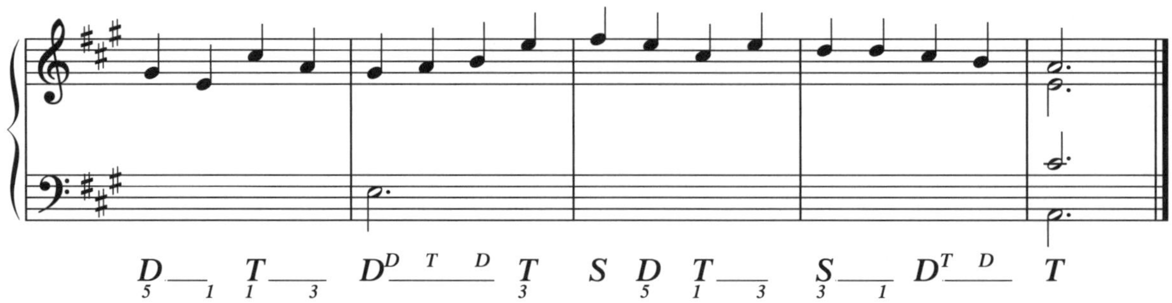

Aufgabe 6.3.

Der Song „Matilda" ist mit Funktionsbezeichnungen zu versehen. Dabei ist von ganztaktigen Harmonien auszugehen, wozu sinngemäß auch der Vorhaltsquartsextakkord und seine Auflösung zählen. In den Leertakten bleibt der Klang des vorhergehenden Taktes liegen. *Harmoniefremde Töne* sind zu bezeichnen.

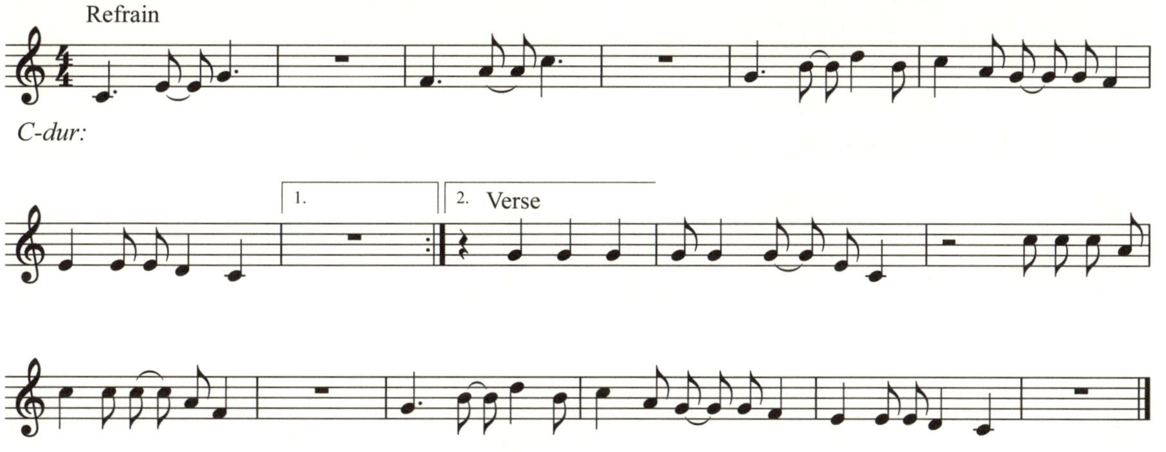

Aufgabe 6.4.

Das Studentenlied „Gaudeamus igitur" ist mit Funktionsbezeichnungen zu versehen. Die Melodie wird bis einschließlich Takt 5 *ganztaktig* harmonisiert, danach kommt es zu Harmoniewechseln auch innerhalb der Takte, wobei *Sextakkorde* zum Klangfluss verhelfen können. Der Einsatz zweier *Vorhaltsquartsextakkorde* ist nicht zu umgehen. Die *harmoniefremden Töne* sind hilfsweise markiert und sollen bezeichnet werden.

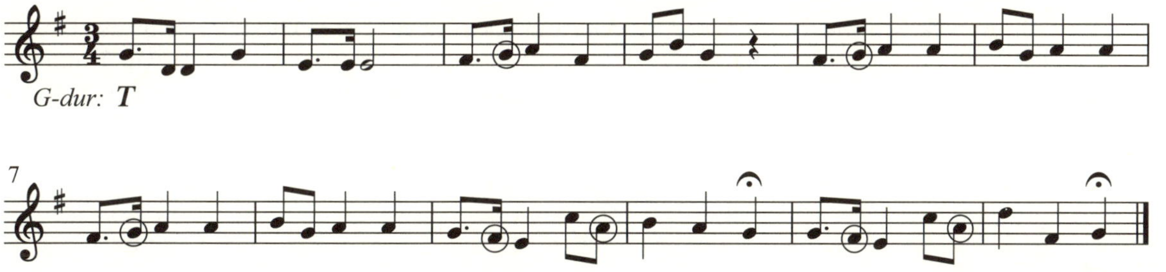

Aufgabe 6.5.

Das Lied „Abend wird es wieder“ ist vierstimmig auszuarbeiten. Dabei ist auch der Einsatz von T_3 und S_3 zu erwägen. Der *anspringende Quartsextakkord* hilft an einer Stelle, Stimmführungsprobleme zu vermeiden. In der Schlusskadenz ist der Einsatz des *Vorhaltsquartsextakkordes* zwingend erforderlich. Nach diesen Vorüberlegungen lässt sich die Bassstimme nahezu optimal in Gegenbewegung zum Sopran anfertigen. Anschließend sind Alt und Tenor zu ergänzen.

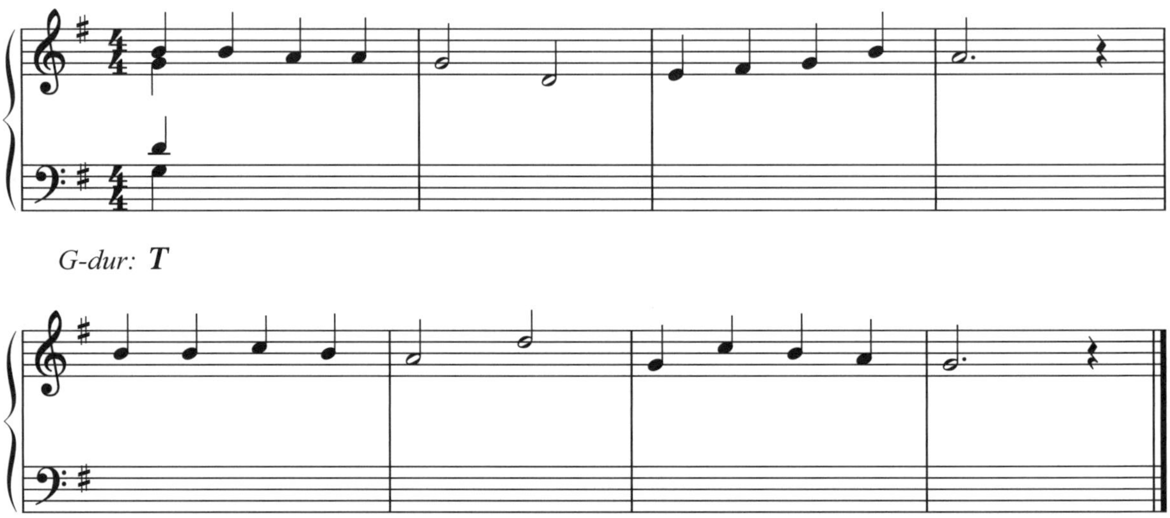

Aufgabe 6.6.

Das Lied „Innsbruck, ich muss dich lassen“ ist vierstimmig auszuarbeiten. Die Lücken in der Basslinie sowie in der Funktionsanordnung sind zunächst zu schließen. Dabei ist auch der Einsatz von T_3 und D_3 zu erwägen. Der *Vorhaltsquartsextakkord* sollte einmal zur Anwendung gelangen. Anschließend sind Alt und Tenor zu ergänzen.

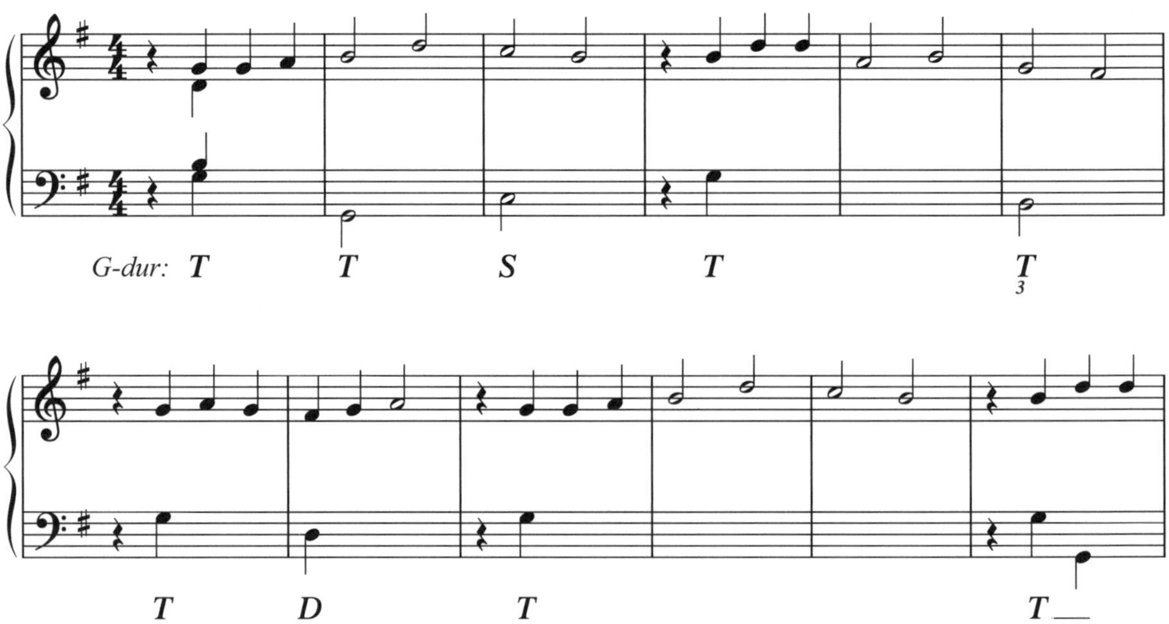

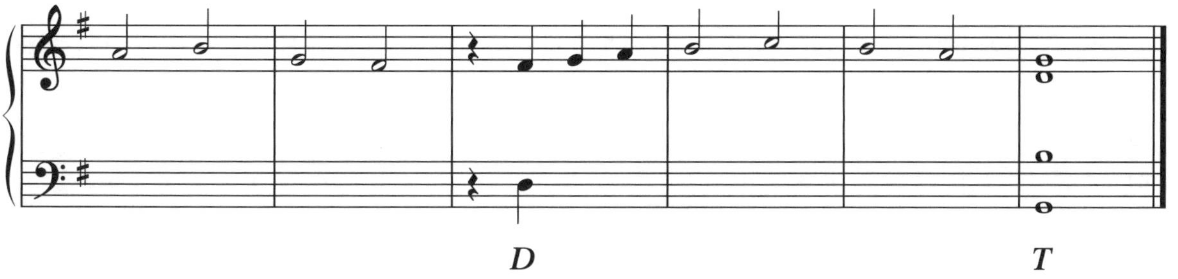

Aufgabe 6.7. → *Harmonielehre* **Aufgabe 6.C.**

Das Lied „Es ist für uns eine Zeit angekommen" ist vierstimmig auszusetzen. Dabei empfiehlt sich, zunächst die Basslinie mit Funktionsbezeichnungen zu versehen und danach Alt und Tenor zu ergänzen. Die eingekreisten *harmoniefremden Töne* sind zu bezeichnen.

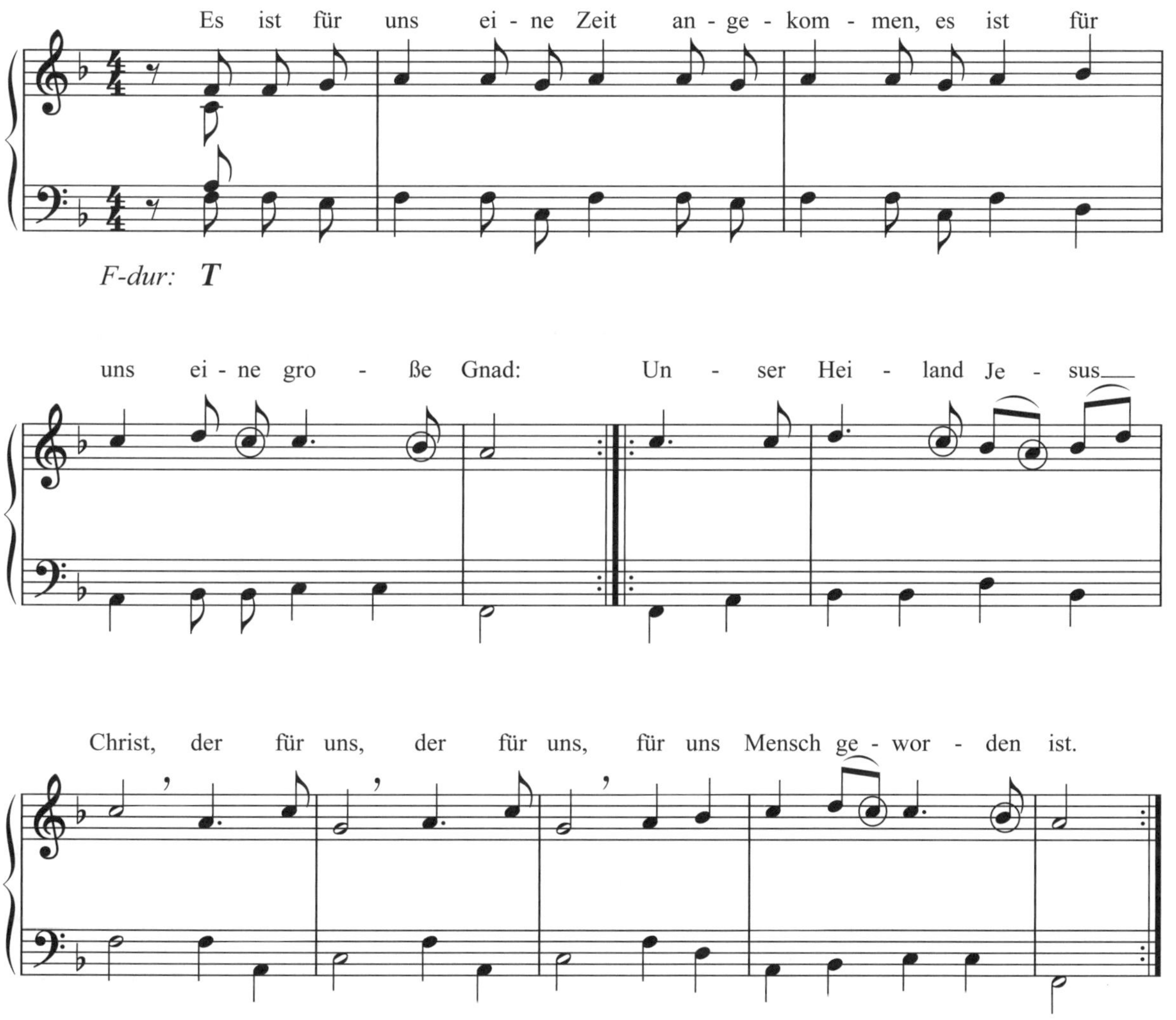

Aufgabe 6.8. → *Harmonielehre* **Aufgabe 6.D.**

Das Lied „Kumbaya“ (USA) ist mit Funktionsbezeichnungen zu versehen. Die durch den Akkordgang entstehenden *harmoniefremden Töne* sind einzukreisen und zu bezeichnen.

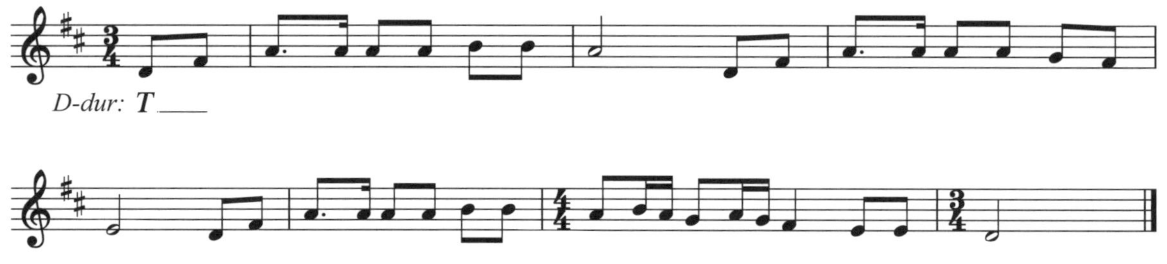

Aufgabe 6.9.

Der Satz zum Lied „Sah ein Knab ein Röslein stehn“ ist harmonisch durch die Angabe von Funktionsbezeichnungen zu analysieren. Der Satz enthält u. a. sechs *Quartsextakkorde*, die zunächst zu markieren sind (siehe Takt 3). Danach soll mit den o. a. Kürzeln differenziert werden. Ebenso sollten die *harmoniefremden Töne* eingekreist und bestimmt werden.

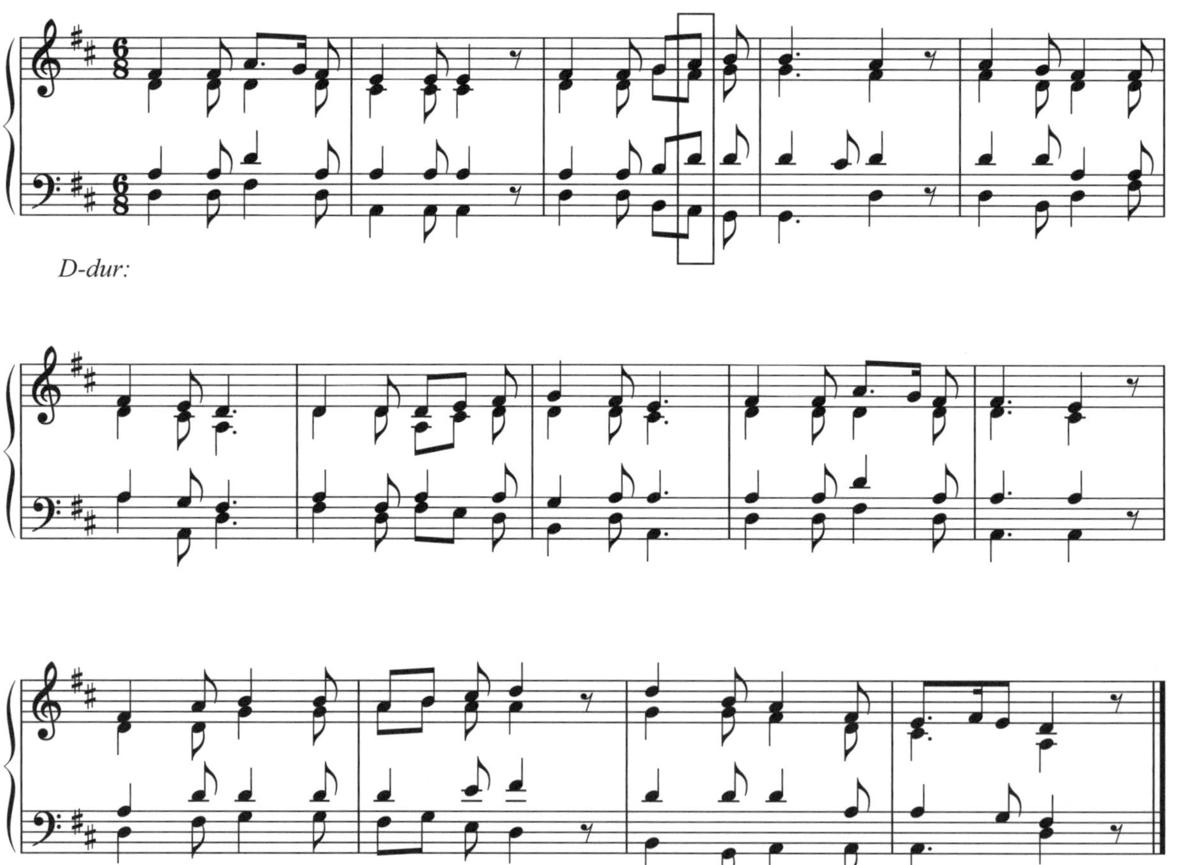

Aufgabe 6.10.

Die Klavierbegleitung zum Lied „An der Saale hellem Strande" ist durch die Fortsetzung der Funktionszeichen harmonisch zu analysieren. *Quartsextakkorde* und *harmoniefremde Töne* sind genauer zu bezeichnen. Einstimmige und zweistimmige Passagen können dabei unberücksichtigt bleiben. Durch das Treten des Haltepedals am Klavier wirkt der Basston am Anfang des Taktes bis zur Aufhebung durch die Pause oder bis zum eindeutigen Funktionswechsel (siehe Ende von Takt 8).

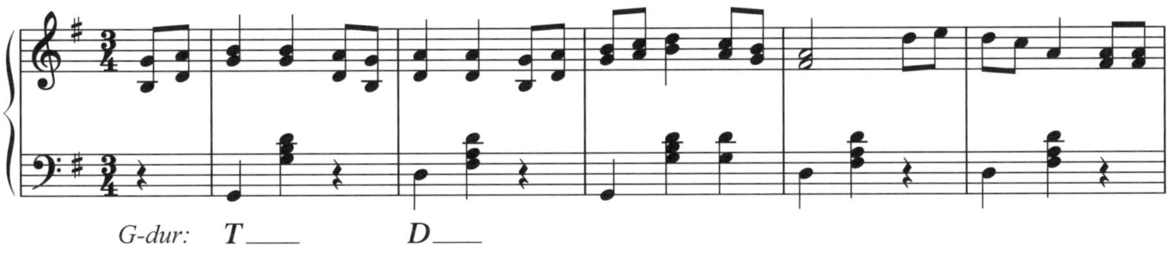

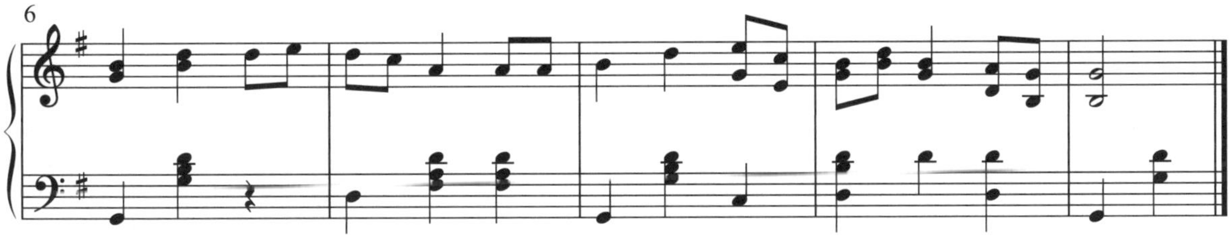

7. Moll

→ *Harmonielehre* Kapitel 7

Die Tongeschlechter *Dur* und *Moll* gehörten als ehemals *Ionisch* und *Aeolisch* lange zu den sogenannten *Kirchentonarten* (auch: *Modi*). Da nur in diesen beiden Tonleitern die Voraussetzung zu einer Kadenz mit einer ungetrübten, weil jeweils gleichgeschlechtlichen *Quintverwandtschaft* verankert war, setzten sie sich mit dem Aufkommen des Akkordischen in der Musik („Generalbass") Ende des 16. Jahrhunderts gegen alle übrigen Kirchentonarten endgültig durch. Seit etwa 1600 bis in unsere Zeit bestimmen sie unter dem Begriff *Dur-Moll-Tonalität* wesentlich den Parameter der *Harmonik* in der Musik. Dur- und Molltonarten mit dem *gleichen Grundton*, aber völlig unterschiedlichen Vorzeichen werden *Varianttonarten* genannt (z. B. *C-dur* und *c-moll* oder *E-dur* und *e-moll*).

Die Kadenz des *reinen*, *natürlichen* oder *aeolischen Moll* weist auf der 5. Tonleiterstufe einen unbrauchbaren, weil *harmonisch nicht zwingenden* Molldreiklang, die *Molldominante* ***d***, auf. (Diese *Urkadenz* in Moll würde ***t – s – d – t*** lauten.) Die Molldominante wurde daher schon früh manipuliert, indem man ihre Mollterz zur *Durterz* („Leitton") erhöhte und somit die *Durdominante* ***D*** generierte. Durch diese selbstverständliche Einbindung der *Durdominante* ***D*** entsteht das *harmonische Moll*, dessen Regelkadenz ***t – s – D – t*** lautet.
Um den nunmehr *melodisch unsingbaren Schritt* von der 6. Tonleiterstufe zum Leitton auszugleichen („Hiatus"), erhöhte man auch diesen Ton auf der 6. Stufe mit der Folge der Einbeziehung der *Dursubdominante* ***S***. Hierdurch entsteht eine Kadenz, die als *melodisches Moll* bekannt wurde und die Funktionsreihung ***t – S – D – t*** hat.

Der starke *Einfluss der Varianttonart Dur* auf das Mollgeschlecht geht aber noch weiter: Schon während des 16. Jahrhunderts wurde im Abschlussakkord eines Mollstückes gerne die Durterz verwendet, was zur *Durtonika* ***T*** führte. Diese Durterz heißt *pikardische Terz*. Man verwendete sie zu einer Zeit, als die damals noch nicht temperierte Stimmung einen lang ausgehaltenen Molldreiklang „das Ohr beleidigen ließ".
Ist also die Kadenz des *harmonischen Moll* die *Regel*, so hat sich die *Molldominante* als Bestandteil eines feststehenden Kadenzzuges über Jahrhunderte erhalten und konnte auch jederzeit mit der *Durdominante* in einen Zusammenhang treten.

Dieser harmonisch sich öffnende Kadenzzug lautet t-$\underset{3}{d}$-$\underset{3}{s}$-D. Er wurde schon im 16./17. Jahrhundert als *harmonische Basis* zum Improvisieren und Variieren eingesetzt und fand noch im 20. Jahrhundert große Akzeptanz. So beruht etwa der von Ray Charles vorgetragene Song „Hit the Road Jack" ausschließlich auf dieser Akkordfolge.

Hinweise und Empfehlungen zum Lösen der Aufgaben

1. *Alle* bisher erläuterten Regeln, Verbote und Empfehlungen bleiben auch in Moll *ohne Einschränkungen* erhalten. Für *Akkordumkehrungen* in Moll sowie für die *Verdoppelungsempfehlungen* von Dreiklangstönen gelten sinngemäß die in Dur entwickelten Vorgaben.
2. Die Kadenz des *harmonischen Moll* gilt als *grundlegende Orientierung* zur Harmonisation. Die *Durdominante* mit ihrer starken Kadenzkraft sollte also in Moll als *Regeldominante* betrachtet werden.
3. Je nach Melodievorlage sind jedoch ebenso die $\underset{3}{d}$ („ground"), die ***S*** („melodisches Moll") und die ***T*** („pikardische Terz" in Schlussklängen) gebräuchlich.

Aufgabe 7.1.

Der nachfolgende choralhafte Rahmensatz von Sopran und Bass soll zur Vierstimmigkeit ausgearbeitet werden. Hierbei empfiehlt sich folgende Vorgehensweise:
- Die Basslinie sollte zunächst mit *Funktionszeichen* versehen werden, womit der *Harmoniegang* festgelegt wird.
- Die *harmoniefremden Töne* sind in beiden Stimmen einzukreisen.
- Alt und Tenor sind zu ergänzen; auch in diesen Stimmen sollten harmoniefremde Töne nicht ausgespart werden.

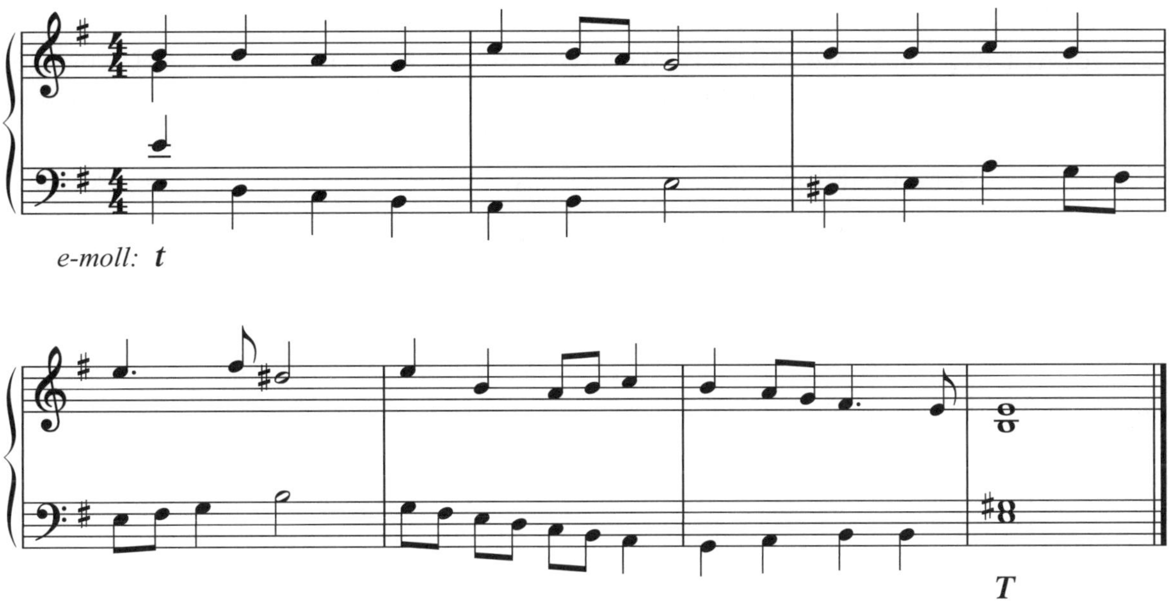

Aufgabe 7.2.

Die nachfolgende Basslinie soll als Grundlage eines vierstimmigen Satzes dienen:
- Zunächst sind die Funktionen einzutragen.
- Danach ist die Melodie zu erstellen; diese sollte möglichst *gegenläufig* zum Bass entworfen werden und von *rhythmischer Lebendigkeit* sein.
- Im Anschluss daran (oder abschnittweise zeitgleich) empfiehlt sich die Ergänzung der Mittelstimmen.

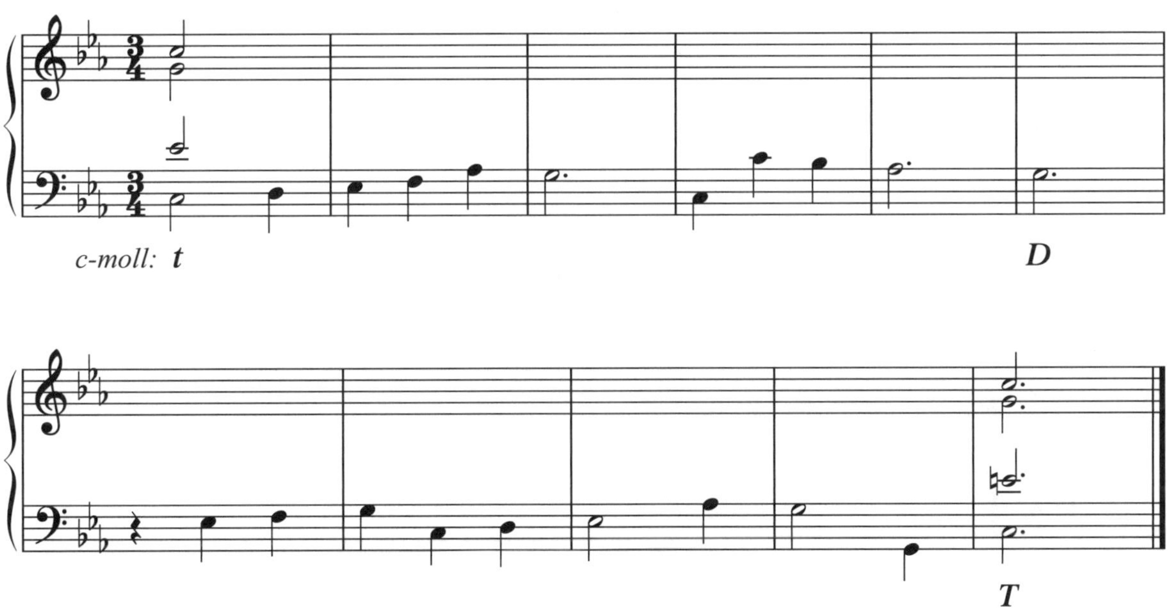

Aufgabe 7.3.

Das Lied „Verstohlen geht der Mond auf“ ist zu einem vierstimmigen Chorsatz auszuarbeiten. Die Passagen der Vorsängerin bleiben einstimmig. Die rhythmische Gestaltung der drei Unterstimmen sollte den Vorgaben des Textes der Melodie angepasst werden, also bis hin zu Sechzehntelnoten.

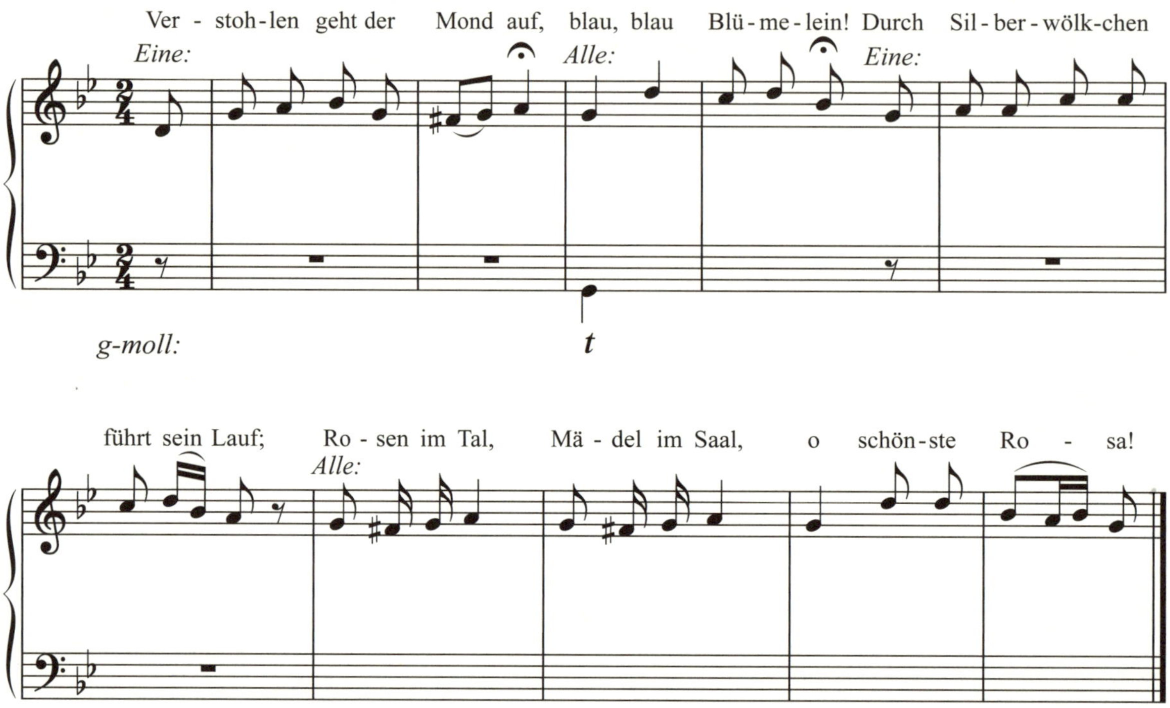

Aufgabe 7.4.

Das englische Lied „Fierce was the wild billow“ soll zu einem schlichten vierstimmigen Chorsatz ausgesetzt werden. Die punktuellen Vorschläge im Bass können helfen, bei der Harmonisation folgende Grundsätze zu bedenken:
- den Punktierungen der Melodie durch rhythmisches Gleichmaß zu begegnen (siehe Takt 2),
- an den Einsatz von Sextakkorden zu denken,
- das Prinzip der Gegenbewegung zwischen Sopran und Bass zu beachten.

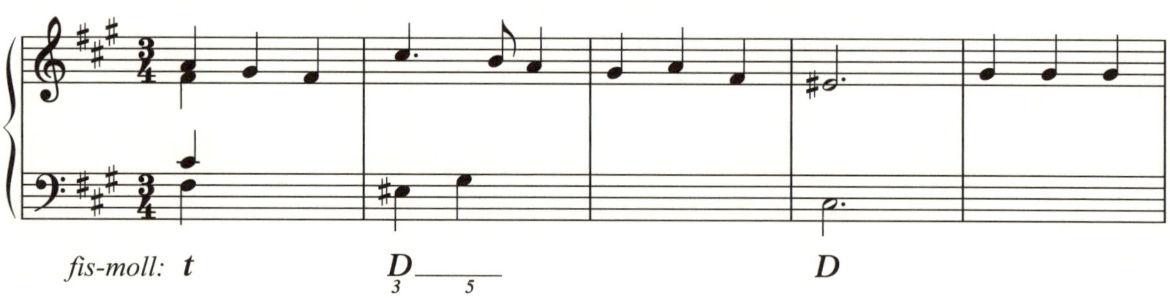

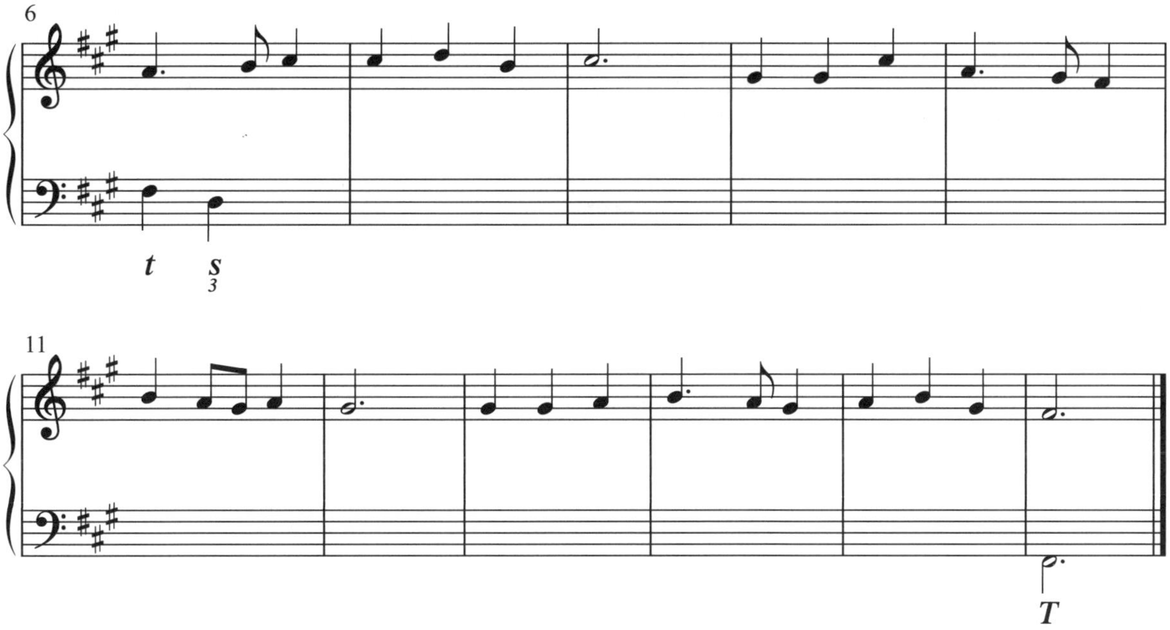

Aufgabe 7.5. → *Harmonielehre* **Aufgabe 7.C.**

Das Lied „Es fiel ein Reif in der Frühlingsnacht“ ist mit Funktionsbezeichnungen und der Basslinie zu versehen. Die *harmoniefremden Töne* sind eingekreist und zu bestimmen; hieraus kann auf die richtige Wahl der Akkorde geschlossen werden.

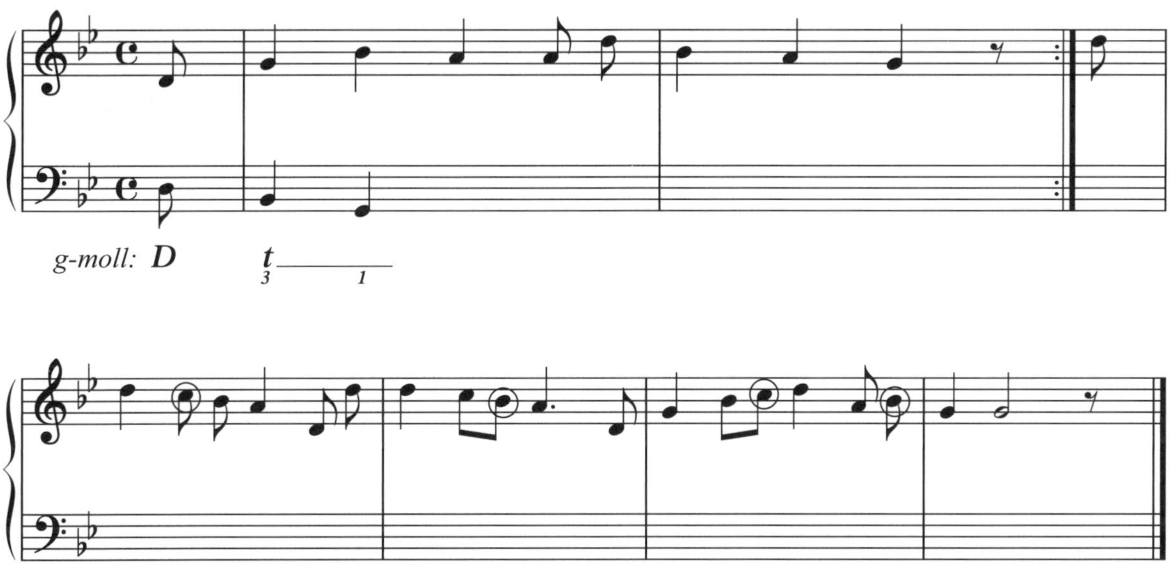

Aufgabe 7.6. → *Harmonielehre* **Aufgabe 7.D.1.**

Die nachfolgende Bassstimme ist als Grundlage eines vierstimmigen Satzes anzusehen. Der Funktionsablauf ist gegeben, die harmoniefremden Töne sind bereits gekennzeichnet und zu bestimmen. Die Sopranstimme sollte melodische Führungsqualität haben. Die Aussetzung des ersten Taktes könnte als kreativer Anstoß zu einem Kompositionsbeginn gesehen werden.

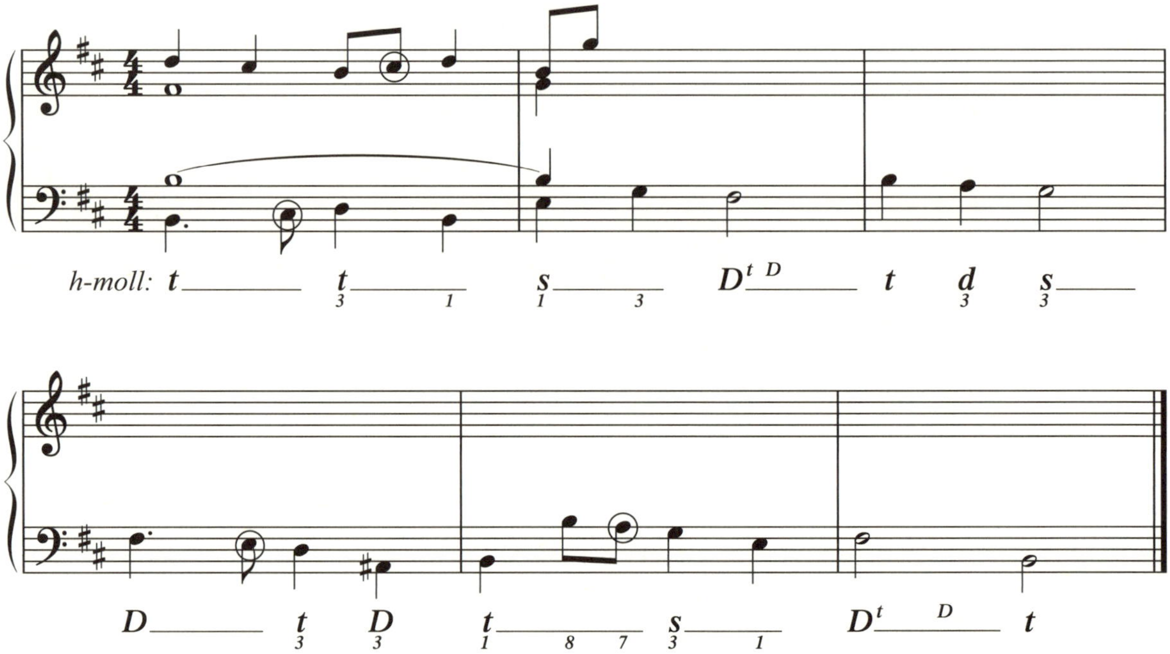

Aufgabe 7.7. → *Harmonielehre* **Aufgabe 7.D.2.**

Das Spiritual „Joshua fit de battle“ ist zu einem vierstimmigen Satz auszuarbeiten. Alt und Tenor können dabei in lang ausgehaltenen Summtönen gesetzt werden. Der Bass sollte in Vierteln weiterlaufen. Die Aussetzung des ersten Taktes könnte als Orientierung und Anregung dienen.

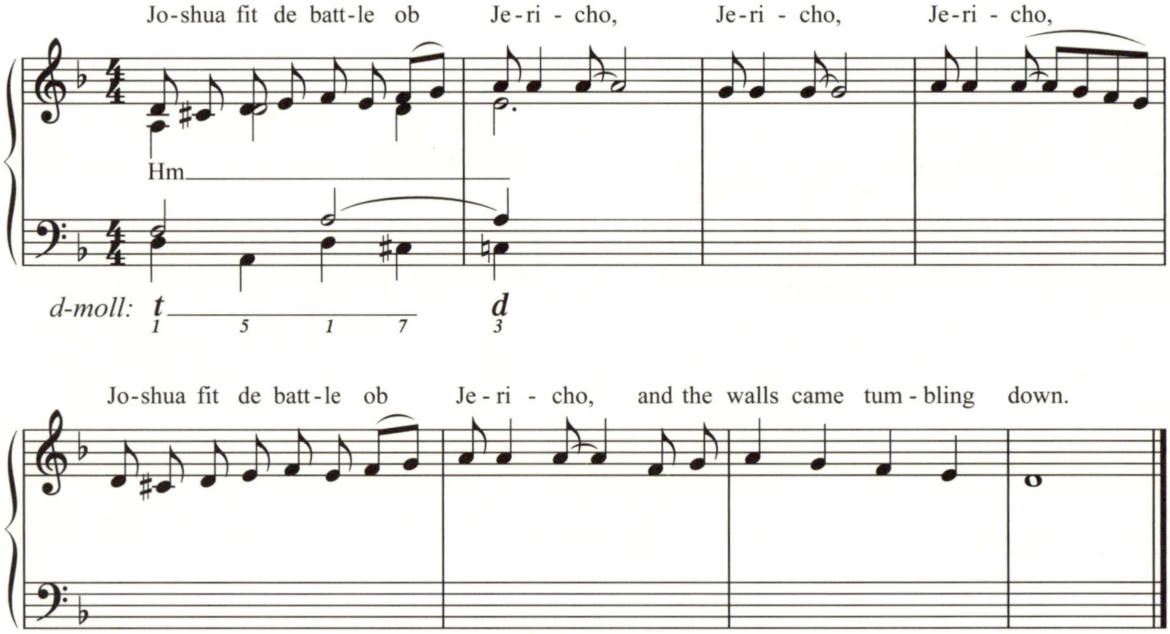

Aufgabe 7.8.

Die Takte 246 bis 254 aus dem 4. Satz der *Symphonie Nr. 40* g-moll KV 550 von W. A. Mozart sind durch Eintragen von Funktionsbezeichnungen harmonisch zu analysieren. Zusätzlich sind die unterschiedlichen *Quartsextakkorde* zu benennen und die *harmoniefremden Töne* einzukreisen und zu bestimmen. (Achtung: Im unteren Notensystem ist bis kurz vor dem Schlusstakt der Violinschlüssel vorgezeichnet!)

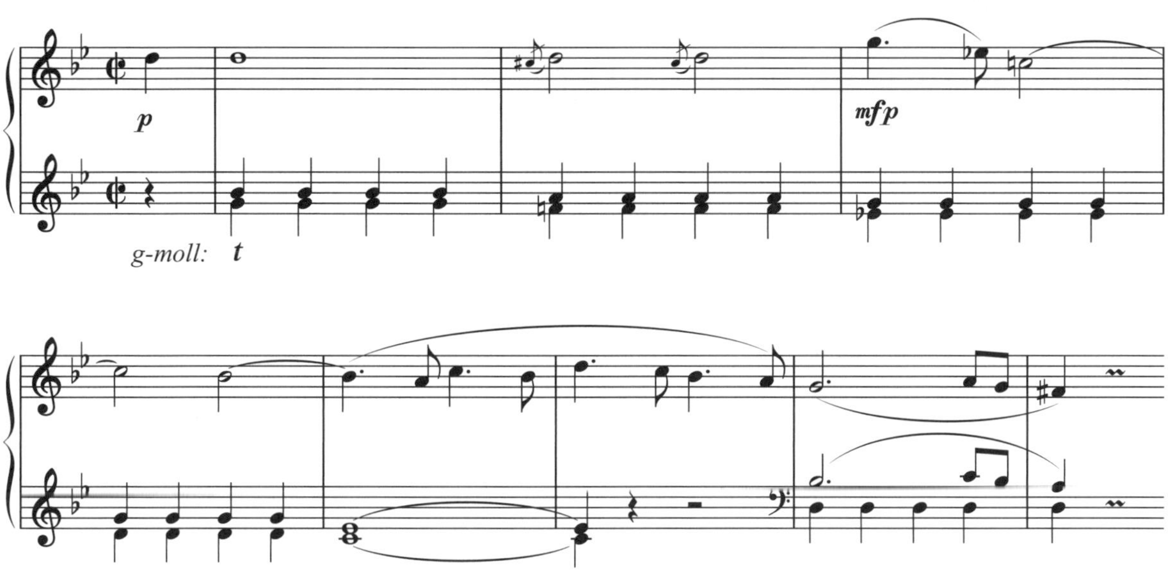

Aufgabe 7.9.

Die nachfolgenden Ausschnitte des Liedes „Es wohnet ein Fiedler“ von Johannes Brahms sind durch Eintragen der Funktionszeichen harmonisch zu analysieren. Die *harmoniefremden Töne* sind einzukreisen und zu bestimmen.

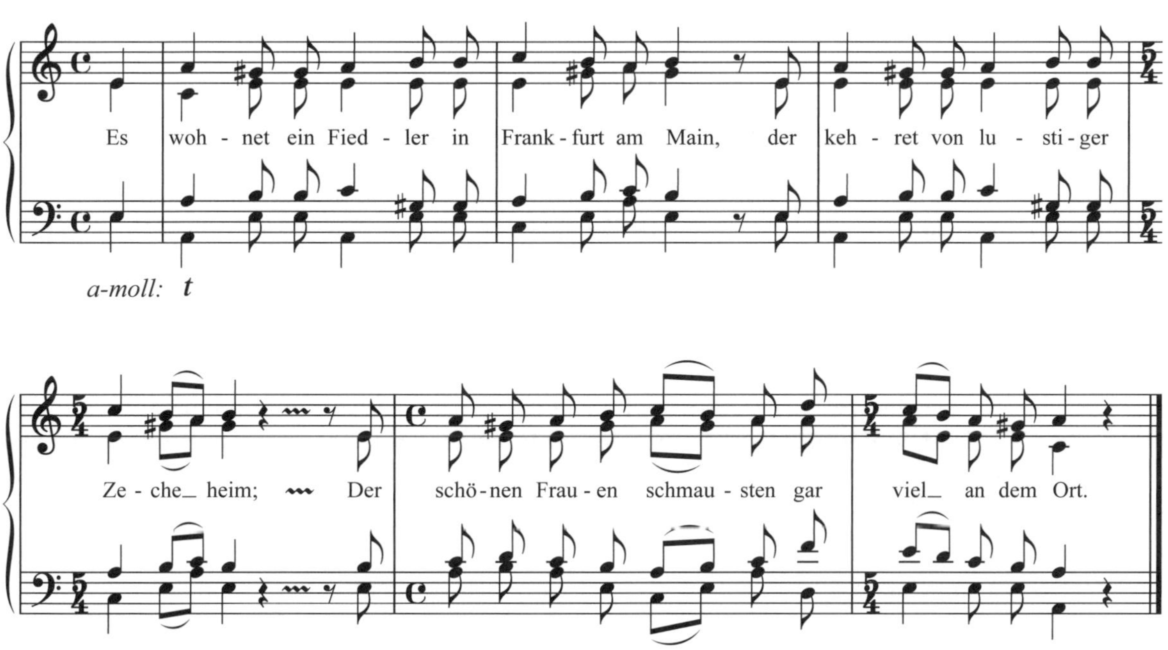

8. Der Dominantseptakkord

→ *Harmonielehre* Kapitel 8

Die Hinzufügung einer *kleinen Septime* zur *Durdominante* und der dadurch entstehende Vierklang $\boldsymbol{D}^7$ verleiht der Funktion eine ungleich stärkere *Strebung in die Tonika*, $\boldsymbol{T}$ bzw. $\boldsymbol{t}$.
Der klangliche Effekt des Zusatztons, der Septime, ist derart hoch, dass man jeden an sich neutralen Durdreiklang durch diese Hinzufügung zur Dominante machen kann: Die Septime *dissoniert* und verlangt damit nach *Auflösung*. Die Akkordlehre zählt den $\boldsymbol{D}^7$ daher zur Gruppe der „Akkorde mit charakteristischer Zusatzdissonanz".

Bei der Molldominante entfällt die Möglichkeit der Erweiterung durch die Septime, weil die $\boldsymbol{d}$ keinen Leitton aufweist und damit von vornherein jede Strebewirkung ausbleibt.
Ob die *Septime* im $\boldsymbol{D}^7$ im Verlauf der Musikgeschichte Ergebnis eines *Durchgangs* war oder sich als ein aus dem vorausgehenden Klang liegenbleibender Ton entwickelte, bleibt offen. Spätestens seit der Zeit J. S. Bachs ist der $\boldsymbol{D}^7$ aus der Musik nicht mehr wegzudenken.

Weit früher jedoch, nämlich schon im 16. Jahrhundert, arbeiteten die Komponisten mit der *verkürzten*, also der ihres *Grundtons beraubten* Gestalt des Dominantseptakkordes; er wurde später als $\not{\boldsymbol{D}}^7$ bezeichnet. Dieser dreitönige Klang tritt auf der VII. Stufe einer jeden Durtonleiter und harmonischen Molltonleiter auf.
Die drei Umkehrungen des $\boldsymbol{D}^7$ sind noch heute unter den tradierten Bezeichnungen aus der Generalbasslehre bekannt (Erläuterungen hierzu in Kapitel 4). So werden bezeichnet: der $\boldsymbol{D}^7_3$ als *Quintsextakkord*, der $\boldsymbol{D}^7_5$ als *Terzquartakkord* und der $\boldsymbol{D}_7$ als *Sekundakkord*.
Die *verkürzte* Form des $\not{\boldsymbol{D}}^7$ tritt *nur mit Quinte* im Bass auf – $\not{\boldsymbol{D}}^7_5$ – und heißt dann *Sextakkord*.

Hinweise und Empfehlungen zum Lösen der Aufgaben

1. Ein *konsequent aufgelöster* $\boldsymbol{D}^7$ in Grundstellung erzeugt bei der Weiterführung in die $\boldsymbol{T}$ bzw. $\boldsymbol{t}$ einen Klang ohne Quinte („unvollständiger Dreiklang"). Daher gelten zu Gunsten eines vollständigen Tonikadreiklangs in den *Mittelstimmen* folgende Freiheiten: Die *Septime* darf entgegen ihrem Streben *aufwärts* in die Tonikaquinte geführt werden, und der *Leitton* darf gegen seinen Willen *abwärts* in die Tonikaquinte springen.
2. *Umkehrungen* des $\boldsymbol{D}^7$ sind *nicht schlussfähig*, sie dienen eher dem harmonischen Fluss. Bei ihrer Verwendung sollten folgende Standardfortführungen beachtet werden:

$$\boldsymbol{D}^7_3 - \boldsymbol{T} \text{ bzw. } \boldsymbol{t}$$
$$\boldsymbol{D}^7_5 - \boldsymbol{T} \text{ oder } \boldsymbol{T}_3 \text{ bzw. } -\boldsymbol{t} \text{ oder } \boldsymbol{t}_3$$
$$\boldsymbol{D}_7 - \boldsymbol{T}_3 \text{ bzw. } \boldsymbol{t}_3$$

3. Die Septime als prägender Ton des $\boldsymbol{D}^7$ kann in allen Stimmen zur Verstärkung des Strebens in die Tonika eingesetzt werden. Tritt sie in der *obersten Stimme* auf, muss sie *abwärts* geführt werden.
4. Die *verkürzte Form* des $\boldsymbol{D}^7$ tritt immer mit *Quinte im Bass* auf – $\not{\boldsymbol{D}}^7_5$ – und ist dem vollständigen $\boldsymbol{D}^7$ mit Quinte im Bass vorzuziehen, weil er von eher fließender Natur ist. Allerdings ist der $\not{\boldsymbol{D}}^7$ *nicht schlussfähig*.

Aufgabe 8.1.

Der nachfolgende Satz soll dazu dienen, alle Erscheinungsformen des $\boldsymbol{D}^7$ mit seinen Umkehrungen sowie den verkürzten $\not{\boldsymbol{D}}^7$ vierstimmig anzuwenden und zu üben. Zunächst ist die Bassstimme auf Grundlage der angegebenen Funktionsbezeichnungen zu erstellen. In einem zweiten Arbeitsschritt sollten Alt und Tenor gleichzeitig geschrieben werden. Hierbei empfiehlt sich ein abschnittweises Vorgehen mit ständigen Kontrollen und Korrekturen.

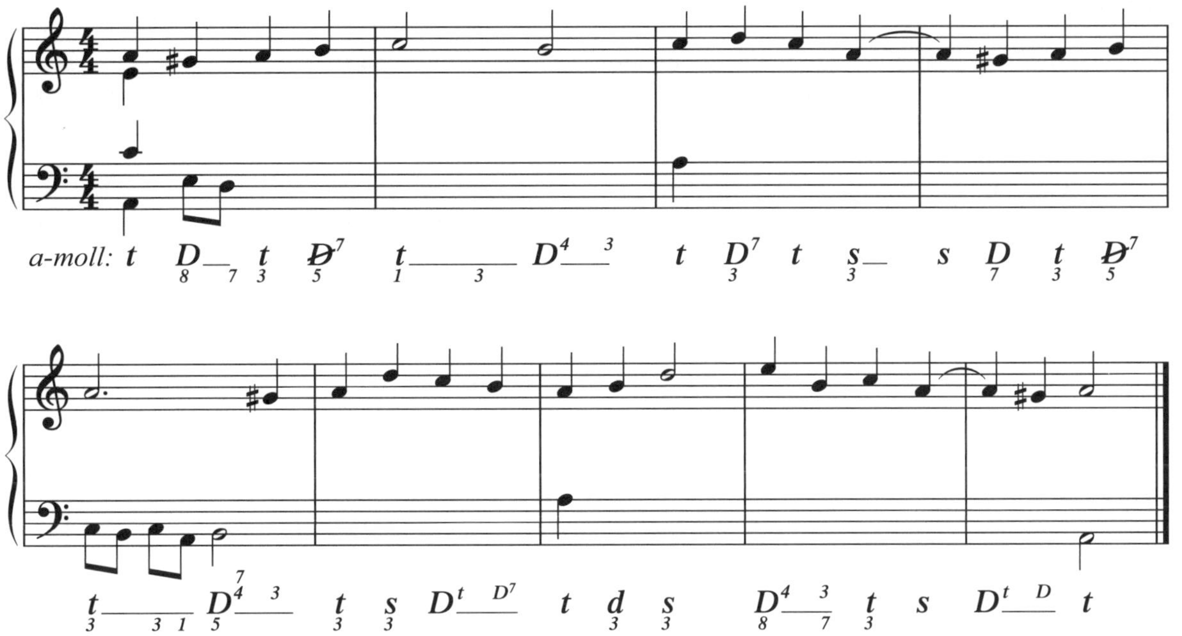

Aufgabe 8.2.

Das Lied „Wahre Freundschaft soll nicht wanken" ist zu einem vierstimmigen Chorsatz auszuarbeiten. Nach der Festlegung der durch den Bass vorgegebenen Funktionen sind die Mittelstimmen zu ergänzen.

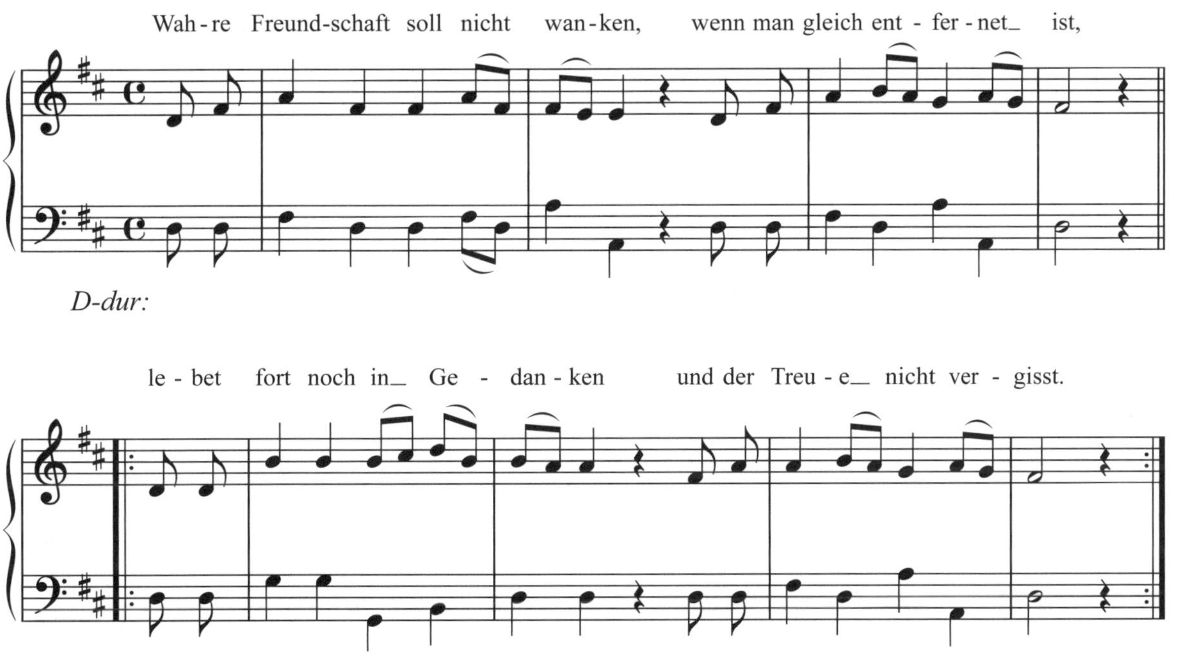

Aufgabe 8.3.

Das ukrainische Lied „Verchovino" ist durch Funktionszeichen harmonisch zu interpretieren. Grundsätzlich sollte eine ganztaktige Vorgehensweise geplant werden. Der Takt kann in Zwischenkadenzen bzw. im Rahmen der Schlusskadenz harmonisch unterteilt werden.

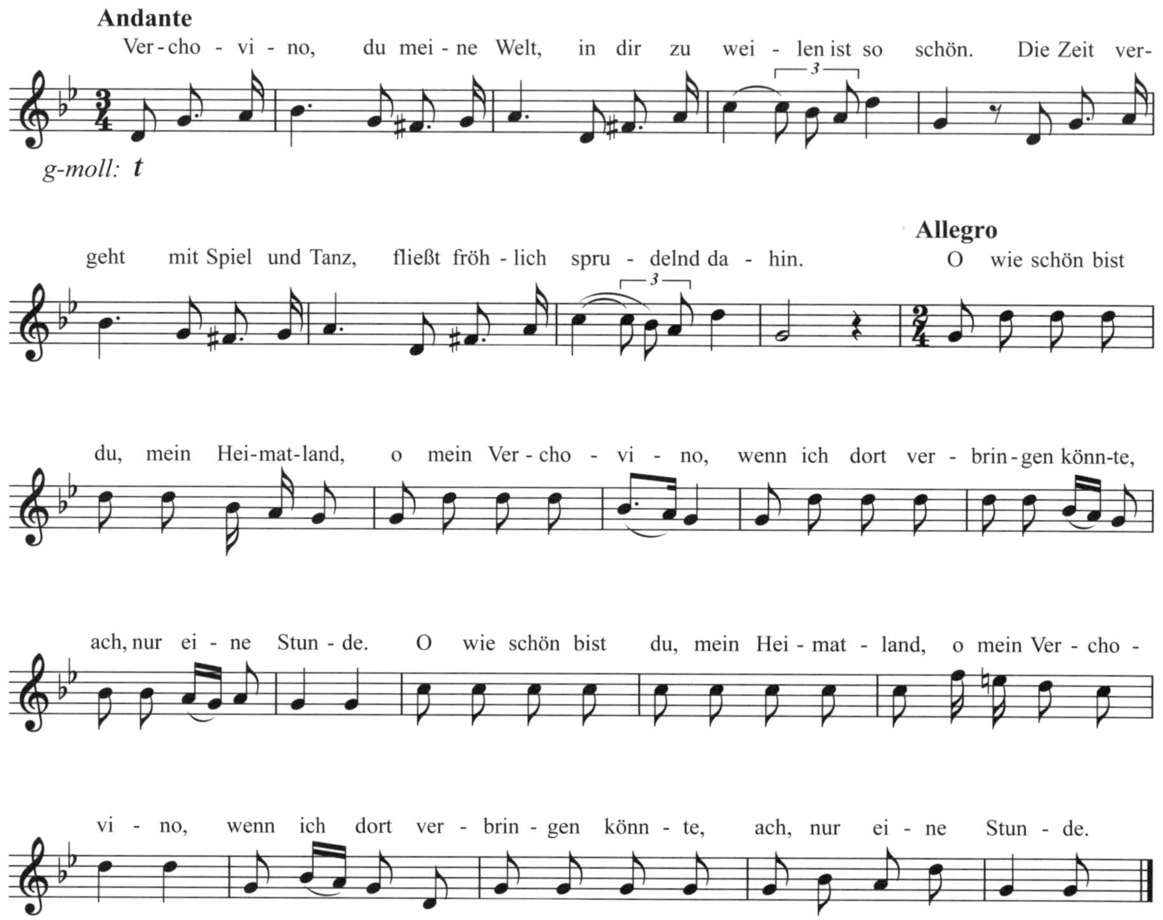

Aufgabe 8.4.

Das Lied „Der Lindenbaum" (Melodie: Franz Schubert) ist zu einem vierstimmigen Chorsatz auszuarbeiten. Zunächst sind die Lücken im Bass und in der Funktionsreihe zu schließen. Danach sind Alt und Tenor zu ergänzen und im Rhythmus dem Sopran anzugleichen.

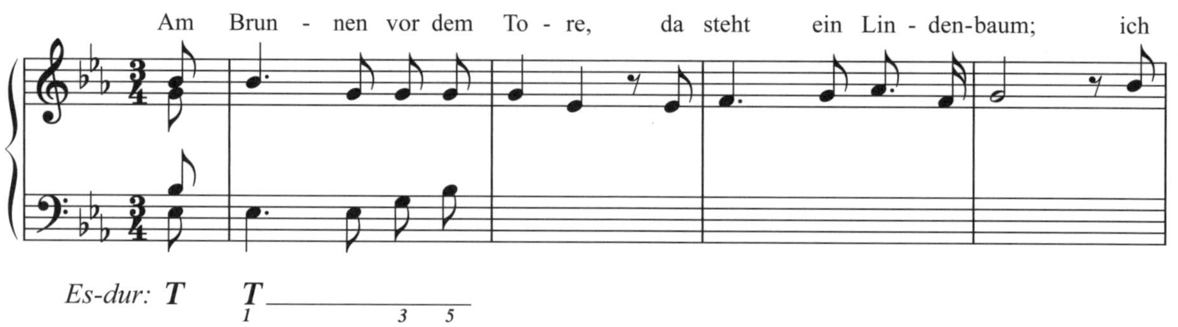

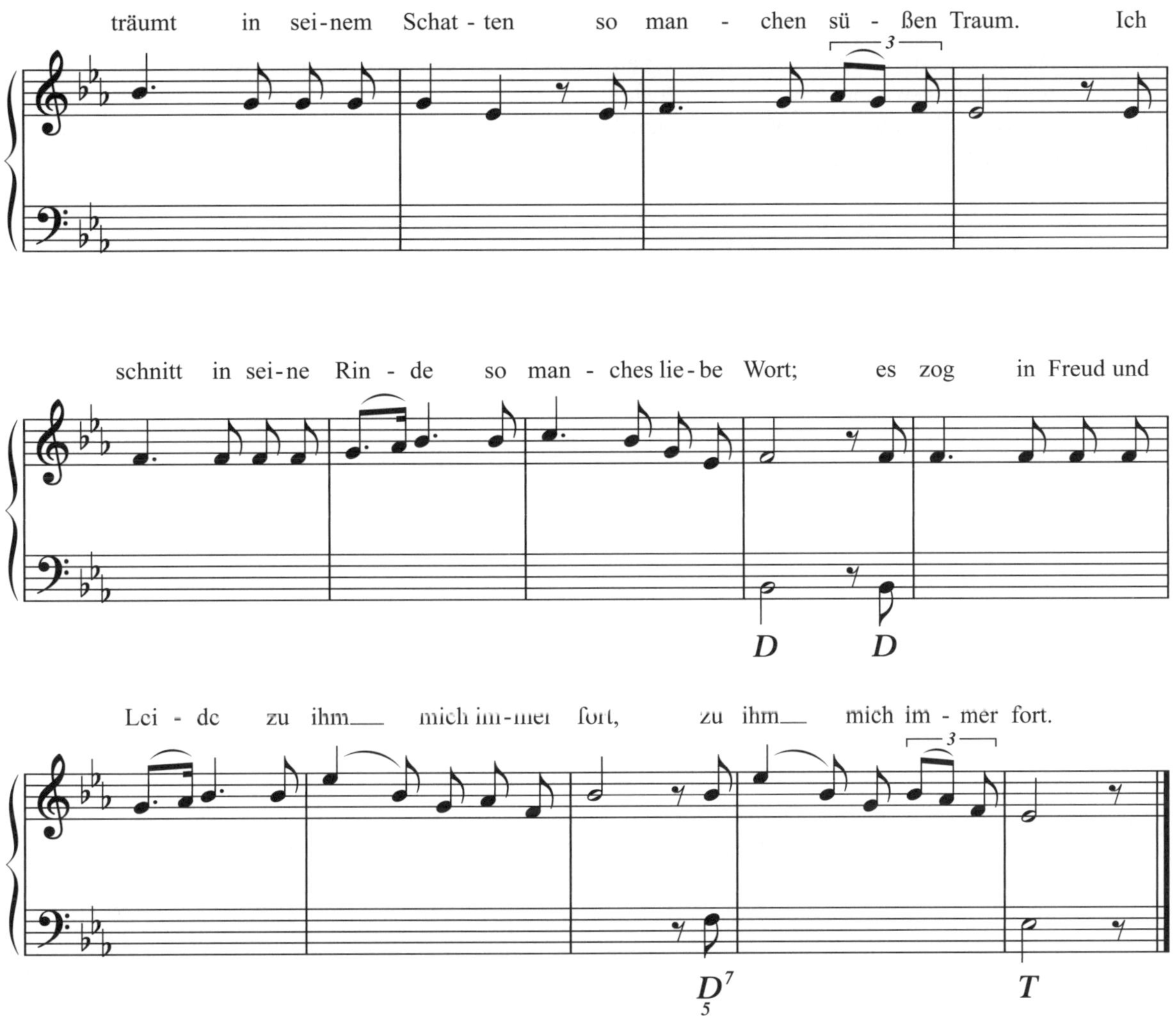

Aufgabe 8.5.

Das Lied „Es waren zwei Königskinder" ist durch Eintragen von Begleitharmonien harmonisch zu deuten. Bei der Wahl der Funktionen ist die Fülle an Vorhaltsbildungen in der Melodie zu berücksichtigen und in die Funktionsbezeichnungen aufzunehmen. Als Regel ist ein halbtaktiger, seltener ein ganztaktiger Akkordwechsel vorzusehen.

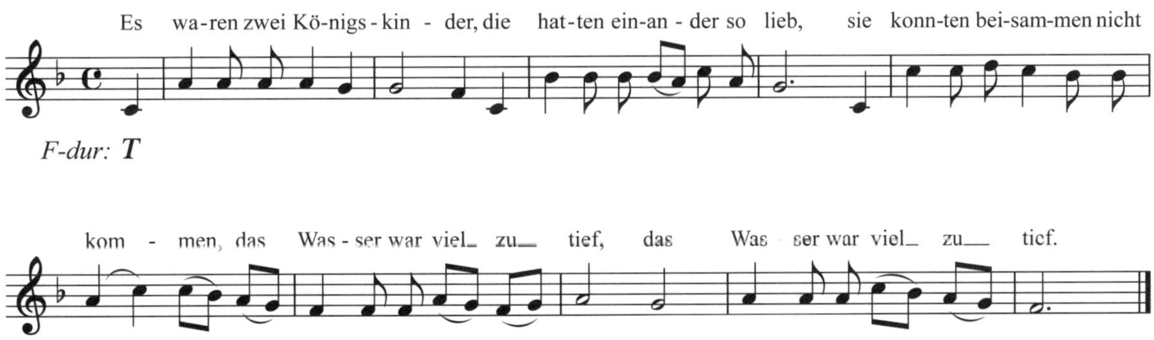

Aufgabe 8.6. → *Harmonielehre* **Aufgabe 8.C.**

Das Lied „Wenn ich ein Vöglein wär'" ist zu einem vierstimmigen Chorsatz auszuarbeiten. Basslinie und Funktionsbezeichnungen sind zunächst zu ergänzen. Dabei ist von den Formen des D^7 Gebrauch zu machen. Aber auch die Anwendung von Sextakkorden sowie des kadenzierenden Vorhaltsquartsextakkordes sollte nicht außer Acht gelassen werden.

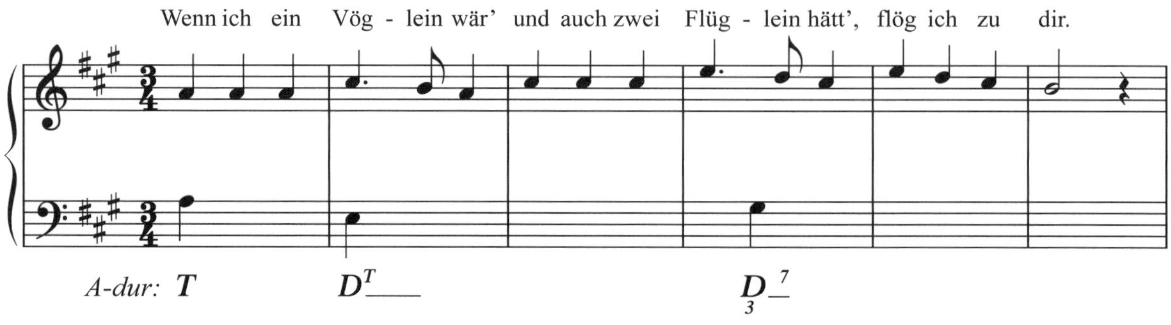

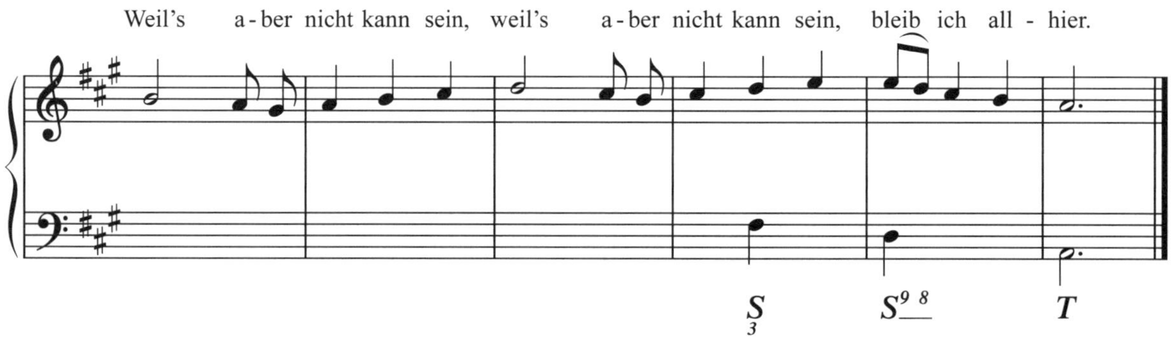

Aufgabe 8.7. → *Harmonielehre* **Aufgabe 8.D.**

Das Lied „Wir lieben die Stürme" ist zu einem vierstimmigen Satz auszuarbeiten. Basslinie und Funktionsbezeichnungen sind zunächst zu ergänzen. Dabei ist von den Formen des D^7 Gebrauch zu machen. Aber auch die Anwendung von Sextakkorden sowie des kadenzierenden Vorhaltsquartsextakkordes sollte nicht außer Acht gelassen werden. Die Notation des Rhythmus in den fehlenden Stimmen ist dem Sopran anzugleichen.

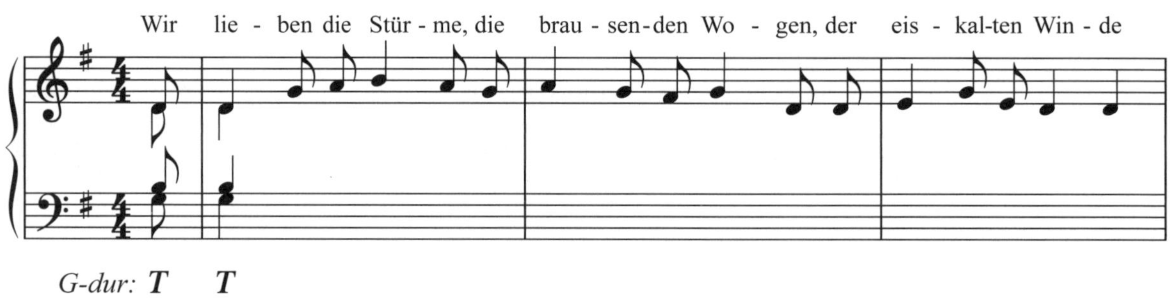

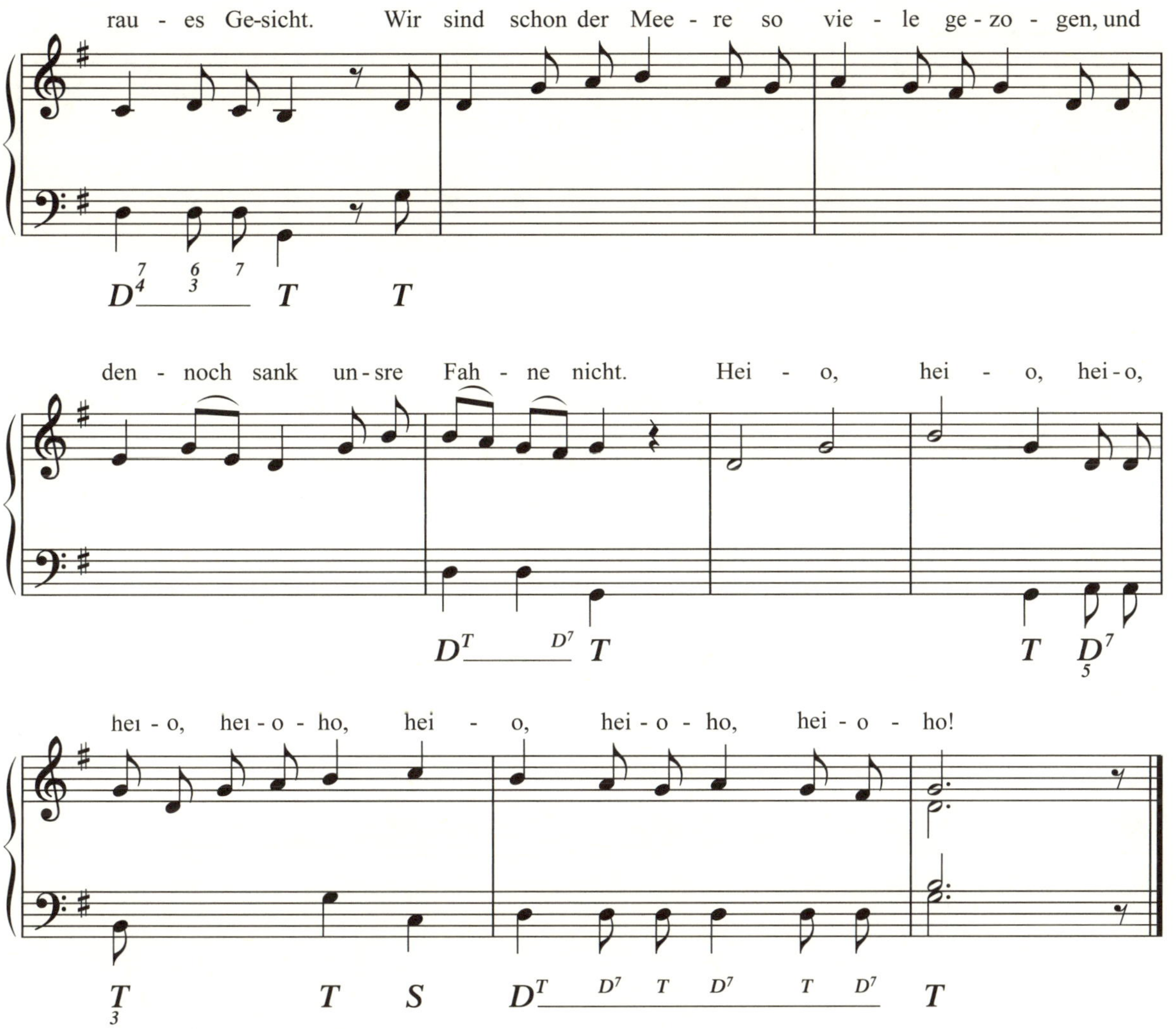

Aufgabe 8.8.

Der Beginn des Chorsatzes „Tochter Zion, freue dich“ (Melodie: Georg Friedrich Händel) ist durch die Weiterführung der Funktionsbezeichnungen harmonisch zu analysieren; *harmoniefremde Töne* sind zu bezeichnen.

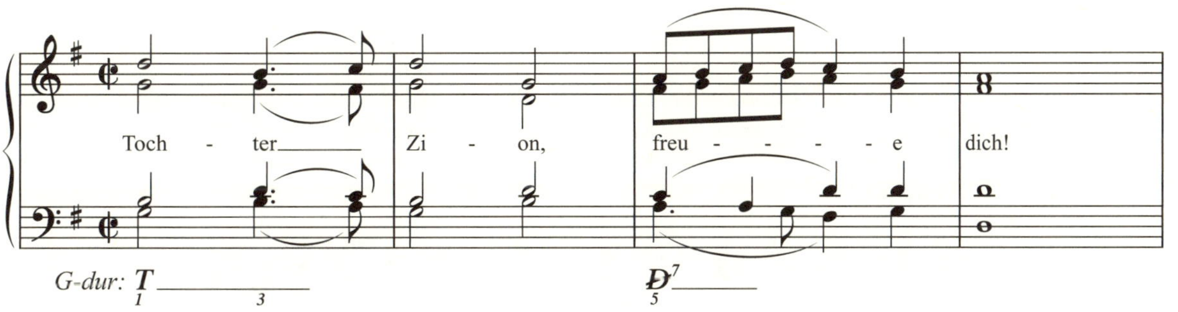

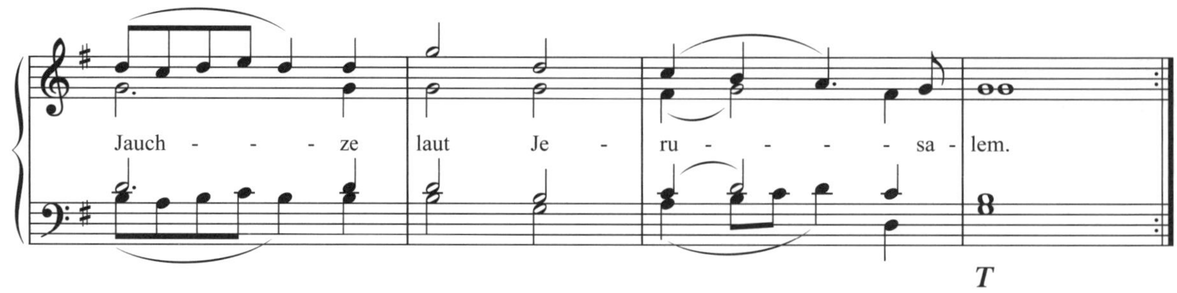

Aufgabe 8.9.

Der Beginn des 2. Satzes aus Ludwig van Beethovens *Klaviersonate* f-moll op. 2 Nr. 1 soll harmonisch analysiert werden. Die *gestrichelt markierten* ein- und zweistimmigen Passagen bleiben unberücksichtigt. *Harmoniefremde Töne* sollen eingekreist und bezeichnet werden, es sei denn, es handelt sich um *Vorhalte*, die stets an der Funktion *hochgestellt* anzugeben sind. *Quartsextakkorde* sind genau zu differenzieren (siehe Takt 1 der Wechselquartsextakkord der **S**). In Takt 7 ist die markierte dritte Zählzeit *zu einer Funktion* zusammenzufassen: Das Haltepedal des Klaviers bindet die Sechzehntel des Taktes aneinander.

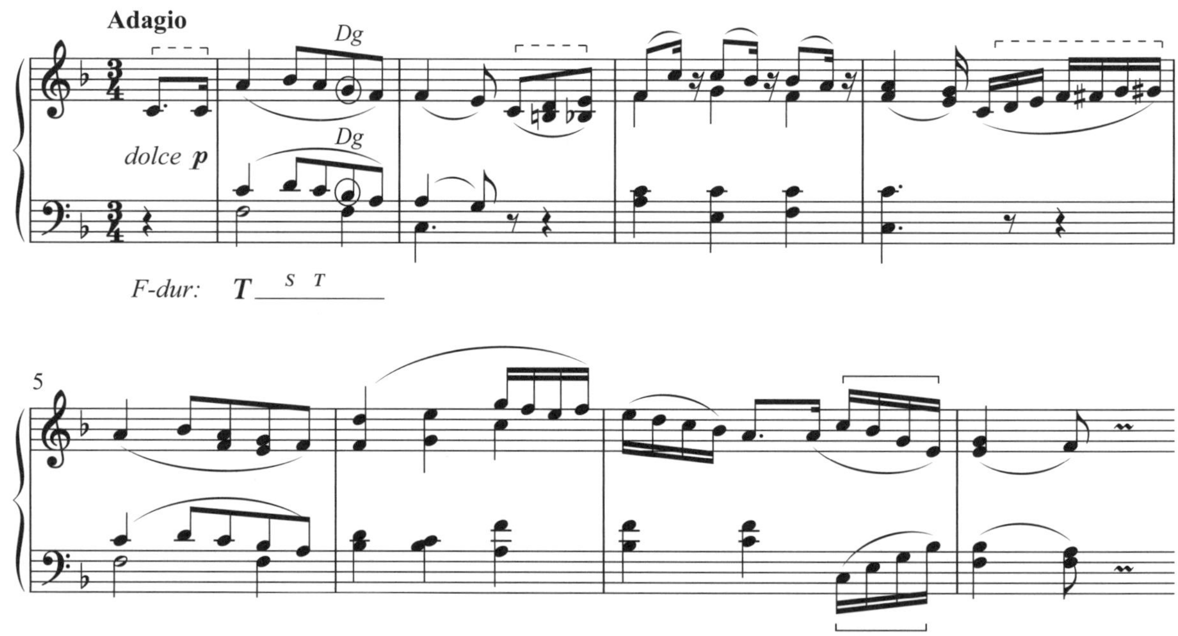

Aufgabe 8.10.

Der Beginn der *Serenade für 13 Blasinstrumente* Es-dur op. 7 von Richard Strauss soll harmonisch analysiert werden. Die schon bezeichneten *harmoniefremden Töne* sind zu bestimmen.

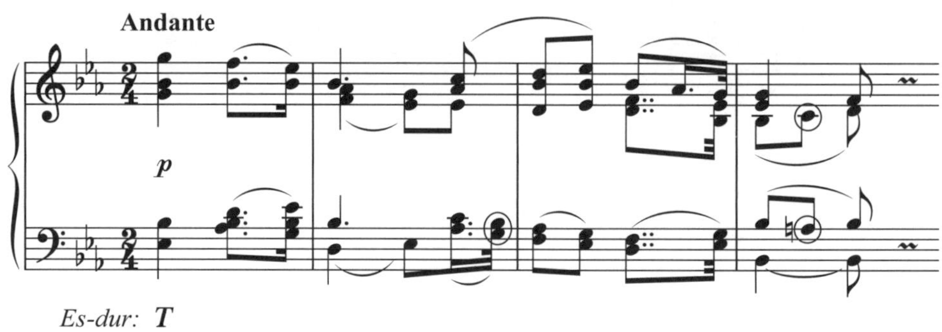

9. Die Nonenakkorde

→ *Harmonielehre* Kapitel 9

Wird dem D^7 eine weitere Terz aufgeschichtet, entsteht ein fünftöniger Nonenakkord, der D^9. Da Varianttonarten unterschiedliche Vorzeichen haben, ergibt sich in Dur ein *Akkord* mit *großer None* (D^{9+}), der *große Nonenakkord*, und in Moll ein *Akkord* mit *kleiner None* (D^{9-}), der *kleine Nonenakkord*. Die Unterscheidung mit + und - wird jedoch nur dann gemacht, wenn sich die Tongeschlechter mischen; die gängige Bezeichnung lautet für Dur wie Moll D^9. Da jede Nonenakkordform die *Septime* als wesentlich prägenden Ton *beibehält*, wird auf die hochgestellte *7* in der Funktionsbezeichnung verzichtet. Unabhängig davon sind sowohl Septime als auch None wesentliche Töne der *Subdominante* (Grundton und Terz); durch ihr Eindringen in den D^9 wird dieser zu einer Art „Mischfunktion" gemacht.

Da in zentralen Tonsatzgattungen wie Chormusik und Streichquartett die *Vierstimmigkeit* bestimmend war, ließen die Komponisten anfangs die wenig *strebende, eher neutrale Quinte* des fünftönigen D^9 aus („unvollständiger D^9") und generierten somit einen brauchbaren *Vierklang.*

Ebenfalls sehr früh entwickelte sich aber auch die Möglichkeit, den *Grundton* beider Nonenakkordformen zu Gunsten der dann vierstimmig werdenden Akkordgestalt wegzulassen. So entstanden die *verkürzten Nonenakkorde* $\not{D}^{9+}$ und $\not{D}^{9-}$. Das Weglassen des Grundtones war insbesondere beim kleinen Nonenakkord von Vorteil, weil die *grelle, dissonierende kleine None* zum Akkordgrundton etwa in der Vokalmusik ein schwerwiegendes klangliches und intonatorisches Problem darstellte.

Der *verkürzte kleine Nonenakkord* war schon zur Zeit Bachs ein beliebter Klang, insbesondere zur Darstellung bestimmter Affekte. Als geschmeidig klingender und vielfach deutbarer Klang hat er einen eigenen Namen („verminderter Septakkord") und eine eigene Funktionsbezeichnung (D^v). Er wird in Kapitel 10 gesondert behandelt.
Der *verkürzte große Nonenakkord* („halbverminderter Septakkord") setzte sich dagegen zur Zeit der Frühromantik als harmonisch stilbildendes Merkmal durch, besonders in den Werken von Robert Schumann und Felix Mendelssohn Bartholdy, später in der Volksmusik und im Wiener Walzer.

Wird eine Nonenakkordform angewandt, so ist die *None* mit Vorliebe *in der Oberstimme* anzutreffen, da sie sich dort klanglich am besten entfalten kann. Umkehrungen der vollständigen Nonenakkorde finden sich eher selten; beliebter dagegen sind die vier Umkehrungen der verkürzten Form, also des $\not{D}^{9+}$.

Hinweise und Empfehlungen zum Lösen der Aufgaben

1. Die *None* des D^9 strebt grundsätzlich *abwärts* in die Quinte der Tonika (***T*** bzw. ***t***). Die beiden anderen Strebetöne des D^9 sind die *Septime* (*abwärts* in die Terz der ***T*** bzw. ***t***) sowie der *Leitton* (*aufwärts* in den Grundton der ***T*** bzw. ***t***).
2. *Alle Nonenakkordformen* lösen bei der Weiterführung in die *Tonika* das Problem drohender *Quintparallelen* aus. Diese Quinten sind durch die Verdoppelung der *Terz der Tonika* oder durch einen *weiten Abwärtssprung* in den Tonikaklang zu umgehen.
3. Formen eines D^9 müssen zum Einsatz kommen, wenn in der Melodie der *6. Skalenton* aus einer *zuvor liegenden Dominantfunktion* erwächst. Unabhängig davon sind Nonenakkorde willkommene *Steigerungen des Dominanteffekts*, insbesondere in Melodievorlagen aus der Zeit des *19. Jahrhunderts.*
4. *Umkehrungen* beider verkürzter Nonenakkorde sind *nicht schlussfähig*, sie dienen eher dem harmonischen Fluss. Bei der Verwendung des $\not{D}^{9+}$ sollten folgende *Standardfortführungen* beachtet werden:

$\not{D}^9_3$ immer: $-T$ (häufig anzutreffen)

$\not{D}^9_5$ immer: $-T_3$ (seltener anzutreffen)

$\not{D}^9_7$ immer: $-T_3$ (sehr beliebt)

$\not{D}_9$ immer: $-T_5$ (sehr selten)

Aufgabe 9.1.

Der nachfolgende Satz soll dazu dienen, die Erscheinungsformen des D^9 mit seinen Umkehrungen sowie des $\not{D}^9$ vierstimmig anzuwenden und zu üben. Zunächst ist die Bassstimme auf Grundlage der angegebenen Funktionsbezeichnungen zu erstellen. In einem zweiten Arbeitsschritt sollten Alt und Tenor abschnittsweise gleichzeitig geschrieben werden.

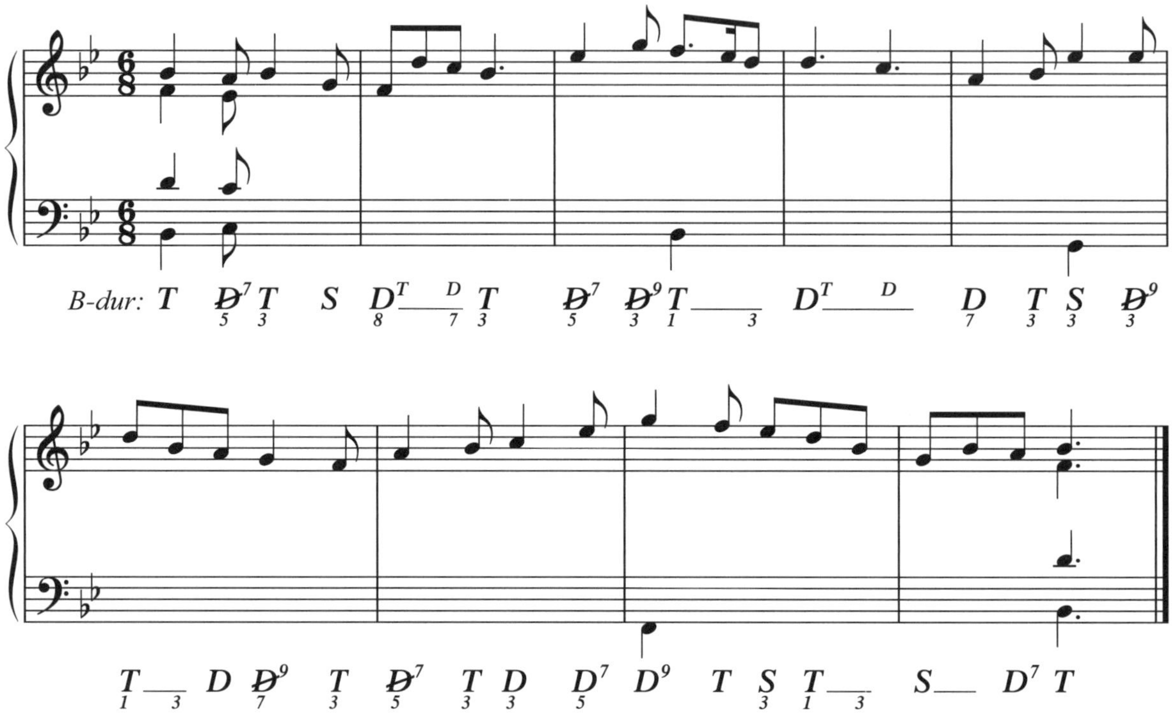

Aufgabe 9.2. → *Harmonielehre* **Aufgabe 9.C.**

Die folgende Melodie ist unter Anwendung der bisher geübten Akkorde zu bezeichnen und vierstimmig auszusetzen. Zu den eingekreisten Tönen ist der D^9 in einer seiner Varianten erforderlich. Warum?

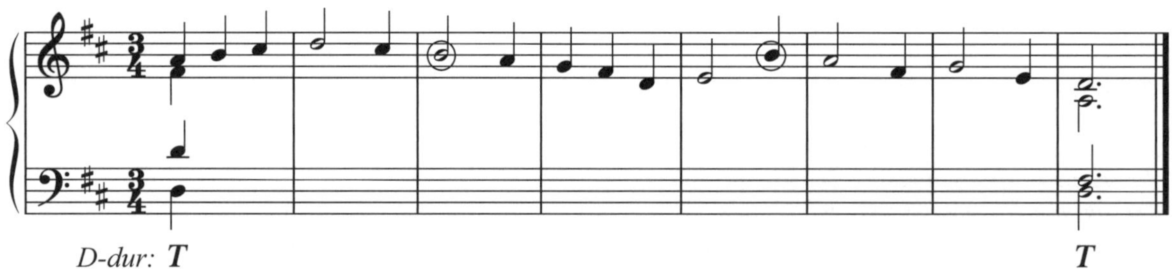

Aufgabe 9.3.

Das südamerikanische Lied „Un poquito cantas" ist durch Eintragen von Funktionsbezeichnungen zu harmonisieren. Tempo und Melodiestruktur des Liedes erfordern <u>ein</u> Klangfeld pro Takt, wobei ein Taktwechsel nicht immer auch einen Harmoniewechsel bedeuten muss.

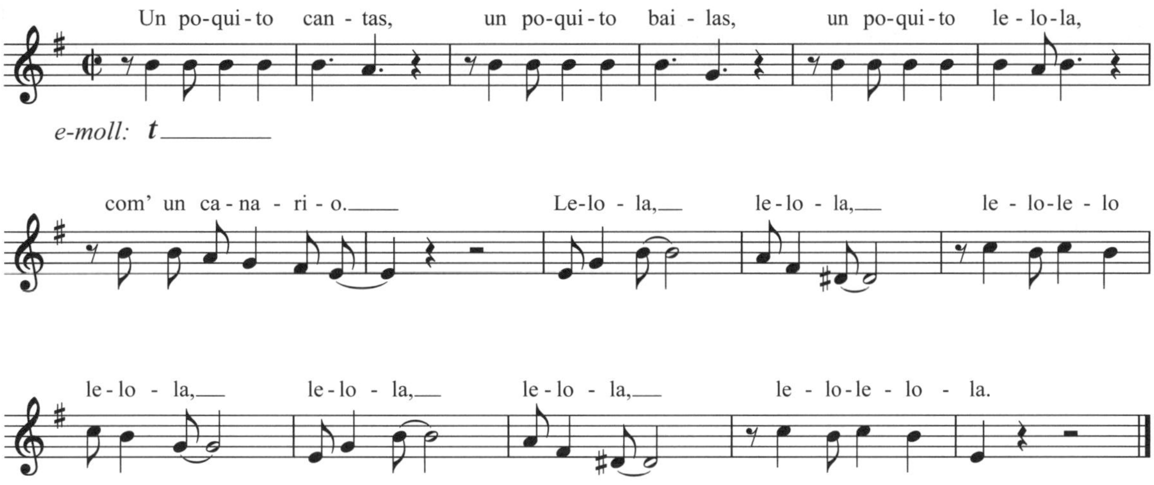

Aufgabe 9.4.

Beim Lied „Guten Abend, gut Nacht" (Melodie: Johannes Brahms) ist durch die Kombination der gegebenen Basslinie mit dem Melodieverlauf ein sinnvoller Funktionsgang herzustellen. Anschließend ist der Rahmensatz entsprechend durch die Mittelstimmen zu ergänzen.

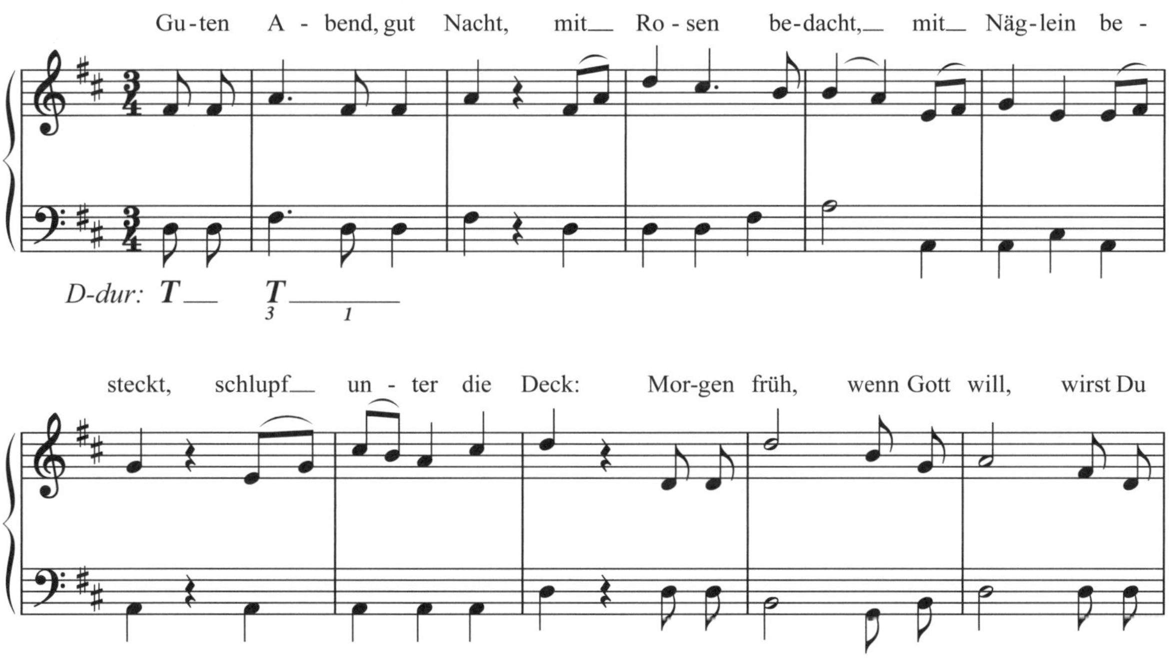

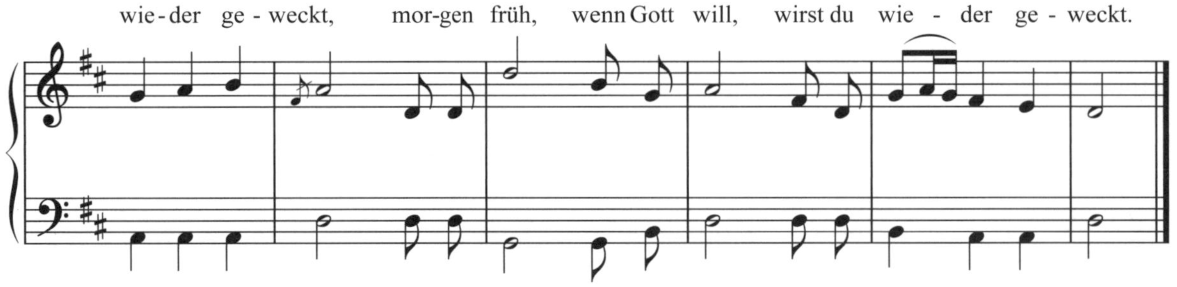

Aufgabe 9.5.

Das Lied „Ade zur guten Nacht" ist zu einem vierstimmigen Satz auszuarbeiten. Nach der Festlegung des Basses durch die vorgegebenen Funktionen sind die Mittelstimmen zu ergänzen. *Harmoniefremde Töne*, die nicht in die Funktionsbezeichnung aufgenommen werden, sollten bezeichnet werden. In diesem Satz empfiehlt es sich, gelegentlich auf *unvollständige Klänge* (ohne Quinte) zurückzugreifen.

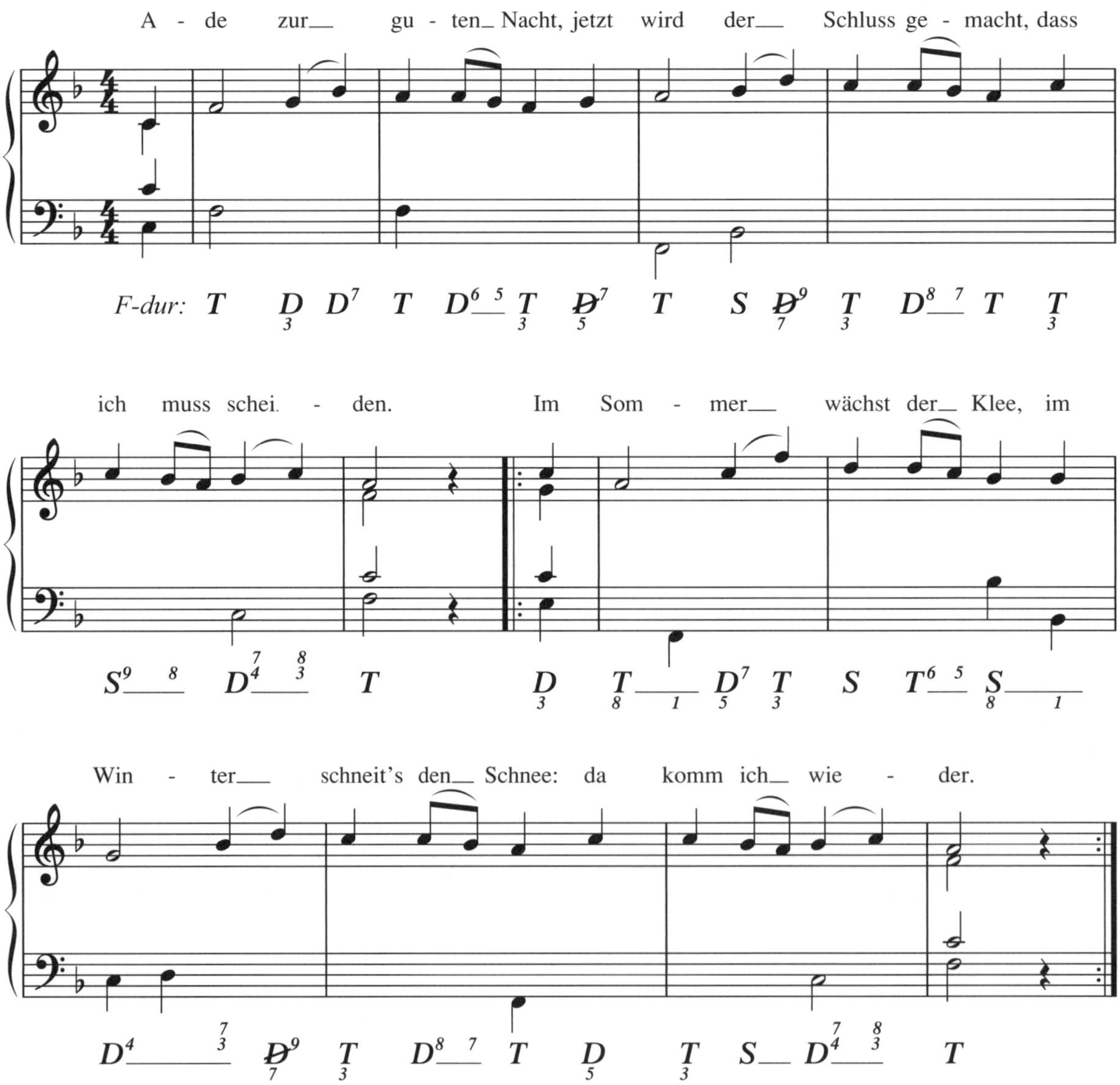

Aufgabe 9.6.

Das aus der Steiermark stammende Lied „Und jetzt gang i ans Peters Brünnle“ soll als Klaviersatz harmonisiert werden, indem die Klavierbegleitung in der Bassstimme sinngemäß fortgesetzt wird. Die Funktionen sind einzutragen. Die Herkunft des Liedes aus dem Bereich der Volksmusik erfordert eine stiltypische Beschränkung auf ganz wenige Klänge.

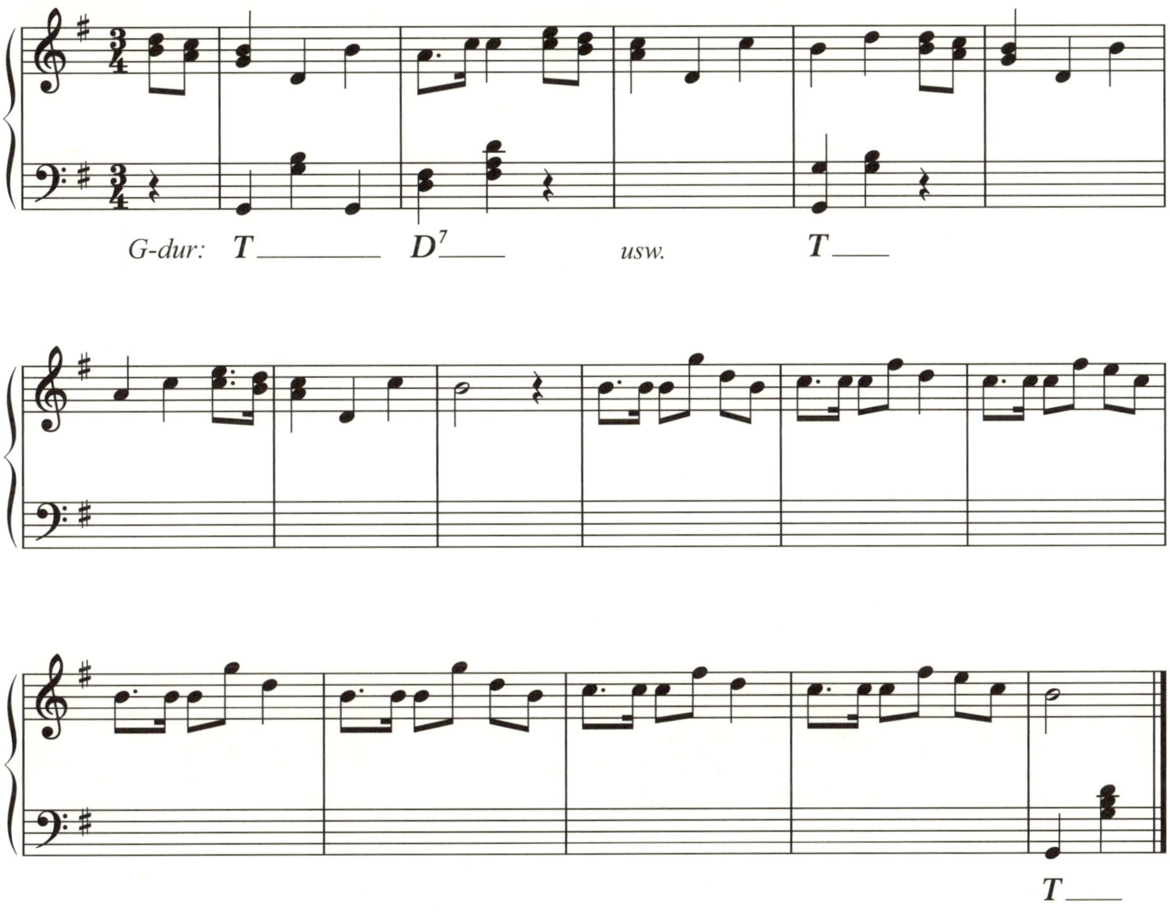

Aufgabe 9.7. → *Harmonielehre* **Aufgabe 9.D.**

Die folgende choralartige Melodie ist zu bezeichnen und vierstimmig auszusetzen. Zu den eingekreisten Tönen ist der D^9 in einer seiner Varianten erforderlich.

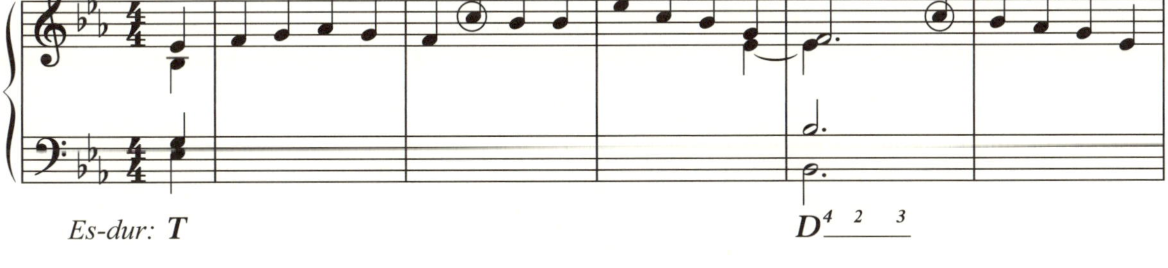

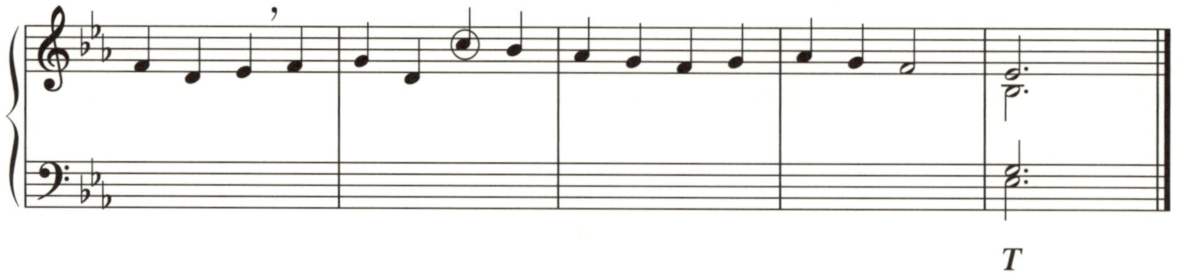

Aufgabe 9.8.

Der Beginn von Frédéric Chopins *Étude* E-dur op. 10 Nr. 3 soll durch die Weiterführung der Funktionsbezeichnungen harmonisch analysiert werden. Die *harmoniefremden* Töne sind kenntlich zu machen, sofern sie nicht (wie die *Vorhalte*) in die Funktionszeichen aufgenommen werden. Das langsame Tempo sowie der Verlauf der tiefsten Basstonviertel verlangt nach einer Akkorddeutung in halbtaktigem Wechsel.

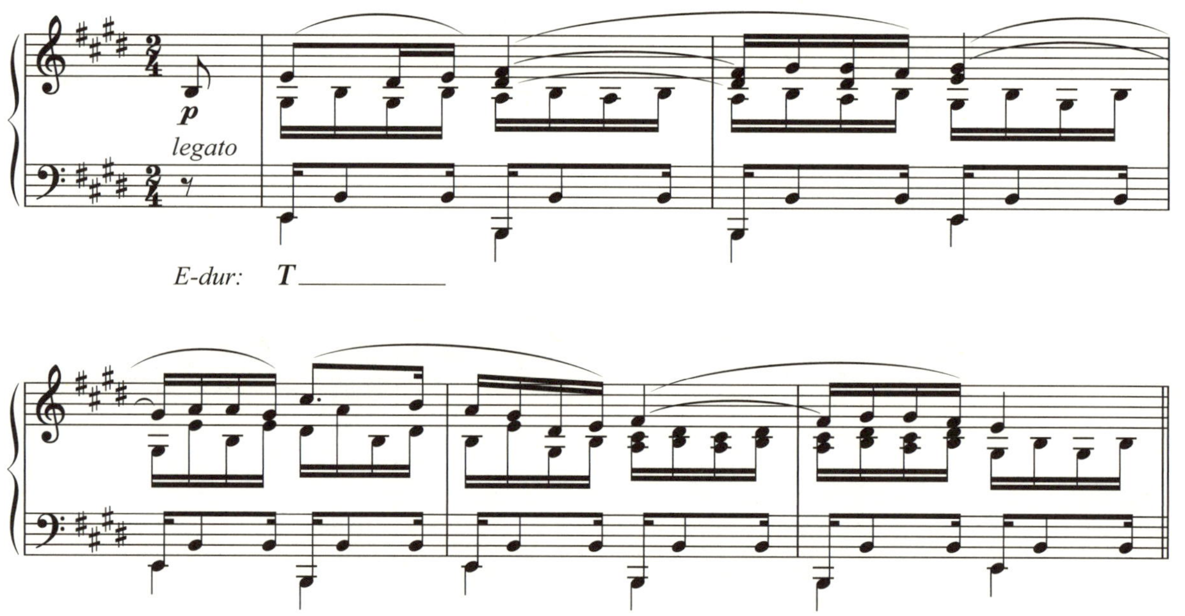

Aufgabe 9.9.

Der Beginn des Liedes „War es dir, dem diese Lippen bebten“ op. 33 Nr. 7 von Johannes Brahms ist durch die Weiterführung der Funktionsbezeichnungen harmonisch zu analysieren. Die Begleitung ist ganz offensichtlich auf ganztaktige Klangflächen gerichtet, wobei es zwei Ausnahmen gibt. *Harmoniefremde Töne* sollen bezeichnet werden. Klänge mit *ausgelassenen Tönen* sind gelegentlich eindeutig, manchmal auch uneindeutig, insbesondere wenn der *Grundton* der vermuteten Funktion fehlt. In solchen Fällen kann mit einem *Fragezeichen* die vermutlich gewollte Verschleierung durch den Komponisten vermerkt werden.

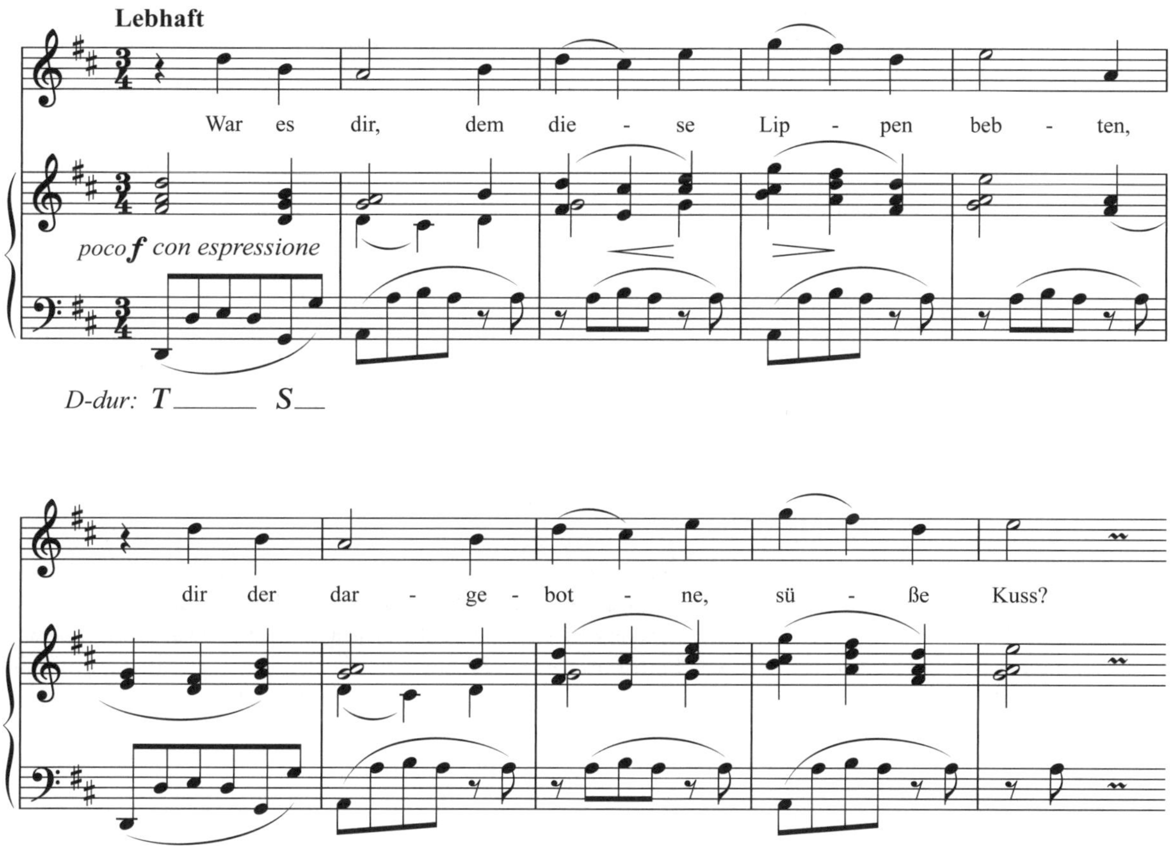

10. Der verminderte Septakkord

→ *Harmonielehre* Kapitel 10

In Kapitel 9 wurde erläutert, dass der *verkürzte kleine Nonenakkord* $\not{D}^{9-}$ wegen seiner in vielerlei Hinsicht besonderen Bedeutung eine *eigene Funktionsbezeichnung* erhält. Diese kommt aus der Abbildungsmethode des Generalbasses und richtet sich nach dem *prägenden Rahmenintervall* des Akkordes. Er wird als *verminderter Septakkord* bezeichnet und hat das Funktionskürzel D^{v}.

Da der so entstandene grundsätzlich viertönig auftretende verminderte Septakkord keinen Grundton mehr hat, muss angegeben werden, welcher der verbliebenen Töne des ursprünglichen, *unverkürzten* D^{9-} im Bass liegt – also D^{v}_{3}, D^{v}_{5}, D^{v}_{7} oder D^{v}_{9}.

In der Praxis sind alle Umkehrungen anzutreffen, am seltensten allerdings der D^{v}_{9}, da dieser zwangsläufig einen ungünstig klingenden Quartsextakkord, nämlich den t_{5}, nach sich zieht.

Gelegentlich wird die – vermeintliche – Septime im Bass *unmittelbar in die Grundstellung der Tonika* geführt: $D^{v}_{7}-t$. In solchen Fällen kommt dem Basston eine klar subdominantische Qualität im Sinne der *plagalen Wendung* $s-t$ zu, weshalb man dann die Bezeichnung $D^{v}_{s}-t$ bevorzugt.

Wegen seiner *Grundtonlosigkeit* und des damit verbundenen *Fehlens eines Quintfalls* ist die Verwendung des D^{v} für Abschlusskadenzen *ausgeschlossen.* Sehr stark wirkt er dagegen – auch wegen seines schillernden, diffusen und instabilen Charakters – als Dominante, insbesondere als *Zwischendominante* (→ Kapitel 15 und 16). Obwohl die Genese des verminderten Septakkordes diesen in das Mollgeschlecht verweist, ist er schon früh auch in *Dur* anzutreffen.

Der Aufbau des verminderten Septakkordes ergibt eine Schichtung aus drei kleinen Terzen. Würde diese Intervallschichtung fortgesetzt, erhielte man von der *Notation* her neue Töne, jedoch *nicht vom Klang* her – ein Phänomen, welches seit Einführung der *temperierten Stimmung* existiert. Diese Besonderheit führt dazu, dass man den verminderten Septakkord zur Gruppe der sogenannten *unendlichen Akkorde* zählt. Als konkreter harmonischer Spezialeffekt dieser Unendlichkeit ergibt sich – wie die Komponisten schon früh entdeckt haben –, dass man *nicht hören kann*, mit welchem Basston ein D^{v} auftritt, ob also die Terz, die Quinte, die Septime oder die None als unterster Akkordton fungiert. Alle Umkehrungen des D^{v} haben wegen der Terzenschichtung die gleiche Klangstruktur. Zur genauen Bestimmung ist es daher erforderlich, den Akkord zu *sehen* oder seine *Weiterführung* zu *hören.* Das losgelöste Hören des Einzelklangs reicht zur Ortung nicht aus, da er in *verschiedenen*, auch *sehr weit auseinanderliegenden* Tonarten und sehr unterschiedlich notiert, jedoch *identisch klingend* auftritt. Klänge, für die ein solches Kriterium typisch ist, nennt man *vagierende Akkorde* (von *vage*, unbestimmt). Arnold Schönberg führt in seiner *Harmonielehre* (1911) zur Veranschaulichung dieses verminderten Septakkordes sogar das Bild des „Vagabunden“ und „Landstreichers“ an, nennt den Akkord zugleich aber einen „Kosmopoliten“, der „überall heimatberechtigt und doch nirgends sesshaft ist.“ (S. 233)

Hinweise und Empfehlungen zum Lösen der Aufgaben

1. Bei der Weiterführung der D^{v}-Formen in die Tonika gelten die schon beim D^{9} geübten Grundsätze: Die Terz im Bass des D^{v} führt in den Grundton der Tonika ($D^{v}_{3}-t$), die Septime im Bass in die Terz der Tonika ($D^{v}_{7}-t_{3}$) und die None im Bass in die Quinte der Tonika ($D^{v}_{9}-t_{5}$). Da die Form des D^{v}_{5} im Falle der Weiterführung in die Grundstellung der Tonika zwangsläufig eine *verdeckt-reine Quintparallele* auslöst, gilt: Der D^{v}_{5} strebt zur Vermeidung dieser Quintparallele in den *Sextakkord der Tonika*, also möglichst $D^{v}_{5}-t_{3}$. Des Weiteren ist die gelegentlich auftretende *plagale Wendung* $D^{v}_{s}-t$ zu beachten.
2. Es kann hilfreich sein, *die vier Töne* eines jeden D^{v} solange *umzustellen*, bis sich eine klare *Terzenschichtung* ergibt. Aus dieser kann man dann aufwärts Terz, Quinte, Septime und None entnehmen, wobei der unterste Ton, die Terz, als *Leitton* fungiert und somit die Tonart festlegt.
3. Für die Auflösung aller D^{v}-Formen in die Tonikafunktion gilt grundsätzlich: Zur Vermeidung der vermindert-reinen oder rein-verminderten Quintparallele eignet sich das Mittel der *Terzverdoppelung im Tonikaklang.*

Aufgabe 10.1.

Bei den nachfolgenden verminderten Septakkorden sind (wie bei 1.) die Zuordnung zur richtigen Tonart sowie die Bestimmung des Basstons vorzunehmen. Danach soll jeder Klang in die korrekte Molltonikaform aufgelöst werden.

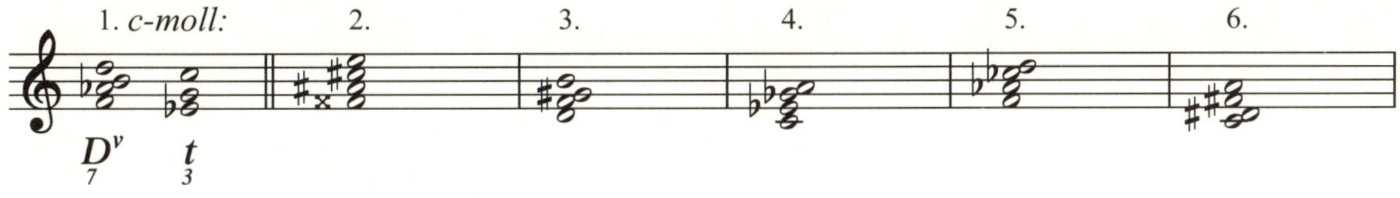

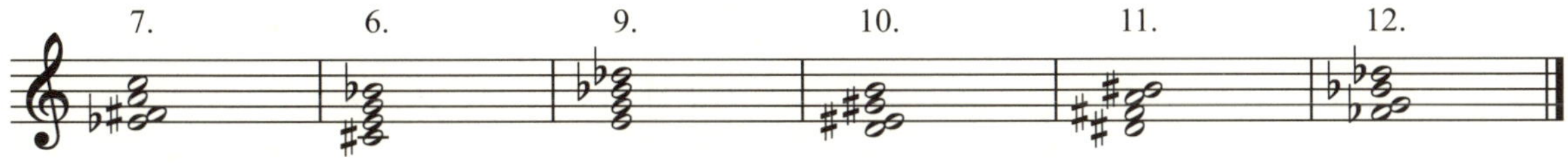

Aufgabe 10.2.

Die nachfolgenden verminderten Septakkorde sind (wie bei Aufgabe 10.1.) der richtigen Tonart zuzuordnen und mit dem korrekten Basston zu versehen. Im Anschluss daran sind die verminderten Septakkorde vierstimmig in die jeweilige Tonikafunktion weiterzuführen. Um gelegentlich auftretende, drohende Quintparallelen zu umgehen (vermindert-rein bzw. rein-vermindert), empfiehlt sich eine *Terzverdoppelung* in der nachfolgenden Tonikafunktion.

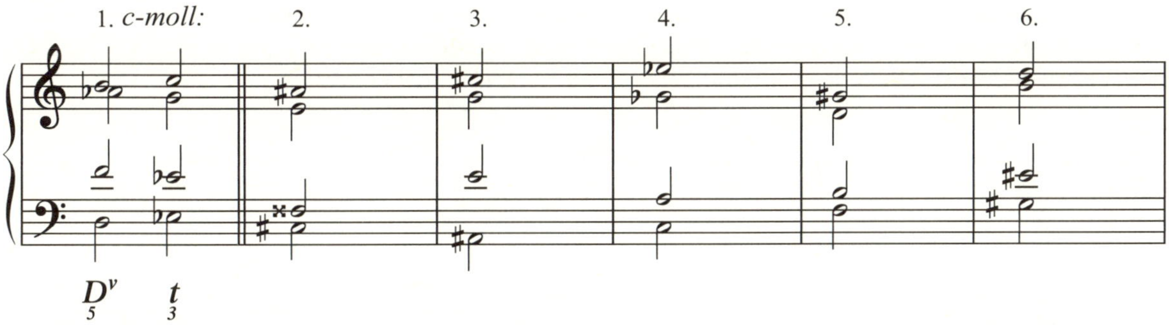

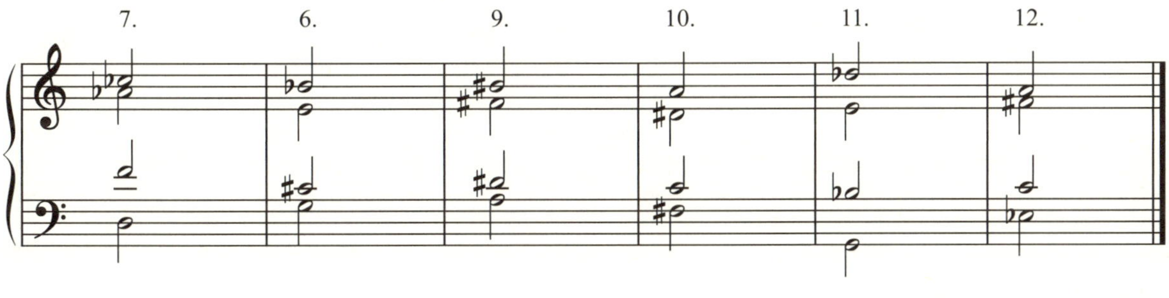

Aufgabe 10.3.

Der nachfolgende Satz ist durch Eintragen von Funktionsbezeichnungen harmonisch zu analysieren. Harmoniefremde Töne sollen bezeichnet werden.

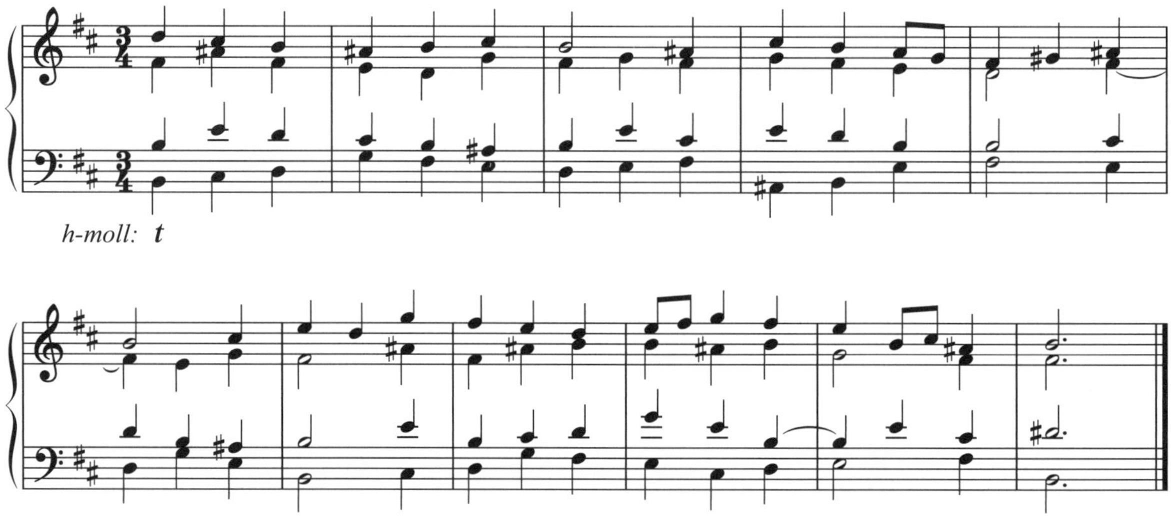

Aufgabe 10.4.

Der nachfolgende Satz soll dazu dienen, die Erscheinungsformen des D^v anzuwenden und einzuüben. Zunächst ist die Bassstimme auf Grundlage der angegebenen Funktionsbezeichnungen zu erstellen. In einem zweiten Arbeitsschritt sollten dann Alt und Tenor gleichzeitig geschrieben werden.

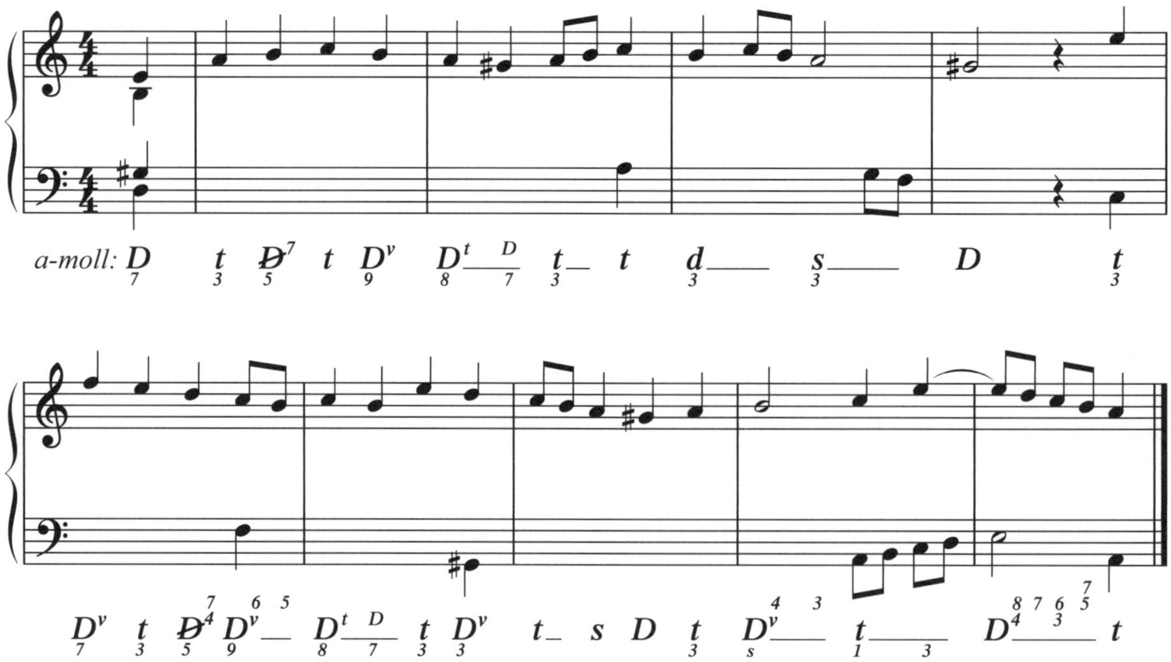

Aufgabe 10.5.

Der nachfolgende Satz ist zur Vierstimmigkeit zu vollenden. Zunächst sind die Funktionsbezeichnungen auf Grundlage der gegebenen Basslinie zu ergänzen. Dabei ist an den mit * markierten Stellen eine der vier Formen des D^v anzuwenden. Eventuell kann nach diesem Arbeitsschritt ein vergleichender Blick in den entsprechenden Vorschlag des Lösungsteils hilfreich sein. In einem nächsten Arbeitsgang sollten Alt und Tenor gleichzeitig angefertigt werden. Auch hier empfiehlt sich ein abschnittweises Vorgehen mit ständigen Kontrollen und Korrekturen.

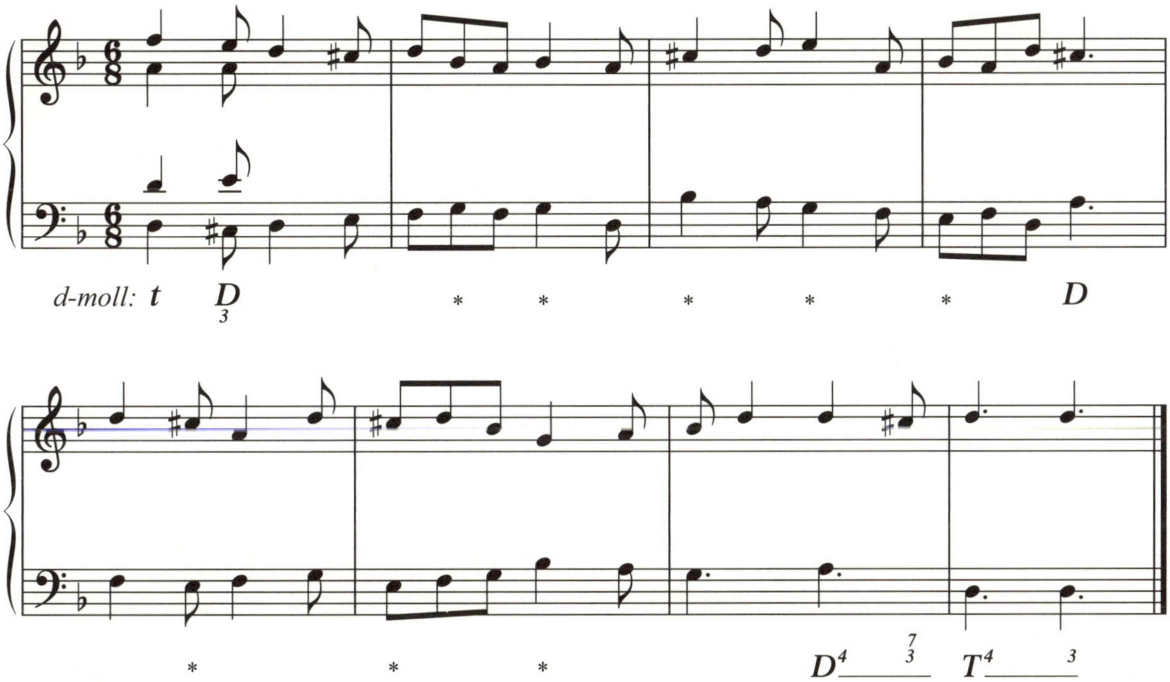

Aufgabe 10.6. → *Harmonielehre* **Aufgabe 10.C.**

Das Lied „Hevenu shalom alechem" („Wir wünschen Frieden euch allen" – Melodie aus Israel) ist zu einem vierstimmigen Chorsatz auszuarbeiten. Zunächst ist die Basslinie mit Funktionszeichen zu versehen. Danach sollten Alt und Tenor idealerweise abschnittweise ergänzt werden.

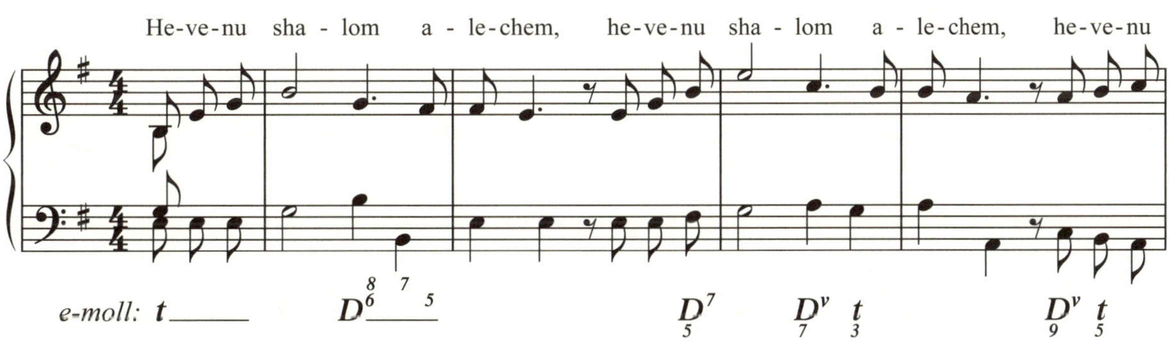

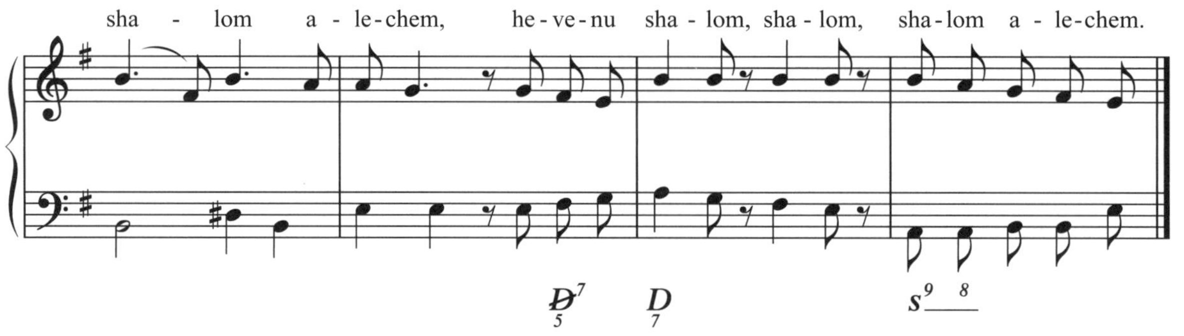

Aufgabe 10.7. → *Harmonielehre* **Aufgabe 10.D.**

Der nachfolgende Funktionsablauf ist vierstimmig auszusetzen. Zunächst sollte der Sopran mit einem melodisch überzeugenden Ergebnis entworfen werden. Danach sind Alt und Tenor abschnittsweise gleichzeitig zu schreiben.

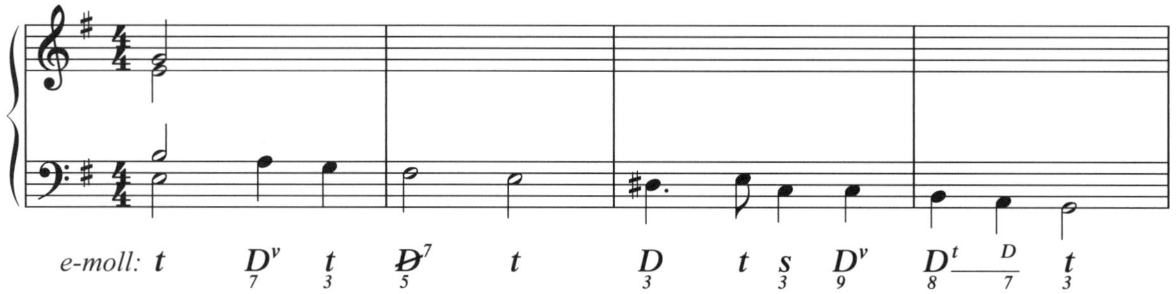

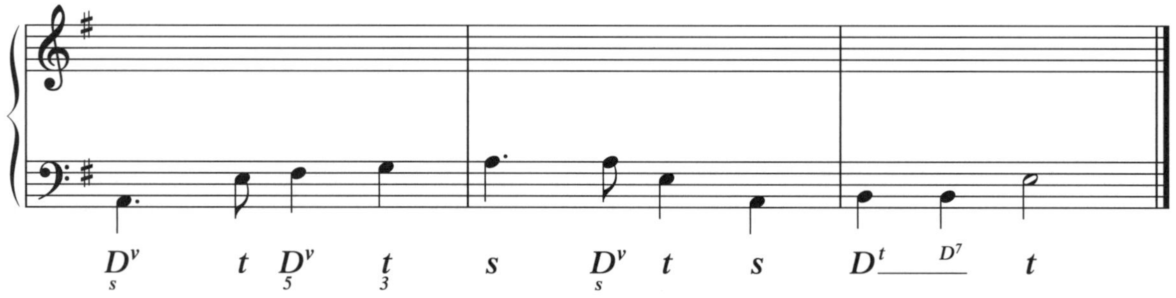

Aufgabe 10.8.

Der Choral „O große Lieb" aus der *Johannes-Passion* von J. S. Bach soll durch Eintragen von Funktionsbezeichnungen harmonisch analysiert werden.

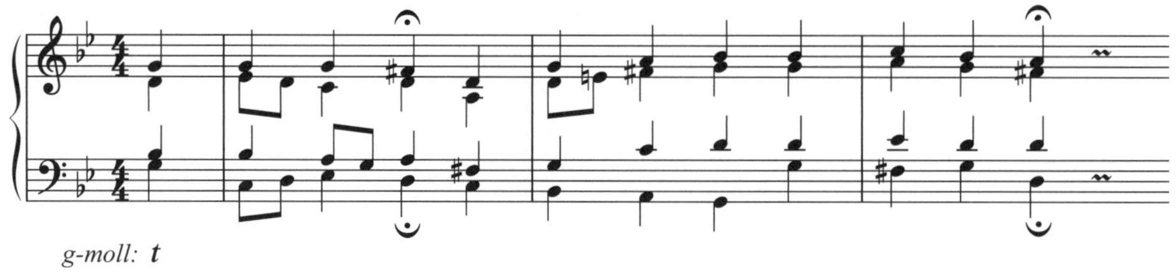

Aufgabe 10.9.

Die Instrumentaleinleitung zum 28. Auftritt aus W. A. Mozarts Oper *Die Zauberflöte*, 2. Aufzug, ist durch Eintragen von Funktionszeichen harmonisch zu analysieren.

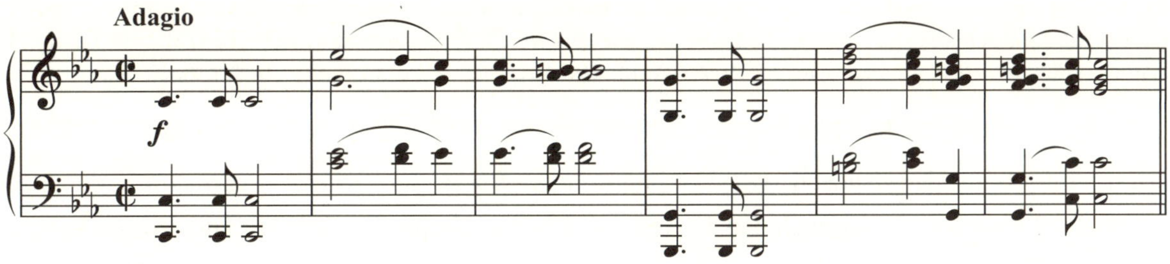

c-moll: **t**______

Aufgabe 10.10.

Der Beginn des 1. Satzes aus Ludwig van Beethovens *Klaviersonate* c-moll op. 10 Nr. 1 ist durch Eintragen von Funktionszeichen harmonisch zu analysieren. Der Bezeichnungsvorschlag für die ersten Takte zeigt die – auch durch die Haltepedaltechnik des Klaviers unterstützten – so typischen *harmonischen Felder* auf, die sich oft über einen längeren Zeitraum erstrecken können.

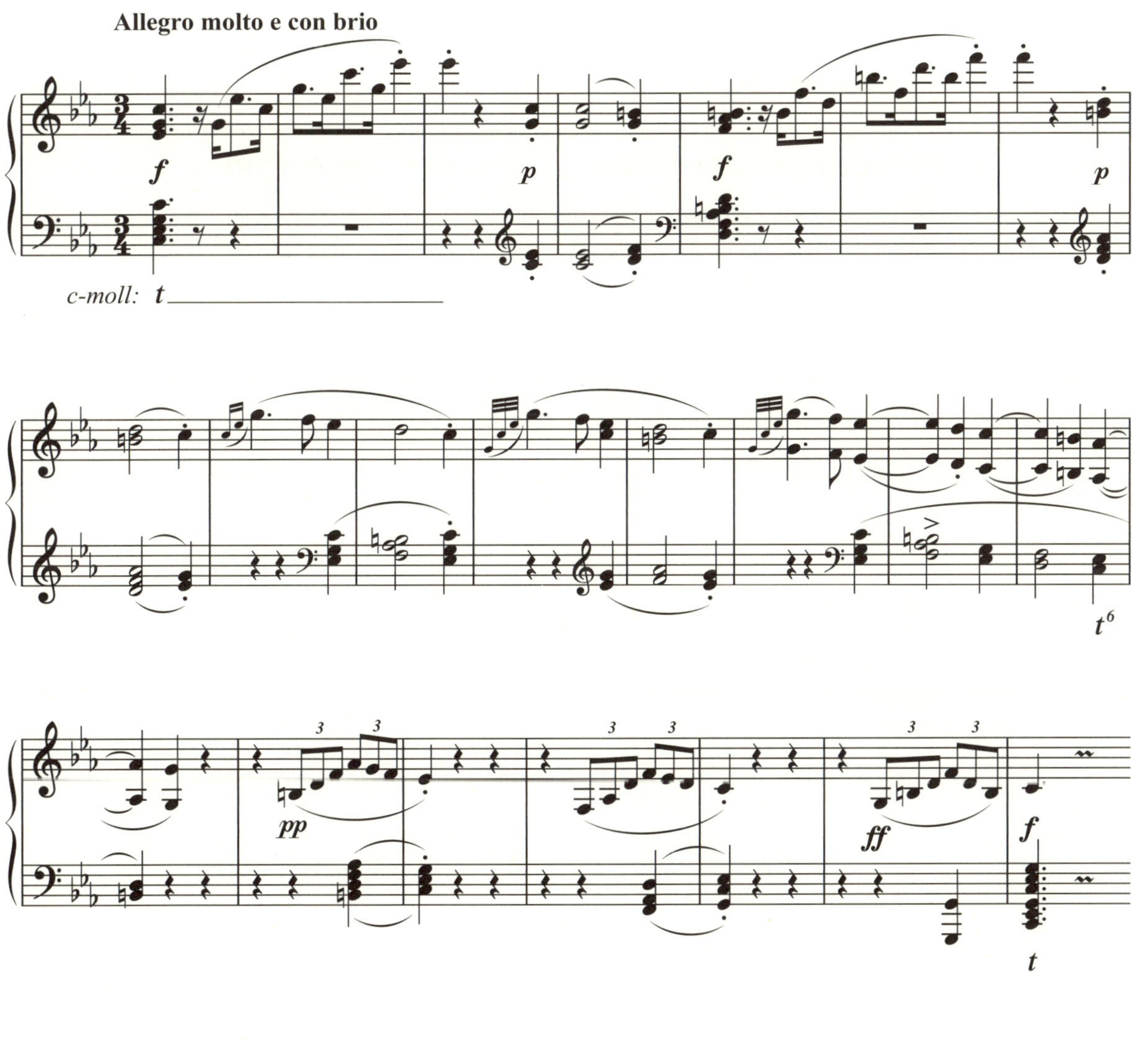

11. Subdominanten mit hinzugefügter Sexte

→ *Harmonielehre* Kapitel 11

Fügt man den Dur- und Mollsubdominanten ***S*** und ***s*** jeweils eine *große Sexte* hinzu, entsteht ein Vierklang, die *Subdominante mit hinzugefügter Sexte* (Kürzel $\overset{6}{S^{5}}$ bzw. $\overset{6}{s^{5}}$ mit übereinander *aufgeschichteten* Zahlen ^{5} und ^{6}). Da der französische Komponist und Musiktheoretiker *Jean-Philippe Rameau* (1683–1764) diesen Klang als erster erklärt hat, ist er auch als *l'accord de la sixte ajoutée* oder kurz als *Sixte ajoutée* bekannt.

Prägend für diese viertönige Form der Subdominante ist, dass *Quinte und Sexte stets gemeinsam auftreten* und damit in enger Lage eine *klangliche Sekundreibung*, in weiter Lage eine *klangliche Septimreibung* hervorrufen. Damit ist dieser Vierklang eindeutig *dissonant* und somit *auflösungs- oder weiterführungsbedürftig*. Man zählt daher den $\overset{6}{S^{5}}$ und den $\overset{6}{s^{5}}$ – wie auch den D^{7} und den D^{9} – zur Gruppe der Akkorde mit charakteristischer Zusatzdissonanz.

Die Generalbasslehre erklärt die *Subdominanten mit hinzugefügter Sexte* wegen ihres Aufbaus als *Quintsext-akkorde*, weshalb man sie zur Unterscheidung vom *dominantischen Quintsextakkord* $\underset{3}{D^{7}}$ als *subdominantische Quintsextakkorde* bezeichnen kann. Gelegentlich ist auch die Bezeichnung *Rameau'scher Quintsextakkord* anzutreffen.
Umkehrungen von $\overset{6}{S^{5}}$ und $\overset{6}{s^{5}}$ sind denkbar, allerdings verlieren die Versionen mit Terz und Quinte im Bass erheblich an kadenzieller Kraft und werden daher eher selten angewandt.

In Dur hingegen ist die dritte Umkehrung des $\overset{6}{S^{5}}$, also die Form mit *Sexte im Bass*, als *stark wirkende Subdominantfunktion* häufig in Gebrauch. Da die Version $\underset{6}{S^{5}}$ deckungs- und klanggleich mit dem *Septakkord der II. Tonleiterstufe* (***II***^{7}) ist, bezeichnet man ihn eher als Sp^{7} (→ Kapitel 14). In vielen Stilbereichen (etwa im Jazz) stellt er im Übrigen die *Regel-Repräsentanz* für die Subdominante dar.
In Moll kann das Wandern der Sexte in den Bass als $\underset{6}{s^{5}}$ und als Akkord ***II***^{7} bezeichnet werden; sein Kern ist dann allerdings ein verminderter Dreiklang.

Hinweise und Empfehlungen zum Lösen der Aufgaben

1. Der $\overset{6}{S^{5}}$ und der $\overset{6}{s^{5}}$ können insbesondere in Abschluss- und Zwischenkadenzen die Subdominantposition wesentlich verstärken. Dabei kann die *hinzugefügte Sexte* „wandern", also prinzipiell in *allen Stimmen* auftreten.
2. Erkennungsmerkmal zur nahezu zwingenden Anwendung des $\overset{6}{S^{5}}$ und des $\overset{6}{s^{5}}$ ist das *doppelte* oder *rhythmisch gedehnte* Auftreten der *II. Tonleiterstufe* in Melodievorlagen. In solchen Fällen wird dieser Ton zunächst als hinzugefügte Sexte der Subdominante und danach als Quinte der Dominante aufgefasst.
3. Die *Quinte* des $\overset{6}{S^{5}}$ und des $\overset{6}{s^{5}}$ wird – als *Dissonanz* zur *Sexte* – bei der Weiterführung in die Dominante regelhaft *abwärts in den Leitton* aufgelöst.

Aufgabe 11.1.

Der nachfolgende Satz soll dazu dienen, die Erscheinungsformen des S^{6}_{5} mit seinen Umkehrungen anzuwenden und einzuüben. Zunächst ist die Bassstimme auf Grundlage der angegebenen Funktionsbezeichnungen zu erstellen. In einem zweiten Arbeitsschritt sollten Alt und Tenor abschnittweise gleichzeitig geschrieben werden.

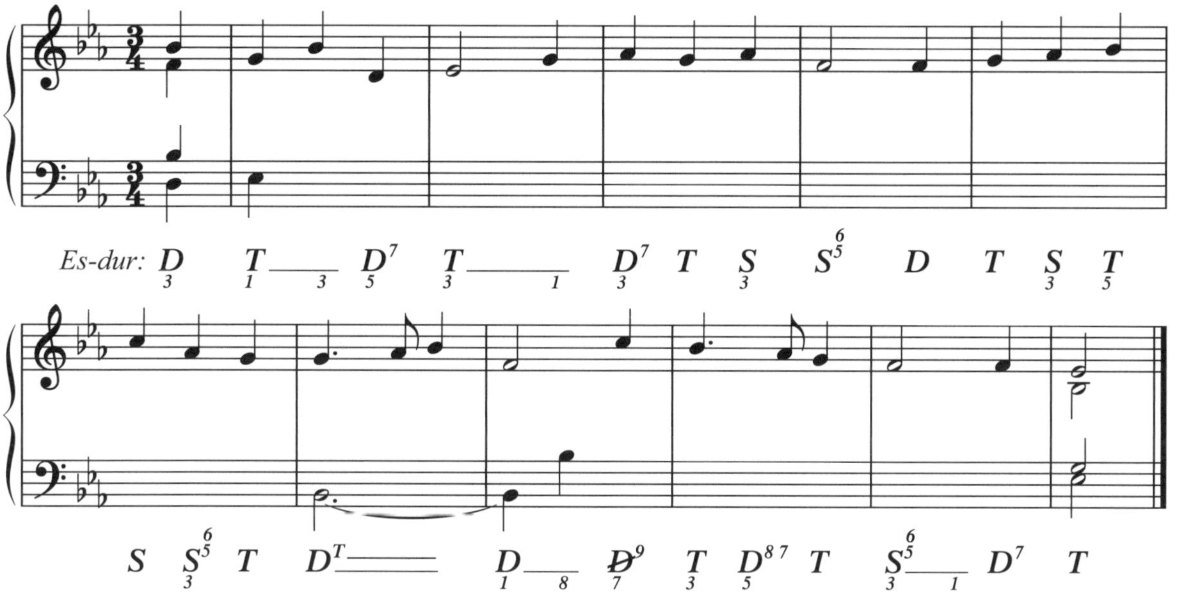

Aufgabe 11.2.

Der nachfolgende Satz soll dazu dienen, die Erscheinungsformen des s^{6}_{5} mit seinen Umkehrungen anzuwenden und einzuüben. Zunächst sind die Funktionsbezeichnungen auf Grundlage der gegebenen Bassstimme zu erstellen. In einem zweiten Arbeitsschritt sollten Alt und Tenor abschnittweise gleichzeitig geschrieben werden.

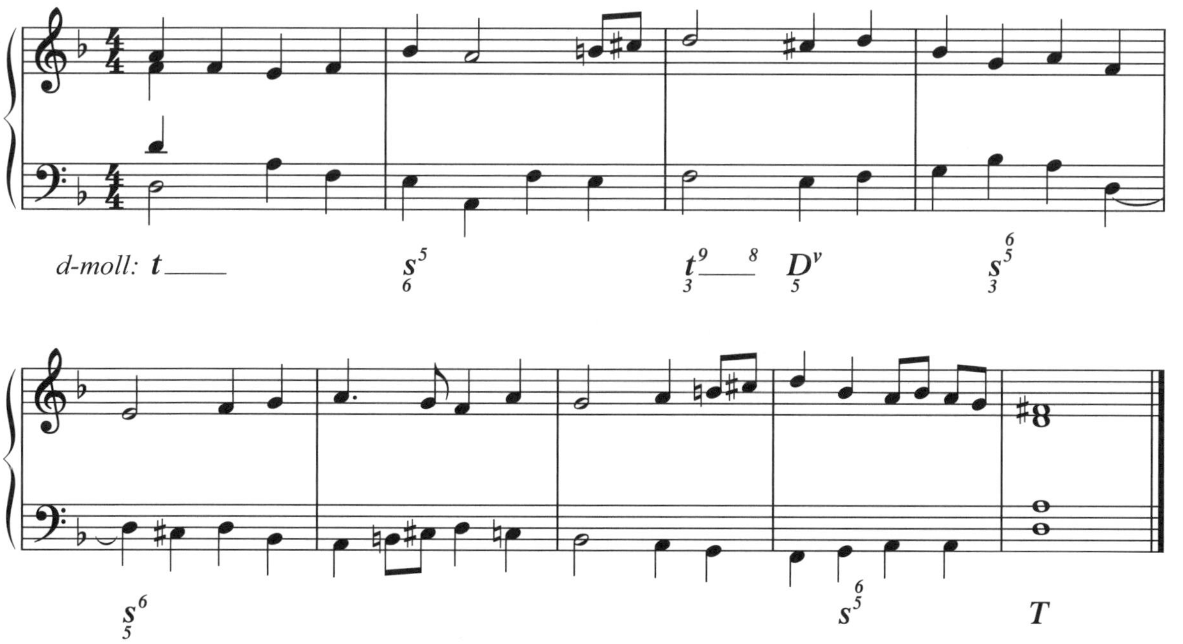

Aufgabe 11.3.

Der Beginn des Liedes „Heidenröslein“ D 257 von Franz Schubert soll vervollständigt werden. Dabei ist die rechte Hand der Klavierstimme in enger Anlehnung an die rhythmische Gestaltung von Takt 1 zu ergänzen. Der Harmoniegang verläuft ganz- oder halbtaktig. *Harmoniefremde Töne* in der Singstimme sind zu bezeichnen.

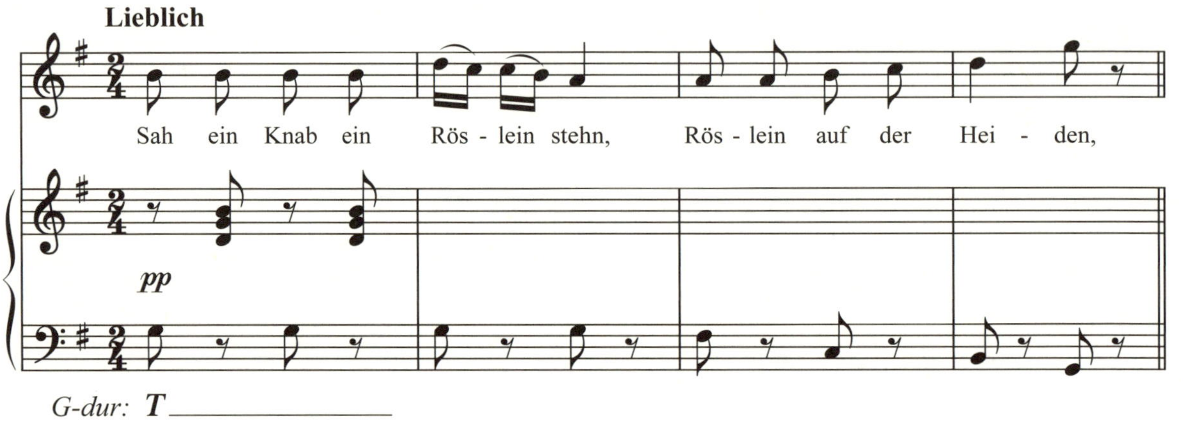

Aufgabe 11.4.

Der Choral „Du Friedefürst“ soll in Anlehnung an eine Originalvorlage von J. S. Bach zur Vierstimmigkeit ergänzt werden. Die vorgeschlagenen Funktionen dienen als Orientierung. Der stark kadenzierende S^{6}_{5} ist zweimal anzuwenden.

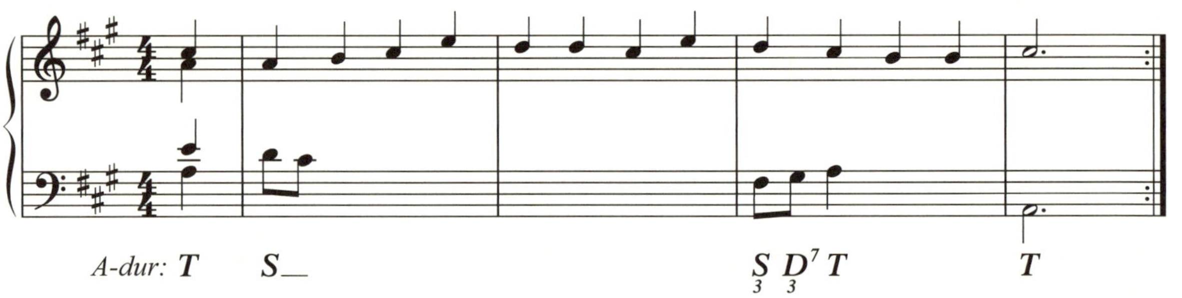

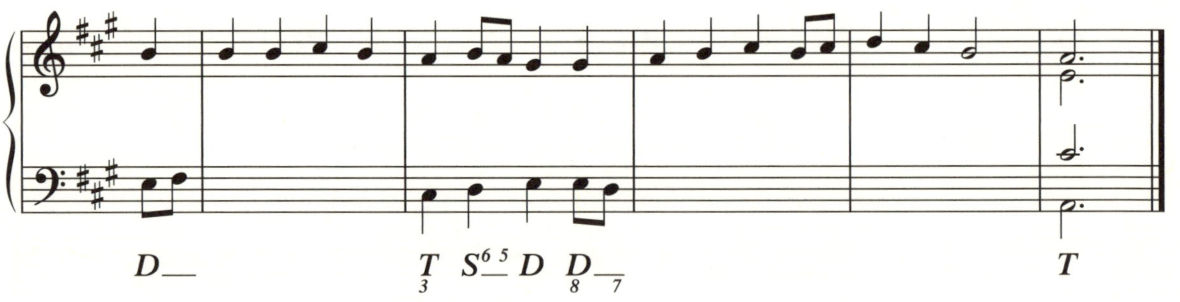

(Der Harmoniegang der Version im Lösungsteil ist stark dem Originalsatz aus Bachs Kantate *Halt' im Gedächtniss Jesum Christ* BWV 67 angeglichen.)

Aufgabe 11.5.

Zum Volkslied „Der Mai, der Mai, der lustige Mai" ist ein insgesamt vierstimmiger instrumentaler Begleitsatz zu erstellen. Das Ergebnis sollte durch ein Tasteninstrument, Streicher oder Bläser umgesetzt werden können. Zunächst sind die Lücken in der Basslinie mit den dazu passenden Funktionen zu schließen. Danach können die Mittelstimmen ergänzt werden, wobei in einem Instrumentalbegleitsatz eine Angleichung an den Rhythmus der Melodie nicht unbedingt erforderlich ist.

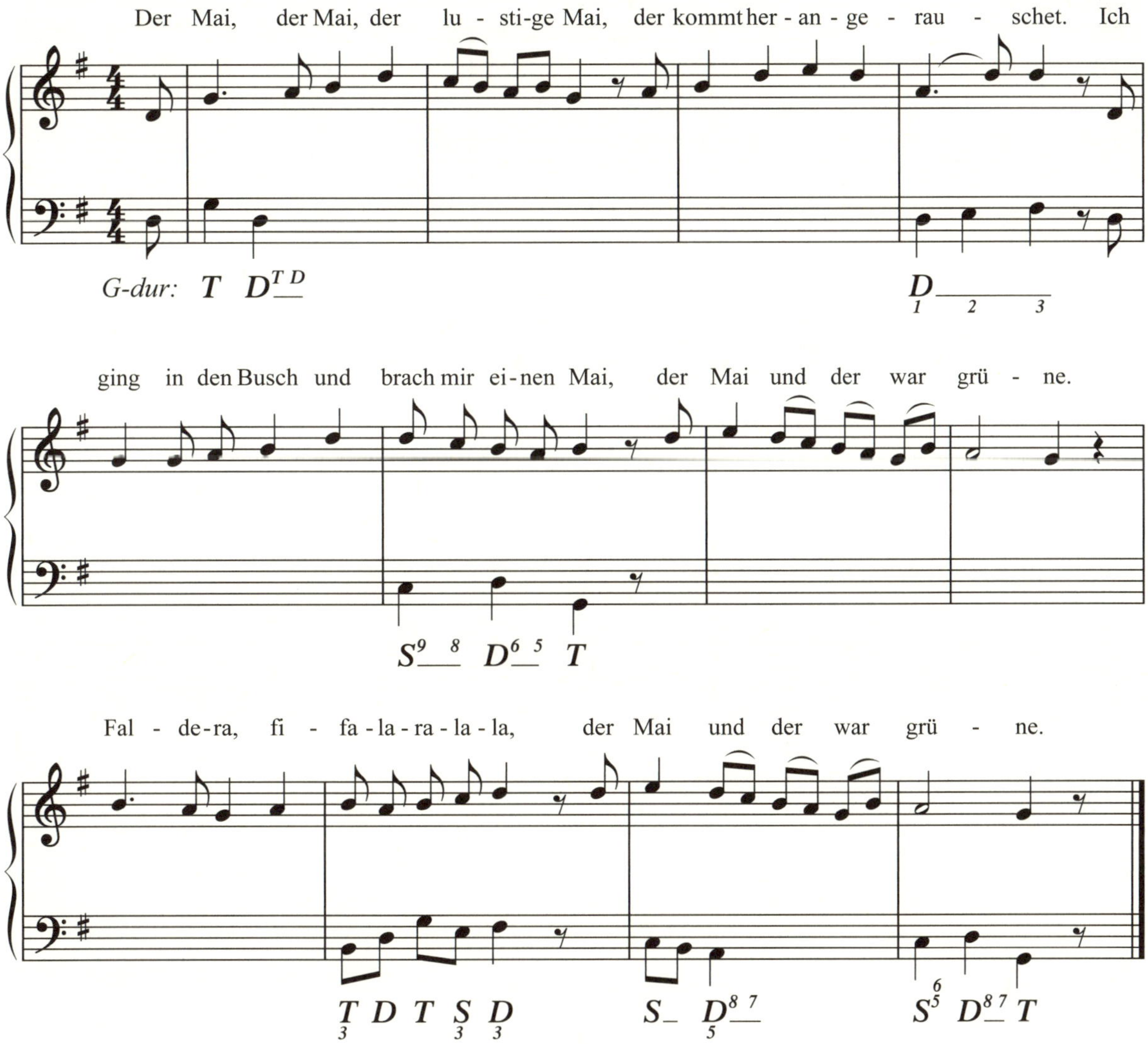

Aufgabe 11.6. → *Harmonielehre* **Aufgabe 11.C.**

Der Choral „Aus meines Herzens Grunde“ ist zu einem vierstimmigen Satz auszuarbeiten. Die *harmoniefremden Töne* sind markiert; sie sollen bei der Harmonisation unberücksichtigt bleiben. Die Bögen zeigen an, dass an diesen Stellen auch eine halbtaktige Harmonisierung möglich ist, eventuell in Halben. Der $S^{\substack{6\\5}}$ ist zweimal anzuwenden. Es empfiehlt sich eine abschnittweise Vorgehensweise mit eventuellem Kontrollblick in den Lösungsteil.

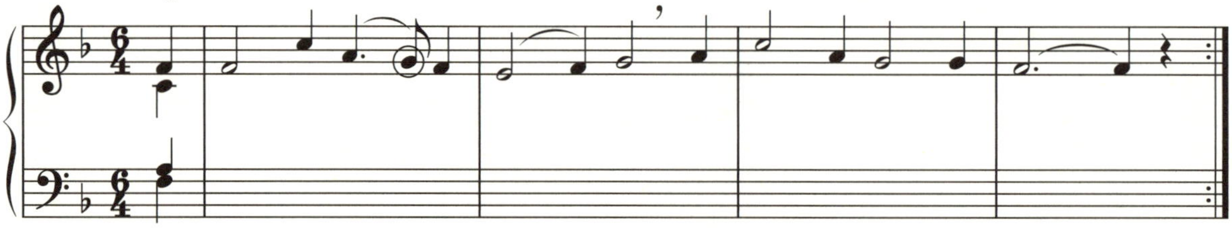

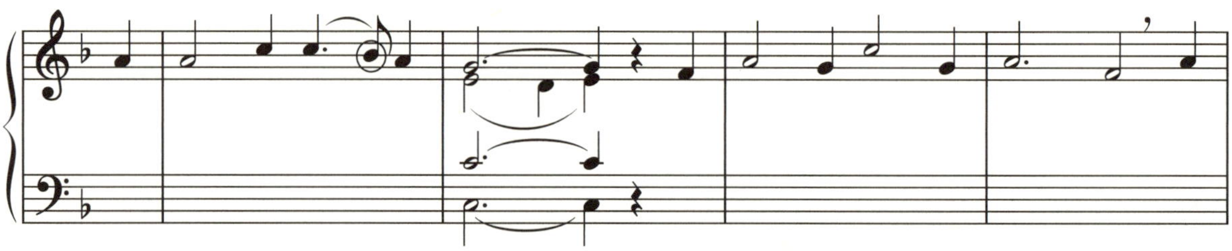

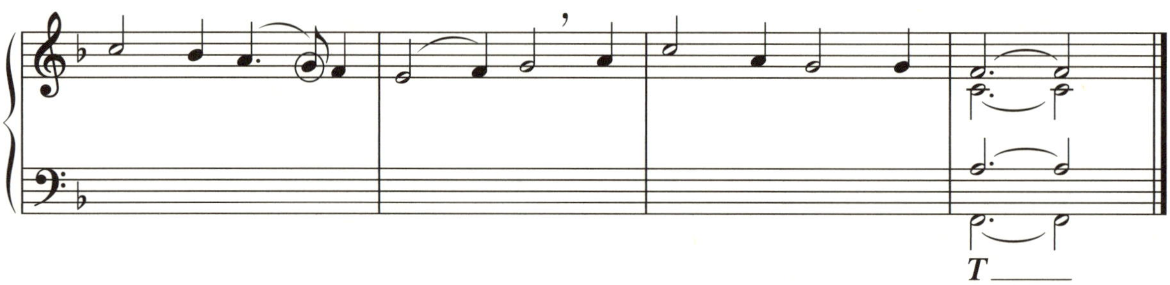

Aufgabe 11.7. → *Harmonielehre* **Aufgabe 11.D.**

Das Lied „Ach bittrer Winter“ ist zu einem vierstimmigen Chorsatz auszuarbeiten. Es sollen Bewegungen mittels *harmoniefremder Töne* in den drei Begleitstimmen probiert werden (siehe die Takte 6 und 7 zur Orientierung).

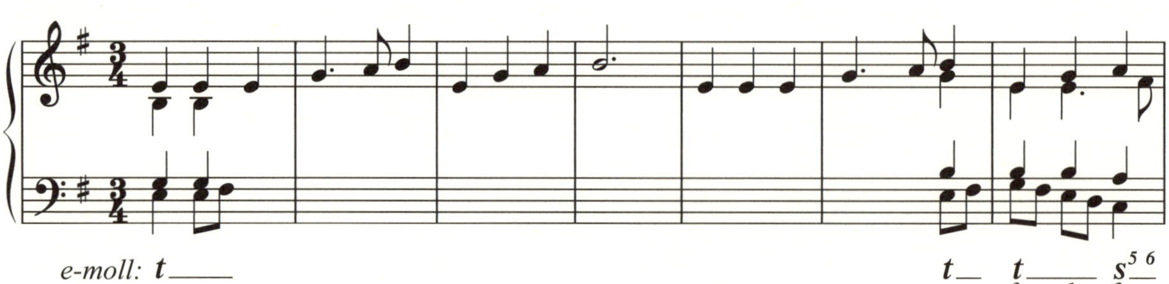

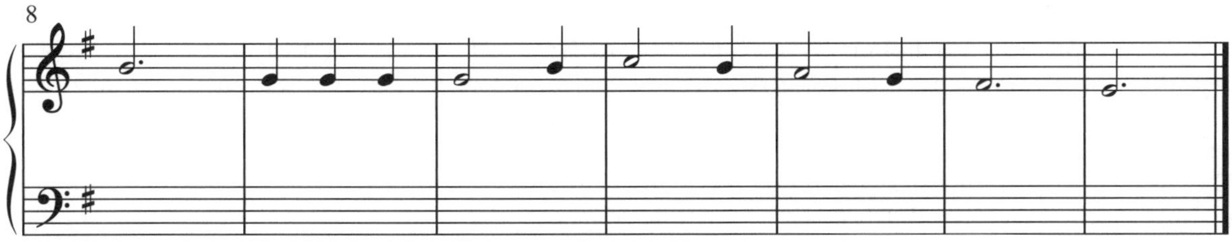

Aufgabe 11.8.

Der Beginn des Chorals „Jesu, der du meine Seele“ von J. S. Bach ist durch Eintragen von Funktionsbezeichnungen harmonisch zu analysieren. *Harmoniefremde Töne* sind zu bezeichnen, es sei denn, sie sind in die Funktionszeichen mit aufgenommen worden.

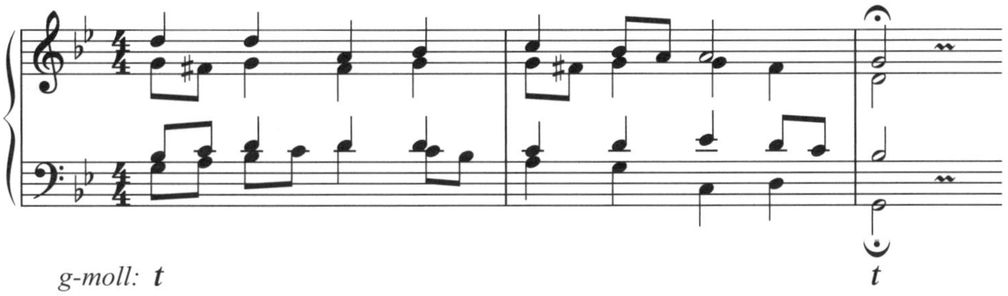

Aufgabe 11.9.

Die Takte 237 bis 248 des Schlusssatzes „Hirtengesang“ aus Ludwig van Beethovens *Symphonie Nr. 6* F-dur op. 68 sind harmonisch zu analysieren.

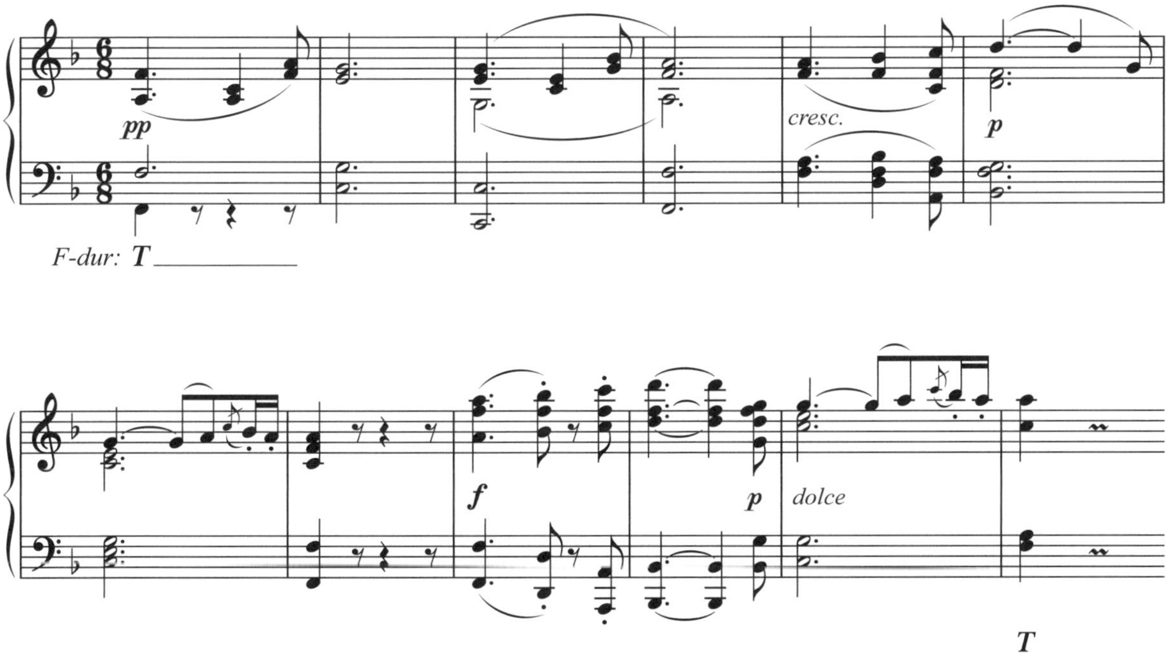

Aufgabe 11.10.

Der Beginn von Frédéric Chopins *Walzer* h-moll op. 69 Nr. 2 soll harmonisch analysiert werden. Pro Takt ergibt sich ein harmonisches Feld, wie zu Anfang vorgegeben. Die zahlreichen stiltypischen *harmoniefremden Töne* sollten genau bezeichnet oder – wie etwa die Vorhalte – in die Funktionszeichen mit aufgenommen werden.
Die spezielle Ausführungsweise von romantischer Klaviermusik hat zur Folge, dass durch das gewohnheitsmäßige Treten des rechten Pedals („Haltepedal") der *Anfangston der linken Hand* in der Regel bis zum *Ende des Taktes* wirksam bleibt. Darauf wird in der Funktionsbezeichnung Rücksicht genommen (siehe Takt 1; vgl. auch die Hinweise zu den Aufgaben 6.10. und 8.9.). Der Effekt ist bei der Analyse aller nachfolgenden Werke für Klavier zu bedenken.

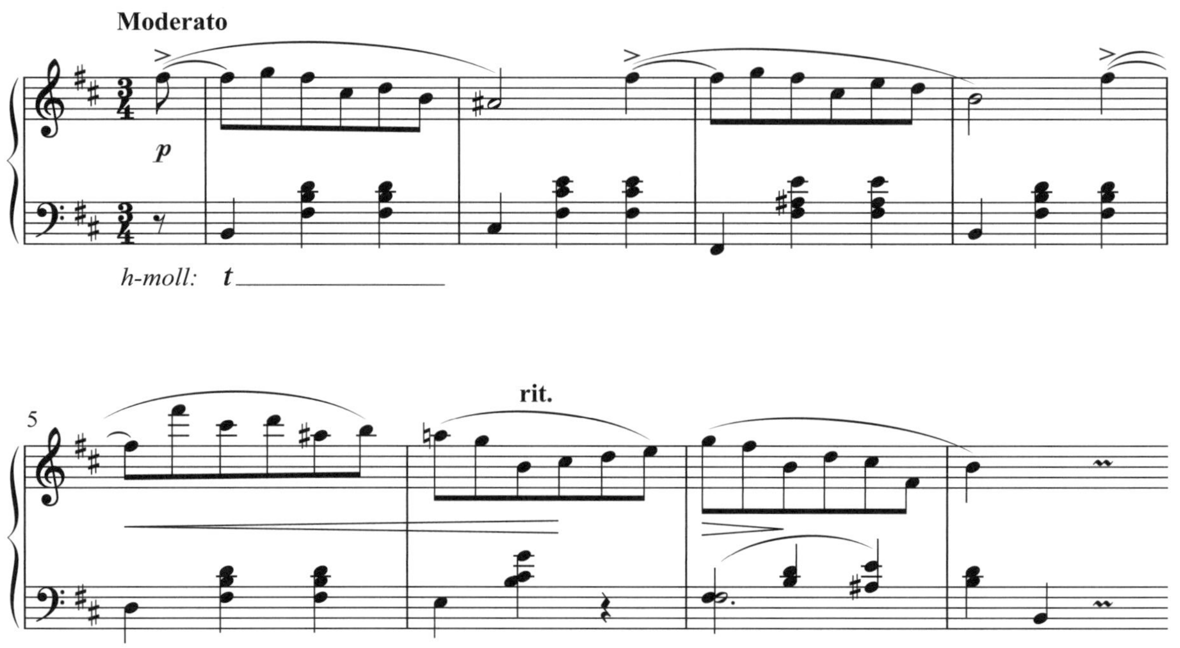

12. Subdominantische Sextakkorde

→ *Harmonielehre* Kapitel 12

Wird in den Subdominantfunktionen *S* und *s* die *Quinte ausgelassen* und durch die *große Sexte ersetzt*, entstehen die *Subdominantischen Sextakkorde.* Deren Kürzel S^6 und s^6 dokumentieren sehr anschaulich den Wegfall der Quinte.

Die Bezeichnung *Subdominantischer Sextakkord* rührt aus der Abbildungstheorie des Generalbasses her, wonach diese Klänge den *Aufbau* eines Sextakkordes haben, obgleich sie von der Auffassung her *Grundstellungen der Subdominante* bleiben. Sie sind daher terminologisch streng von den *Sextakkorden der Subdominante* zu unterscheiden, also den jeweils ersten Umkehrungen von *S* und *s*, nämlich $\underset{3}{S}$ und $\underset{3}{s}$. Im Gegensatz zu den viertönigen *Subdominanten mit hinzugefügter Sexte* $\overset{6}{S^5}$ und $\overset{6}{s^5}$ sind die Subdominantischen Sextakkorde, S^6 und s^6, *dreitönige Klänge*, bei denen allein die *große Sexte* als klangtypisierendes *Subdominantmerkmal* wirkt. Die *Sexte* selbst war ursprünglich eine vorhaltig wirkende *Umspielung der Quinte* (im Sinne von S^{65} bzw. s^{65}), bevor der Umspielungsvorgang wegfiel und sich die *Sexte* im Akkord ohne den Nachbarton der Quinte etablierte. Da diese Entwicklung schon im 16. Jahrhundert abgeschlossen war, werden die *Subdominantischen Sextakkorde* gelegentlich auch *Alte Sextakkorde* genannt. Zur Zeit der Klassik, insbesondere bei W. A. Mozart, wurden der S^6 und s^6 zu *Standardfunktionen der Subdominantregion.*

Die *Subdominantischen Sextakkorde* sind rein theoretisch umkehrbar, wobei die ersten Umkehrungen, $\underset{3}{S^6}$ und $\underset{3}{s^6}$, jedoch klanglich unbefriedigende Quartsextakkorde hervorrufen und deshalb von dieser Verwendung ausgeschlossen bleiben. Die zweite Umkehrung hingegen ($\underset{6}{S}$) führt in *Dur* zu einem stabilen Molldreiklang, der klang- und deckungsgleich mit dem Akkord auf der *II. Tonleiterstufe* ist und deshalb auch so aufgefasst wird (***Sp*** → Kapitel 14). In *Moll* ergibt der $\underset{6}{s}$ einen *verminderten Dreiklang*, der allenfalls in harmonischen Sequenzen seine Berechtigung findet.

Hinweise und Empfehlungen zum Lösen der Aufgaben

1. Der S^6 und der s^6 werden ausschließlich in *Grundstellungen* verwendet.
2. Da beide *Subdominantischen Sextakkorde* nach wie vor *Hauptfunktionen der Subdominante* darstellen, wird grundsätzlich der *Grundton der Subdominante verdoppelt.*
3. Erkennungsmerkmal zur optimalen Verwendung von S^6 und s^6 ist ein oft anzutreffender melodischer Bewegungszug, bei dem ein *Abspringen* aus der *II. Tonleiterstufe* in den *Leitton* zu beobachten ist.

Aufgabe 12.1.

Das Lied „Ich hört ein Sichelein rauschen“ ist durch die Angabe von Funktionsbezeichnungen zu harmonisieren. Der Harmoniewechsel kann sehr unterschiedlich erfolgen: meist halbtaktig, gelegentlich in Achteln; auch das Festhalten *einer Funktion pro Takt* ist denkbar. *Harmoniefremde Töne* sind zu bezeichnen.

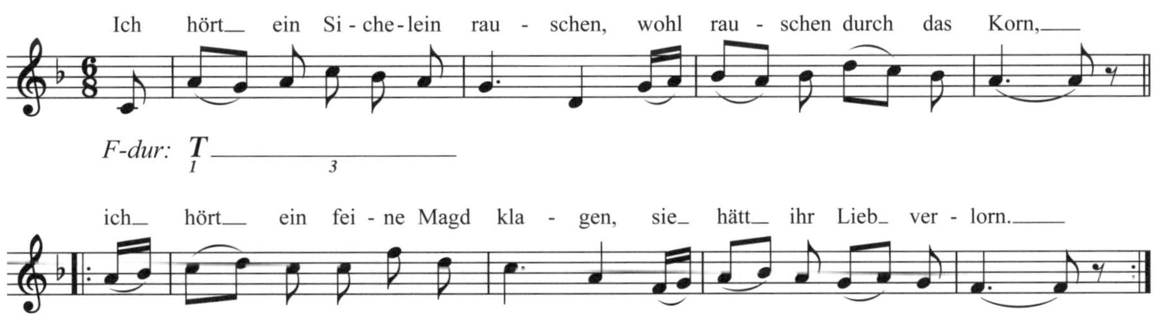

Aufgabe 12.2.

Das Lied „Ich hab die Nacht geträumet" soll vierstimmig ausgesetzt werden. Zunächst ist die Bassstimme auf Grundlage der angegebenen Funktionsbezeichnungen zu erstellen. In einem zweiten Arbeitsschritt können Alt und Tenor gleichzeitig geschrieben werden.

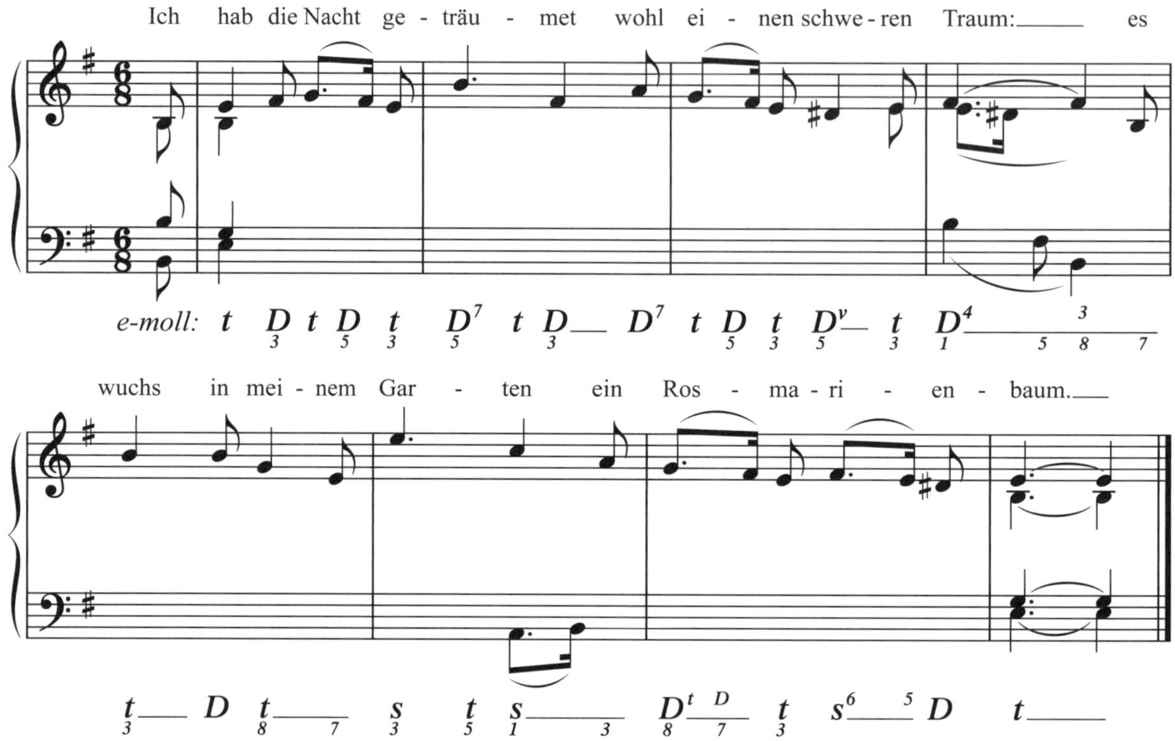

Aufgabe 12.3.

Das Lied „Und in dem Schneegebirge" soll vierstimmig ausgesetzt werden. Zunächst sind die Funktionsbezeichnungen auf Grundlage der gegebenen Bassstimme zu erstellen. In einem zweiten Arbeitsschritt können Alt und Tenor gleichzeitig geschrieben werden.

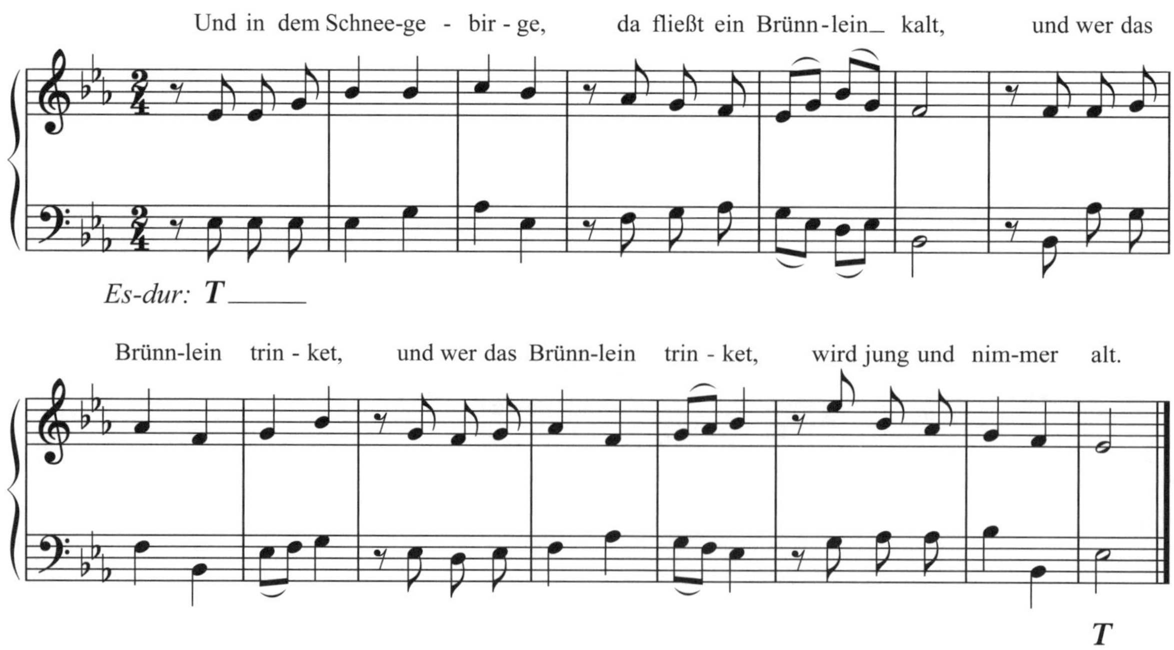

Aufgabe 12.4.

Das Lied „Im schönsten Wiesengrunde" soll zu einem vierstimmigen Chorsatz ausgearbeitet werden. Zunächst sind die Lücken im Bass und in der Funktionsreihe zu schließen. Danach sind Alt und Tenor zu ergänzen und im Rhythmus dem Sopran anzugleichen. Der S^6 kann dreimal zur Anwendung gebracht werden. Der harmonische Gang verläuft in aller Regel in Viertelbewegung.

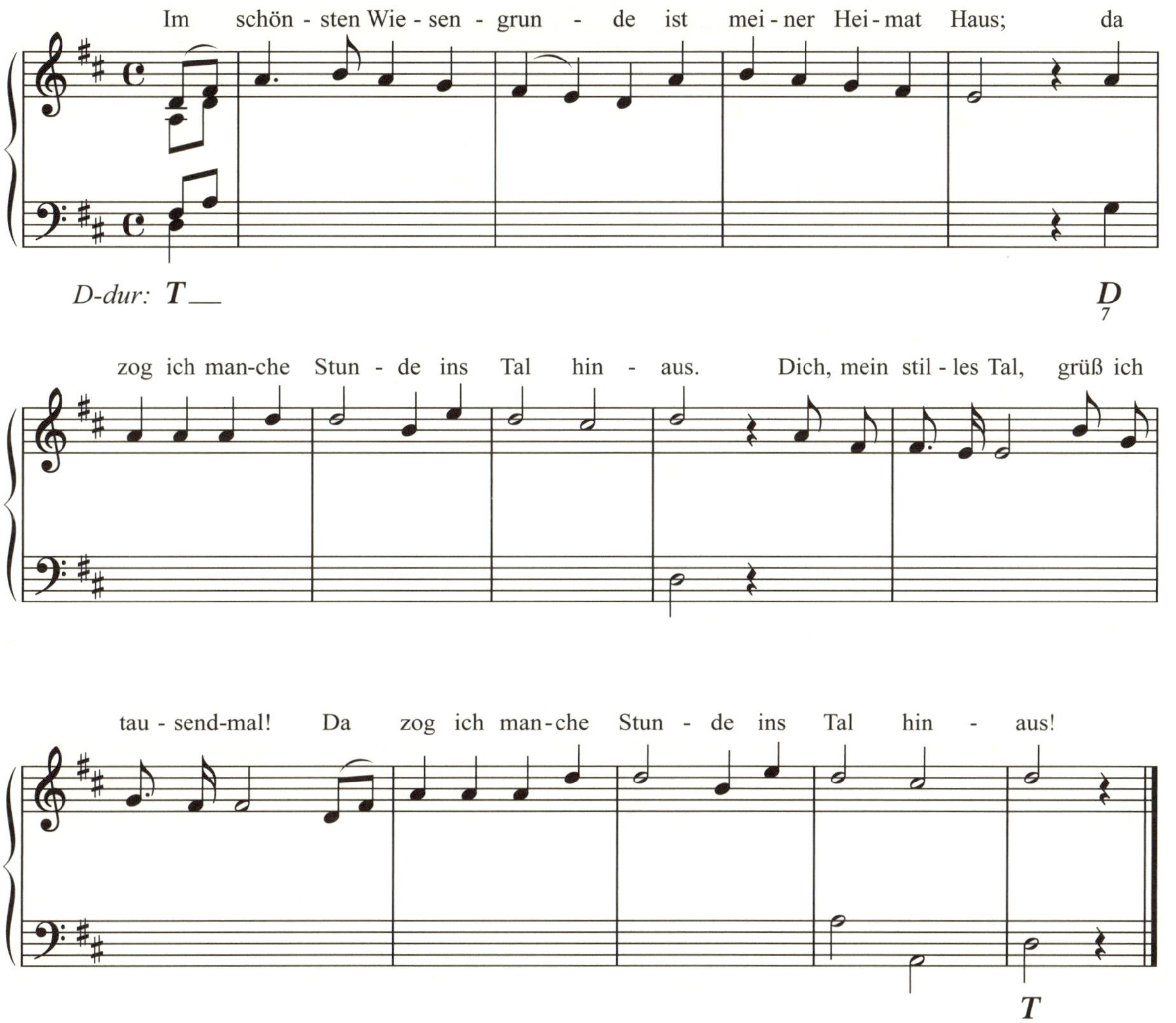

Aufgabe 12.5. → *Harmonielehre* **Aufgabe 12.C.**

Das Lied „Schneidri, schneidra, schneidrum" ist durch die Angabe von Funktionsbezeichnungen zu harmonisieren. Der Harmoniewechsel muss sehr unterschiedlich erfolgen: meist halbtaktig, gelegentlich in Achteln; auch das Festhalten einer Funktion pro Takt ist denkbar.

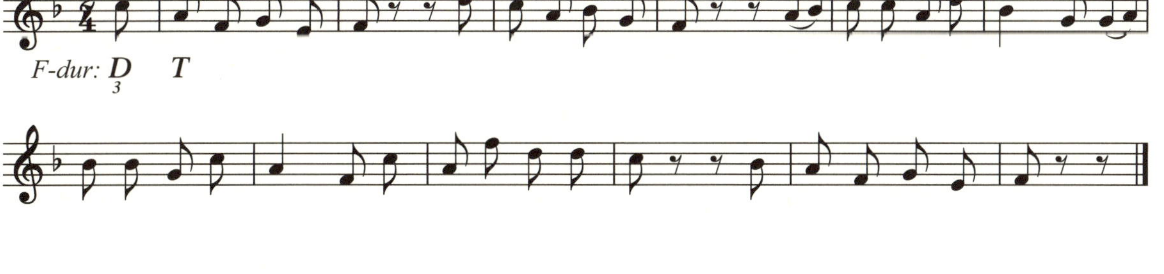

Aufgabe 12.6. → *Harmonielehre* **Aufgabe 12.D.**

Das Lied „Auf de schwäbsche Eisebahne“ ist zu einem vierstimmigen Chorsatz auszuarbeiten. Zur Orientierung sind einige eingekreiste Töne als *harmoniefremd* vorgeschlagen. Die teils taktübergreifenden harmonischen Felder der Melodie zwingen zum Festhalten einer Funktion innerhalb der Taktgrenze. Deshalb sollten kreative Gegenmaßnahmen – etwa in der Basslinie – probiert werden.

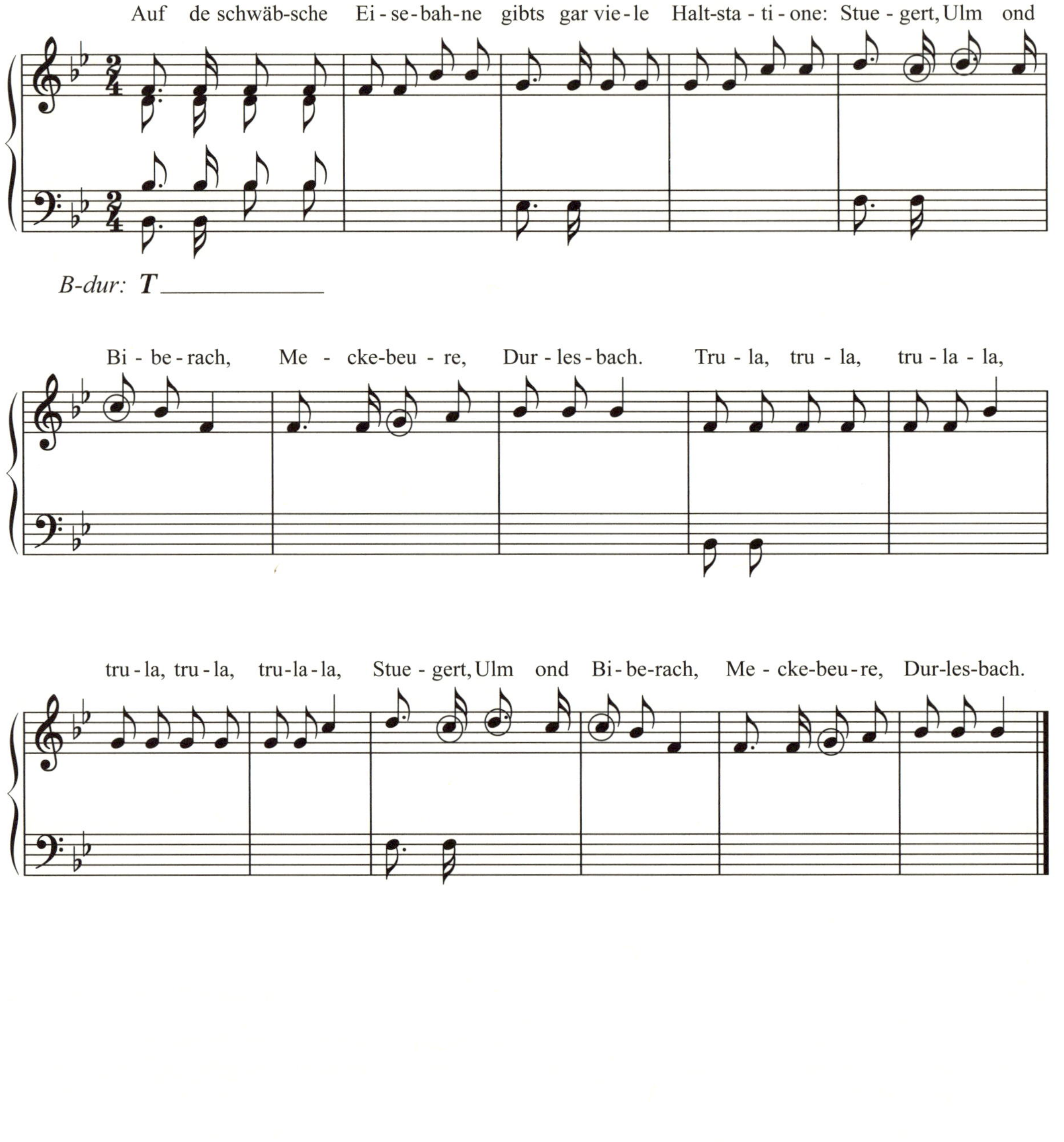

Aufgabe 12.7.

Der Beginn des Chorals „Das alte Jahr vergangen ist“ von J. S. Bach soll harmonisch analysiert werden. *Harmoniefremde Töne*, die klangprägend sind, werden in die Funktionszeichen aufgenommen. Bach übernimmt bei der Notation des Satzes die tradierte Kirchentonart der Melodie, nämlich *e-phrygisch* (keine Vorzeichen!). Das harmonische Korsett dieser Anfangstakte ist jedoch eindeutig *d-moll*, so dass etliche Versetzungszeichen *b* notwendig werden. Im weiteren Verlauf des Chorals werden noch andere tonikale Zentren aufgesucht.

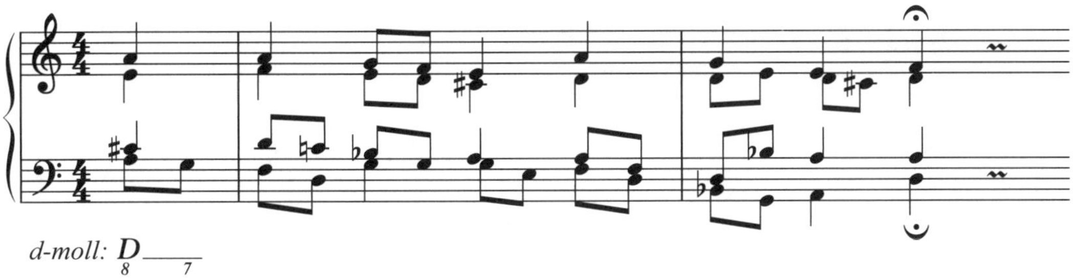

Aufgabe 12.8.

Der Beginn der Arie Nr. 15 „In diesen heil’gen Hallen“ aus W. A. Mozarts Oper *Die Zauberflöte*, 2. Aufzug, ist durch Eintragen von Funktionszeichen harmonisch zu analysieren. *Harmoniefremde Töne* sind zu bezeichnen.

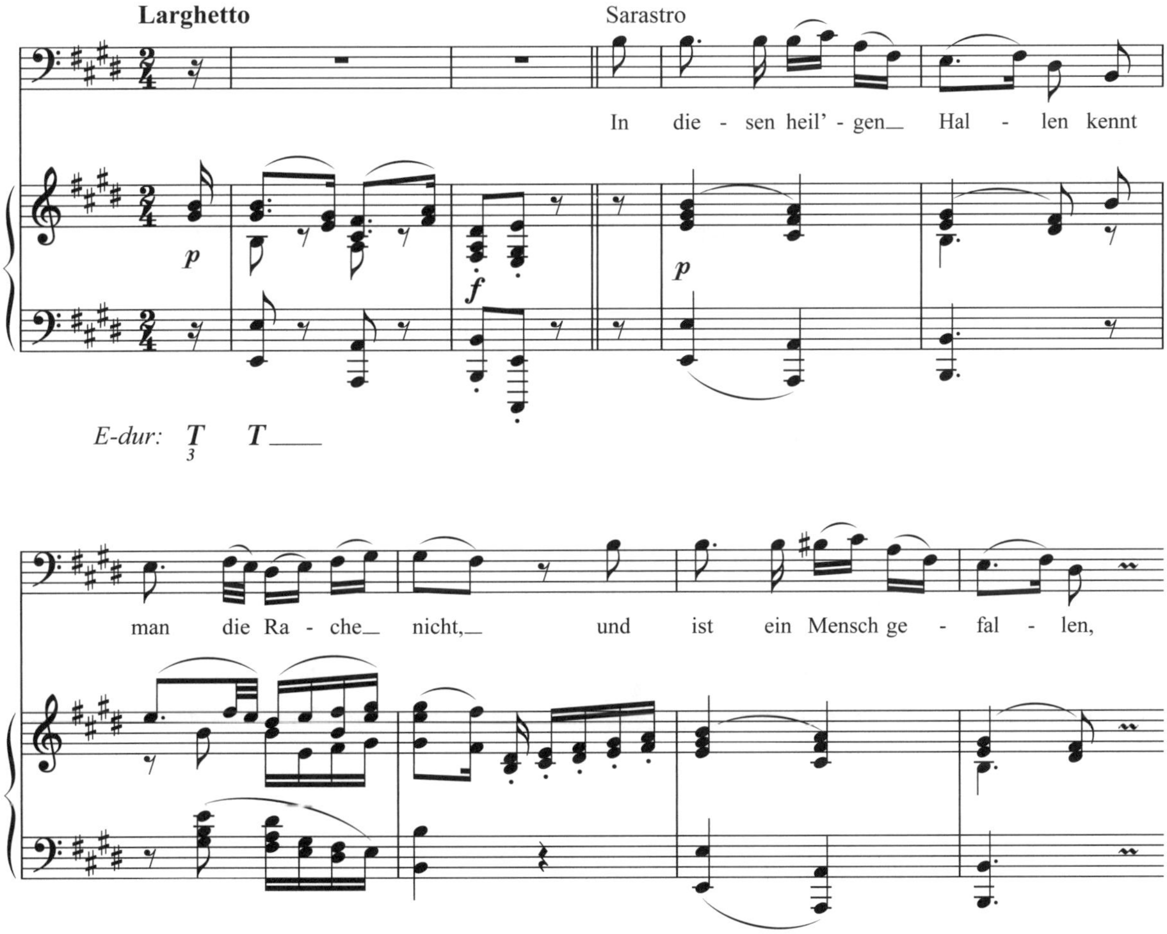

Aufgabe 12.9.

Die Einleitung zur Arie Nr. 20 „Ein Mädchen oder Weibchen" aus W. A. Mozarts Oper *Die Zauberflöte* ist durch Eintragen von Funktionszeichen harmonisch zu analysieren. *Harmoniefremde Töne* sind zu bezeichnen. Achtung: Das Instrumentalvorspiel zu dieser Arie ist vom Komponisten sehr hoch gesetzt, daher wird es hier dauerhaft in <u>zwei</u> Violinschlüsseln wiedergegeben.

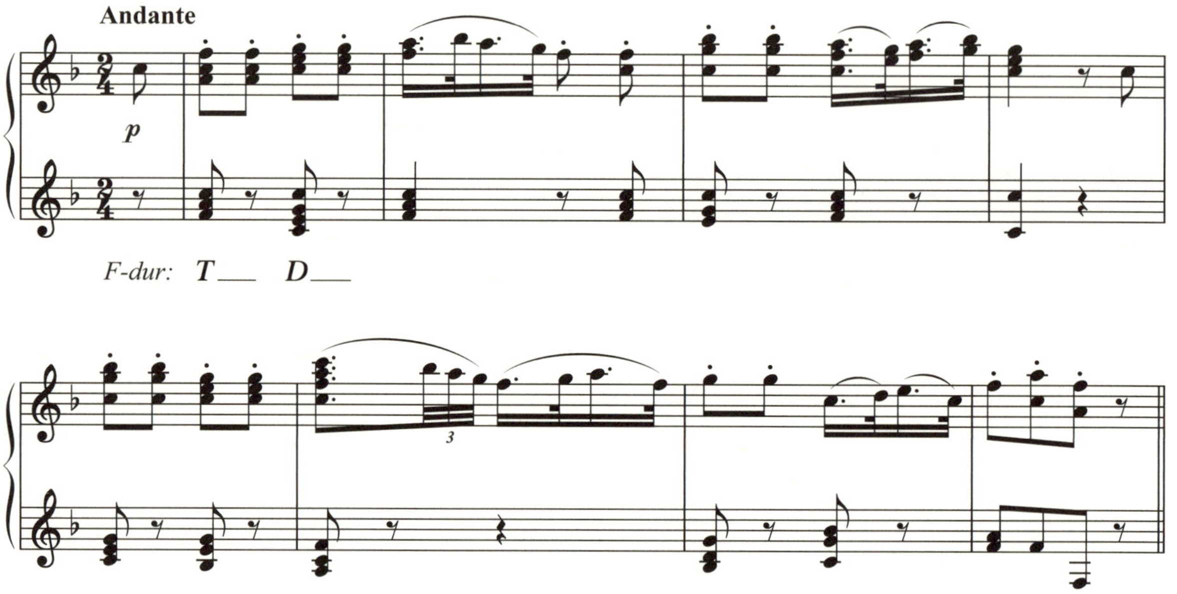

Aufgabe 12.10.

Der Beginn der „Arie der Gilda" aus Giuseppe Verdis Oper *Rigoletto* (1. Akt) ist durch Eintragen von Funktionszeichen harmonisch zu analysieren. Der vom Komponisten schon sparsam instrumentierte Orchestersatz enthält zudem viele Pausen. Durch diese wird der harmonische Gang jedoch nicht unterbrochen, vielmehr wirkt ein einmal gesetzter Klang solange fort, bis ein deutlich wahrnehmbarer Funktionswechsel stattfindet.

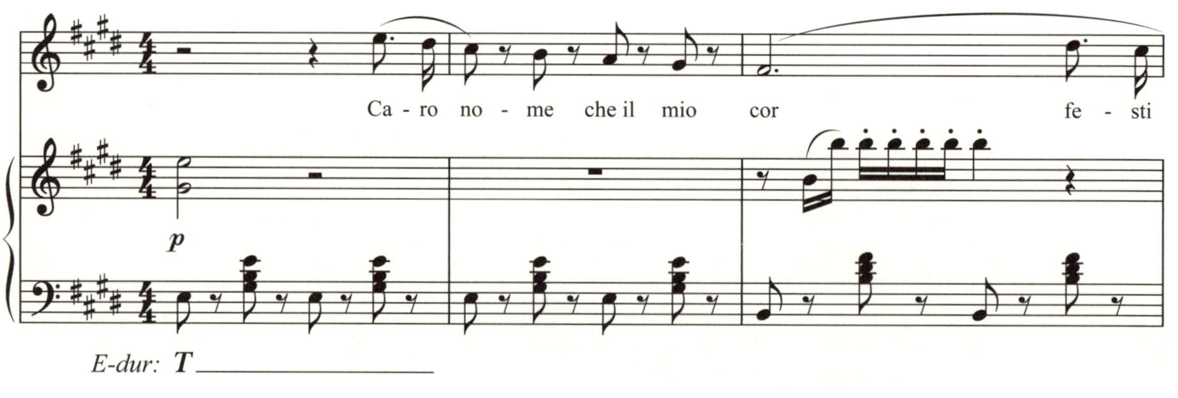

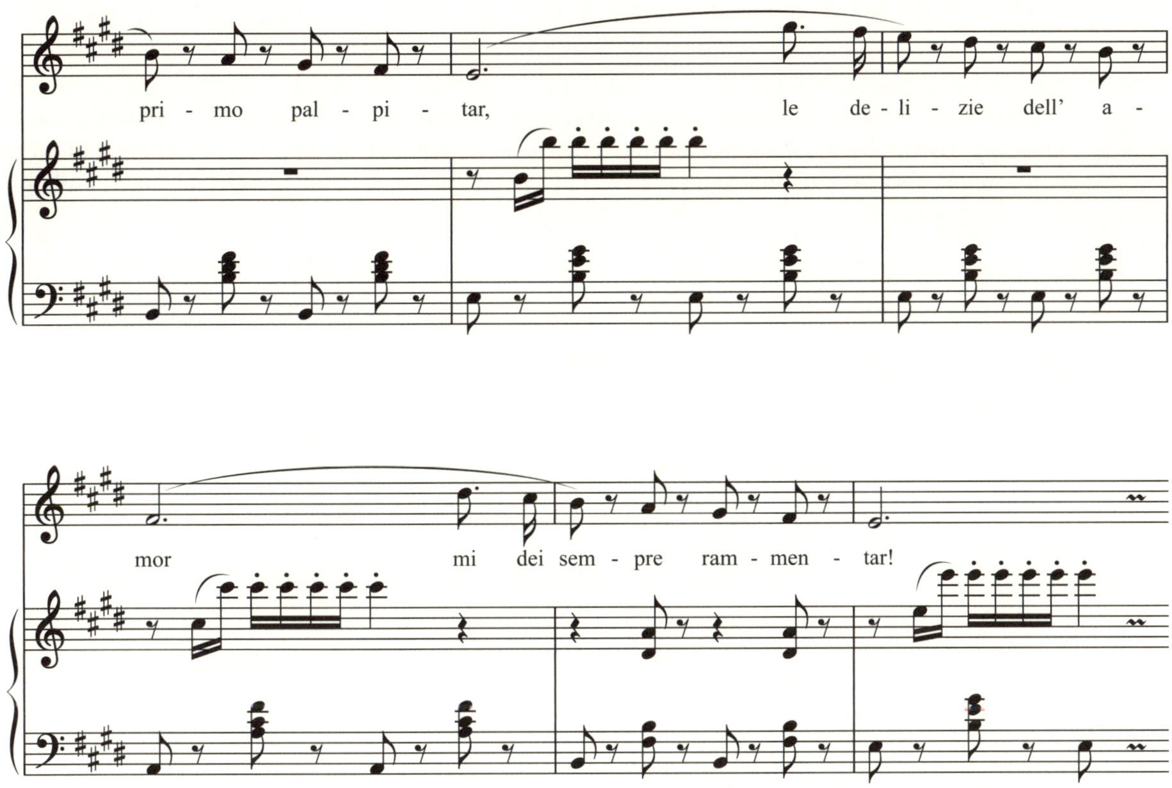

(Übersetzung des italienischen Originals ins Deutsche: *Lieber Name, der du mein Herz erstmals zum Klopfen brachtest, an die Wonne der Liebe musst du mich immer erinnern.*)

13. Der neapolitanische Sextakkord

→ *Harmonielehre* Kapitel 13

Wird in der Mollsubdominante ***s*** die Quinte ausgelassen und durch die *kleine, leiterfremde Sexte* ersetzt, spricht man vom *neapolitanischen Sextakkord* (Kurzform: *Neapolitaner)*; die Funktionsbezeichnung lautet s^n. Der durch die Manipulation der leitereigenen Sexte entstandene Klang hat den Wirkungsgrad eines Dursextakkordes, löst aber bei der unmittelbaren Weiterführung in die Dominante ***D*** eine eigentümliche, schillernde Wirkung aus.

Die Bezeichnung *neapolitanischer Sextakkord* geht auf die zwischen etwa 1650 und 1750 in Europa führende Opernschule Neapels zurück. Deren Komponisten verwendeten diesen Akkord gerne als Ausdrucksträger von Schmerz, Verzweiflung, Dramatik, Niedergeschlagenheit, Trauer, Verlust und Tod („Affektenlehre"). Der generelle Einsatz des *Neapolitaners* ist daher stark eingeschränkt.

Überdies entstehen bei der Einbindung des s^n in den Kadenzablauf lineare und klangliche Probleme, die geübt werden müssen, da sie teils regelwidriger Natur sind. Gerade aber wegen der damit verbundenen Affekte wurde der Akkord von den Komponisten gesucht und gerne angewandt.

Die einzig praktikable Akkordumkehrung des s^n ist seine zweite Umkehrung; die Funktionsbezeichnung lautet dann s^N (*verselbstständigter Neapolitaner*).
Vom späten 19. Jahrhundert an ist der *Neapolitaner* gelegentlich auch in Durtonarten anzutreffen.

Satztechnische Kernpunkte zum Lösen der Aufgaben

1. Der s^n tritt immer mit einem Zusatzversetzungszeichen auf und kam ursprünglich nur im Mollgeschlecht vor.
2. Die *kleine Sexte*, das typisierende Klangmerkmal des Akkordes, ist regelhaft in der obersten Stimme anzutreffen und war ursprünglich Vorhaltston vor der Quinte. Die *neapolitanische Sexte* kann gelegentlich jedoch auch in eine der Mittelstimmen wandern.
3. Bei der vierstimmigen Darstellung des *neapolitanischen Sextakkordes* wird regelhaft der *Grundton der Subdominante* verdoppelt.
4. Bei der unmittelbaren Weiterführung des s^n in die Durdominante ***D*** entsteht unausweichlich eine melodisch regelwidrige *verminderte Terz* zwischen *neapolitanischer Sexte* und *Leitton* („Hiatus"). Ebenso ergibt sich ein *Querstand*, indem ein Stammton unmittelbar im nächsten Akkord auf seine chromatisch veränderte Version in einer anderen Stimme trifft. Beide irreguläre Phänomene sind Bestandteil der *speziellen Wirkung* des s^n und daher gestattet.
5. Wird die Version des *verselbstständigten Neapolitaners* s^N verwendet, kann jeder Ton des Akkordes verdoppelt werden.

Beispiel:

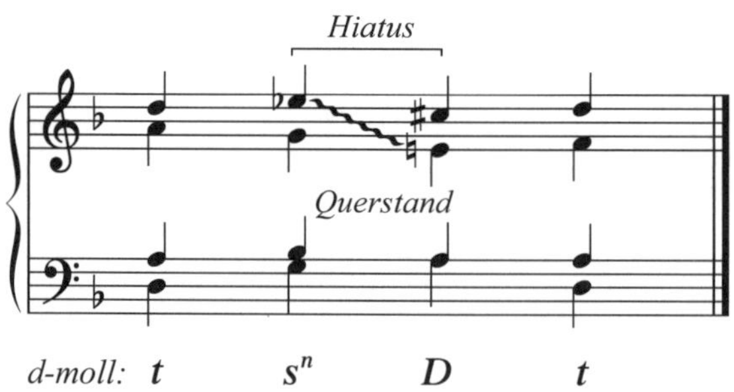

Aufgabe 13.1.

Übung zur Kadenzeinbindung des s^n mit *Hiatus* und *Querstand*

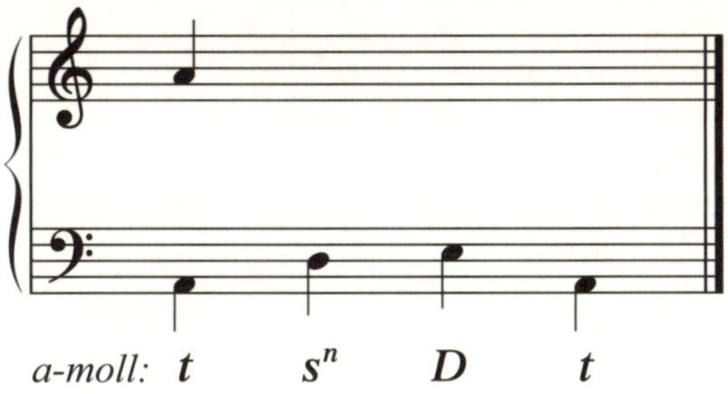

Aufgabe 13.2.

Übung zur Kadenzeinbindung des s^n mit *Hiatus* und *Querstand*

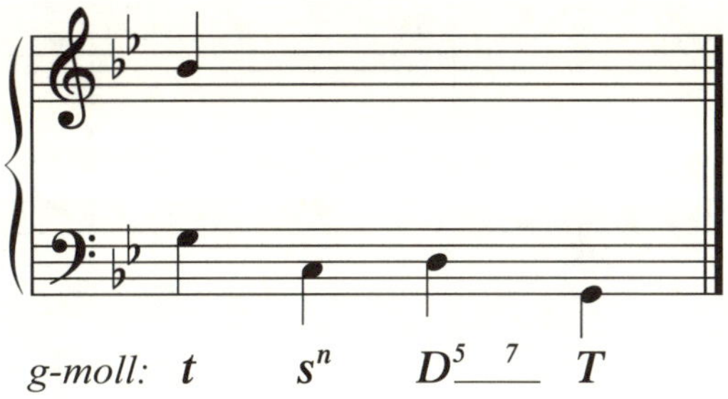

Aufgabe 13.3.

Übung zur Kadenzeinbindung des s^n

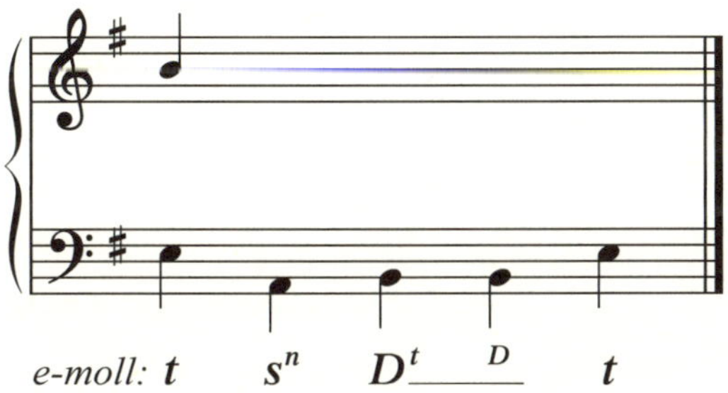

Aufgabe 13.4.

Übung zur Kadenzeinbindung des s^n

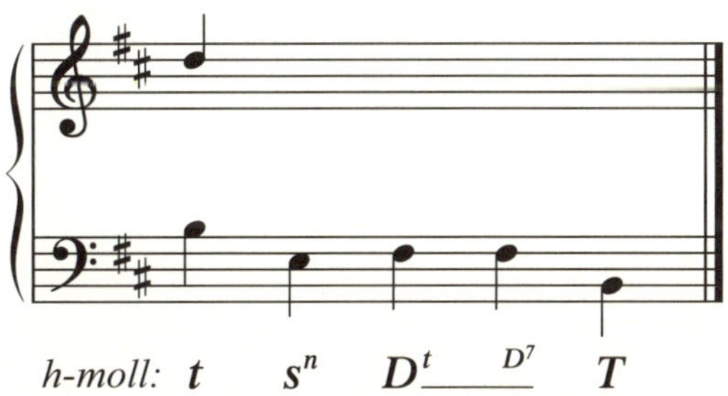

Aufgabe 13.5.

Übung zur Kadenzeinbindung des s^n

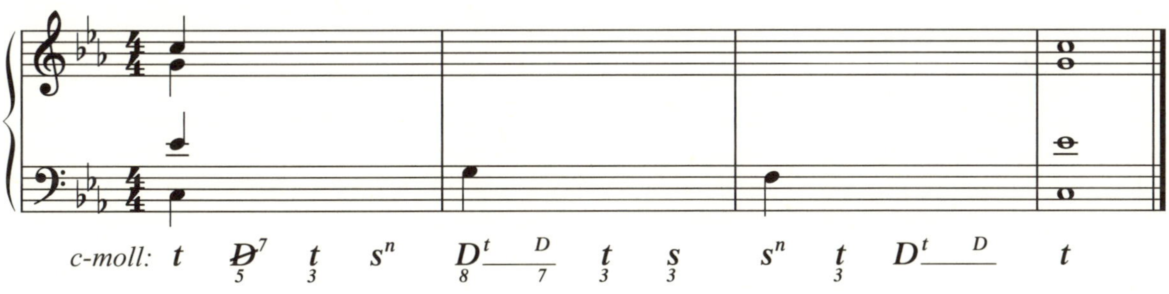

Aufgabe 13.6. → *Harmonielehre* **Aufgabe 13.C.**

Die fehlenden Basstöne sowie die Funktionsbezeichnungen sind zu ergänzen, danach ist die Übung vierstimmig auszusetzen.

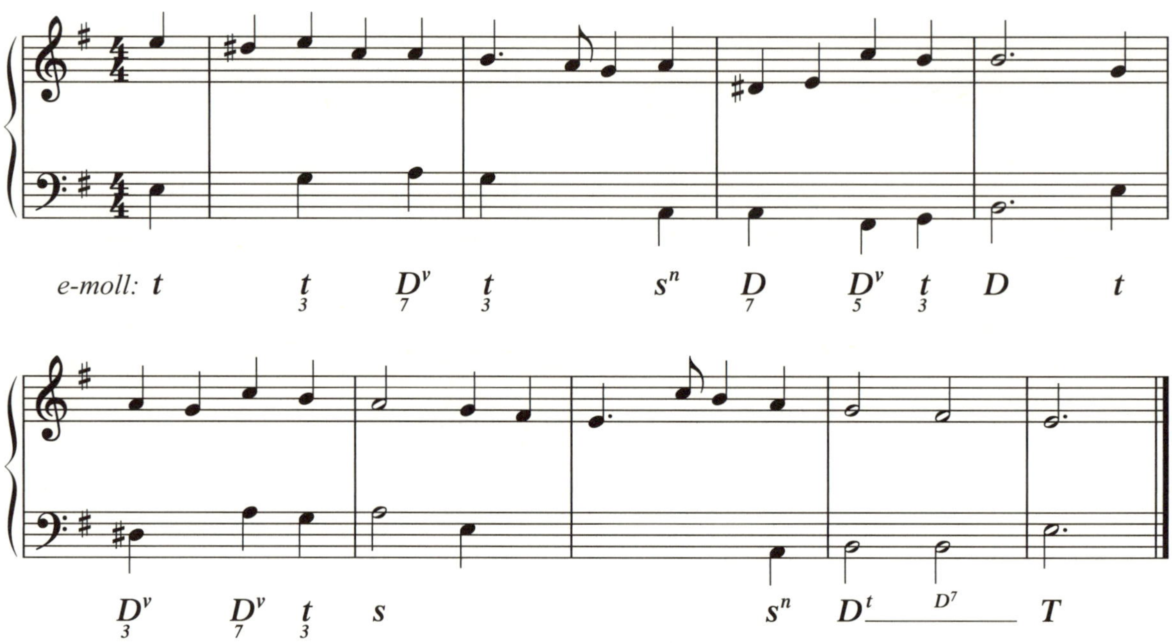

Aufgabe 13.7. → *Harmonielehre* **Aufgabe 13.D.**

Folgender Funktionsablauf ist zu einem vierstimmigen Satz in der Tonart *d-moll* auszusetzen. Die Sopran- und die Bassstimme können frei gestaltet werden. Es empfiehlt sich, zunächst dieses Stimmenpaar zu entwerfen und im Anschluss daran Alt und Tenor zu ergänzen.

$\frac{3}{4}$ $t \mid D^{v}_{5}\ t_{3}\ s^{n} \mid D^{v}_{7}\ t_{3}\ \not{D}^{7}_{5} \mid t\ s_{3}\ s^{6}_{5} \mid D^{t\ D} \text{—}\ D_{7} \mid t_{3}\ s^{n}\ D^{7} \mid t\ D^{v}_{3}\ t \mid s^{n}\ D^{t\ D^{7}} \text{—} \mid T \parallel$

Aufgabe 13.8.

Der nachfolgende Übungssatz mit dem *verselbstständigten Neapolitaner* (s^N) soll zeigen, dass bei der direkten Weiterführung des s^N in die Dominante ungewöhnliche Intervallfortschreitungen in den einzelnen Stimmen zulässig sind. Zunächst sollte die Basslinie auf Basis der gegebenen Funktionen angefertigt werden. Danach ist der Sopran, anschließend sind die Mittelstimmen zu ergänzen.

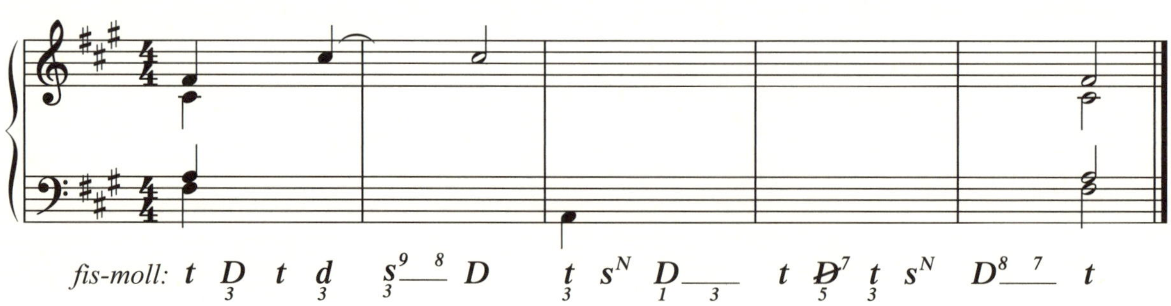

Aufgabe 13.9.

Im nachfolgenden Satz sind *Fehler* zu finden und zu kennzeichnen. Mögliche Fehlerquellen sind:
- verbotene Parallelführungen,
- unzulässige Tonverdoppelungen,
- unsangliche lineare Fortschreitungen in den einzelnen Stimmen.

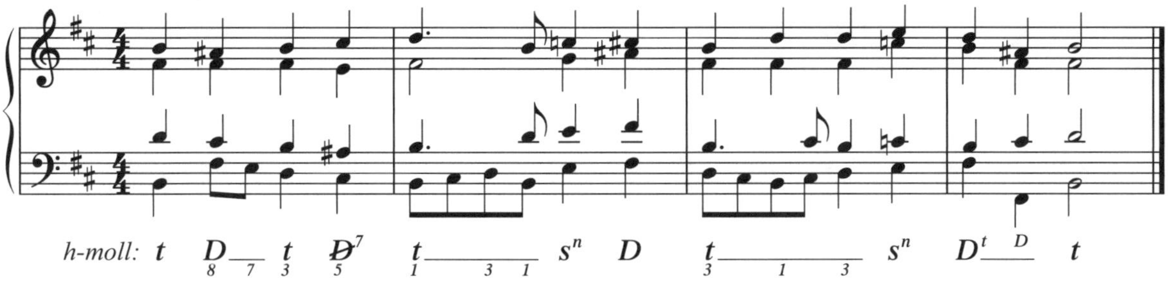

Aufgabe 13.10.

Der nachfolgende Rahmensatz von Sopran und Bass soll zur Vierstimmigkeit ergänzt werden. Zunächst sind die Funktionsbezeichnungen auf Grundlage der gegebenen Bassstimme zu überlegen und einzutragen. In einem zweiten Arbeitsschritt können Alt und Tenor gleichzeitig geschrieben werden.

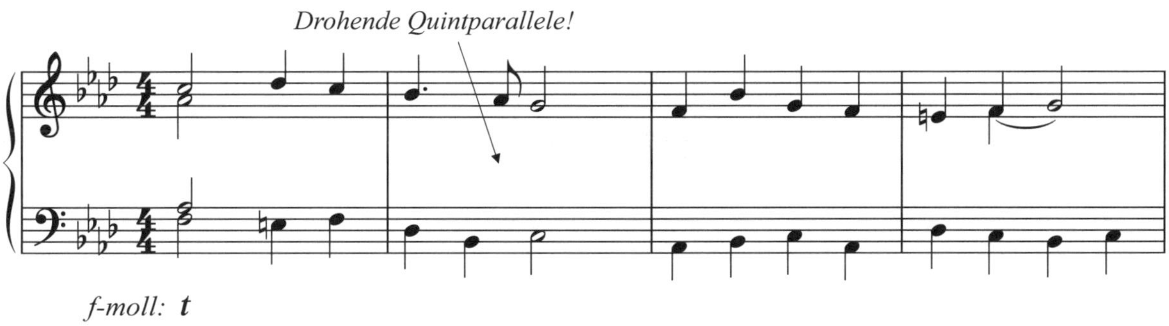

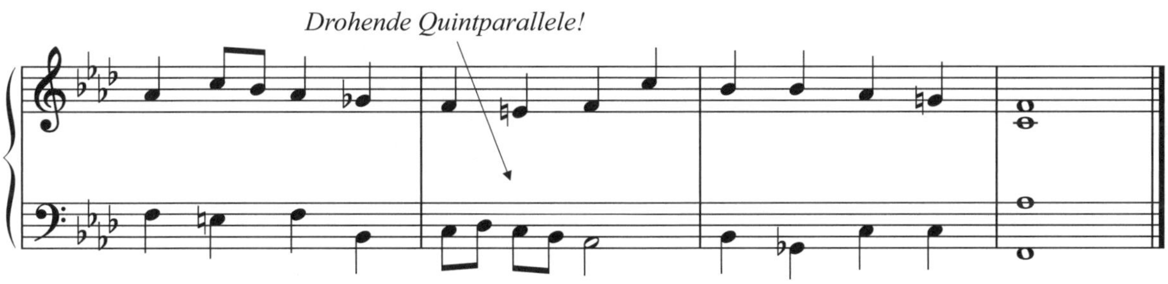

Aufgabe 13.11.

Die folgende Basslinie ist zu einem vierstimmigen Satz auszuarbeiten. Jeder Basston markiert dabei eine eigene Funktion, wobei zweimal nacheinander die gleiche Funktion auftreten kann. Die übrigen Stimmen dürfen bei Bedarf durch *harmoniefremde Töne* belebt werden.

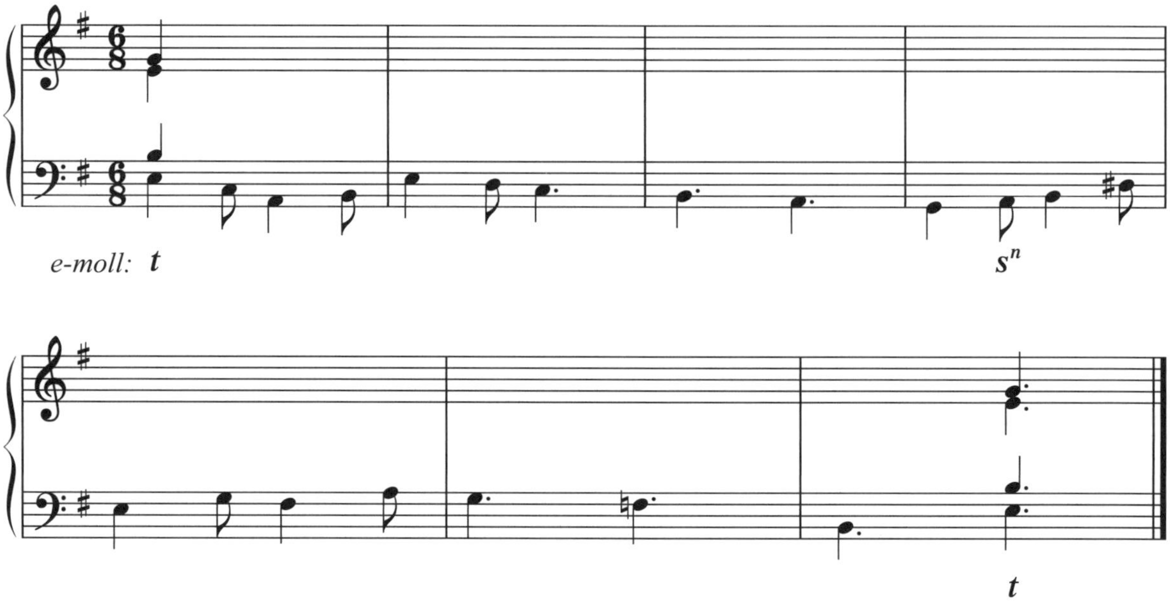

Aufgabe 13.12.

Die Takte 50 bis 58 des 28. Auftritts der Oper *Die Zauberflöte*, 2. Aufzug, von W. A. Mozart sollen durch Eintragen von Funktionsbezeichnungen harmonisch analysiert werden.

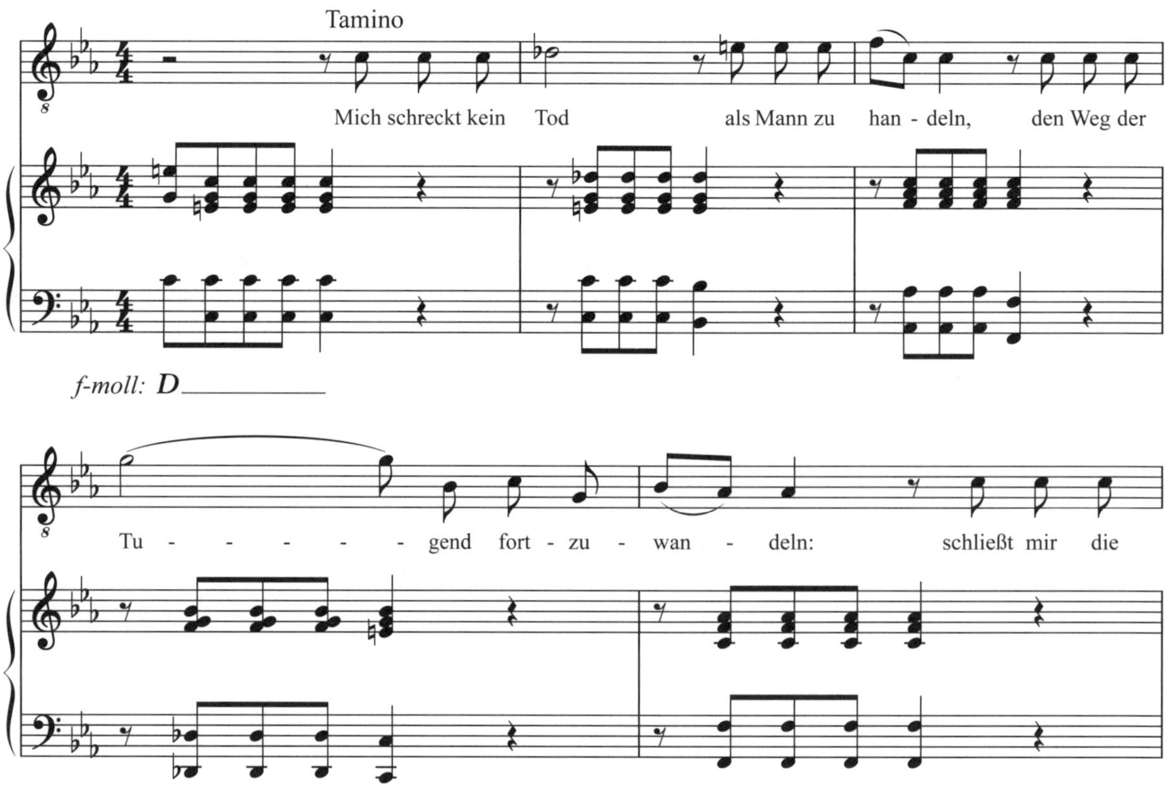

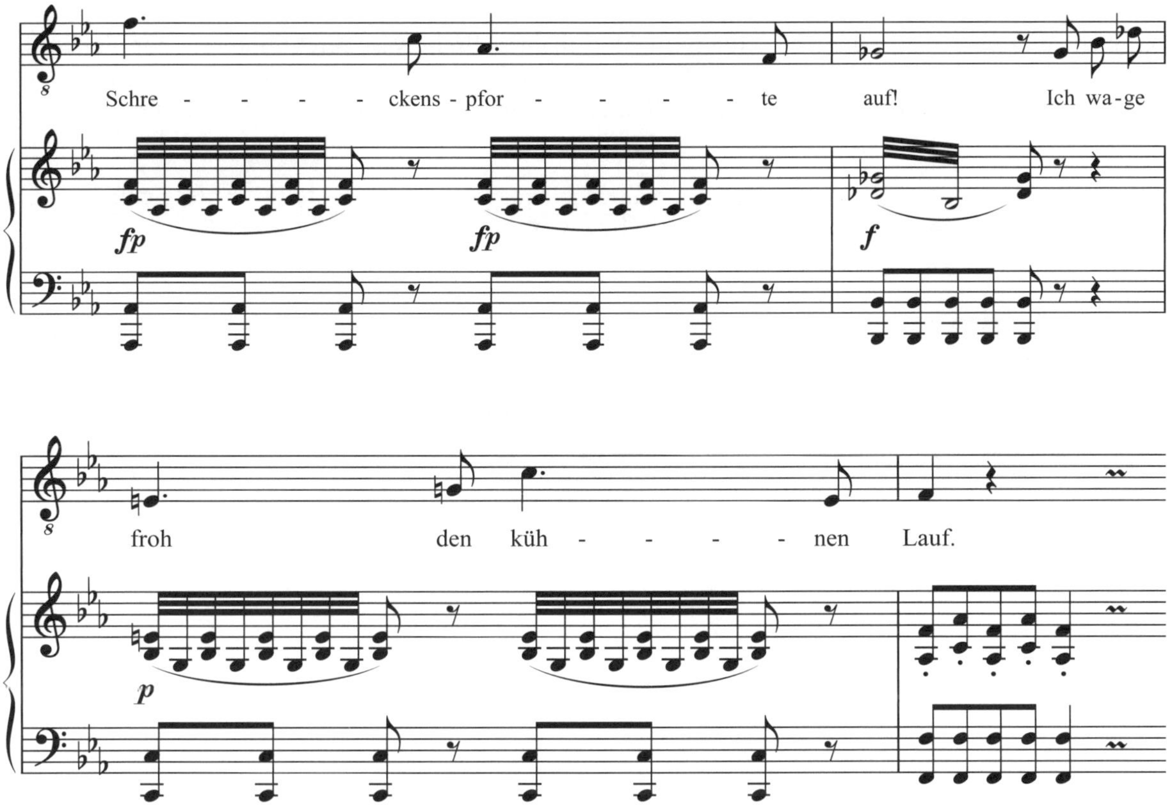

Aufgabe 13.13.

Ludwig van Beethovens *Bagatelle* op. 119 Nr. 9 für Klavier soll durch Eintragen von Funktionsbezeichnungen harmonisch analysiert werden.

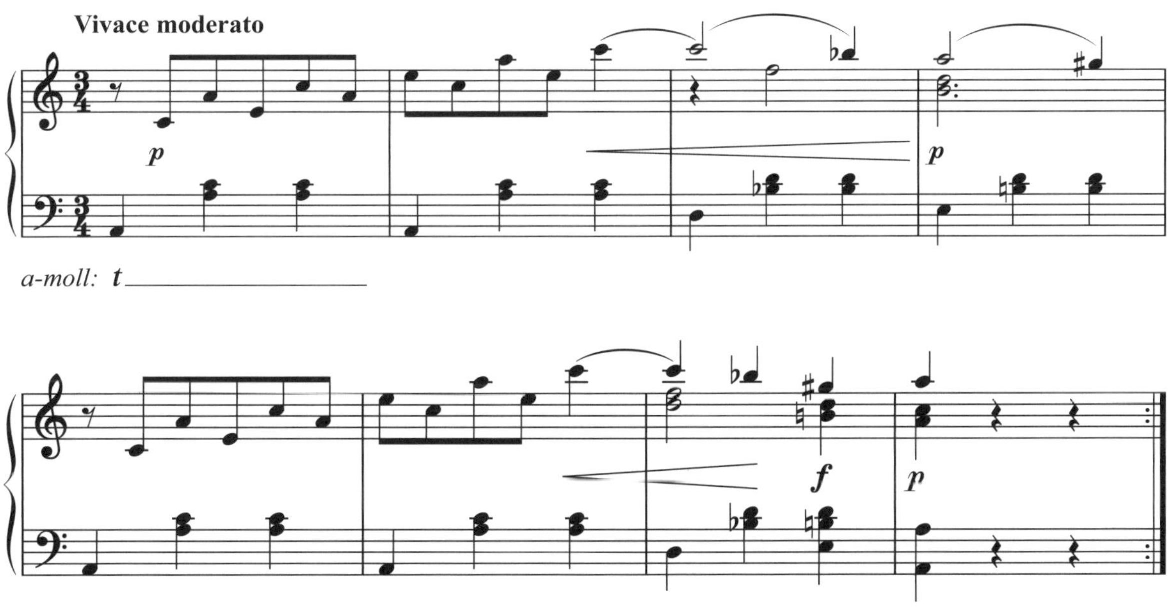

Aufgabe 13.14.

Das Lied „Wie Melodien zieht es" op. 105 Nr. 1 von Johannes Brahms ist durch Eintragen von Funktionsbezeichnungen harmonisch zu analysieren. Dabei sollte auf die vom Gehalt des Textes gesteuerten *Vorhaltsbildungen* der Singstimme geachtet und in den Funktionsbezeichnungen berücksichtigt werden.

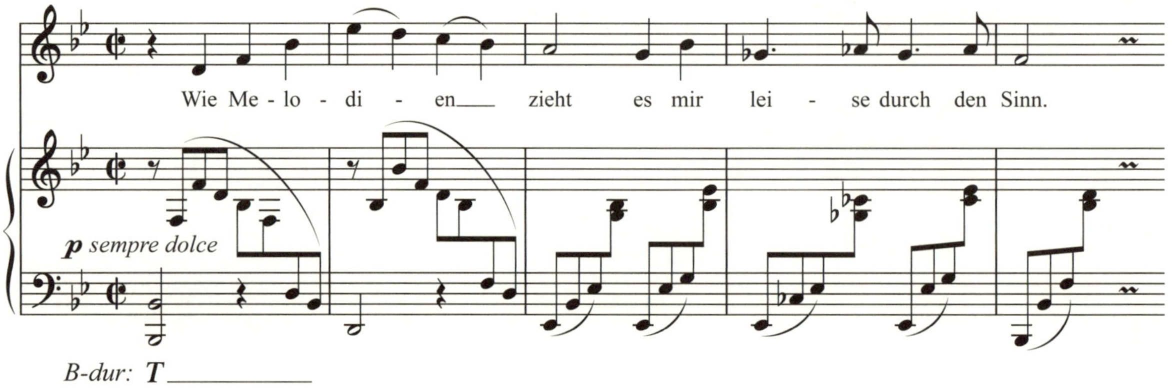

14. Die Nebendreiklänge in Dur

→ *Harmonielehre* Kapitel 14

Werden auf den Stufen *II*, *III* und *VI* einer Durtonleiter Dreiklänge mit dem leitereigenen Material gebildet, entstehen ausnahmslos *Molldreiklänge*, die man seit dem Aufkommen der Funktionslehre gegen Ende des 19. Jahrhunderts in *Abhängigkeit* zu den *Hauptdreiklängen* stellt. Diese *Nebendreiklänge* stehen dann – bezogen auf die Grundtöne – im *unteren* oder *oberen Terzabstand* zu ihren Hauptdreiklängen, weshalb sie als *Terzverwandte* bezeichnet werden.

Diejenigen Nebendreiklänge, die man im *unteren Terzabstand* zum Hauptdreiklang ableitet, werden *Parallelklänge* oder *Parallelen* genannt. Sie haben den Abstand einer *kleinen Terz*. Somit ist der Akkord der *VI. Stufe Parallele der Tonika* (Kürzel ***Tp***), der Akkord der *II. Stufe Parallele der Subdominante* (Kürzel ***Sp***) und der Akkord der *III. Stufe Parallele der Dominante* (Kürzel ***Dp***). In den Kürzeln wird sichtbar, dass der Hauptklang ein *Durdreiklang* (***T***), der davon abgeleitete Nebendreiklang jedoch ein *Molldreiklang* ist (***p***).

Die gleiche Verfahrensweise gilt für die Nebendreiklänge, welche im *oberen Terzabstand* zum Hauptdreiklang stehen; sie werden *Gegenklänge* genannt und haben den Abstand einer *großen Terz*. Somit stellt der Akkord der *III. Stufe* den *Gegenklang der Tonika* (Kürzel ***Tg***) dar und der Akkord der *VI. Stufe* den *Gegenklang der Subdominante* (Kürzel ***Sg***). Der *Gegenklang der Dominante* (Kürzel ***Dg***) kann nur unter Zuhilfenahme eines chromatisch erhöhten Tones hergeleitet werden, da die *VII. Stufe* einer Durtonleiter einen *verminderten Dreiklang* aufweist. Dieser ***Dg*** ist jedoch derart selten anzutreffen, dass man diesen Nachteil verkraftet. Auffällig ist, dass die Akkorde zweier Stufen eine doppelte Deutung erfahren können. Der *III. Stufe* kann sowohl die Bedeutung als ***Dp*** als auch als ***Tg*** zukommen, die *VI. Stufe* kann als ***Tp*** oder als ***Sg*** erklärt werden. Die jeweils „richtige", weil *kadenziell logische* Deutung muss daher immer aus der Abfolge des Harmoniegangs entschieden werden.

Sowohl die Parallelklänge als auch die Gegenklänge haben mit ihrem jeweiligen Hauptdreiklang *zwei gemeinsame Töne*; es besteht also ein enger Verwandtschaftsgrad. Dabei sind die *Parallelklänge* von *satztechnisch eindeutig höherem Gewicht*, da sie den *Grundton ihres Hauptdreiklangs* aufweisen, die *Gegenklänge* dagegen *nicht*. Dieser Umstand hat zur Folge, dass die *Parallelklänge* ***Tp*** und ***Sp*** ihre jeweilige Hauptfunktionen ***T*** und ***S*** *hervorragend vertreten können*. Die ***Dp*** kann unmittelbar vor die ***Tp*** (Quintverwandtschaft) gesetzt werden. Der ***Tg*** wird gerne in die ***S*** weitergeführt, wenn in der Melodie ein abwärts geführter Leitton harmonisiert werden muss. ***Dg*** und ***Sg*** haben so gut wie keine funktionale Relevanz.

Neben dem Vertretungscharakter wird den Nebendreiklängen eine hohe Bedeutung bei ihrer *Kombinationsfähigkeit* mit den Hauptdreiklängen zugemessen – der harmonische Gang wird ebenso varianten- wie abwechslungsreicher. Gerne werden für einen Kadenzabschnitt die *Parallelklänge* auch *untereinander kombiniert* und nehmen dann eine Vertretungsfunktion für ihre Hauptdreiklänge auf einer untergeordneten Ebene ein.
Die Parallelklänge treten gelegentlich mit dem Zusatz einer *kleinen Septime* auf. Dadurch gewinnt insbesondere die ***Sp***^{7} unmittelbar vor der Dominante ***D*** eine quasi dominantische Bedeutung. Die ***Sp***^{7} ist überdies mit der dritten Umkehrung der *Sixte ajoutée* tonverwandt (→ Kapitel 11).

Hinweise und Empfehlungen zum Lösen der Aufgaben

1. Nebendreiklänge treten gerne in *Grundstellung* auf; Akkordumkehrungen der Nebendreiklänge sind eher selten anzutreffen. Zusatztöne sind vor allem bei der ***Sp*** beliebt (***Sp***^{7}, gelegentlich ***Sp***^{9}). Insbesondere der ***Sp***^{7} hat eine starke Wirkung als Vertreter der ***S***, weil ihm eine quintverwandte und damit vorbereitende Funktion vor der ***D*** innewohnt.
2. Es gilt die Faustregel: *erst* der Hauptdreiklang, *danach* der abgeleitete Nebendreiklang, also ***T–Tp***, ***S–Sp*** oder ***T–Tg*** usw., aber *nicht* etwa ***Tp–T***.
3. Als besonders *starke Klangverbindungen* sollte man sich einprägen: ***D–Tp*** und ***Sp–D*** bzw. ***Sp***^{7}***–D***.
4. In den Nebendreiklängen sind grundsätzlich alle Akkordtöne verdoppelbar. Bei der *Trugschlussverbindung* ***D–Tp*** sollte man in der ***Tp*** deren *Terz* (= Grundton der ***T***) *verdoppeln*, um Parallelführungen zu vermeiden.

Aufgabe 14.1.

Der nachfolgende Satz soll dazu dienen, die *Nebendreiklänge* in Kombination mit den *Hauptdreiklängen* praktisch anzuwenden und einzuüben. Zunächst ist die Bassstimme auf Grundlage der angegebenen Funktionsbezeichnungen zu erstellen. In einem zweiten Arbeitsschritt sollten Alt und Tenor abschnittweise gleichzeitig geschrieben werden.

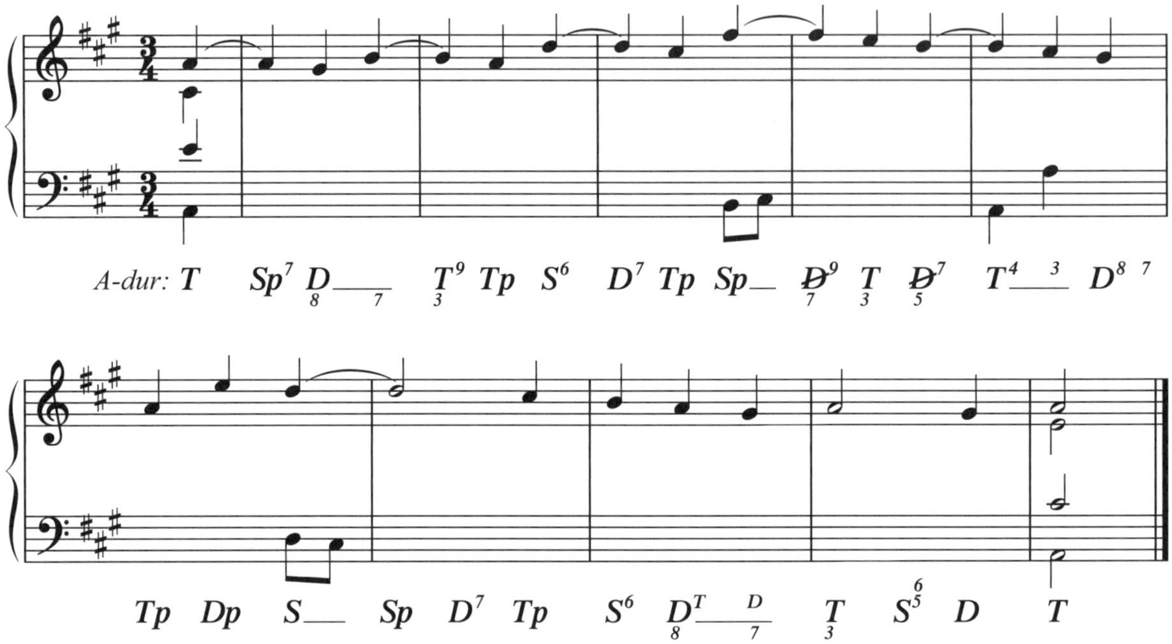

Aufgabe 14.2.

Das Spiritual „My Lord, what a mourning" ist zu einem vierstimmigen Chorsatz zu vollenden. Neben den vorgeschlagenen Hauptdreiklängen sind an den *gestrichelt* gekennzeichneten Passagen *Nebendreiklänge* einzufügen. Hierbei sollten die ***Tp*** (auch: ***Tp***^{7}), die ***Dp*** sowie die ***Sp*** angewendet werden.

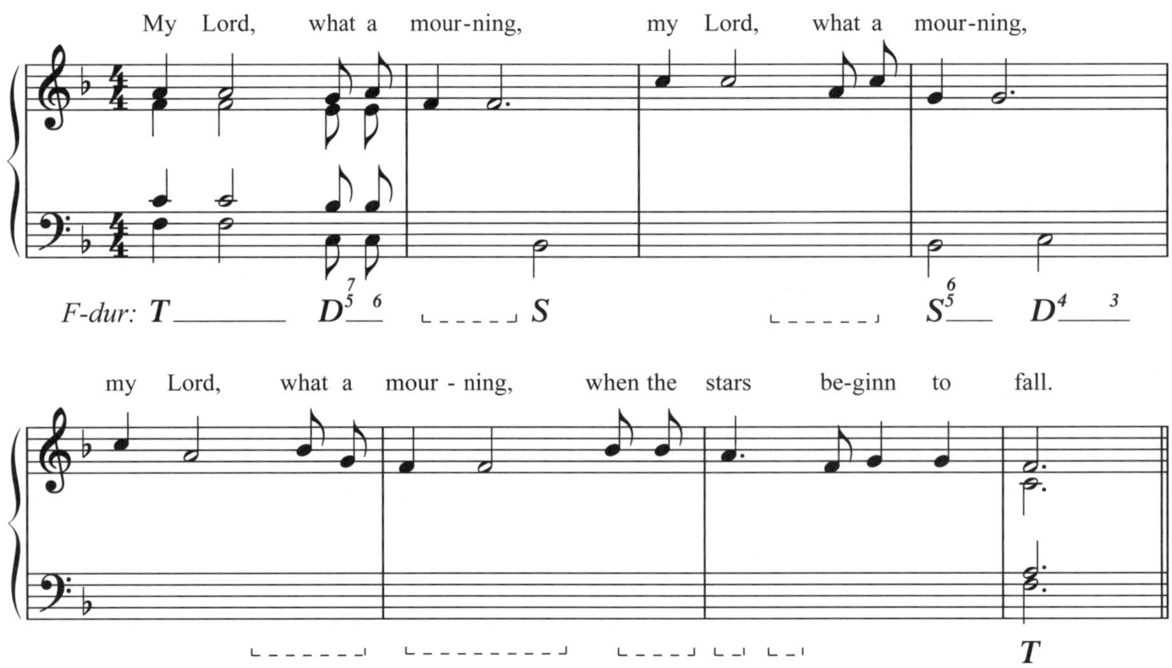

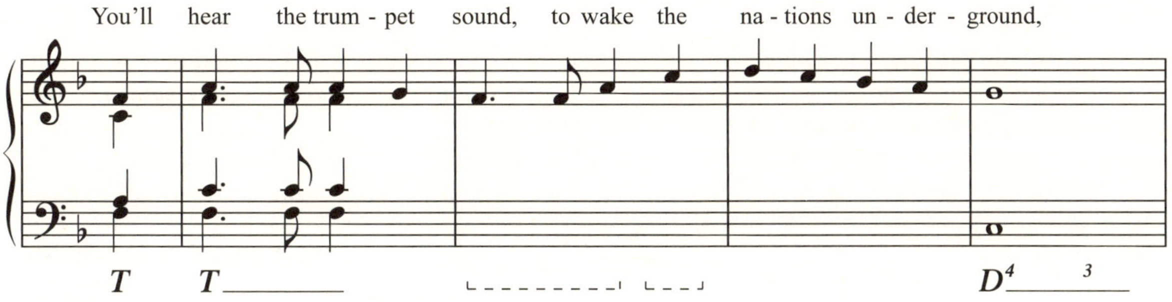

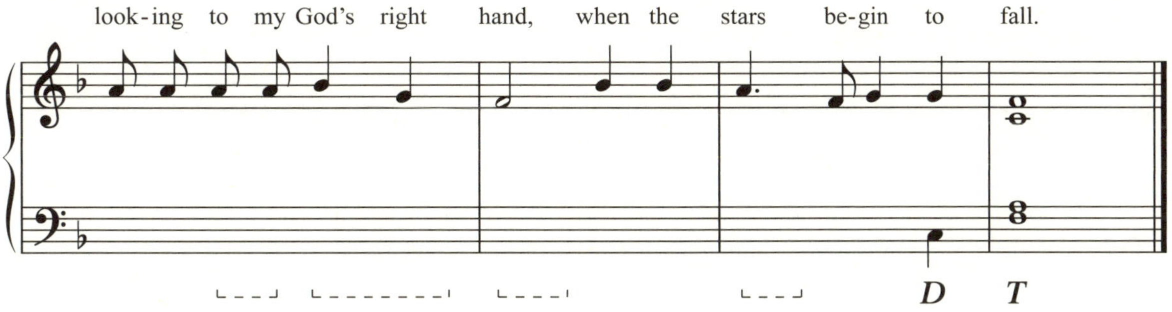

Aufgabe 14.3.

Das Lied „Auf der Mauer, auf der Lauer" ist harmonisch zu vervollständigen. In den mit einer *durchgezogenen* Linie markierten Passagen sollten *Hauptdreiklänge* gesetzt werden; bei den *gestrichelt* gekennzeichneten Passagen kommen dagegen *Nebendreiklänge* in Frage. Hierbei sollten die ***Tp***, die ***Dp***, der ***Tg*** sowie die ***Sp*** zur Anwendung gelangen. Im Anschluss daran sind die *harmoniefremden Töne* zu bezeichnen.

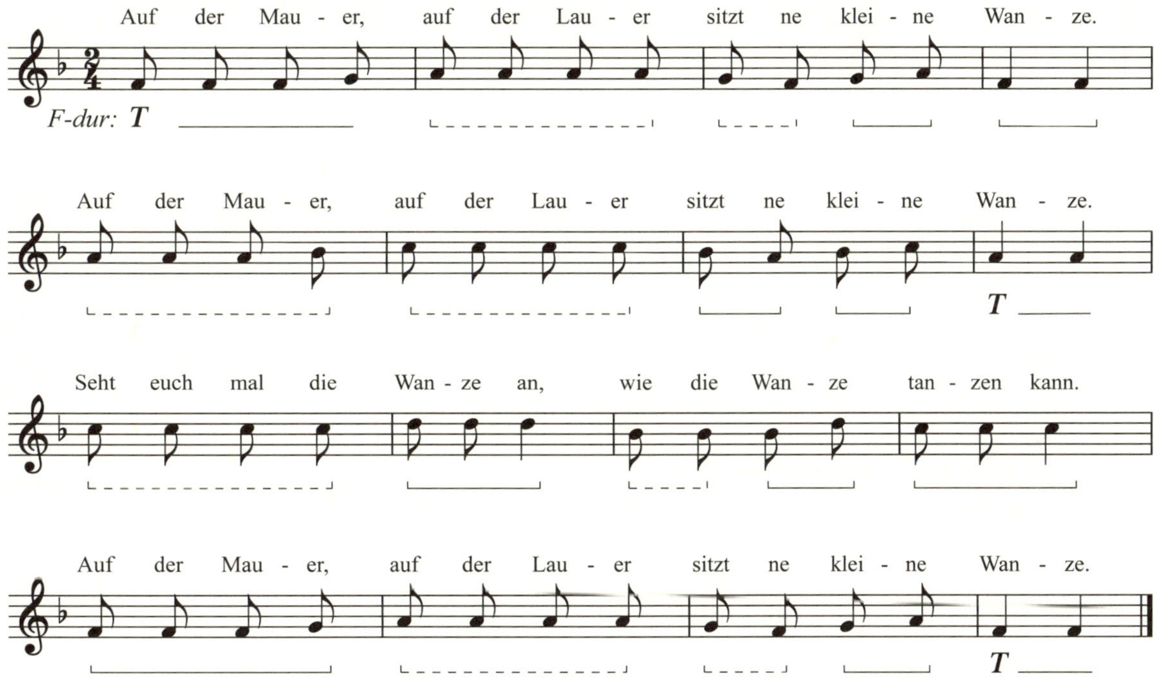

Aufgabe 14.4.

Die Western-Folk-Ballade „Clementine" ist harmonisch zu vervollständigen. Neben den bereits gesetzten Hauptdreiklängen sind bei den *gestrichelt* gekennzeichneten Passagen *Nebendreiklänge* zu setzen. Hierbei sollten die ***Tp, Dp, Sp*** sowie die ***Sp***^{79} zur Anwendung gelangen.

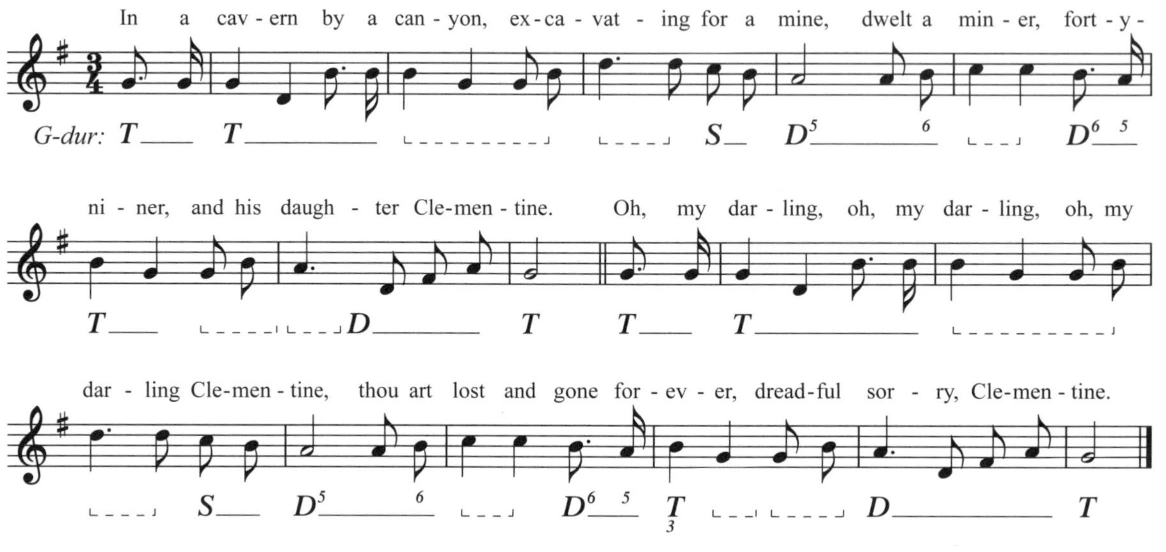

Aufgabe 14.5. → *Harmonielehre* **Aufgabe 14.C.**

Der Choral „Christus, der ist mein Leben" ist vierstimmig auszusetzen.

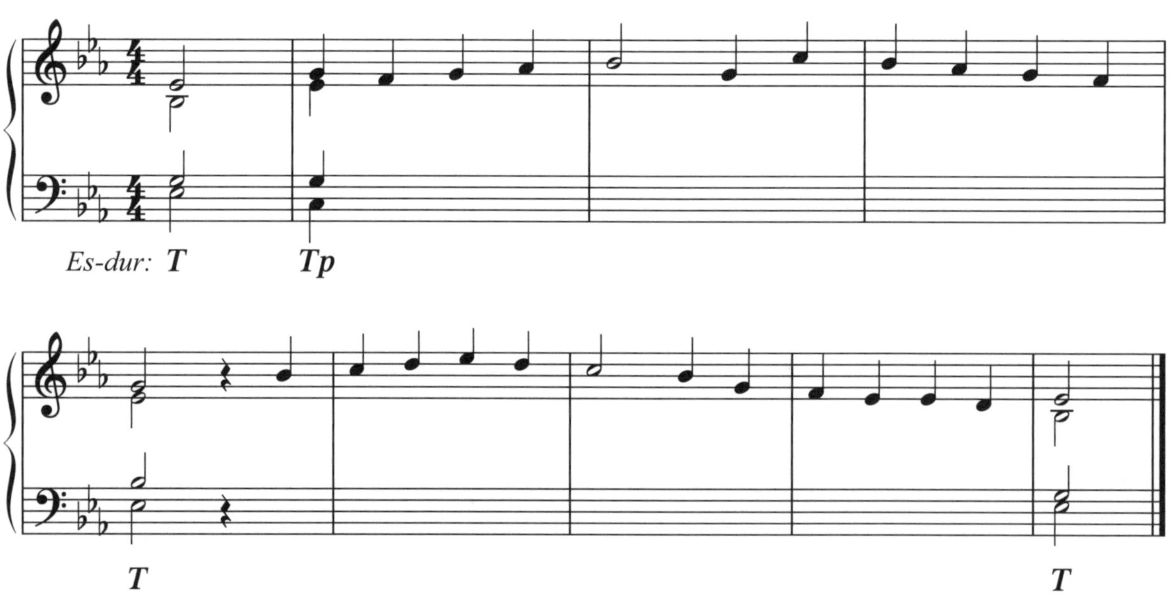

Aufgabe 14.6. → *Harmonielehre* **Aufgabe 14.D.1.**

Das Lied „Way down upon the Swanee River“ ist mit Funktionszeichen und der daraus folgenden Basslinie zu versehen und dann vierstimmig auszusetzen. Die Takte 4 bis 6 sind zur Orientierung fertiggestellt.

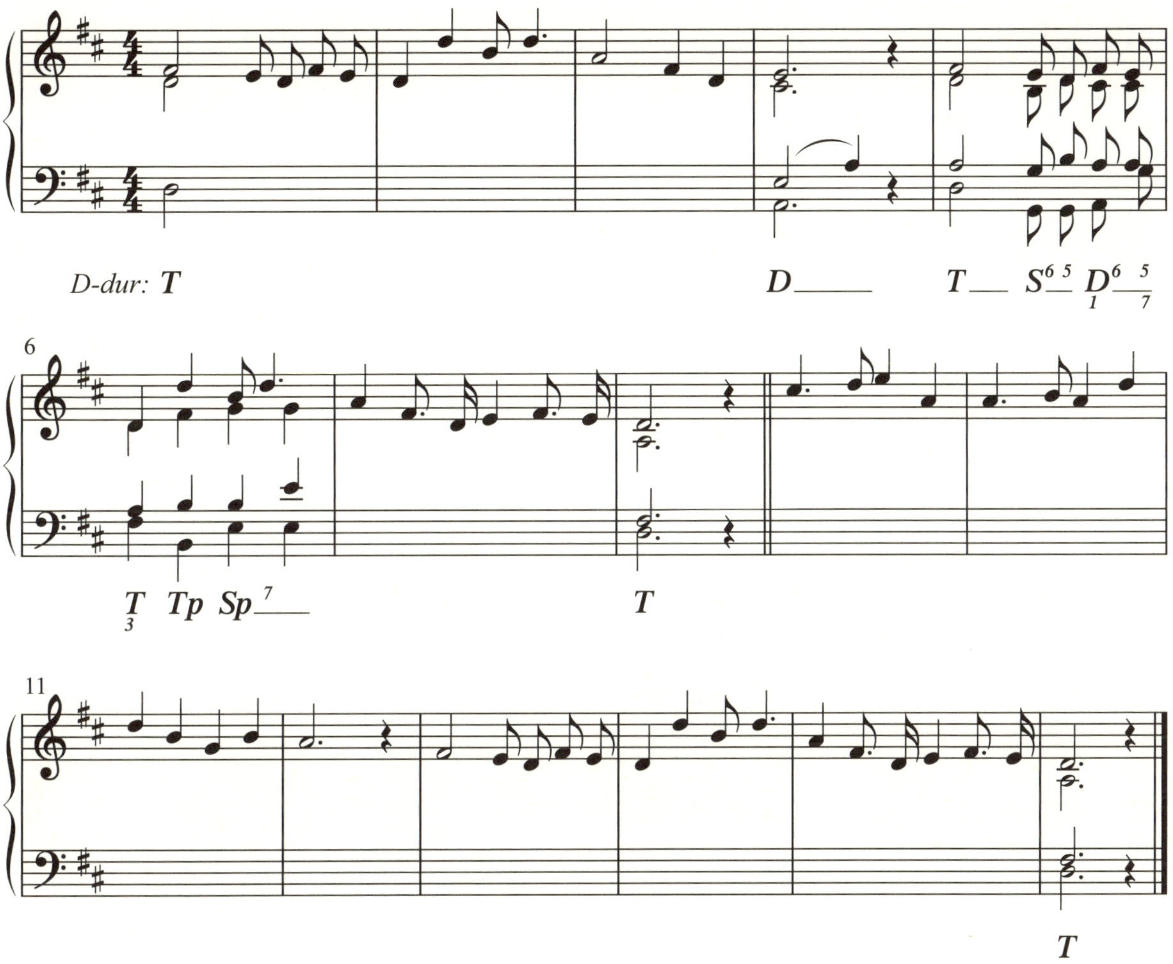

Aufgabe 14.7. → *Harmonielehre* **Aufgabe 14.D.2.**

Das Lied „Auld Lang Syne“ ist vierstimmig auszusetzen. Um den melodischen Fluss der Bassstimme zu wahren, kann man – bei *liegenbleibender* Funktion – von *Durchgängen* in Viertelnoten Gebrauch machen, etwa $T_{8\,7}$ oder $Tp_{8\,7}$ (siehe Takte 1 bzw. 9). Die Bögen zeigen außerdem an, dass an diesen Stellen auch in Halben harmonisiert werden kann.

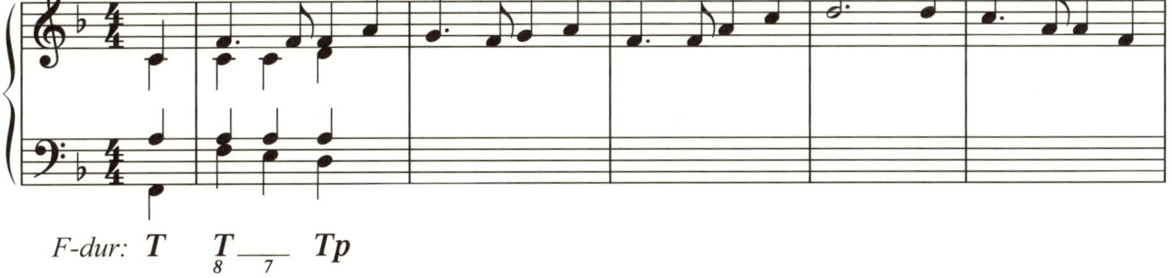

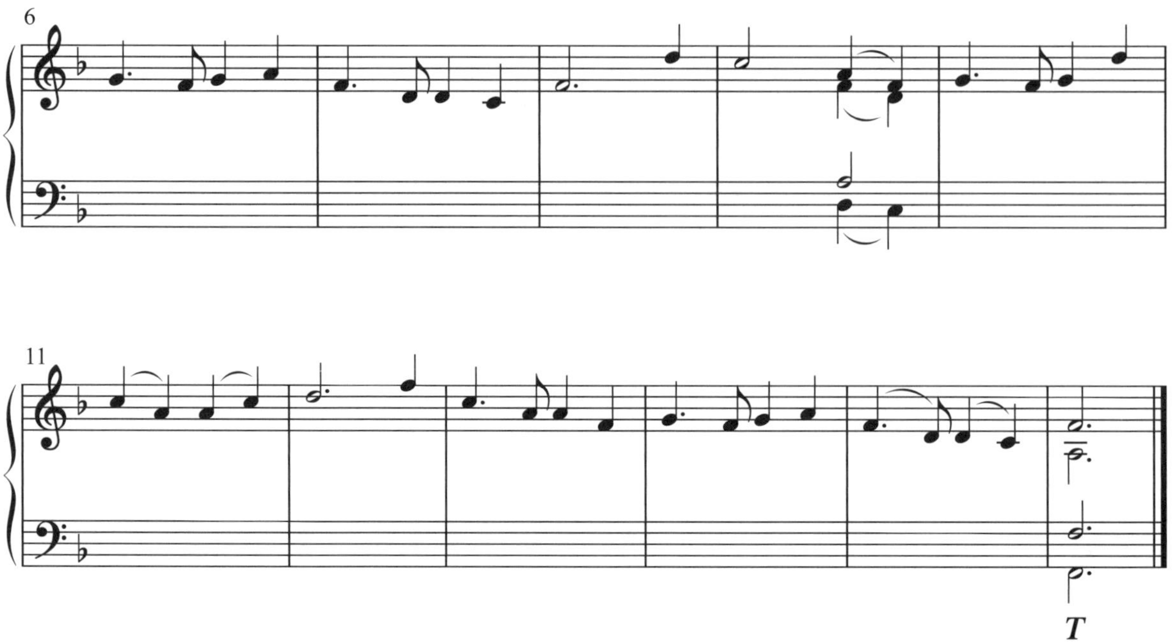

Aufgabe 14.8. → *Harmonielehre* **Aufgabe 14.D.3.**

Das Lied „Shenandoah“ ist vierstimmig auszusetzen. Der fertig gelöste Takt am Ende des oberen Systems soll als Orientierung zur Gestaltung des Rhythmus und zur Verwendung der Nebendreiklänge dienen. Einmal sollte eine Variante des D^9 zur Anwendung gelangen.

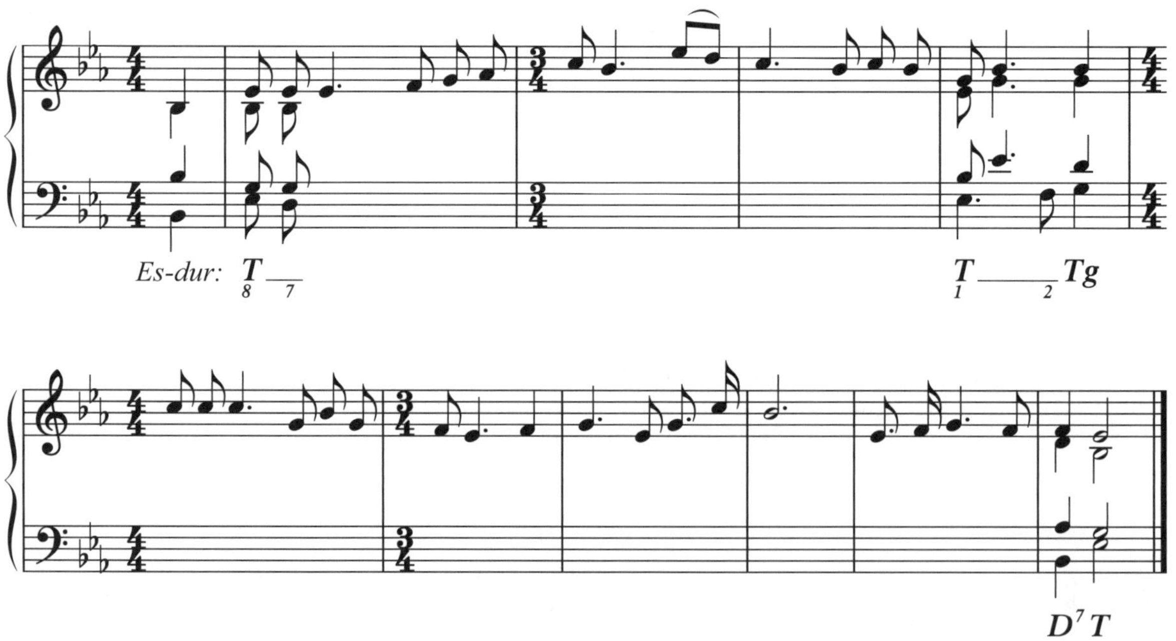

Aufgabe 14.9.

Der Beginn des Chorals „Werde munter, mein Gemüthe" von J. S. Bach soll harmonisch analysiert werden. *Harmoniefremde Töne*, die klangprägend sind – wie Vorhalte und charakteristische Zusatzdissonanzen – werden in die Funktionsbezeichnung mit aufgenommen.

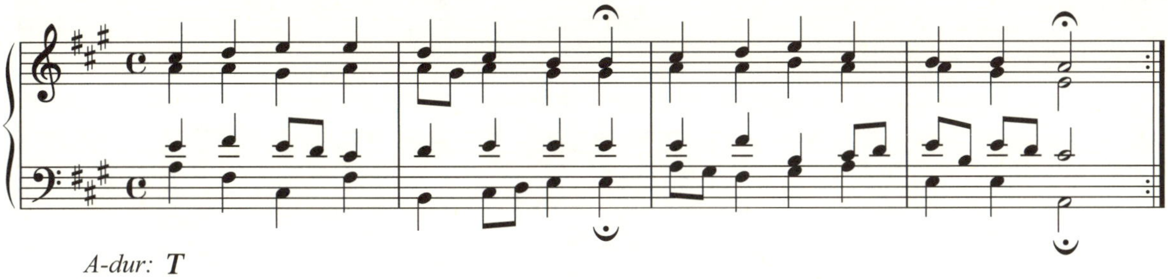

A-dur: ***T***

Aufgabe 14.10.

Der Schluss des 14. Auftritts aus W. A. Mozarts Oper *Die Zauberflöte*, 1. Aufzug, ist harmonisch zu analysieren.

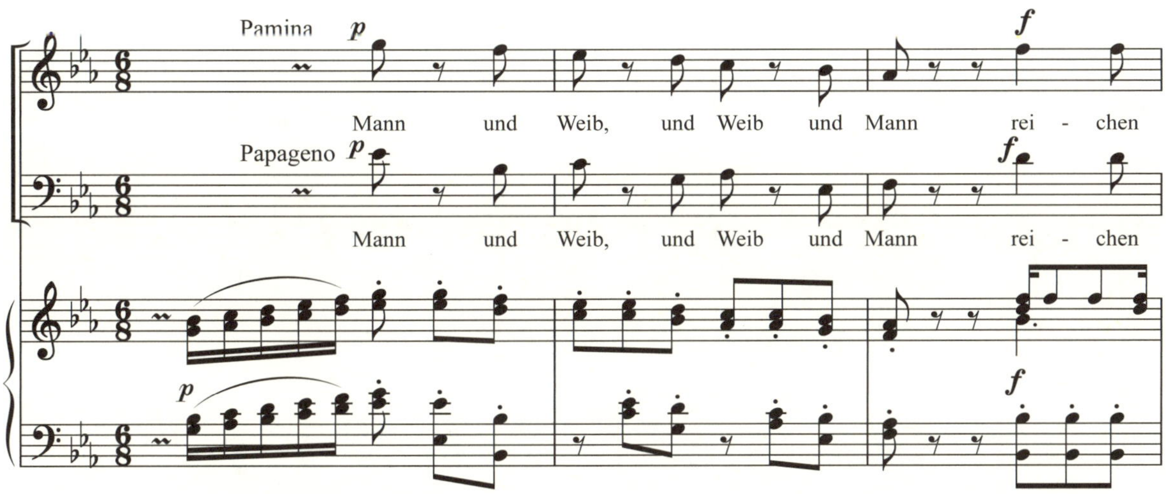

Es-dur: ***T***_____

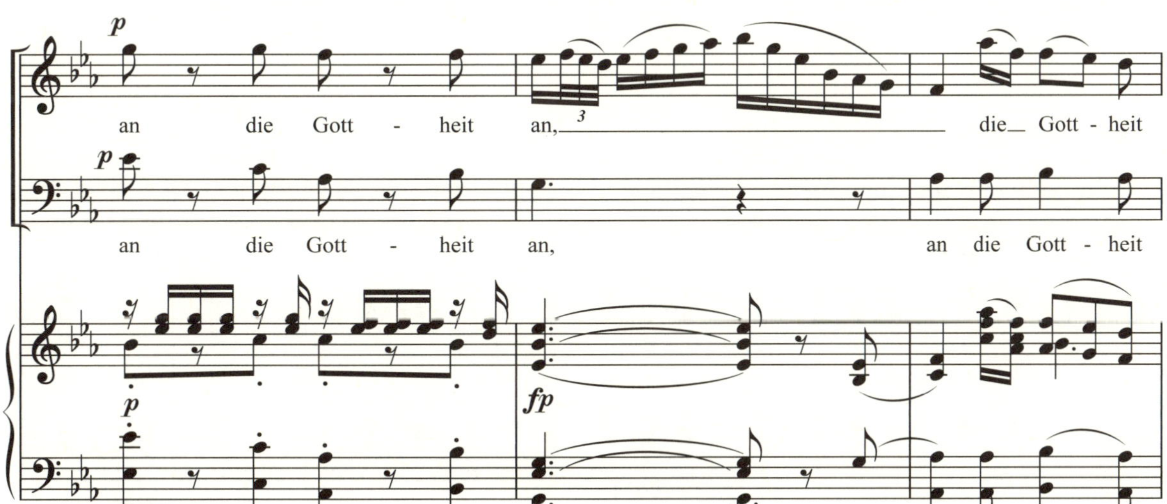

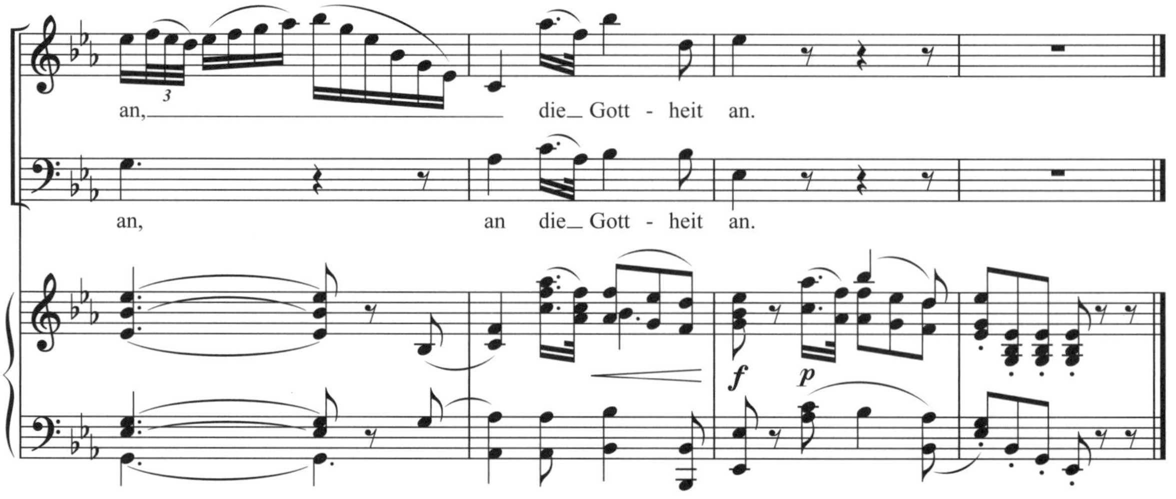

Aufgabe 14.11.

Der Beginn der *Romanze* F-dur op. 118 Nr. 5 für Klavier von Johannes Brahms soll harmonisch analysiert werden.

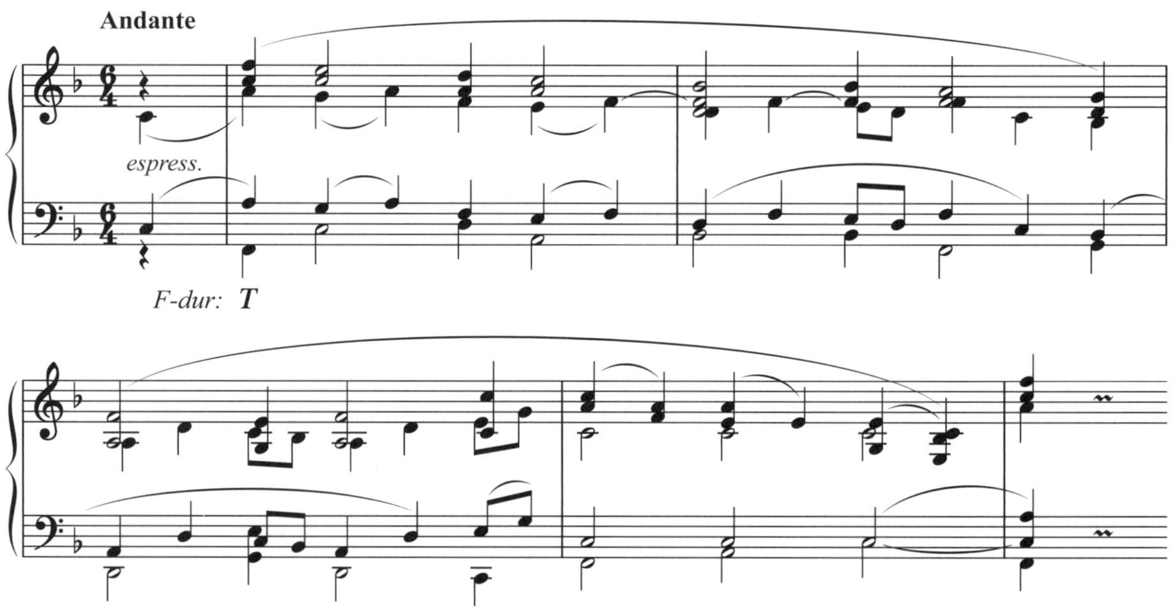

Aufgabe 14.12.

Der Chor „Sing the glory“ aus Modest Mussorgskijs Oper *Boris Godunow* ist harmonisch zu analysieren.

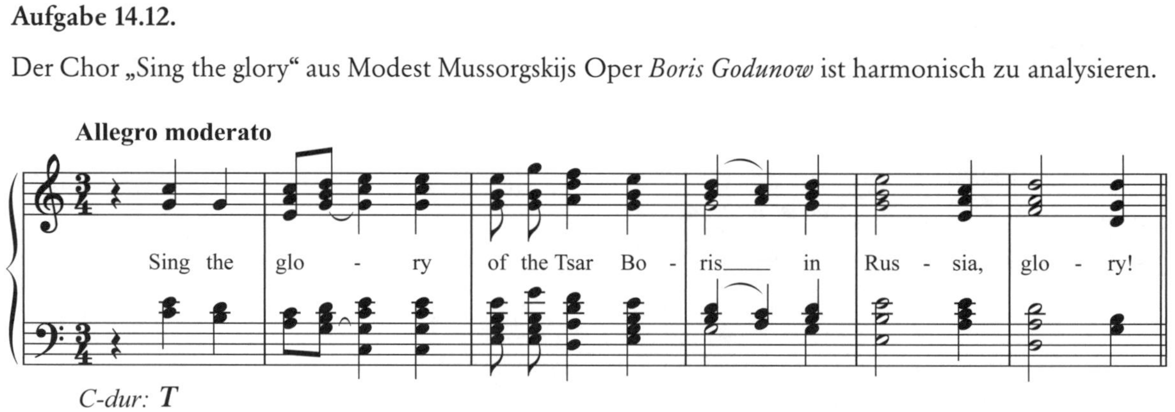

15. Zwischendominanten in Dur

→ *Harmonielehre* Kapitel 15

Alle leitereigenen Klänge einer Tonart können durch ihre *eigenen Dominanten* vorbereitet und damit verstärkt werden. Diese als *Zwischendominanten* bekannt gewordenen, oft wohlüberlegt eingefügten Akkordformen sind in allen denkbaren Dominantvarianten anzutreffen. Da sie nicht zur Haupttonart gehören, werden ihre Funktionsbezeichnungen äußerlich abgegrenzt, indem man diese in *Klammern* setzt. Lediglich die *Tonika selbst* hat immer ihre ureigenen, *nicht geklammerten* Dominantformen. Diese können *nie* Zwischendominanten sein.

Im Notentext sind die Zwischendominanten äußerlich an *zusätzlichen Versetzungszeichen* sowie an *charakteristischen Zusatzdissonanzen* wie Septimen, Nonen oder Sexten zu erkennen. Im üblichen Fall tritt eine Zwischendominante *unmittelbar vor dem leitereigenen Bezugsklang* auf und wird *mit runden Klammern* von der eigentlichen Dominante, dem Klang auf der V. Stufe, abgegrenzt, z. B. $(D^7)S$, $(D^{v}_{3})Tp$ oder $(D^7_3)Sp$.

Eine einzelne Zwischendominante kann auch zu einer – mehr oder weniger langen – *Zwischenkadenz* erweitert werden, wobei in der *Klammer selbst* als *Tonika* immer der unmittelbar *nach dem Schließen der Klammer* stehende Bezugsklang wirkt, etwa: $(S\,D^7)\,S$, $(s^{56}\,D^{87})\,Sp$ oder $(s^{n}\,D^{tD})\,Tp$ (*Kleinbuchstaben* treten innerhalb der Klammer deshalb auf, weil der Bezugsklang ein Molldreiklang ist). Erstreckt sich eine Zwischenkadenz über einen *längeren*, oft *mehrtaktigen Zeitraum*, dann spricht man von einer *Ausweichung*. So könnte eine Kadenz mit einem *Ausweichungsvorgang in die Subdominante* wie folgt abgeklammert werden:

$$T \quad S \quad D \quad (D^7_3 \quad T \quad \not{D}^7_5) \quad S_3 \quad Sp \quad D^{T\,\_\,D} \quad T$$

(Achtung: in der Klammer ist *T* identisch mit der *Subdominante* der Haupttonart!)

Im Notenbeispiel:

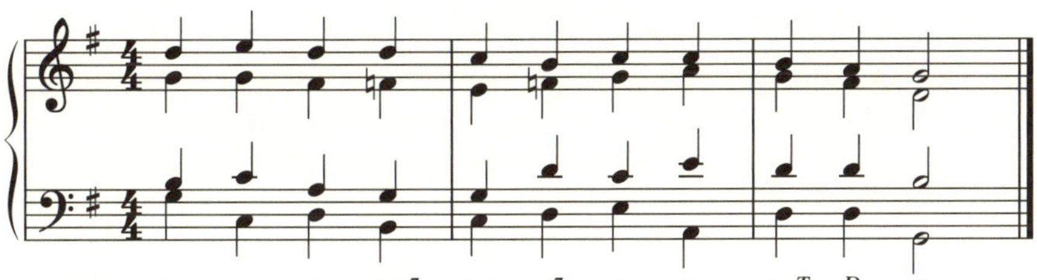

G-dur: $T \quad S \quad D \quad (D^7_3 \quad T \quad \not{D}^7_5) \quad S_3 \quad Sp \quad D^{T\,\_\,D} \quad T$

Die *Dominante der Dominante* bekommt wegen ihrer fundamentalen Bedeutung mit dem Terminus *Doppeldominante* eine eigene Bezeichnung sowie ein eigenes, *ungeklammertes Kürzel* mit zwei *ineinander verschränkten Symbolen*: DD; die Bezeichnung DD^7 tritt also an die Stelle von (D^7). Steht vor der Doppeldominante *deren Dominante*, kann die Logik der Quintbeziehungen der Klänge fortgesetzt werden, etwa *Dreifachdominante* DDD vor DD und *D*. Rein theoretisch ist diese *dominantische Quintfallkette* unendlich, sofern sie nicht unterbrochen wird. Meist ist ihr Endpunkt die Tonika.

Gelegentlich tritt auch die *Subdominante der Subdominante* als *Doppelsubdominante* mit einem analog ungeklammerten Kürzel auf, etwa SS an Stelle von *(S) S*.

Hin und wieder weicht der harmonische Verlauf vom Regelfall ab, indem der *Bezugsklang* einer Zwischendominante nicht unmittelbar *nach* ihr, sondern vielmehr *davor* anzutreffen ist. Erreicht wird dies durch eine *Voranstellung der Bezugsfunktion*. Dieser Vorgang wird als *rückbezogene Zwischendominante* bezeichnet.

Zur äußeren Kenntlichmachung dieses *Rückbezugs* verwendet man einen entsprechenden *rückwärts gerichteten Pfeil*, etwa:

$$T \quad Tp \longleftarrow (D^{87}) \quad S \quad Sp \quad D \quad T$$

Im Notenbeispiel:

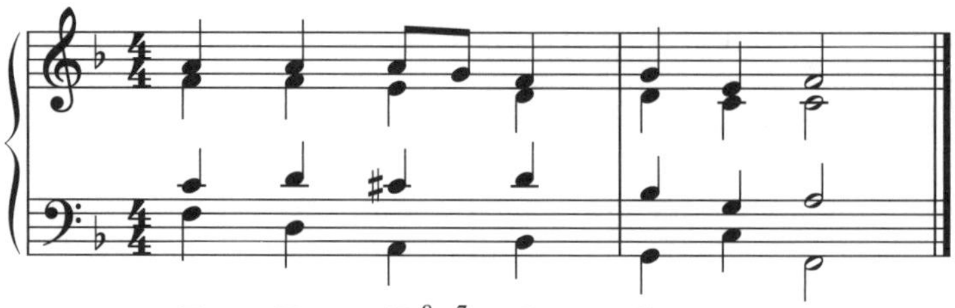

F-dur: $T\quad Tp \leftarrow (D^{8\ 7})\quad S\quad Sp\quad D\quad T$

Die Zwischendominante (D^{87}) bezieht sich nunmehr auf die ***Tp*** und nicht auf die ***S***.

Das Gleiche würde für eine *Zwischenkadenz* gelten, etwa:

$$T\ Sp \leftarrow (s^6 D)\ \underset{3}{D}\ (D^7)\ S\ D\ T$$

Im Notenbeispiel:

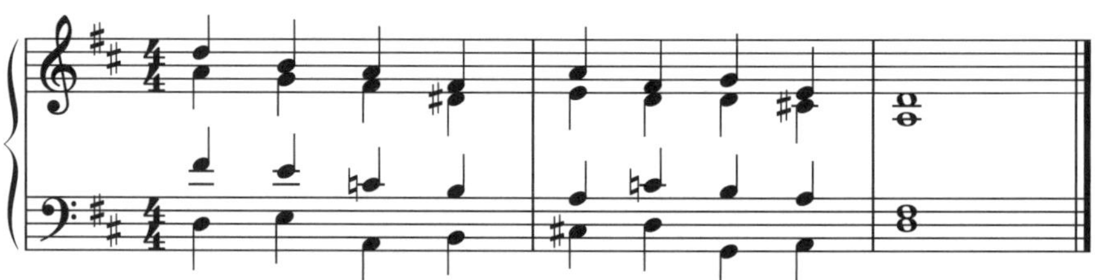

D-dur: $T\quad Sp \leftarrow (s^6\quad D)\quad \underset{3}{D}\quad (D^7)\quad S\quad D\quad T$

Eine weitere Besonderheit stellt ein Vorgang dar, bei dem der *Bezugsklang* einer klar erkennbaren Zwischendominante oder einer Zwischenkadenz überhaupt nicht in Erscheinung tritt. Dieses *Auslassen* oder *Verschlucken* einer gemeinten Bezugsebene wird, in Anlehnung an die Sprachwissenschaft, *Ellipse* genannt. Um den übergangenen Bezugsklang dennoch als *gemeinte Tonika* einer Zwischendominante oder einer Zwischenkadenz kenntlich machen zu können, setzt man ihn *hochgestellt* und in *eckigen Klammern* an das *Ende* des Zwischendominantvorgangs – dort, wo er erwartet würde, z. B.: $T\ S\ Sp\ (D^7)^{[Tg]}$. *Unterhalb* des Ellipsenkürzels wird sodann die *real erklingende* Funktion angegeben.
Gelegentlich findet sich auch *innerhalb* einer Zwischenkadenz eine *eingefügte Zwischendominante* zu einer schon *geklammerten Funktion*. Um in solchen Fällen Verwechslungen auszuschließen und Klarheit bei der Hierarchie der Klammerbezeichnungen zu schaffen, wird die *großräumige Zwischenkadenz* mit *geschweiften Klammern*, die *einfache Zwischendominante* mit den üblichen *runden Klammern* angegeben, z. B.:

$$T\ D\ \underset{3}{T}\ \{(\underset{3}{D^7})\ Sp\ \underset{3}{D^7}\ (\underset{7}{D})\ \underset{3}{S}\}\ S\ Sp\ D^{\underline{T\ \ D}}\ T$$

Im Notenbeispiel:

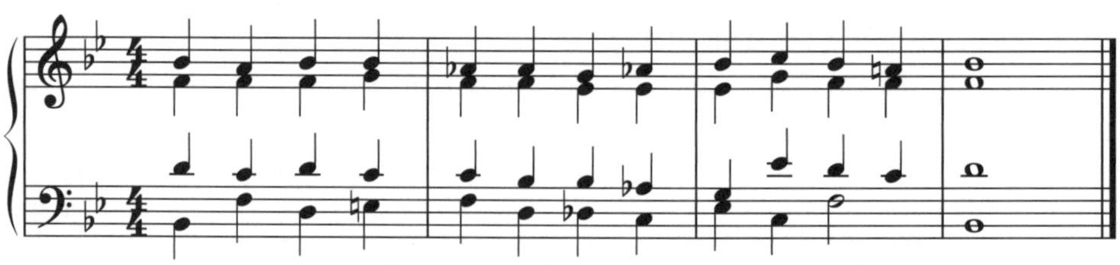

B-dur: $T\quad D\quad \underset{3}{T}\quad \{(\underset{3}{D^7})\quad Sp\quad \underset{3}{D^7}\quad (\underset{7}{D})\quad \underset{3}{S}\}\quad S\quad Sp\quad D^{\underline{T\ \ D}}\quad T$

Auch im Zusammenhang mit Mehrfachhierarchien sind *Ellipsen* sowie *rückbezogene Zwischendominanten* denkbar.

Hinweise und Empfehlungen zum Lösen der Aufgaben

1. Für die Aufgaben, die sich auf die *harmonische Analyse* konzentrieren, gilt:
- Zunächst kann man für den gesamten Verlauf die *leitereigenen Klänge* festlegen. Diese kommen *ohne zusätzliche Versetzungszeichen* aus.
- Danach sind die *Zwischendominanten* und *Zwischenkadenzen* (zu erkennen an *zusätzlich benötigten Versetzungszeichen*) mit Blick auf das Umfeld der leitereigenen Klänge zu bestimmen.
- Für beide Arbeitsschritte empfiehlt sich ein ständiges *kritisches Überprüfen, Verwerfen und Verändern* der Eintragungen; ein gelegentlicher Blick in den Lösungsteil während des Arbeitsvorgangs ist daher empfehlenswert.

2. Für die *Satzaufgaben* gilt:
- Die Dominante ist bei Liedvorlagen in Dur der *gewichtige Gegenspieler* der Tonika; nahezu immer kommt es deshalb zu *Ausweichungen* in die Dominanttonart.
- Daher ist die Vorabfestlegung von *harmonischen Räumen* ein erster Arbeitsschritt.
- Die Ausweichungen selbst und damit die Fixierung harmonischer Räume stellen durch *fließende Übergänge, unterschiedliche Hörauffassungen* und häufig *verunklarte Abgrenzungen* eine große Herausforderung dar, die zu durchaus unterschiedlichen Ergebnissen führen kann.
- Eine Ausweichung in die Dominante ist *klar erkennbar*, wenn in der *Melodie der Dominante entsprechende zusätzliche Versetzungszeichen* einen Ausbruch aus der Haupttonart anzeigen. Eine Ausweichung kann *verborgen* (latent) sein und sich dennoch vollziehen, ohne dass zusätzliche Versetzungszeichen dies anzeigen. Oft neigt sich der Melodiebogen am *Ende einer Zwischenphrase* gerne dem *Grundton der Dominante* zu.
- Neben den aufgrund des Melodiegangs notwendigen Ausweichungen ist das Einfügen von *Zwischendominanten* grundsätzlich ratsam, um *den harmonischen Verlauf zu bereichern*. Hierbei sind *chromatische Schreitbewegungen im Bass* typisch.

Aufgabe 15.1.

Der Chorsatz zum Weihnachtslied „Auf, Christen, singt festliche Lieder“ ist durch Eintragen von Funktionsbezeichnungen harmonisch zu analysieren. Die Fülle an Dominantformen verlangt eine genaue Beachtung der *Versetzungszeichen*; diese sind immer ein Hinweis auf *Zwischendominanten* oder ein mehr oder weniger längeres *Verlassen der tonikalen Hauptebene*. Grundsätzlich kann es in diesem Zusammenhang hilfreich sein, zunächst *die eindeutig leitereigenen Klänge* zu fixieren und zu deuten.

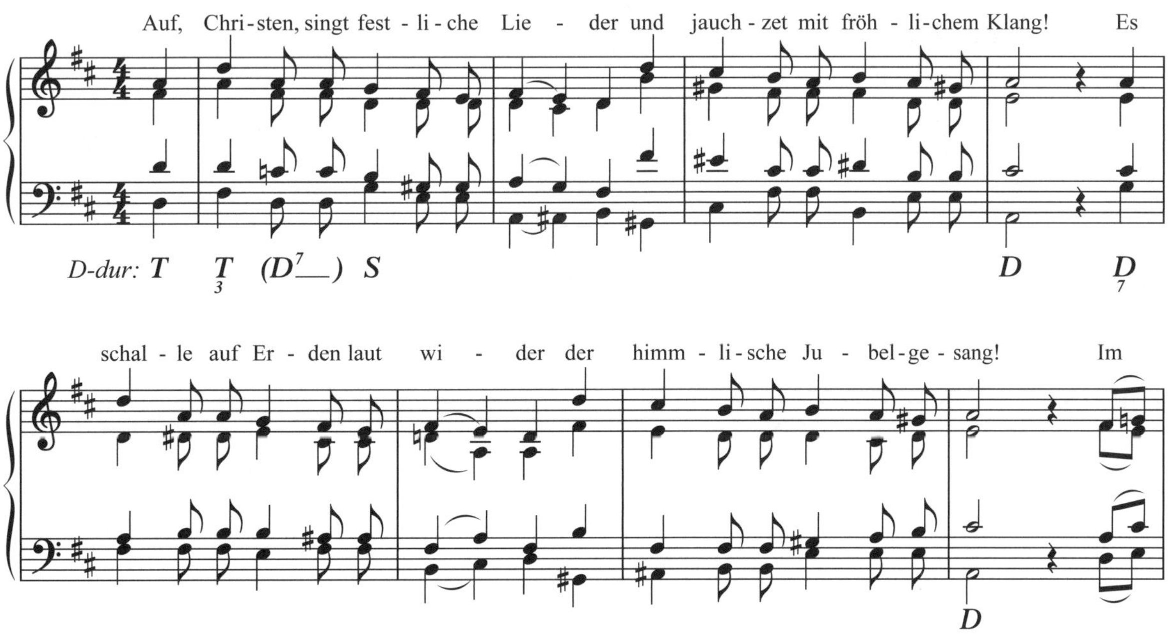

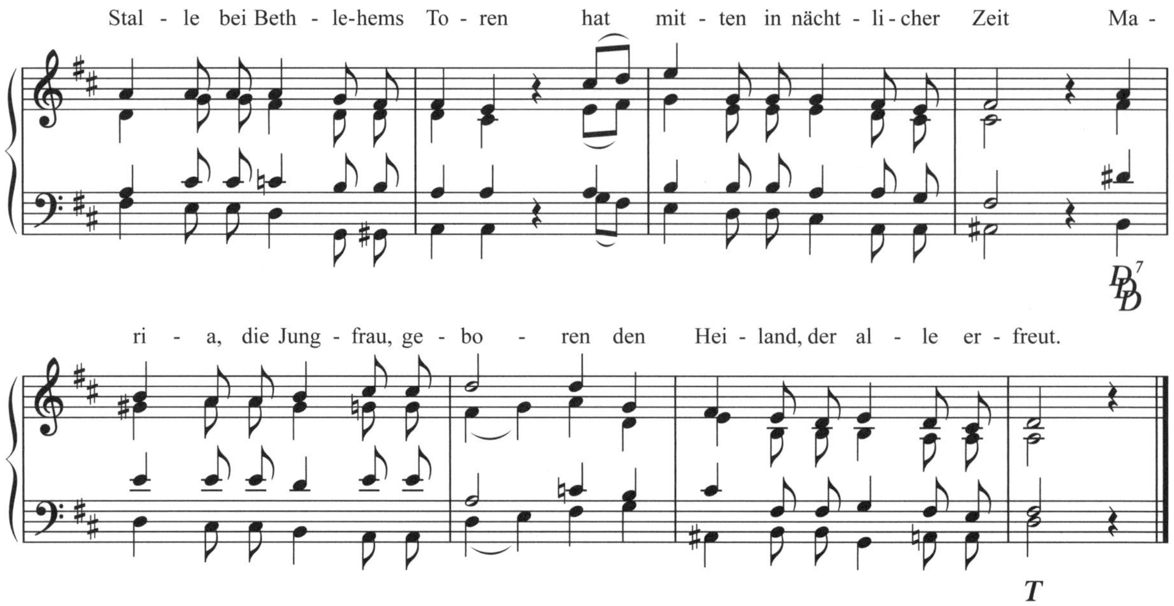

Aufgabe 15.2.

Das Lied „Der lieben Sonne Licht und Pracht“ ist zu einem vierstimmigen Chorsatz auszuarbeiten. Die Melodie stammt von J. S. Bach, sodass sowohl die rhythmische Anlage des Satzes als auch die Wahl der Harmonien seinem Stil nachempfunden sind. Empfohlen wird, zunächst die fehlenden Basstöne an den *gestrichelt markierten* Stellen zu ergänzen. Hierbei handelt es sich ausschließlich um *Zwischendominanten.* Der Rhythmus sollte nach logischen Gesichtspunkten angepasst werden. Anschließend sind Alt und Tenor zu ergänzen und dabei sehr genau nach den Vorgaben der Funktionsbezeichnung umzusetzen.

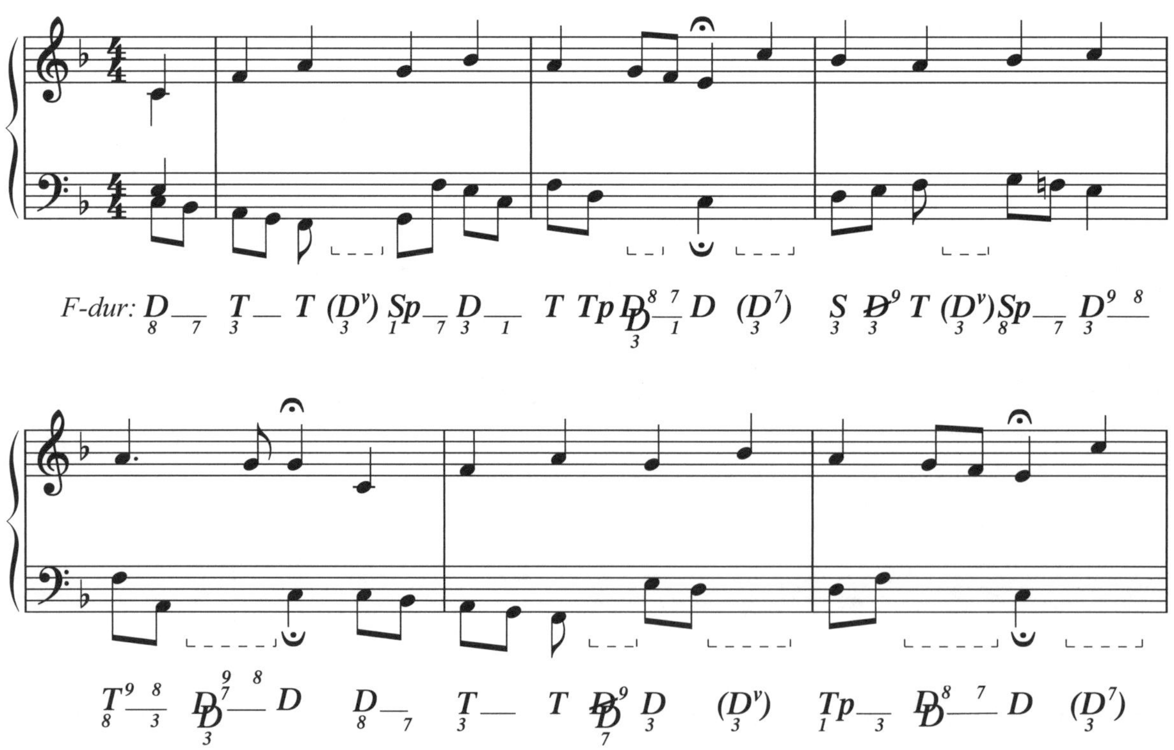

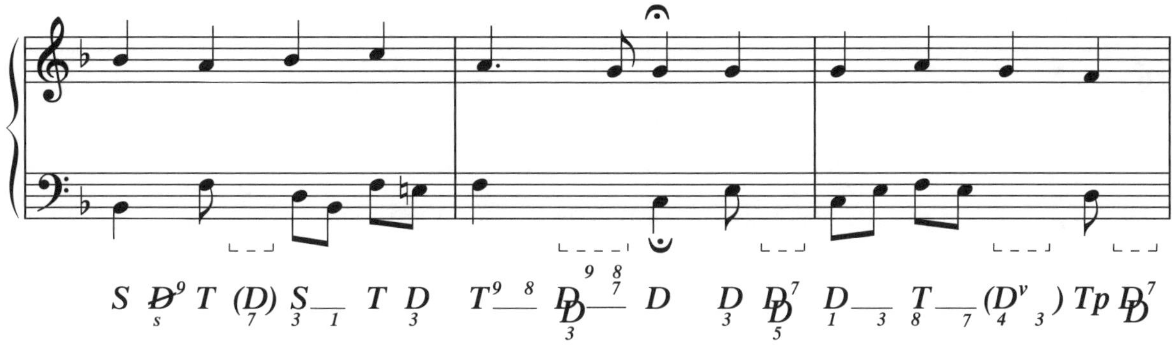

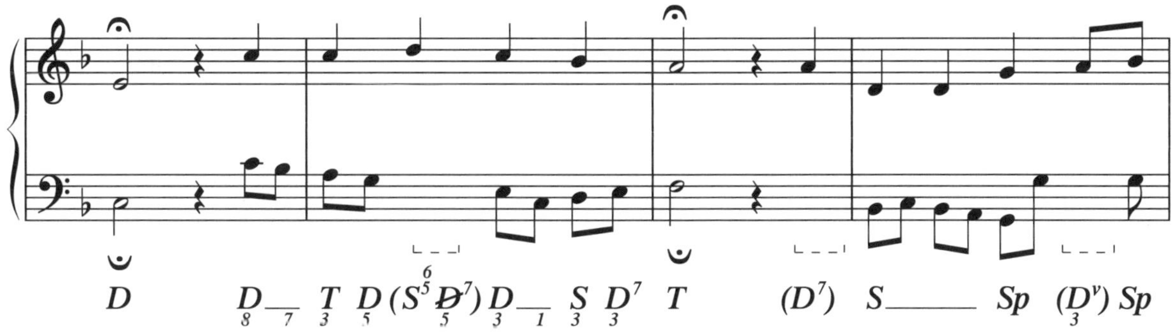

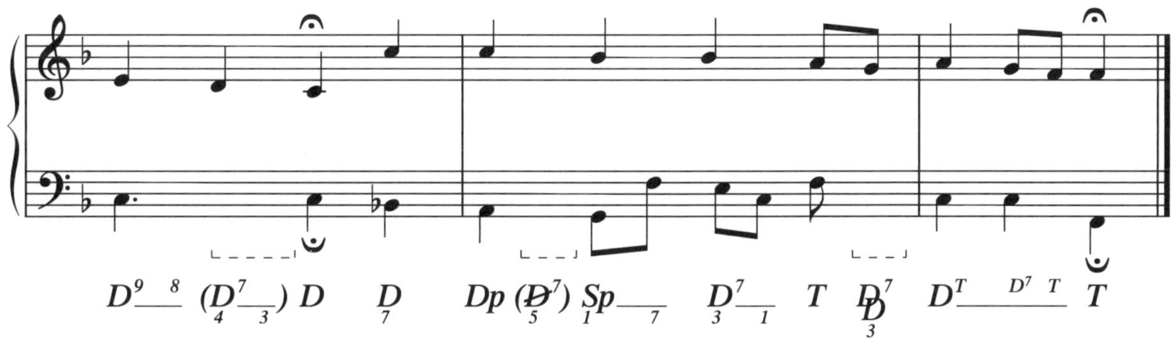

Aufgabe 15.3.

Max Regers „Abendlied" (Nr. 1 aus: *Sieben geistliche Volkslieder* WoO VI/14) ist durch Eintragen von Funktionsbezeichnungen harmonisch zu analysieren. Die Fülle an *Bewegungstönen* verlangt eine stete Entscheidung, ob diese als *harmoniefremd* einzustufen sind oder – trotz dieses Anscheins – eher einen *Akkordwechsel* herbeiführen. Handelt es sich hingegen um *charakteristische Akkordtöne*, sollten sie in die Funktionsbezeichnung mit aufgenommen werden.

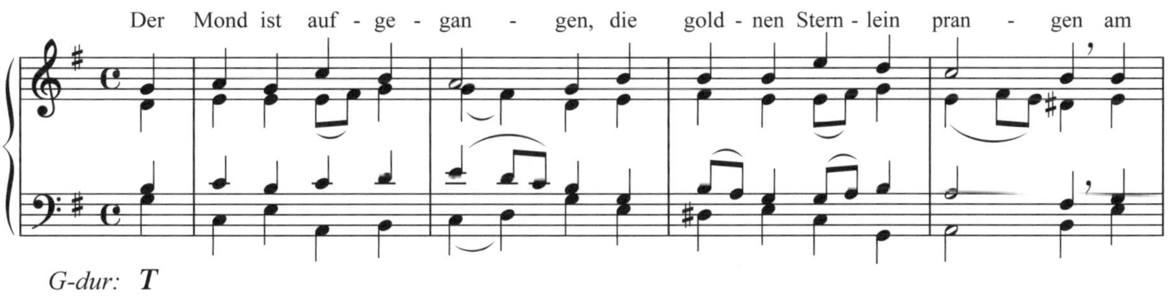

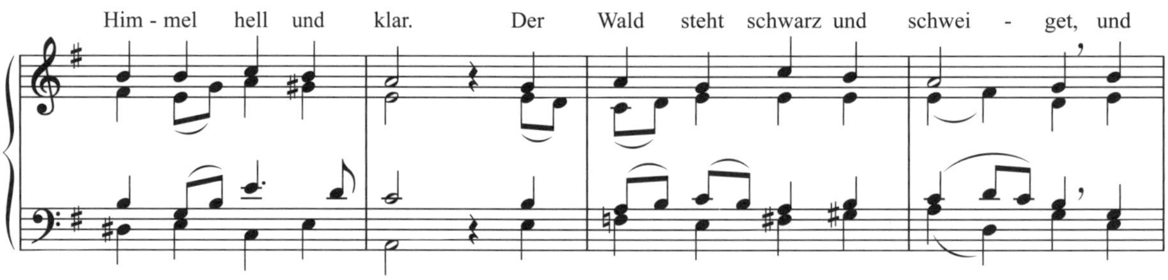

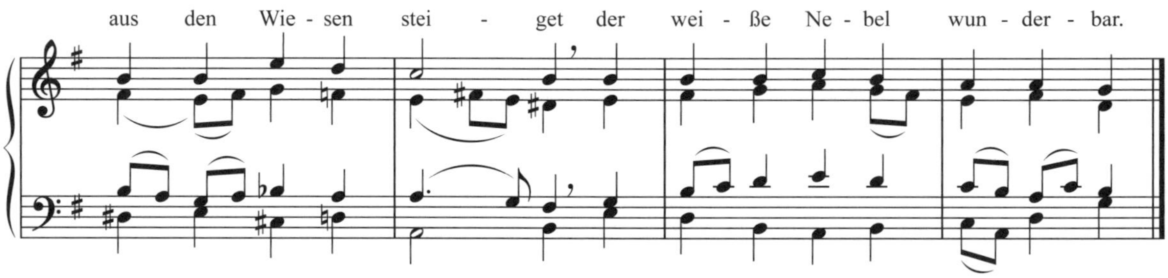

Aufgabe 15.4.

Friedrich Silchers Melodie „Hab oft im Kreise der Lieben“ (op. 34 Nr. 1) soll zu einem vierstimmigen Chorsatz ausgearbeitet werden. Es sind zunächst die fehlenden Basstöne mit den entsprechenden Funktionsbezeichnungen bei den *gestrichelt markierten* Passagen zu ergänzen; hierbei handelt es sich ausschließlich um *Zwischendominanten.* Grundsätzlich sollte auf eine melodisch logische und singbare Führung der Basslinie geachtet werden (*kleine* Tonschritte, auch *chromatische*). In einem weiteren Schritt sind die fehlenden Funktionsbezeichnungen der leitereigenen Klänge nachzutragen. Bevor abschließend die Mittelstimmen ergänzt werden, könnte ein Blick in den Lösungsteil zur Abklärung der richtigen Basslinie hilfreich sein.

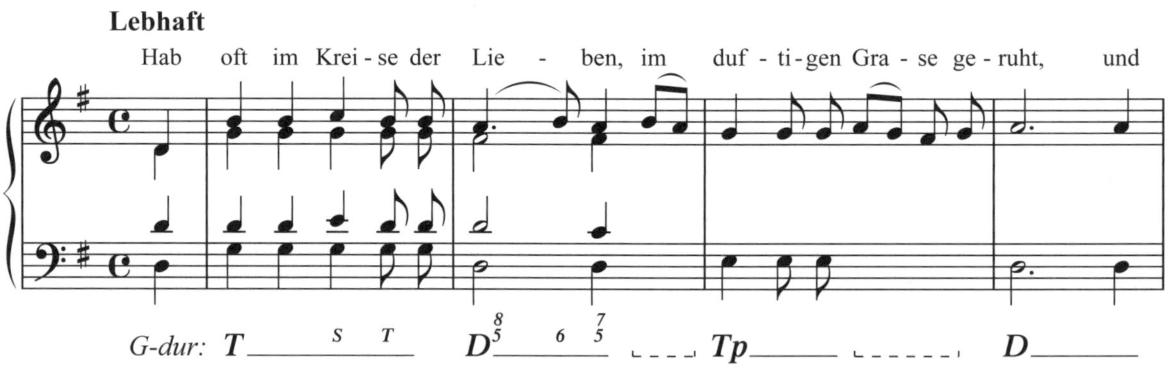

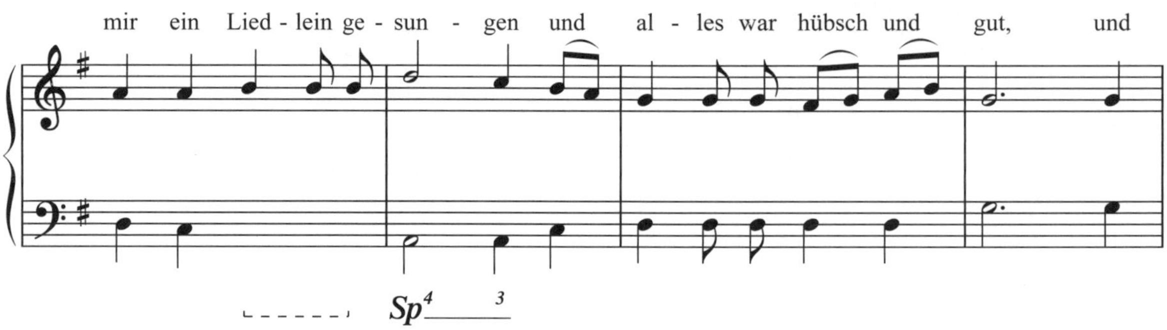

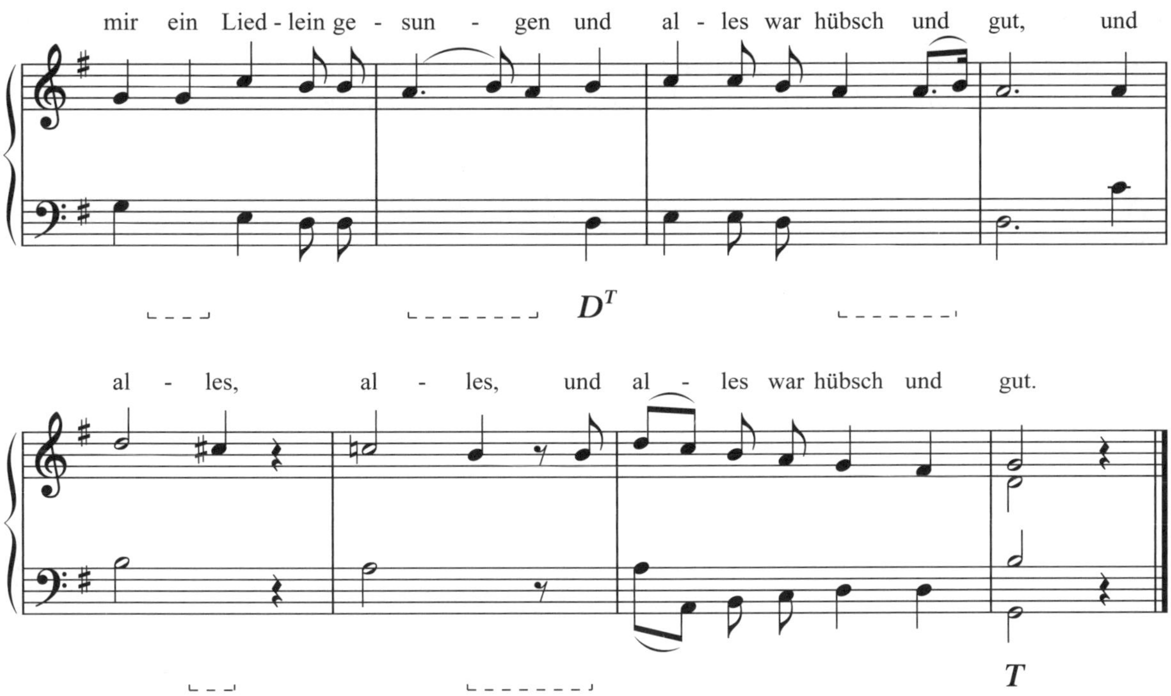

Aufgabe 15.5.

Das Lied „John Brown's body" ist durch Eintragen von Funktionsbezeichnungen zu harmonisieren. Bei den *nicht gestrichelt* gekennzeichneten Passagen werden leitereigene Funktionen gesetzt (Haupt- und Nebendreiklänge); die *gestrichelten* Passagen verlangen Zwischendominanten.

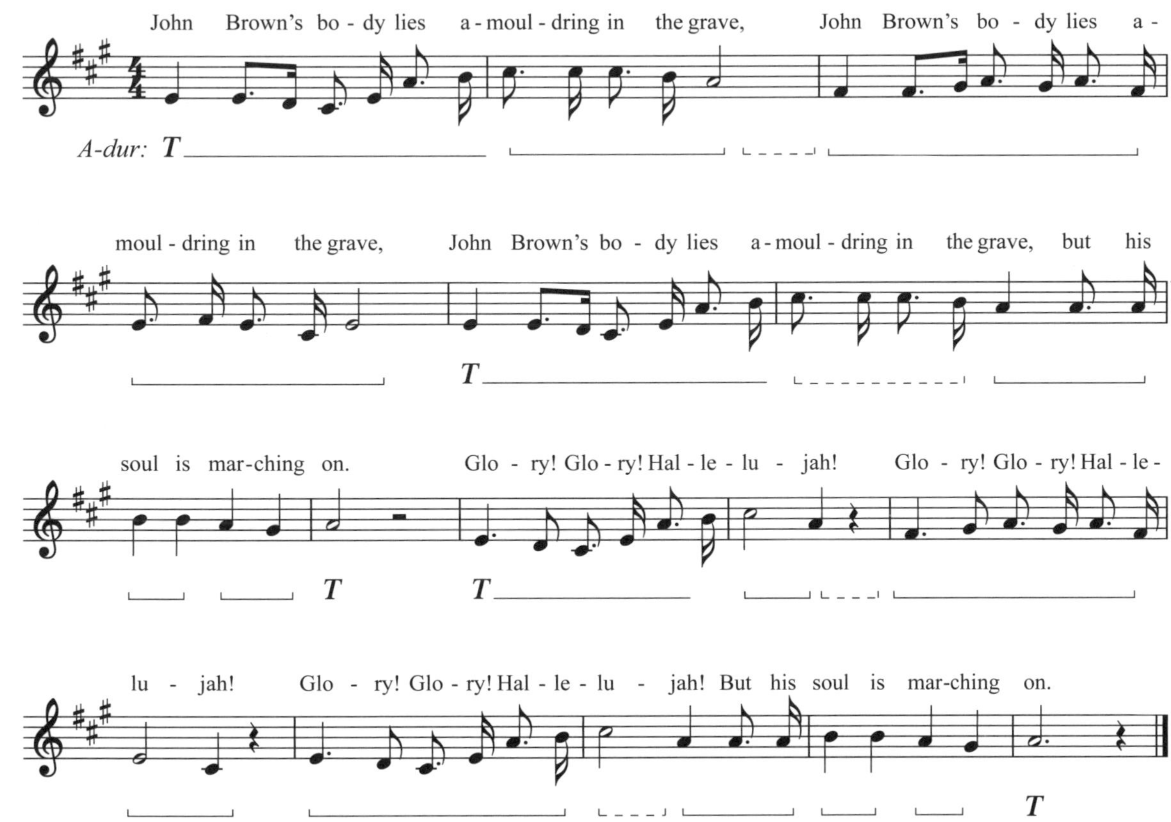

Aufgabe 15.6. → *Harmonielehre* **Aufgabe 15.C.1.**

Das Lied „Was noch frisch und jung an Jahren“ ist mit Funktionsbezeichnungen zu versehen; die Basslinie ist einzutragen, die *harmoniefremden Töne* sind eingekreist und sollen bezeichnet werden.

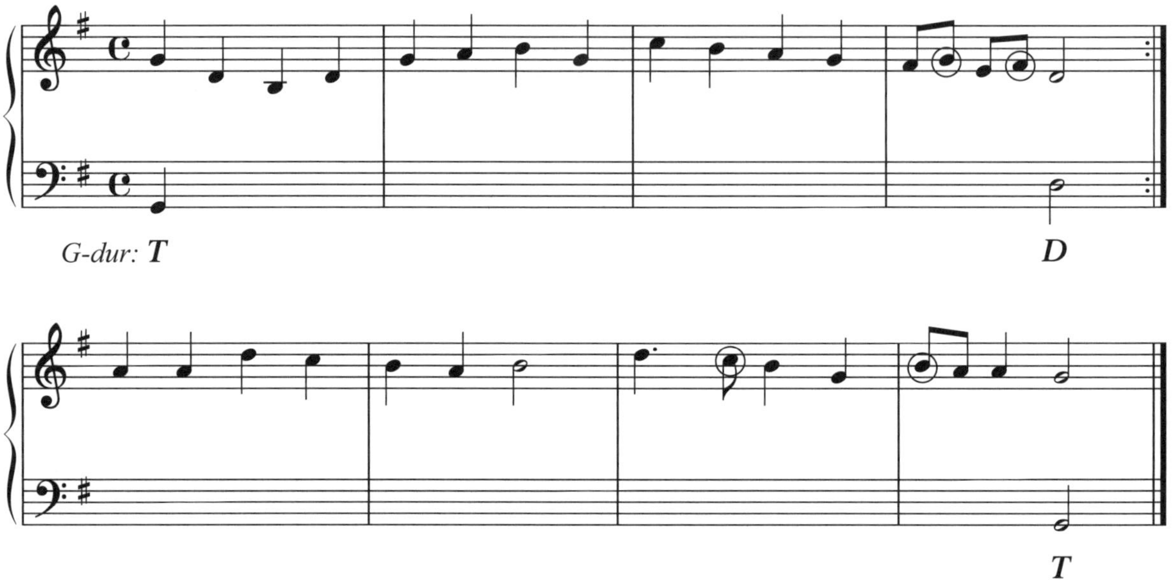

Aufgabe 15.7. → *Harmonielehre* **Aufgabe 15.C.2.**

Das Lied „Wer recht in Freuden wandern will“ ist mit Funktionsbezeichnungen zu versehen; die Basslinie ist einzutragen, die *harmoniefremden Töne* sind eingekreist und sollen bezeichnet werden.

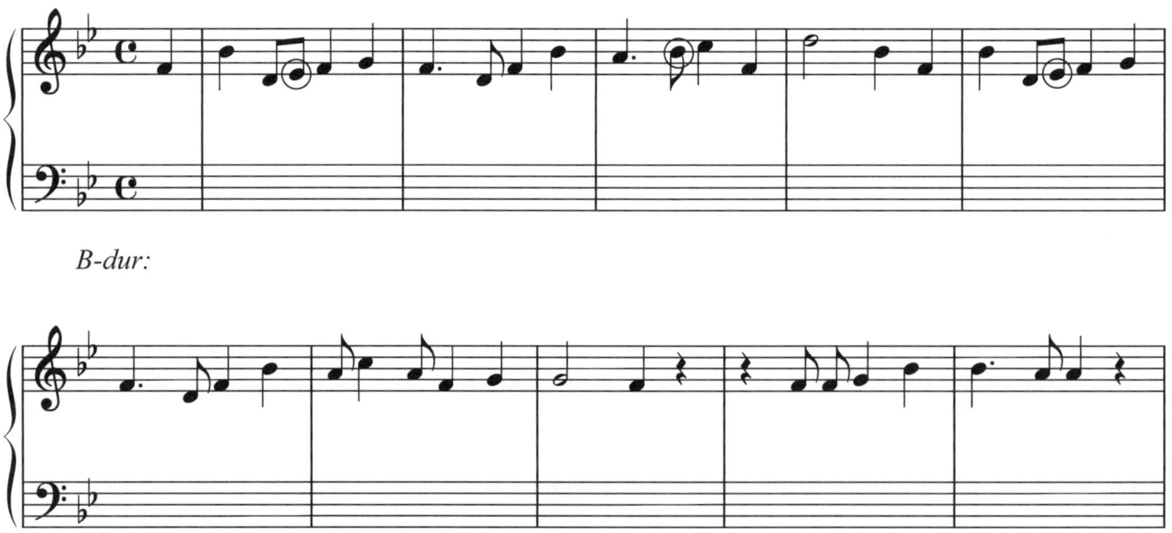

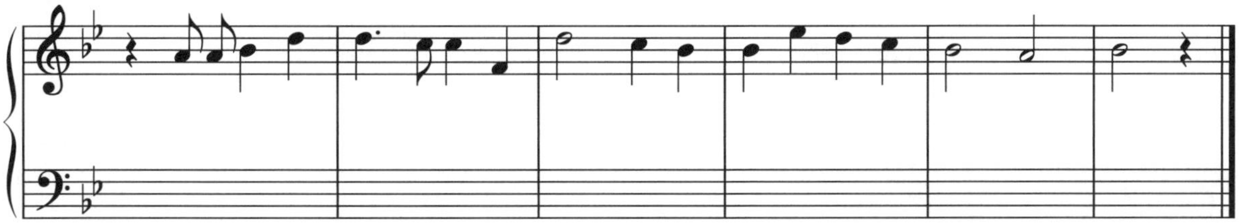

Aufgabe 15.8. → *Harmonielehre* **Aufgabe 15.D.1.**

Das Lied „Engel haben Himmelslieder" ist vierstimmig auszusetzen. Die schon gelösten Takte 1 und 5 sollen als Anregung und Orientierung zur Gestaltung des gesamten Satzes dienen.

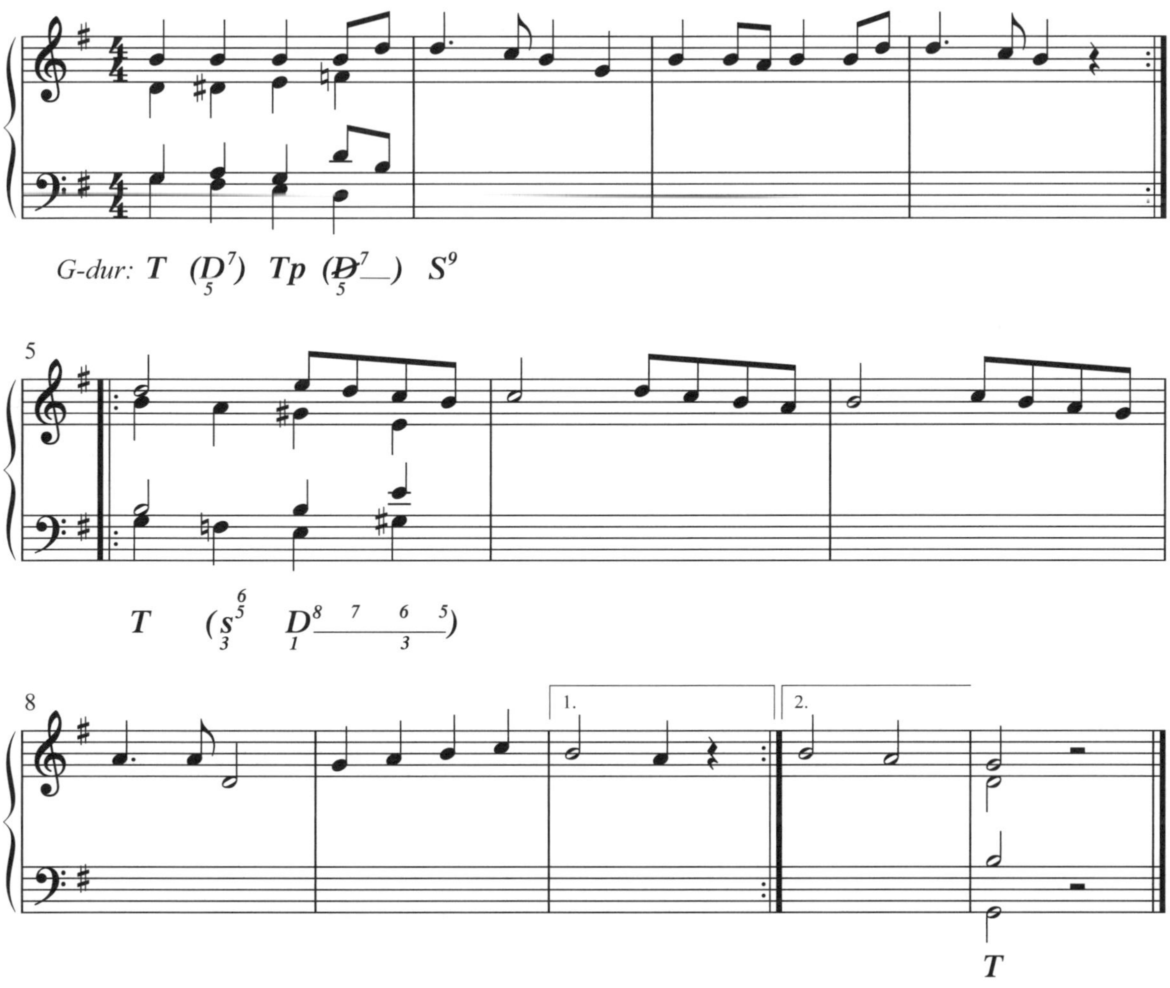

Aufgabe 15.9. → *Harmonielehre* **Aufgabe 15.D.2.**

Das Lied „Wir sagen euch an den lieben Advent“ ist vierstimmig auszusetzen.

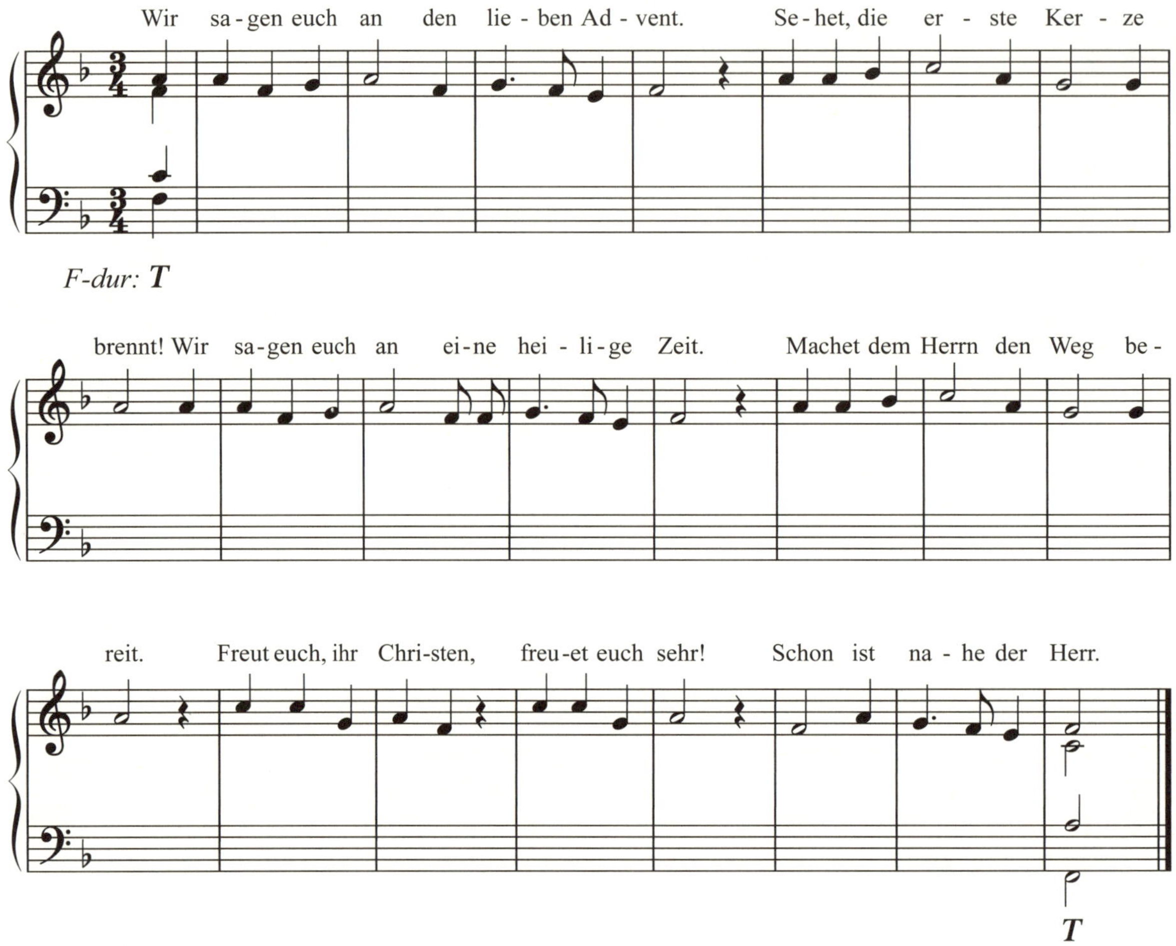

Aufgabe 15.10.

Der Choral „Herr, wie du willst“ von J. S. Bach soll harmonisch analysiert werden. Die für einen Bachchoral typische Fülle an *Bewegungstönen* verlangt eine stete Entscheidung, ob diese als *harmoniefremd* einzustufen sind oder – trotz dieses Anscheins – eher einen *Akkordwechsel* herbeiführen. Handelt es sich hingegen um *charakteristische Zusatztöne*, sollten sie in die Funktionsbezeichnung aufgenommen werden. Zur groben Gliederung des Satzes und zur Festlegung *harmonischer Räume* kann es hilfreich sein, zunächst die Funktionen der Fermaten-Akkorde zu bestimmen. Oft – nicht immer! – zielt Bach mit einer mehr oder weniger langen *Ausweichung* harmonisch auf diese Schlusspunkte einer Phrase zu.

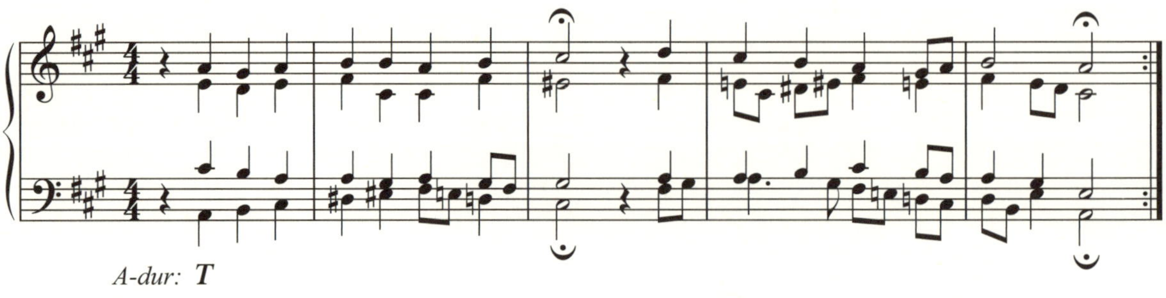

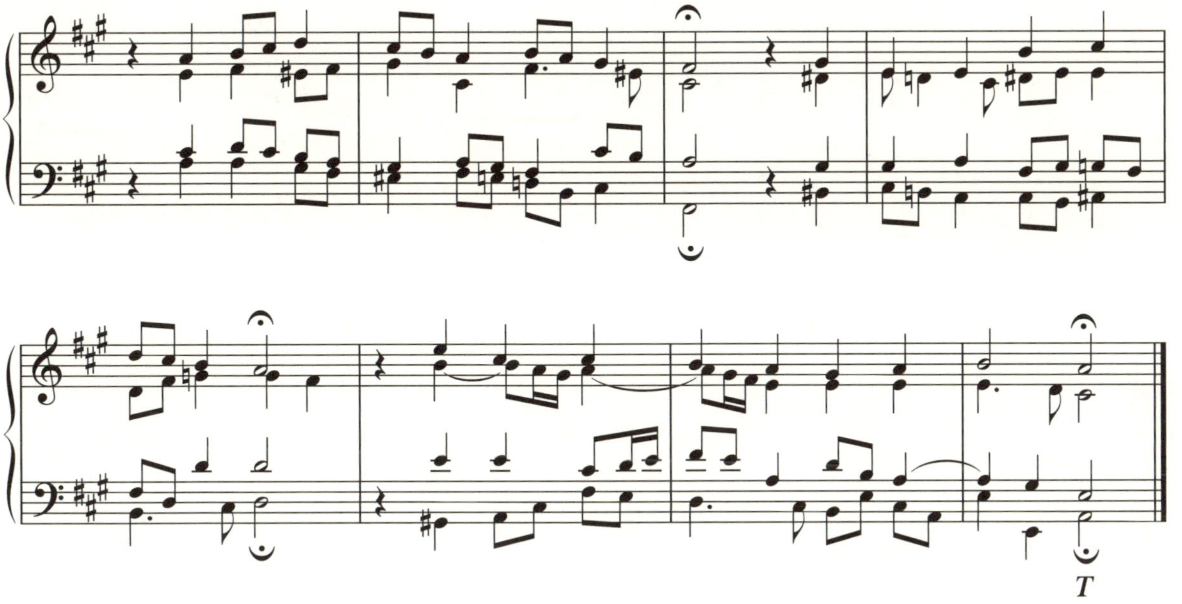

Aufgabe 15.11.

Der Beginn von Felix Mendelssohn Bartholdys „Andante“ aus den *Liedern ohne Worte* für Klavier ist harmonisch zu analysieren. In den Anfangstakten findet sich (typisch für Mendelssohn) mit einem länger ausgehaltenen Basston ein sogenannter *Orgelpunkt*, der durch einen Längsstrich markiert ist. Der hochgestellte Akkordverlauf der oberen Stimmen wird deshalb ohne Basstöne wiedergegeben, siehe auch Takte 15 und 16. Am Ende von Takt 14 findet sich mit dem untersten Ton *as* eine *tiefalterierte Quinte*; sie ist schon bezeichnet (siehe Pfeil).

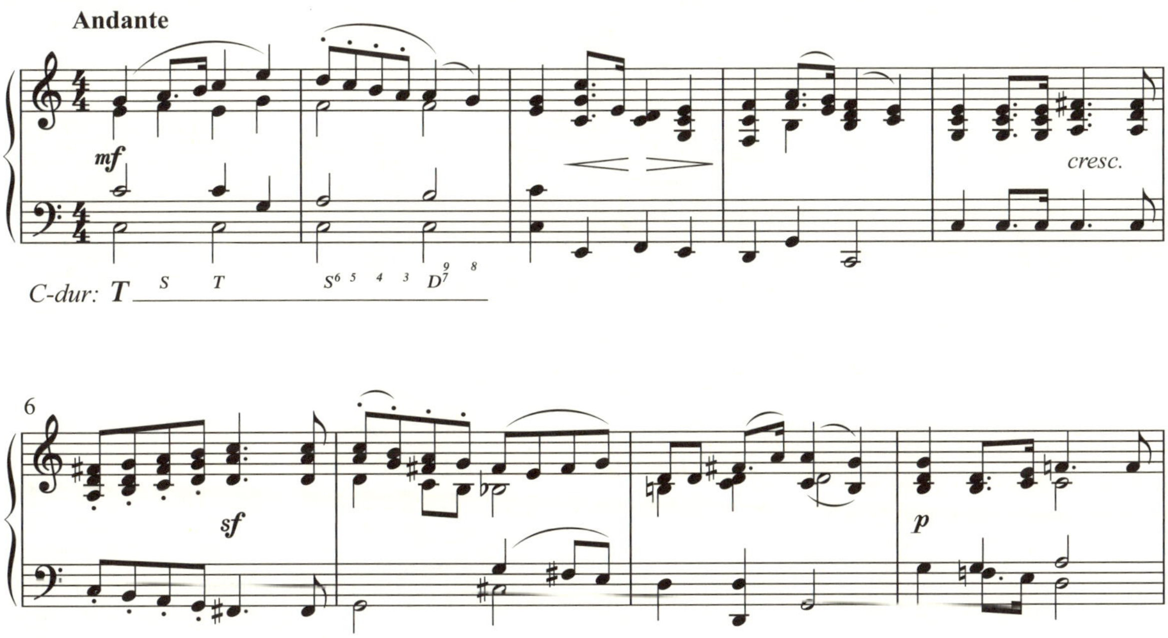

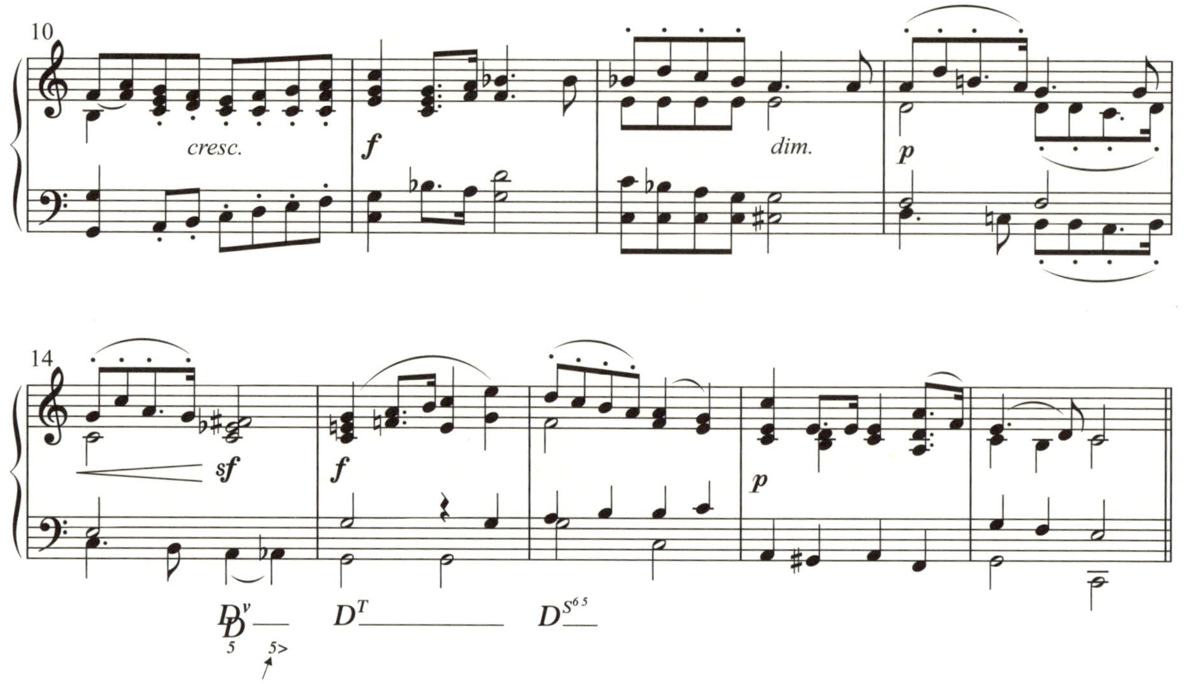

Aufgabe 15.12.

Die Anfangstakte von Richard Wagners „Chor der heimkehrenden Pilger“ aus der Oper *Tannhäuser und der Sängerkrieg auf Wartburg* (3. Aufzug, 2. Szene) sind durch das Eintragen der Funktionsbezeichnungen harmonisch zu analysieren. Beim Lesen der Musik ist darauf zu achten, dass im oberen System ein nach unten oktavierender Violinschlüssel vorliegt; er klingt eine *Oktave tiefer* als ein Violinschlüssel.

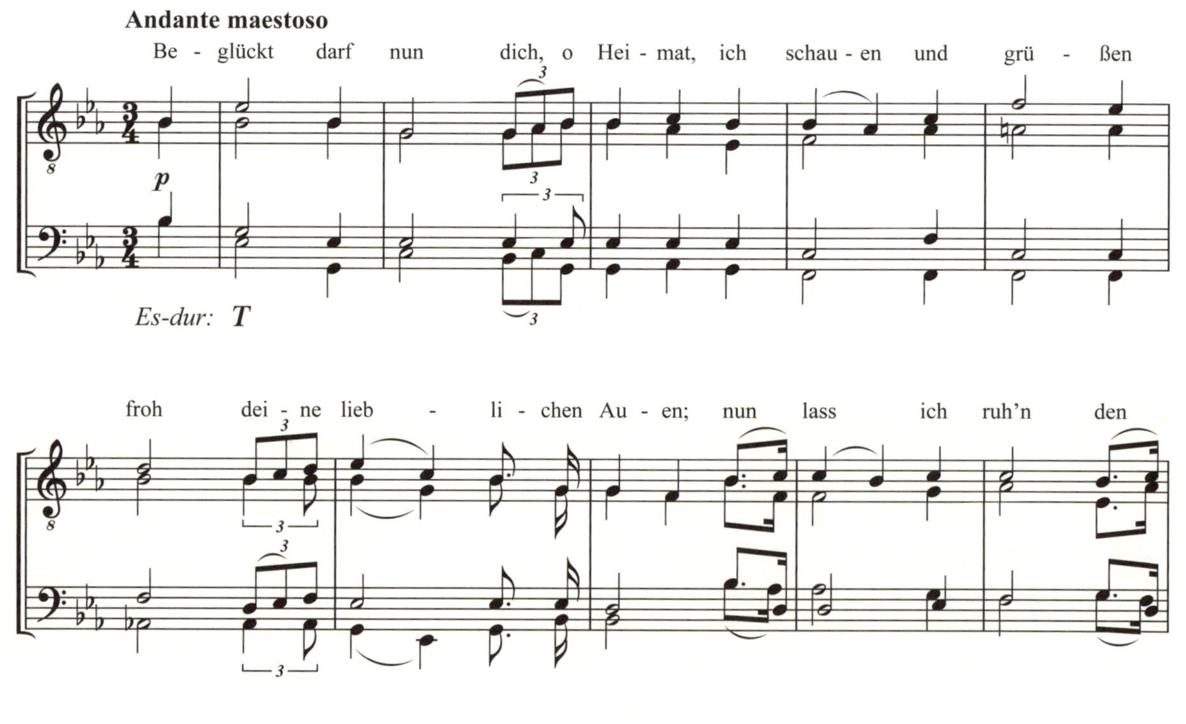

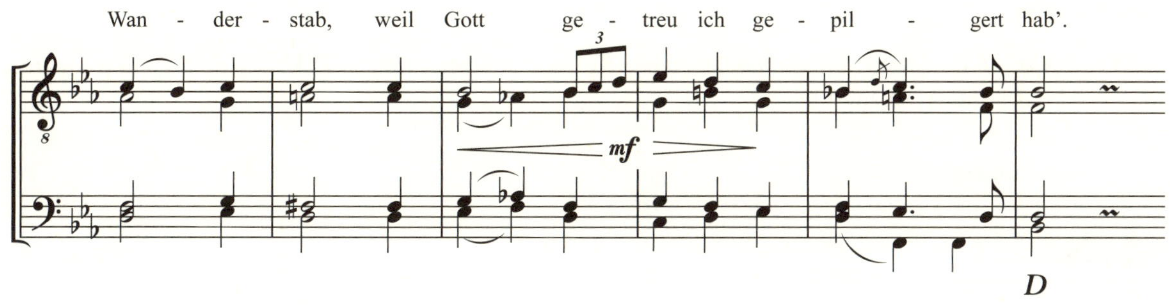

Aufgabe 15.13.

Der Beginn von Pjotr Iljitsch Tschaikowskys „Morgengebet“ für Klavier, der Nr. 1 aus dem *Kinderalbum* op. 39, ist harmonisch zu analysieren.

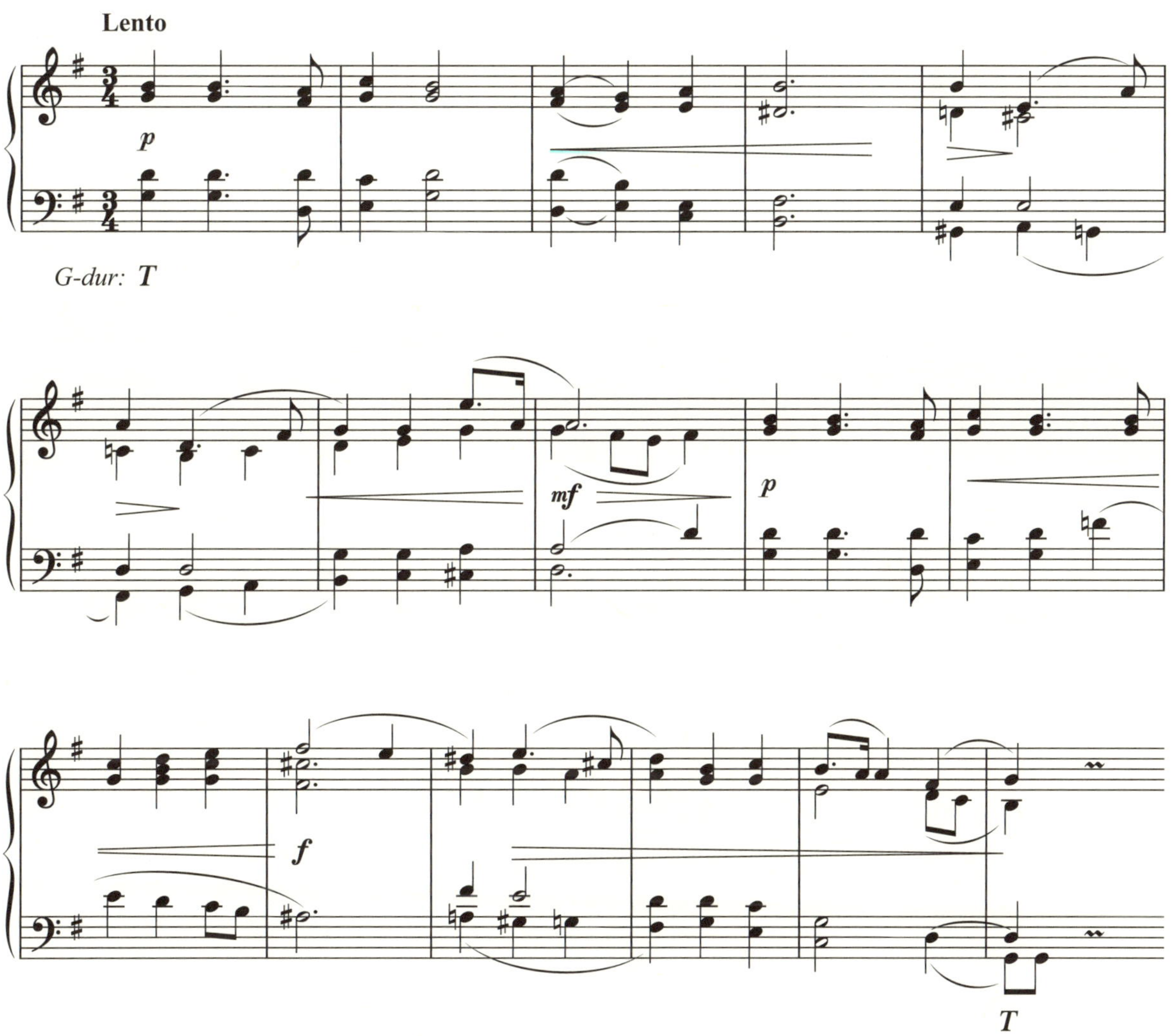

Aufgabe 15.14.

Der Beginn des Chorsatzes „Unser lieben Frauen Traum“ aus Max Regers Zyklus *Acht Geistliche Gesänge* op. 138 ist harmonisch zu analysieren.

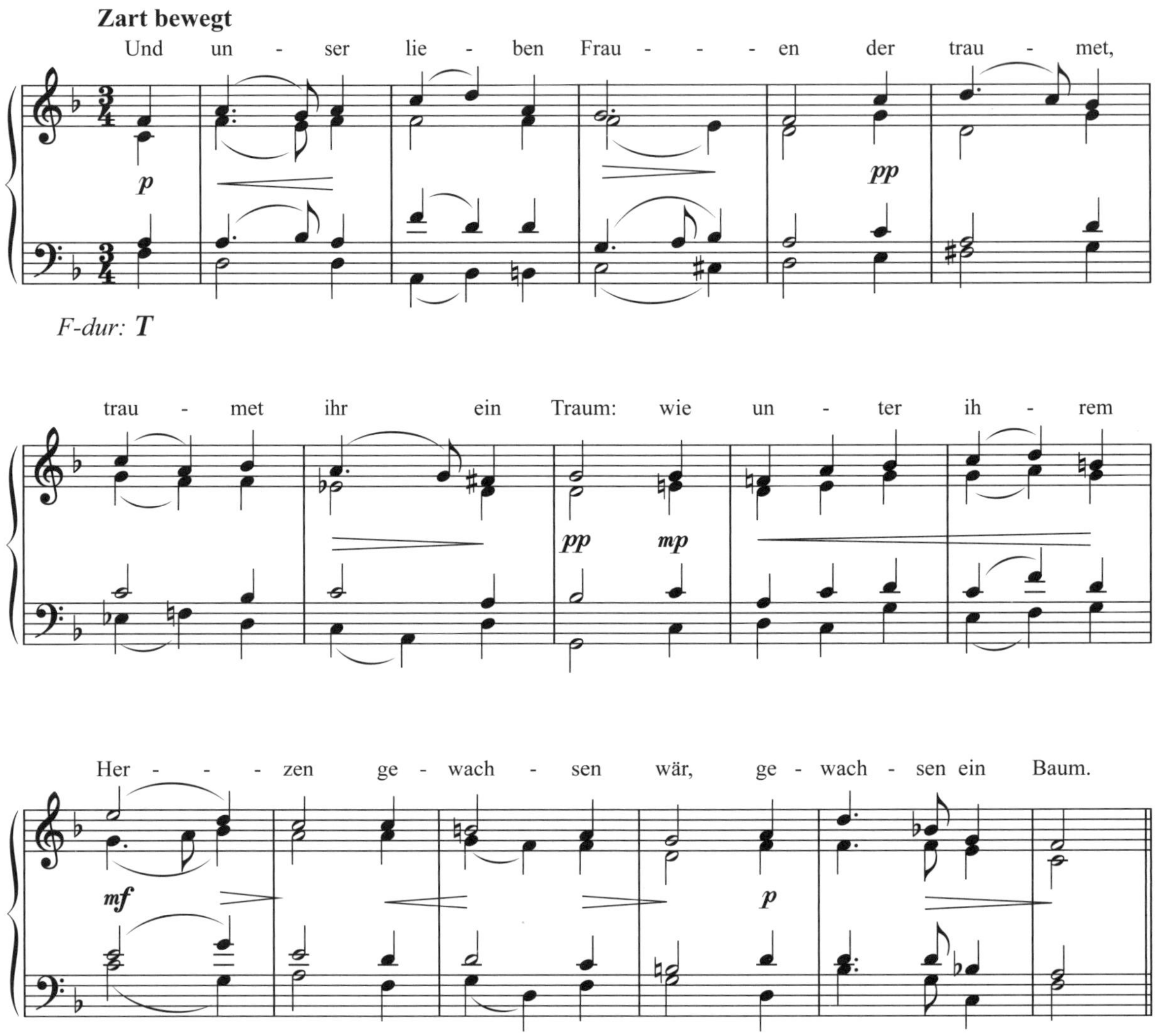

16. Nebendreiklänge und Zwischendominanten in Moll

→ *Harmonielehre* Kapitel 16

Werden auf den Stufen *III, VI* und *VII* einer *reinen Molltonleiter* Dreiklänge mit dem leitereigenen Material gebildet, entstehen ausnahmslos *Durdreiklänge*, die man – wie im Durgeschlecht – in *Abhängigkeit* zu den *Hauptdreiklängen* stellt. Diese Dur-Moll-Gesetzlichkeit zeigt das *sich spiegelnde Grundverhältnis* der beiden Tongeschlechter:

Hauptdreiklang Dur – Nebendreiklang Moll
Hauptdreiklang Moll – Nebendreiklang Dur

Auch die Nebendreiklänge in Moll stehen – bezogen auf die Grundtöne – im *unteren* oder *oberen Terzabstand* zu ihren Hauptdreiklängen, weshalb sie als *Terzverwandte* bezeichnet werden.

Bei den Nebendreiklängen, die man im *unteren Terzabstand* zum Hauptdreiklang ableitet, handelt es sich um die *Gegenklänge*; sie haben – wie in Dur – den Abstand einer *großen Terz* zum jeweiligen Hauptdreiklang. So wird der Akkord der *VI. Stufe* zum *Gegenklang der Tonika* (Kürzel ***tG***), der Akkord der *III. Stufe* zum *Gegenklang der Molldominante* (Kürzel ***dG***). Für *den Gegenklang der Subdominante* (Kürzel ***sG***) muss der II. Ton der Leiter erniedrigt werden, um einen Durdreiklang zu generieren. Dieser Eingriff ist deshalb logisch, weil es sich dabei um die *neapolitanische Sexte* (→ Kapitel 13) handelt; insofern sind ***sG*** und der *verselbstständigte Neapolitaner* $\boldsymbol{s}^N$ klang- und deckungsgleiche Akkorde, wenngleich sie in unterschiedlichen kadenziellen Einbindungen anzutreffen sind. Im Übrigen wird auch in den Kürzeln die *Spiegelbildlichkeit* von Dur und Moll sichtbar: Der Ableitungsklang ist ein *Molldreiklang* (*t*), der Nebendreiklang jedoch ein *Durdreiklang* (***G***). Die Nebendreiklänge, welche im *oberen Terzabstand* zum Hauptdreiklang stehen, werden in Moll *Parallelklänge* oder *Parallelen* genannt, weil sie eine *kleine Terz* höher liegen als ihr Hauptdreiklang. So wird der Akkord der *III. Stufe* zur *Parallele der Tonika* (Kürzel ***tP***), der Akkord der *VI. Stufe* zur *Parallele der Subdominante* (Kürzel ***sP***) und der Akkord der *VII. Stufe* zur *Parallele der Dominante* (Kürzel ***dP***).

Auch in Moll können die Akkorde zweier Stufen eine doppelte Deutung erfahren. So kann die *III. Stufe* entweder ***tP*** oder ***dG*** sein und die *VI. Stufe* als ***tG*** oder als ***sP*** erklärt werden.
Sowohl die Parallelklänge als auch die Gegenklänge weisen mit ihrem jeweiligen Hauptdreiklang zwei gemeinsame Töne auf – es besteht also ein enger Verwandtschaftsgrad. Dabei sind die *Gegenklänge* von *satztechnisch eindeutig höherer Bedeutung*, da sie den *Grundton ihres Hauptdreiklangs* besitzen, die *Parallelklänge* dagegen *nicht*. Dieser Umstand hat etwa zur Folge, dass nur der Klang ***tG*** die Hauptfunktion ***t*** *hervorragend vertreten kann*.

Das Mollgeschlecht tritt in den drei Varianten *rein, harmonisch* sowie *melodisch* auf (→ Kapitel 7). Durch den Einfluss der sich in Moll festsetzenden *Durhauptfunktionen* werden auch *ureigene* Nebendreiklänge des reinen Moll daher *zurückgedrängt*. Somit verbleiben als *in der Praxis angewandte Nebendreiklänge* lediglich:
- der ***tG*** als *Vertreter* der ***t*** und als deren *Trugschlusswendung*,
- die ***tP*** als starke *Gegenspielerin* zur ***t*** mit einem *eigenen*, teils langfristig sich etablierenden *harmonischen Raum*.

Die in Kapitel 15 geübten *Zwischendominanten, Zwischenkadenzen, rückbezogenen Zwischendominanten, Ellipsen, Klammerhierarchien* und *Ausweichungen* werden in Moll unangetastet und sinngemäß übernommen. Dies gilt auch für die *Subdominante der Subdominante*, die als *Doppelsubdominante* mit einem analog ungeklammerten Kürzel auftritt, etwa $\underline{s}$ an Stelle von *(s) s*.

Hinweise und Empfehlungen zum Lösen der Aufgaben

1. Nebendreiklänge treten gerne in *Grundstellung* auf; Akkordumkehrungen der Nebendreiklänge sind eher selten anzutreffen. Zusatztöne sind bei den Nebendreiklängen in Moll nicht anzutreffen.
2. Das Pendant zum kadenziell starken $\boldsymbol{Sp^7}$ aus Dur findet sich in Moll als halbverminderter Septakkord auf der *II. Stufe*. Man kann ihn daher als $\boldsymbol{II^7}$ oder als s^7_6 bezeichnen. Auch in Moll hat er unmittelbar vor der ***D*** *große Kraft*.
3. Es gilt die Faustregel: *erst* der Hauptdreiklang, *danach* der abgeleitete Nebendreiklang, also ***t – tG***, aber nicht ***tG – t***.
4. Als besonders *starke Klangverbindungen* sollte man sich einprägen: ***D – tG*** (*Trugschlusswendung*) und s^7_6 - ***D***.
5. In den Nebendreiklängen sind grundsätzlich alle Akkordtöne verdoppelbar. Bei der Trugschlussverbindung ***D – tG*** sollte im ***tG*** dessen *Terz* (= Grundton der ***t***) *verdoppelt* werden, um Parallelführungen zu vermeiden.

Aufgabe 16.1.

Das Lied „O Traurigkeit, o Herzeleid" ist vierstimmig auszusetzen. Bei dieser Vorlage handelt es sich um ein typisches Beispiel dafür, wie sich die beiden *harmonischen Hauptakteure* in Moll, die ***t*** und die ***tP***, ineinander verschränken (siehe die jeweils markierten harmonischen Räume). Es ist der Fantasie und der Freiheit des Tonsetzers überlassen, die (ebenfalls markierten) Übergänge schleichend, abgrenzend oder überraschend zu gestalten. Empfohlen wird, zunächst die Basslinie mit den Funktionsangaben zu erstellen und danach die Mittelstimmen zu ergänzen.

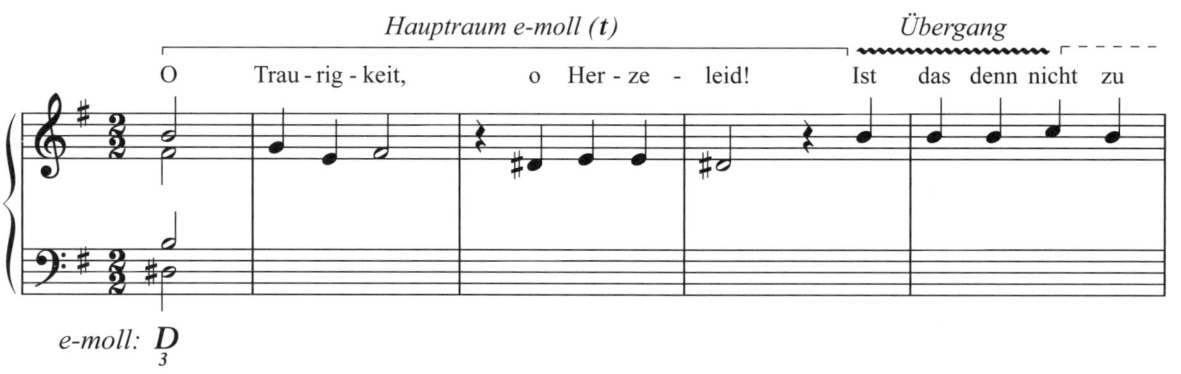

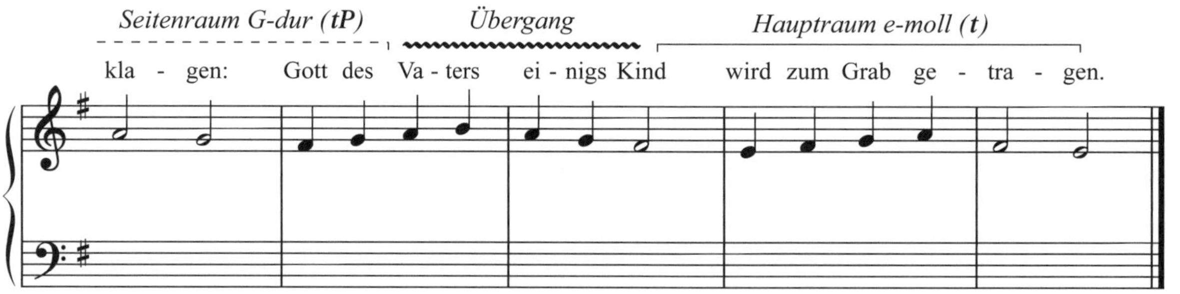

Aufgabe 16.2.

Der Choral „Des heil'gen Geistes reiche Gnad'" von J. S. Bach ist zu einem vierstimmigen Satz auszuarbeiten. Dabei ist es nicht das primäre Ziel, den *Originalsatz* des Komponisten (siehe Lösungsteil) zu treffen. Vielmehr ist anzustreben, auf der Basis der originalen Bassstimme den *Harmoniegang* einzutragen (Funktionen ergänzen!) und dabei die harmonischen Räume der ***t*** und der ***tP*** gegeneinander abzugrenzen. Bach verzichtet in seinem Satz weitgehend auf Übergänge. Die *Fermaten* (𝄐) sind zur Zeit Bachs keine Dehnungsanweisungen, sondern Markierungszeichen zum Schließen einer Choralzeile. Hieraus können Rückschlüsse auf den harmonischen Ablauf gezogen werden. Auch in den Mittelstimmen sollten, in Anlehnung an die Bassstimme, *harmoniefremde Töne* nicht ausgespart bleiben.

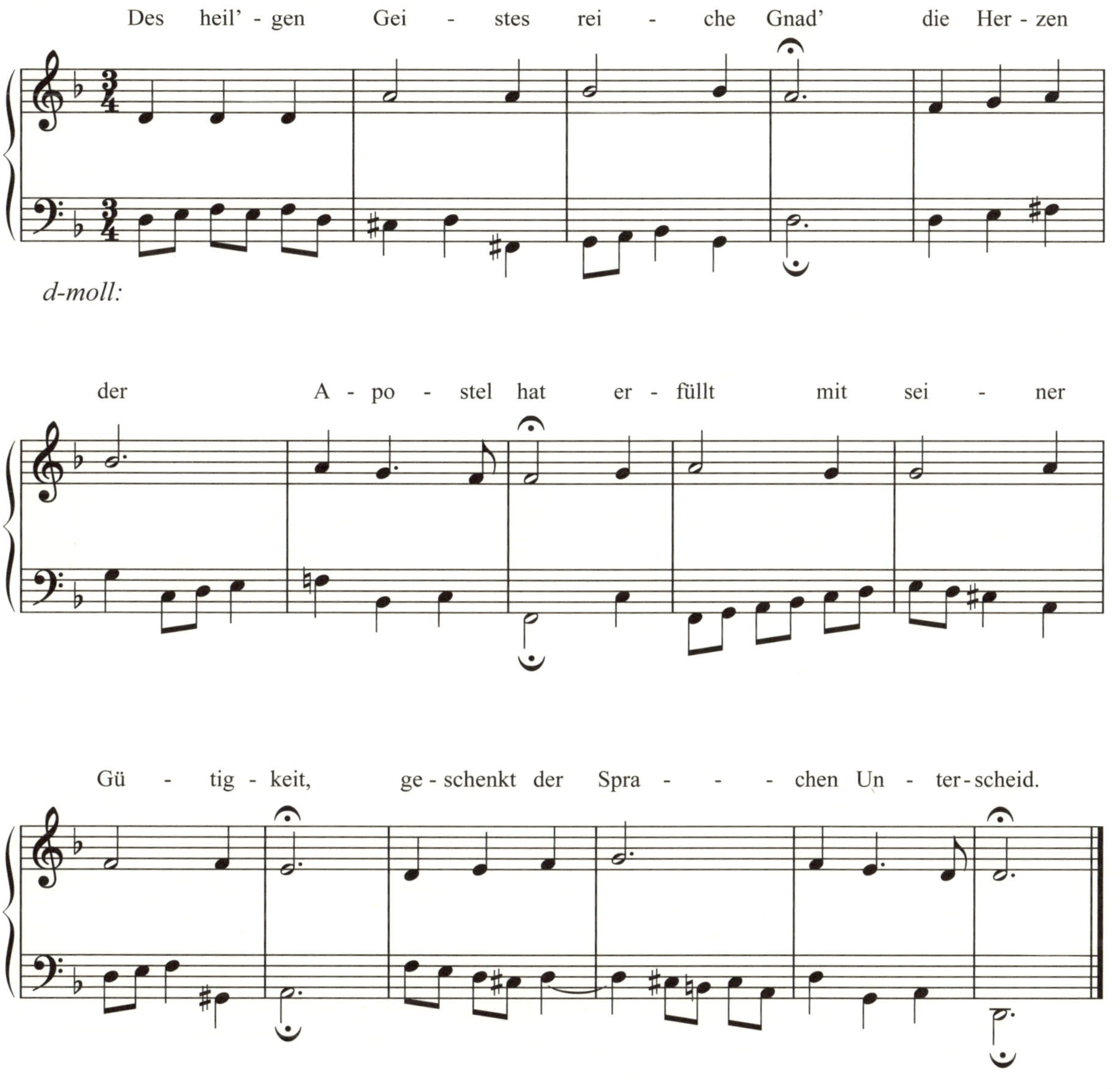

Aufgabe 16.3.

Das Lied „Feinsliebchen, du sollst mir nicht barfuß gehn“ ist zu einem vierstimmigen Chorsatz zu bearbeiten. Beim Vorab-Festlegen der harmonischen Räume *t* und *tP* wird sich ein längeres Verweilen der Melodie im Raum der ***tP***, *D-dur*, ergeben, ausgelöst durch den häufig auftretenden Ton *a*, der die Tonika, *h-moll*, und deren Dominante, *Fis-dur*, ausschließt.

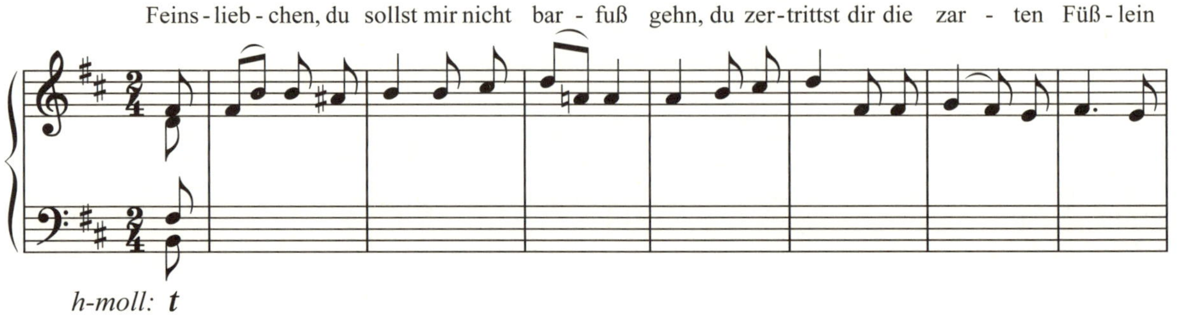

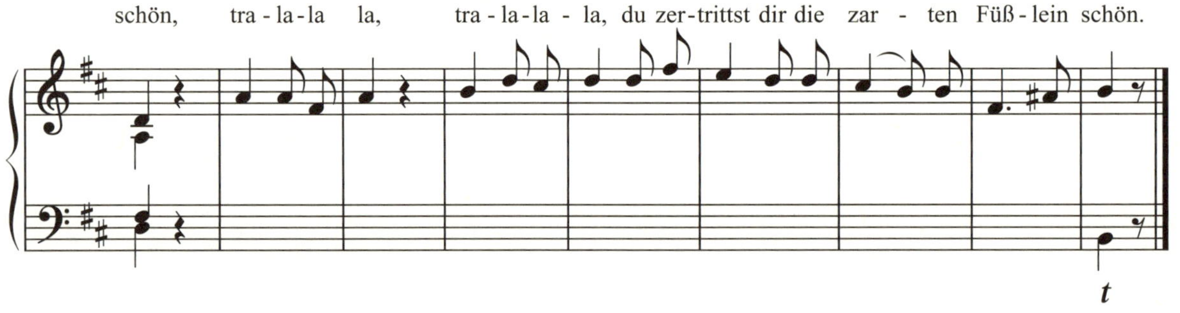

Aufgabe 16.4.

Der Beginn des *Allegrettos* c-moll für Klavier WoO 53 von Ludwig van Beethoven ist als Klaviersatz zu ergänzen. Zunächst soll die Bassstimme mit den Funktionen erstellt und rhythmisch der Oberstimme angeglichen werden. Die Akkorde werden sodann in der rechten Hand (enge Lage!) unterhalb der Melodie platziert.

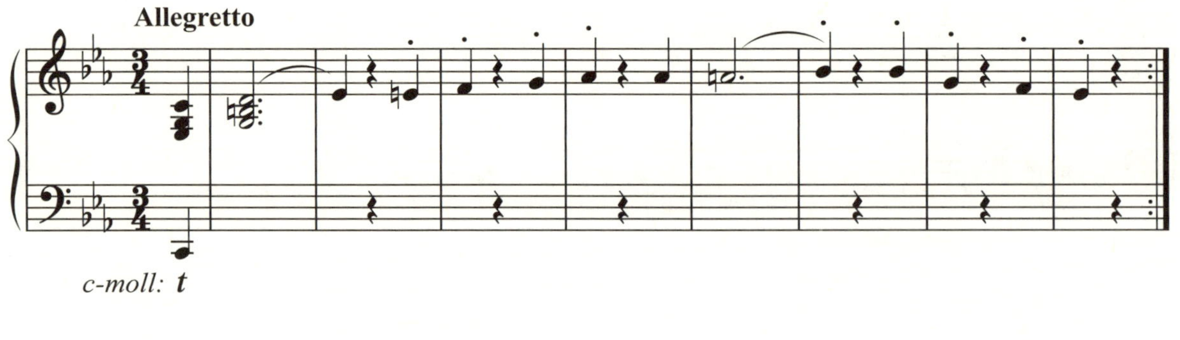

Aufgabe 16.5. → *Harmonielehre* **Aufgabe 16.C.**

Das Lied „Maria durch ein Dornwald ging“ ist mit Funktionsbezeichnungen zu versehen und sodann vierstimmig auszusetzen.

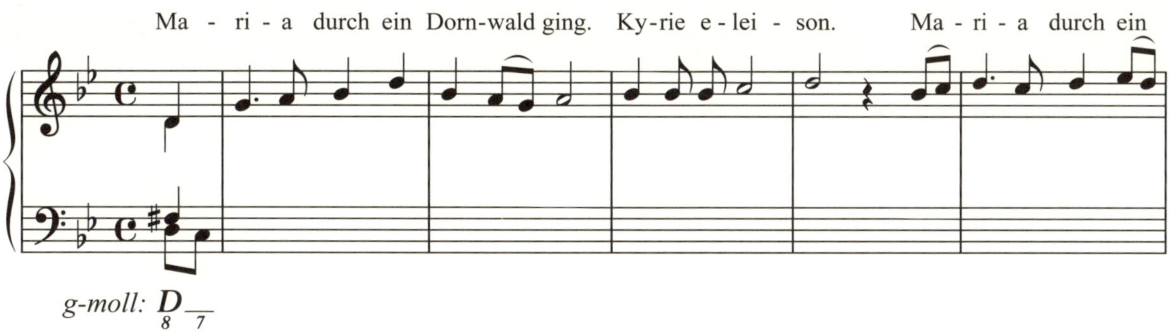

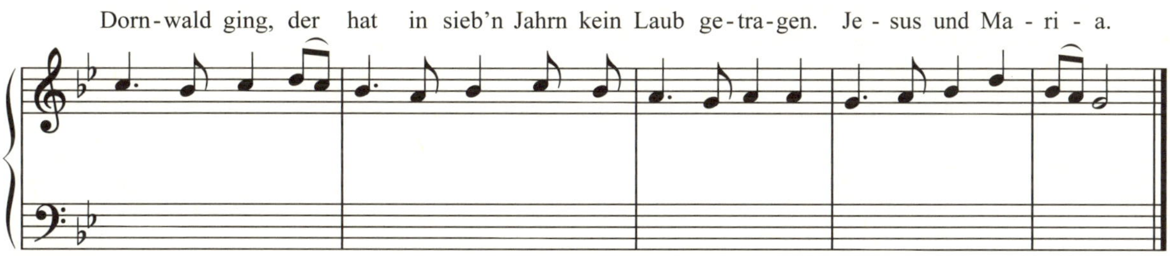

Aufgabe 16.6. → *Harmonielehre* **Aufgabe 16.D.**

Das Lied „Werft 'nen Heller“ ist vierstimmig auszusetzen. Bei der Festlegung der Funktionen muss auch auf die *Molldominante* (***d***) zurückgegriffen werden. Einen starken harmonischen Anteil hat zugleich die Ebene der ***tP***.

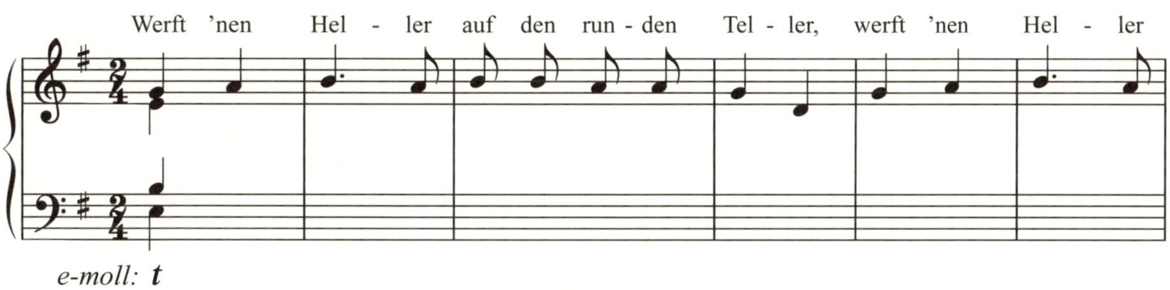

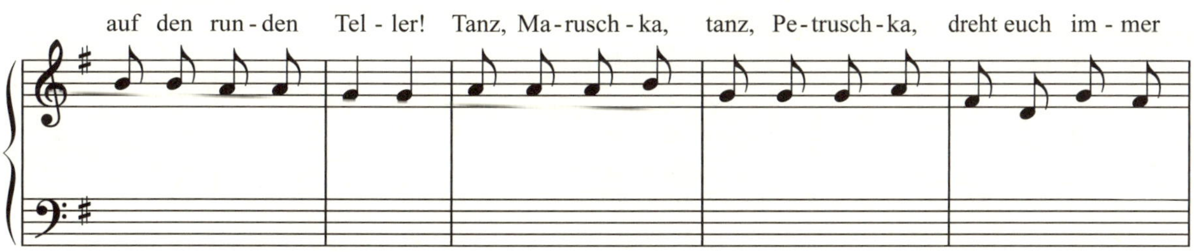

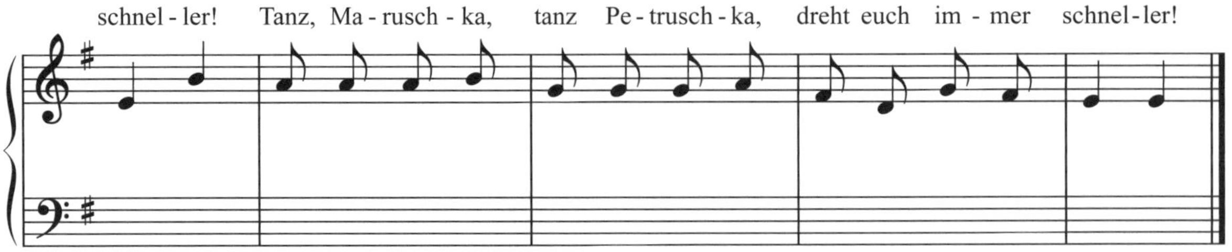

Aufgabe 16.7.

J. S. Bachs Schlusschoral „Drauf schließ ich mich in deine Hände" aus der Motette *Komm, Jesu, komm* BWV 222 soll harmonisch analysiert werden. Bei allen Bewegungstönen muss geprüft werden, ob es sich um *nicht klangprägende*, harmoniefremde Töne handelt, auf die in der Funktionsbezeichnung verzichtet werden kann. Die *charakteristischen Zusatzdissonanzen* und *Vorhalte* sollten dagegen in den Funktionsbezeichnungen Eingang finden. Häufig wird durch einzelne Bewegungstöne oder durch Koppelung mehrerer auch ein *Harmoniewechsel* auf der Basis von Achtelnoten ausgelöst.

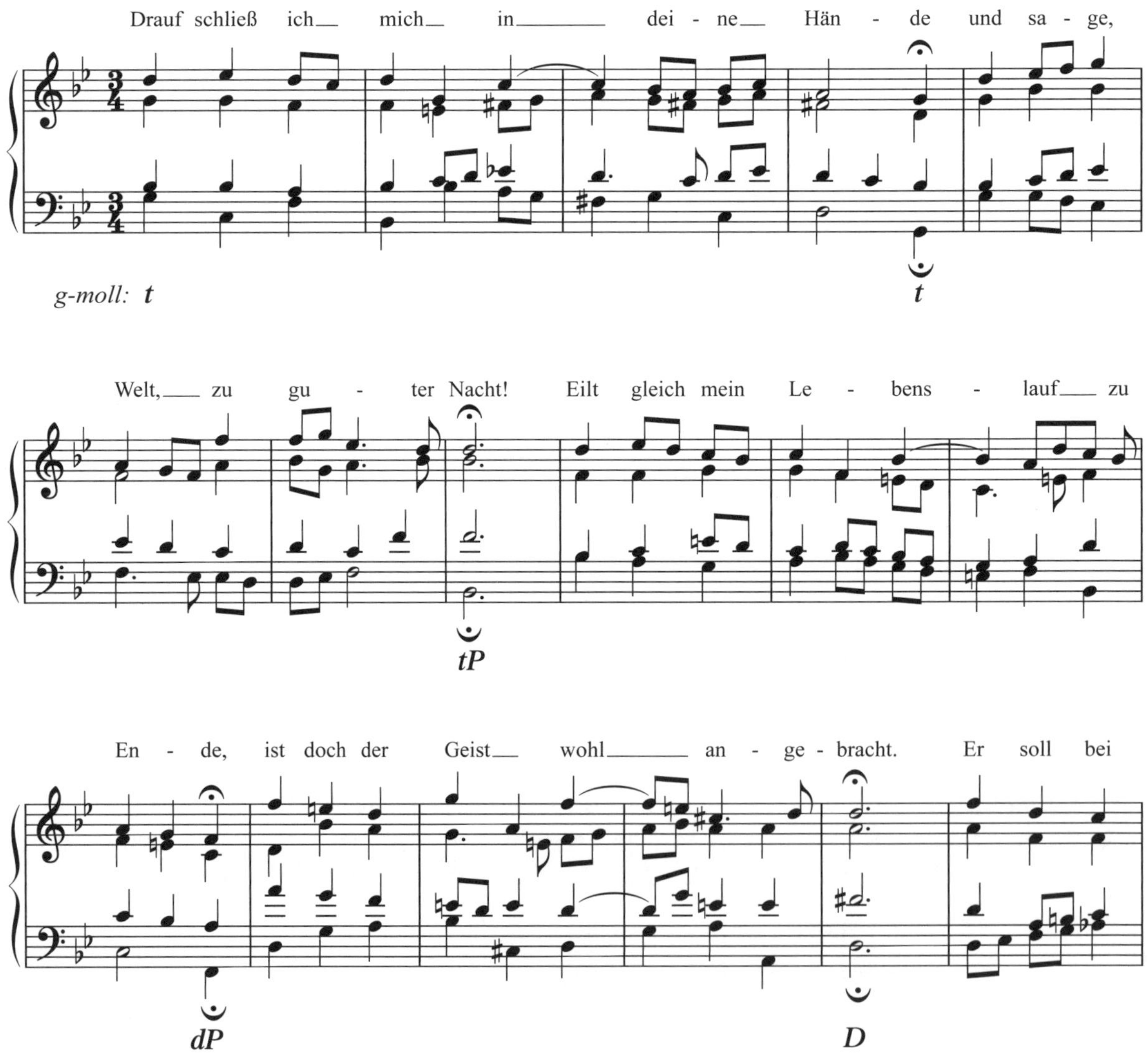

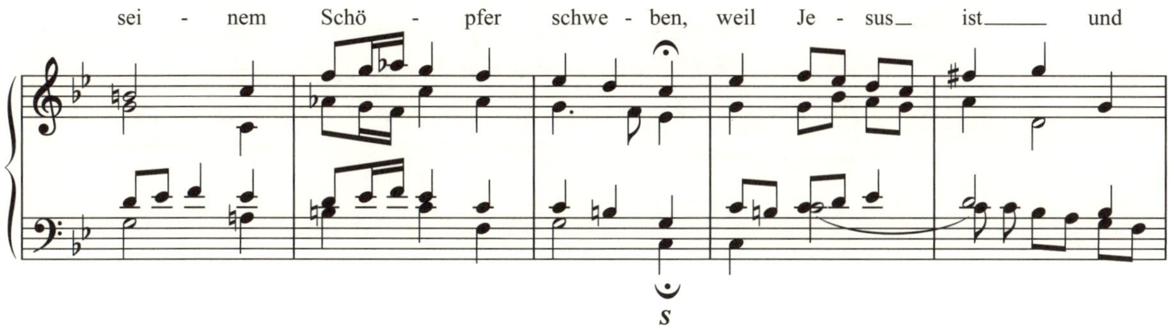

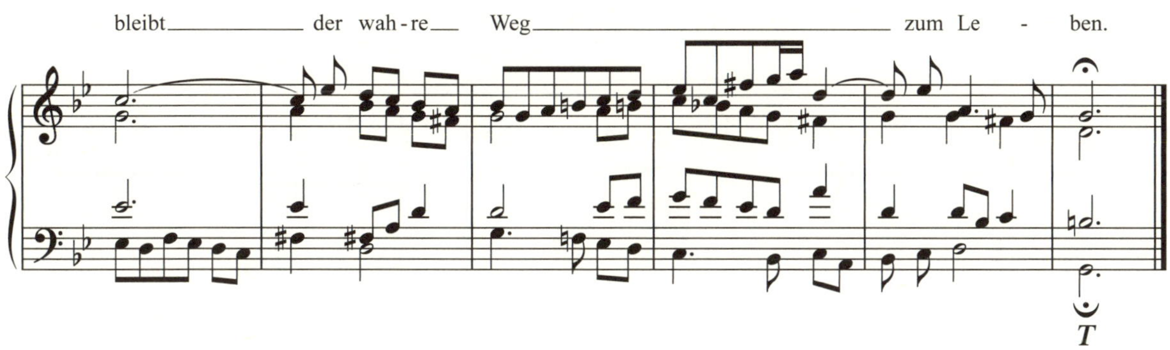

Aufgabe 16.8.

Der Beginn des 2. Satzes aus Franz Schuberts *Symphonie Nr. 9* C-dur D 944 ist harmonisch zu analysieren. Die Musik pendelt zwischen ***t*** und ***tP*** hin und her. Eine *tiefalterierte Quinte* ist in Takt 14 vorgegeben.

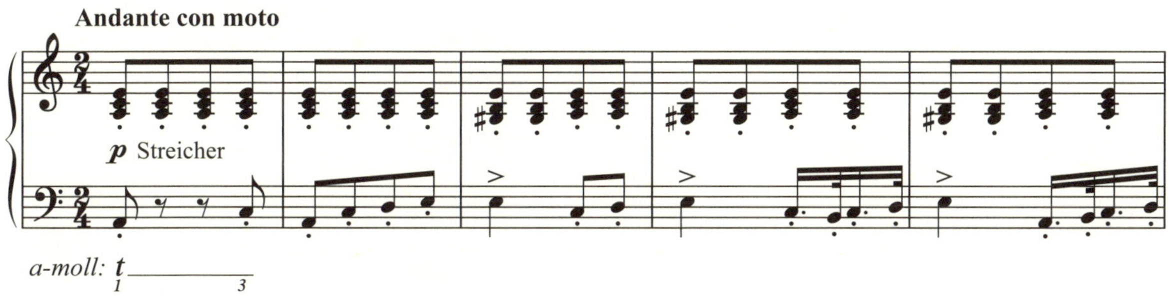

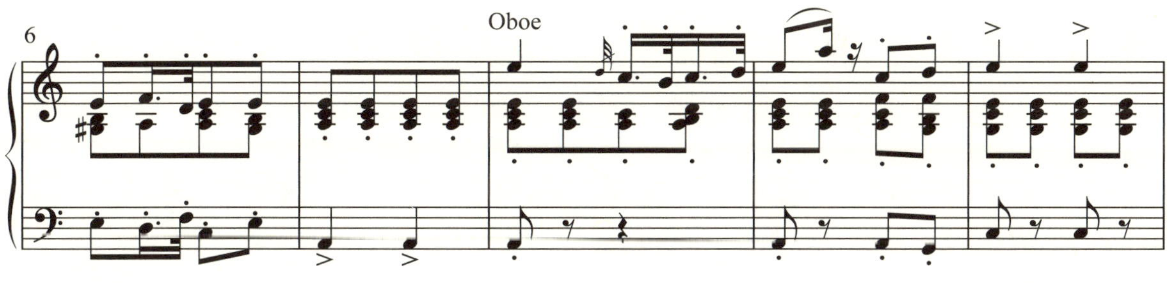

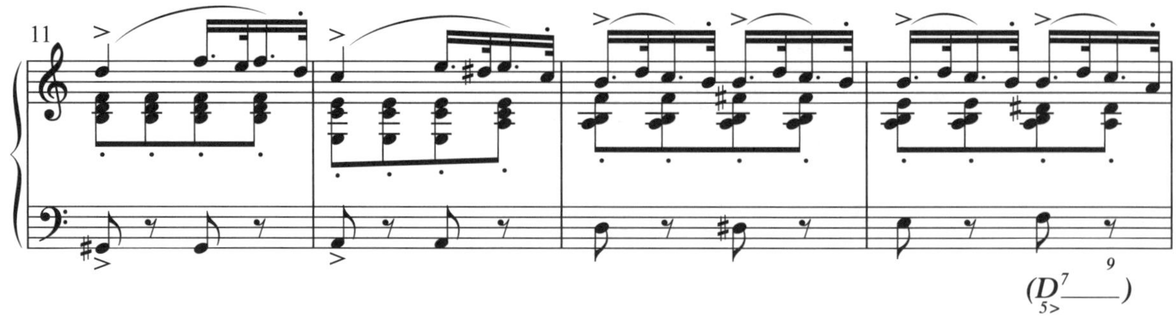

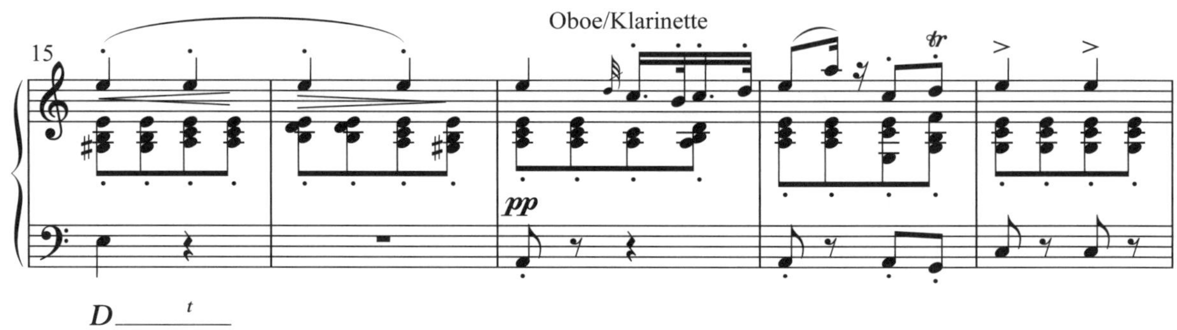

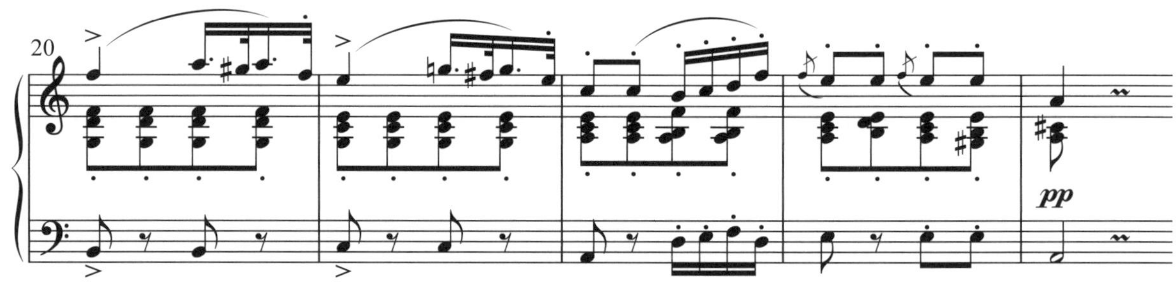

Aufgabe 16.9.

Robert Schumanns Lied „Gebet" op. 135 Nr. 5 ist harmonisch zu analysieren.

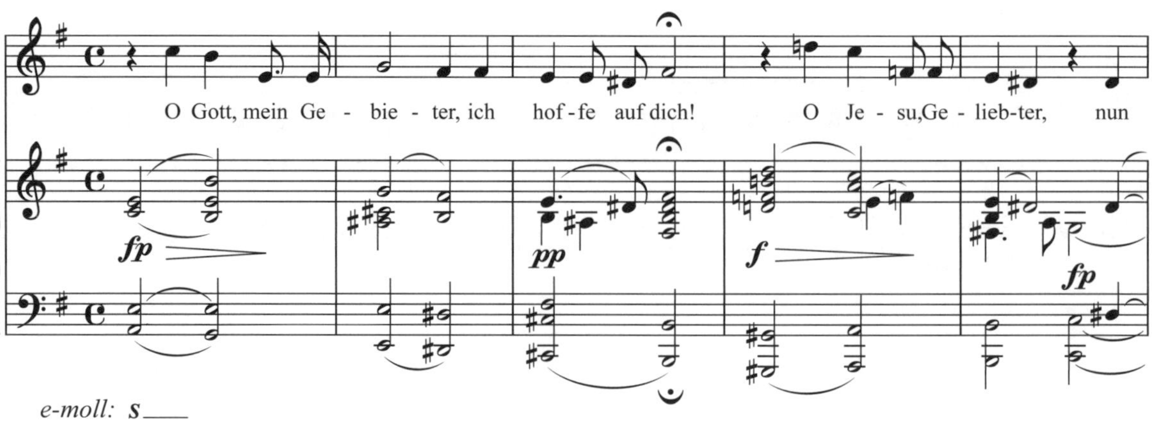

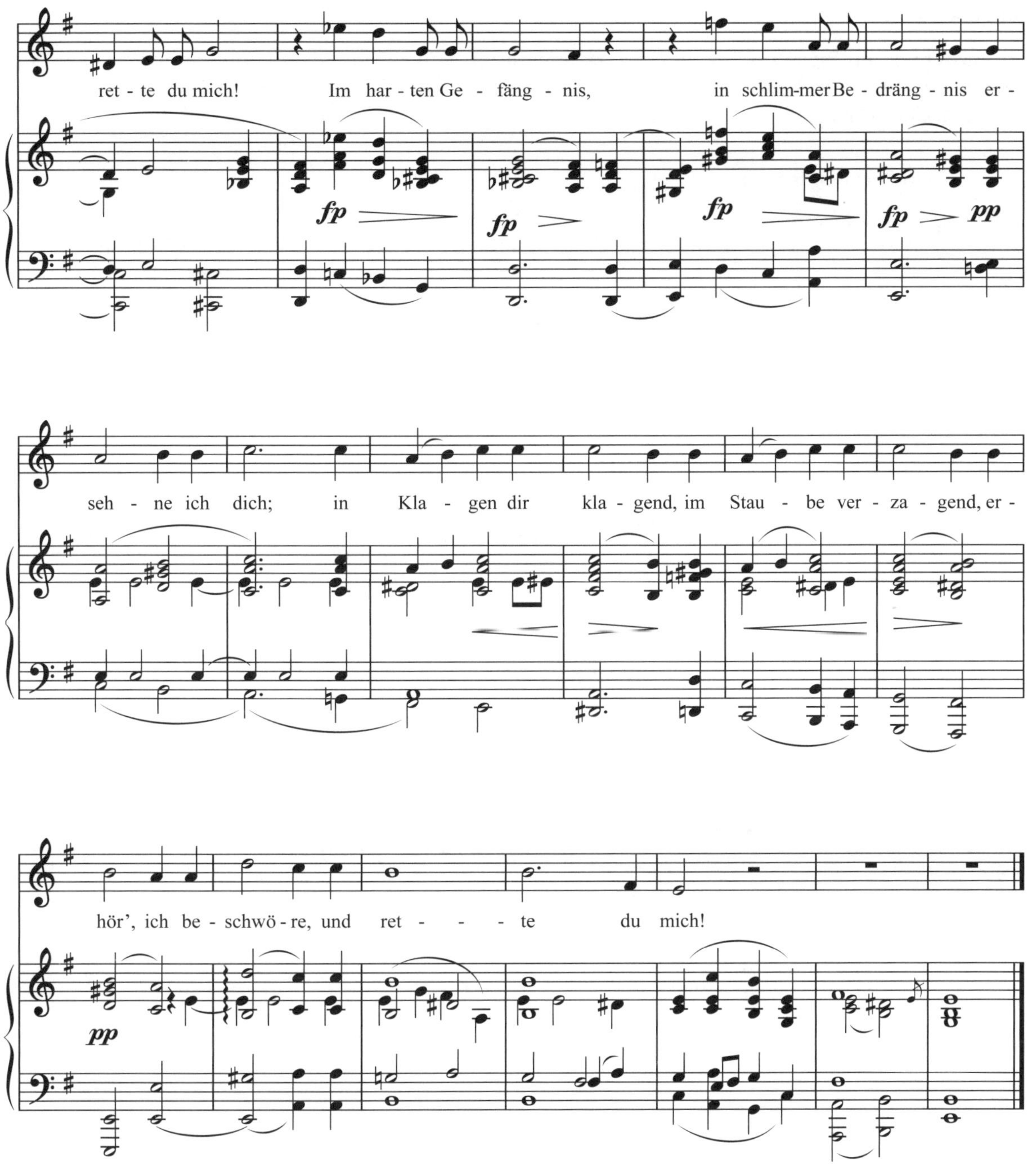
ret - te du mich! Im har - ten Ge - fäng - nis, in schlim-mer Be - dräng - nis er -
fp fp fp fp pp
seh - ne ich dich; in Kla - gen dir kla - gend, im Stau - be ver - za - gend, er -
hör', ich be - schwö - re, und ret - - - te du mich!
pp

Aufgabe 16.10.

Ein Ausschnitt aus Frédéric Chopins *Mazurka* e-moll op. 17 Nr. 2 für Klavier soll harmonisch analysiert werden. Die Passage der Takte 9 bis 12 im Notenbeispiel zeigt, dass Chopin genaue Vorstellungen von *Verzicht* und *Halten* des Haltepedals hatte (vgl. auch die Anmerkungen zu Aufgabe 11.10.).

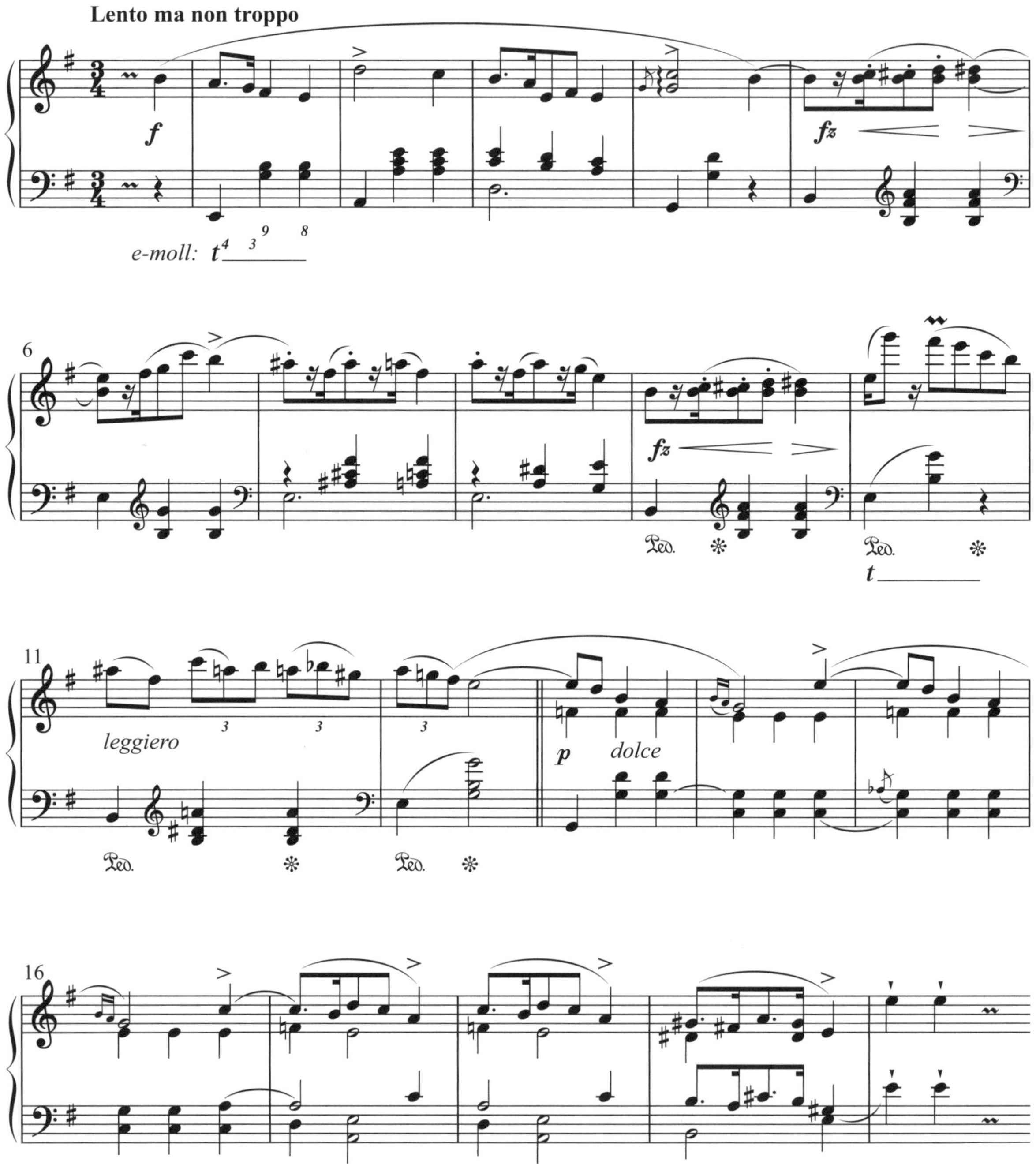

Aufgabe 16.11.

Der Beginn von Pjotr Iljitsch Tschaikowskys *Barcarole* op. 37a Nr. 6 für Klavier ist harmonisch zu analysieren.

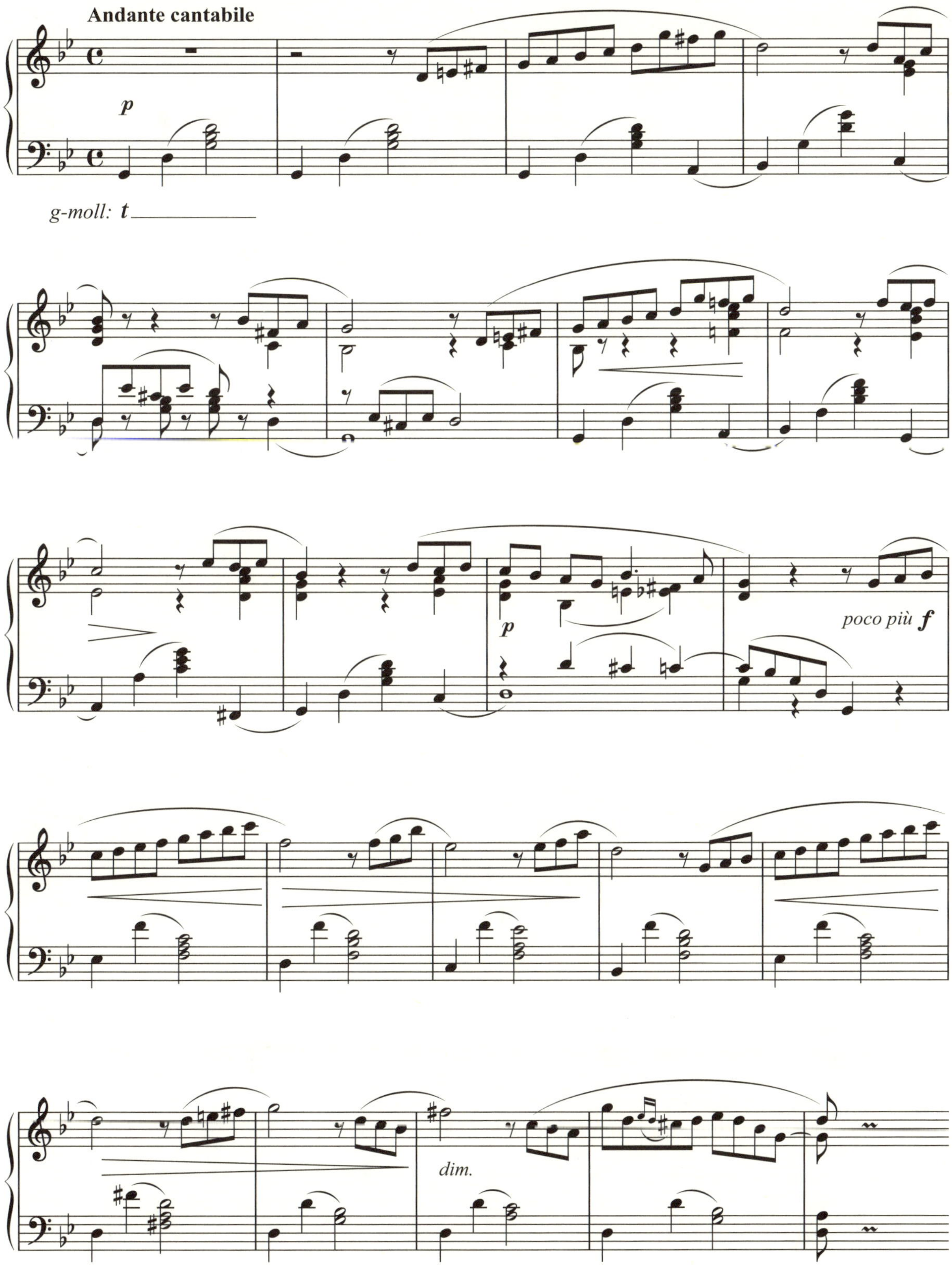

Aufgabe 16.12.

Die Orchestereinleitung zum II. Satz „Denn alles Fleisch es ist wie Gras“ aus *Ein deutsches Requiem* op. 45 von Johannes Brahms soll harmonisch analysiert werden. Der einstimmige Bassbeginn wirft Fragen der Deutung auf, wenngleich die angegebenen Funktionen wahrscheinlich sind. Die Einleitung endet – wie angegeben – halbschlüssig im Raum der Dominante *F-dur.* Es ist sehr genau zu überlegen, an welcher Stelle Brahms die Hauptebene der Tonika, *b-moll,* (schon) verlässt.

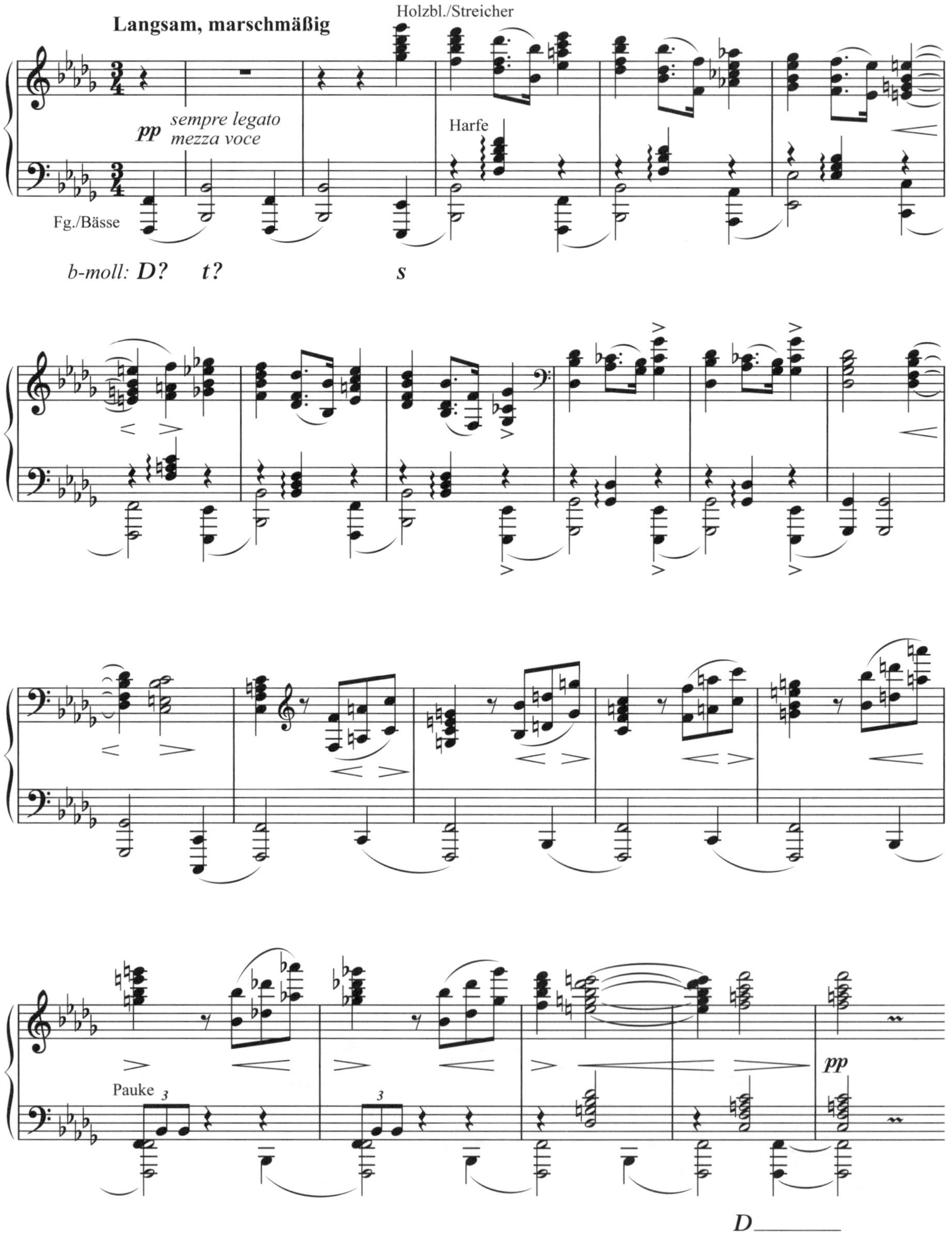

Lösungsteil

Die Lösungen zu den ***Schreibübungen*** können verständlicherweise zu unterschiedlichen Ergebnissen führen; schon eine einzige Abweichung bei der Wahl der Harmonien oder im Bereich der Stimmführung kann Konsequenzen bis zum Schluss der Übung nach sich ziehen. Auch dürfen die Vorschläge des Lösungsteils nicht immer unter den Aspekten der harmonischen *Vollständigkeit* und *Angemessenheit* beurteilt werden. Namentlich in den Anfangskapiteln, in denen das zur Verfügung stehende harmonische Material noch sehr begrenzt ist, sind die vorgeschlagenen Lösungen naturgemäß oft noch unzulänglich.
Beim Vergleich der *eigenen Lösung* mit der im *Lösungsteil* sollte an stark abweichenden Stellen hinterfragt werden, welche Gründe den Autor geleitet haben, die abgedruckte Fassung als die für den aktuellen Lernstand und damit den Lösungsteil ideale anzusehen.

Die Lösungsvorschläge zu den ***Analyseaufgaben*** enthalten an etlichen, mehrfach deutbaren Stellen nur einen Vorschlag. Dabei verfolgen alle Lösungsmodelle durchgehend die Absicht, bei der Funktionsdarstellung den Gesetzen der *harmonischen Logik* möglichst nahezukommen.
Abweichungen zwischen der Eigenanalyse und dem Vorschlag des Lösungsteils sollten sehr kritisch durchdacht werden. So sind bei den eigenen Lösungen Fehler und Ungereimtheiten in den *Akkordbeziehungen* möglich. Und immer lohnt ein Blick in das Regelwerk und die Grundsätze des jeweiligen Kapitels im Basisbuch.
Als Orientierung gilt: Würde nach erfolgter Eigenanalyse das Notenbeispiel zugedeckt, so müsste die Umsetzung der eigenen Funktionsbezeichnungen zurück in Musik zum gleichen *klanglichen Ergebnis* des im Buch abgedruckten Beispiels führen.

Im Lösungsteil sind die vierstimmigen Chorsätze aus Gründen der besseren Lesbarkeit ohne Liedtexte, Legatobögen und sonstige Vortragsangaben abgedruckt. Beim Studium des jeweiligen Lösungsmodells soll der *harmonische Satz* bzw. die *harmonische Analyse* im Fokus stehen.

Aufgabe 2.1. – „Ich singe dir mit Herz und Mund“ → *Harmonielehre* **Aufgabe 2.C.**

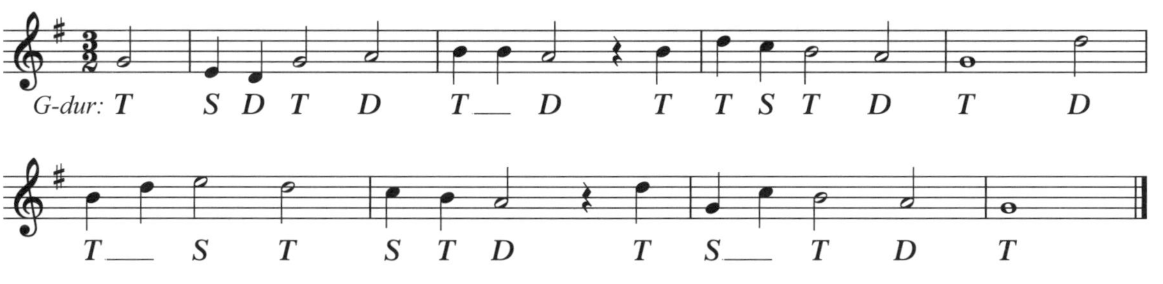

Aufgabe 2.2. – „Hört, wen Jesus glücklich preist“ → *Harmonielehre* **Aufgabe 2.D.**

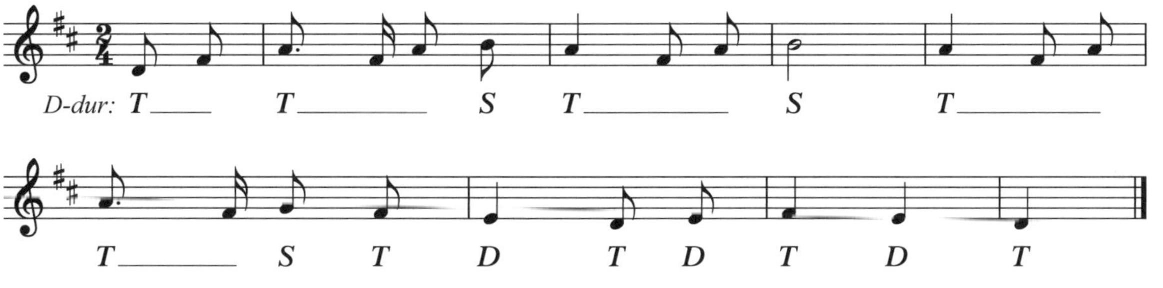

Aufgabe 2.3. – „Abend wird es wieder“

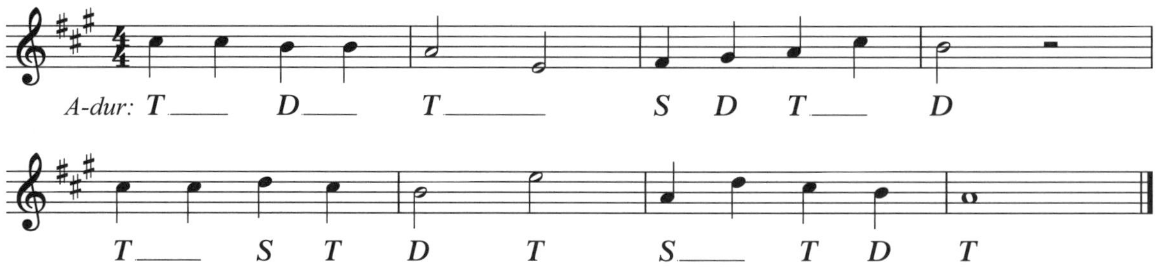

Aufgabe 2.4. – Funktionen ergänzen

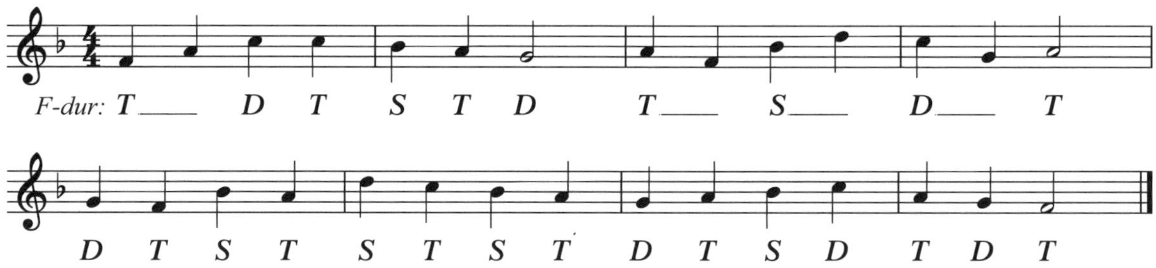

Aufgabe 2.5. – Fehler finden

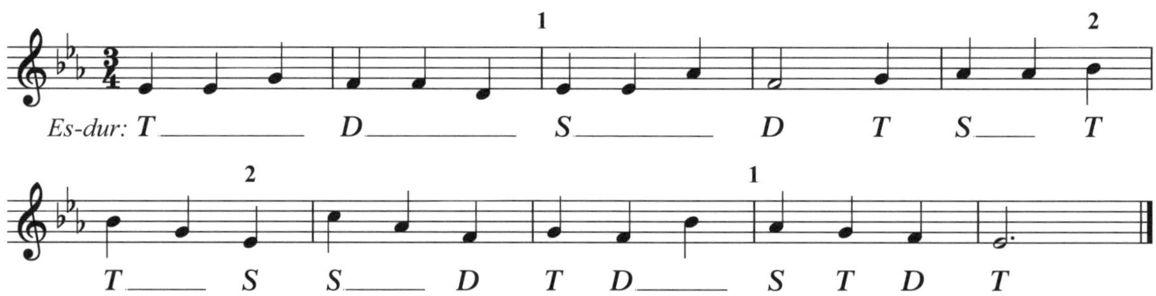

1: *unzulässige Verbindung D – S*
2: *verfrühter Harmoniewechsel, dadurch Stillstand bei Taktübergang*

Verbesserte Fassung:

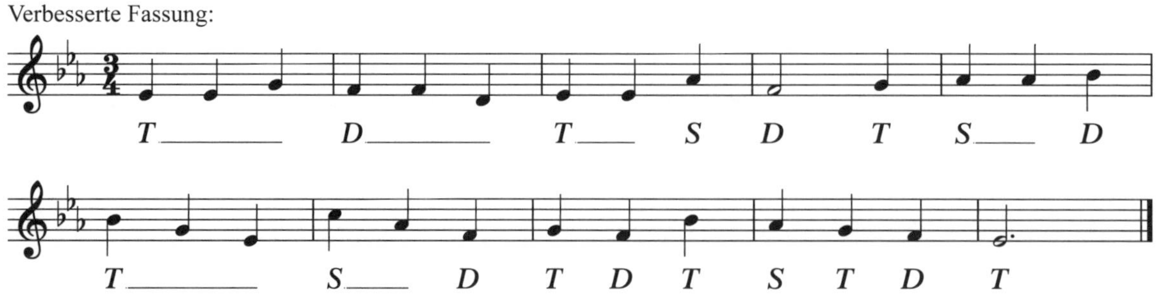

Aufgabe 3.1. – Hans Leo Hassler, „Vom Himmel hoch, da komm ich her“ – Analyse

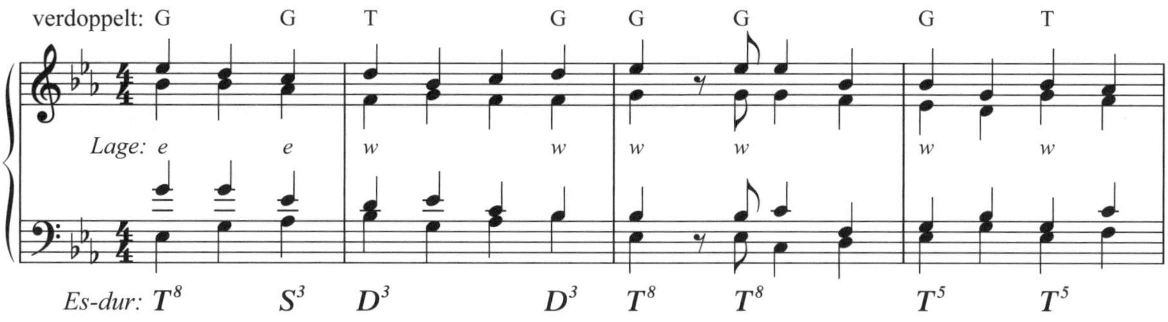

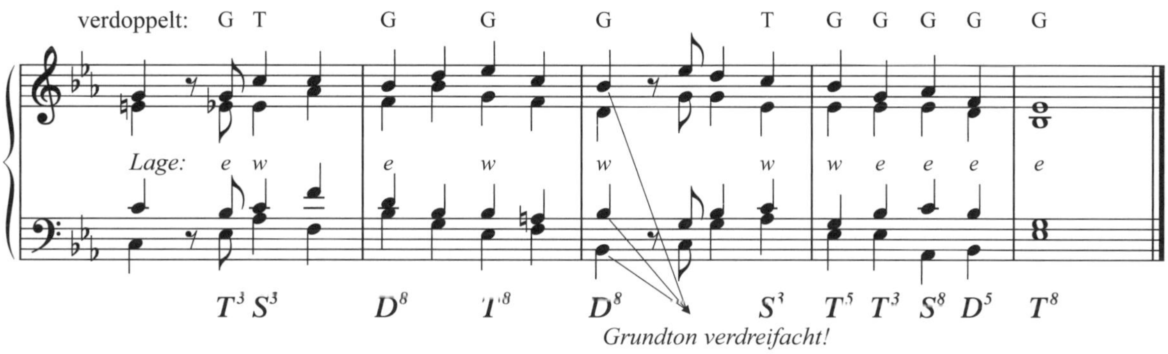

Aufgabe 3.2. – Übungssatz

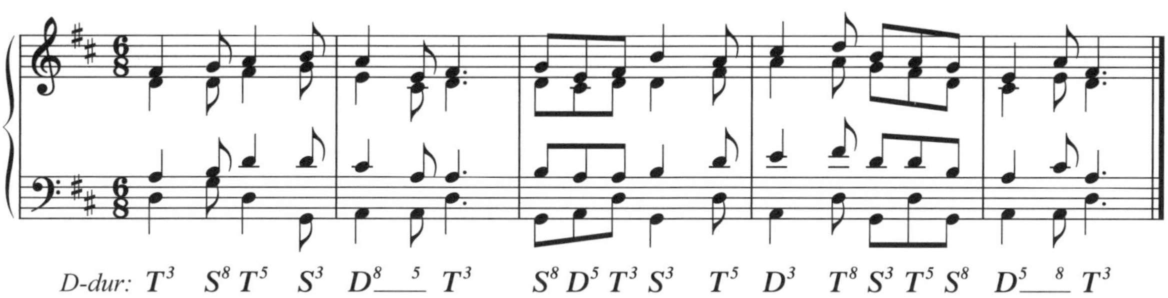

Aufgabe 3.3. – Fehler finden

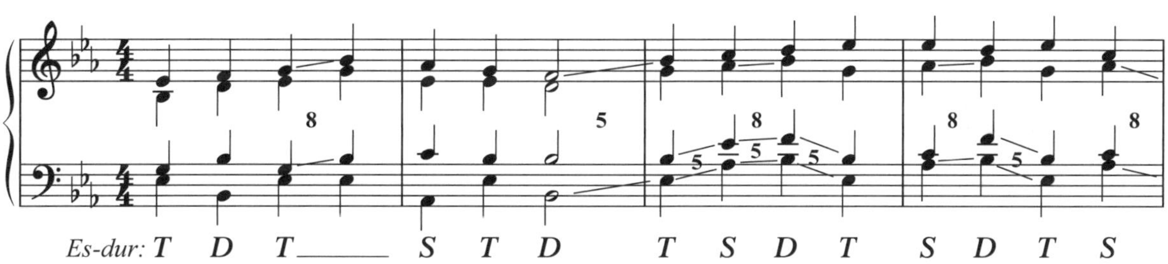

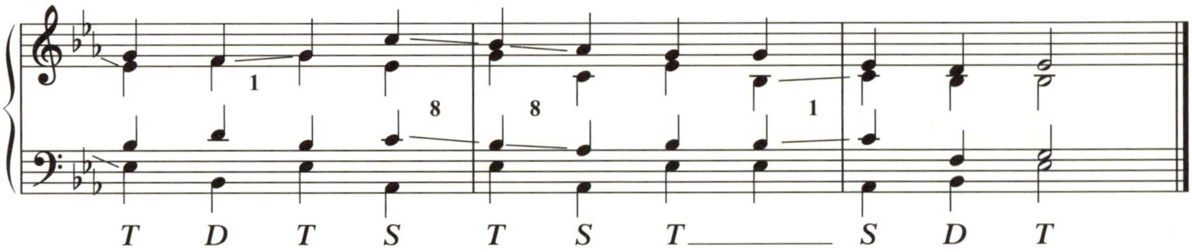

Aufgabe 3.4. – Mittelstimmen untersuchen

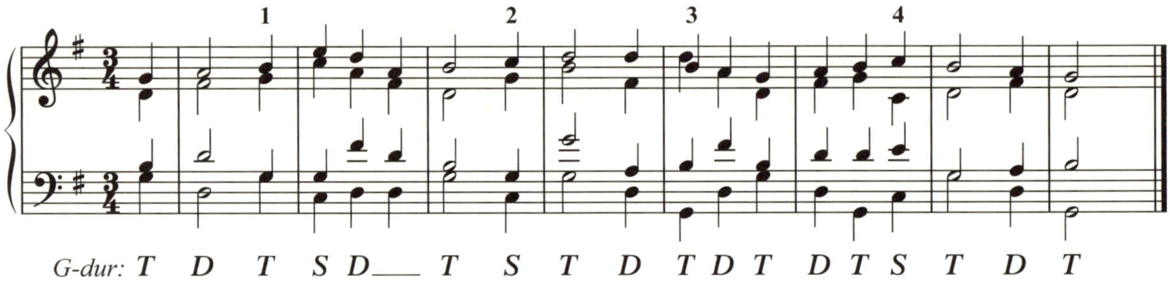

1: *fehlende Quinte d in der Tonika*
2: *fehlende Terz e in der Subdominante*
3: *fehlerhafte Stimmkreuzung zwischen Alt und Sopran*
4: *unnötige Stimmkreuzung zwischen Alt und Tenor*

Einzelkritik Altstimme:

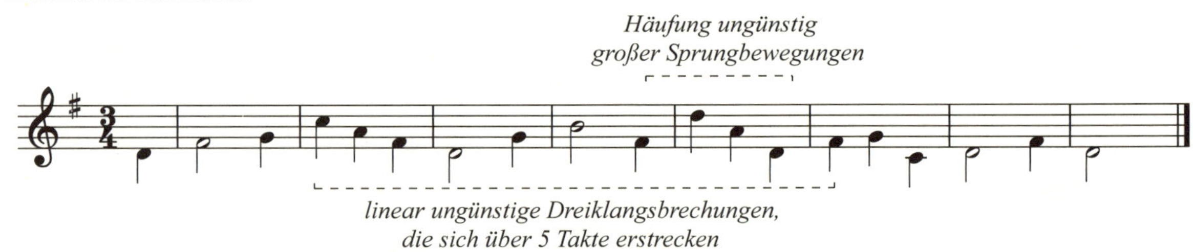

Einzelkritik Tenorstimme:

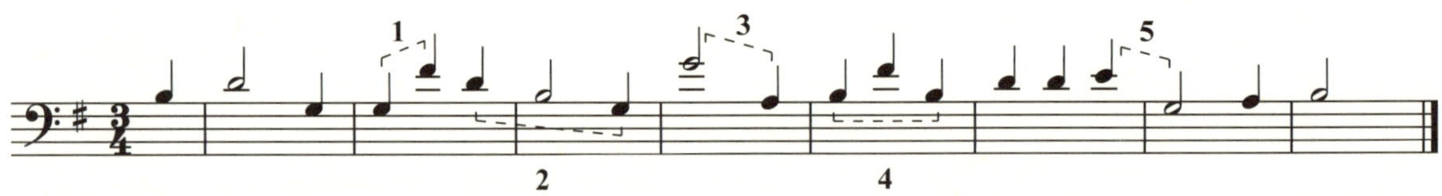

1: *verbotener Sprung einer großen Septime*
2: *ungünstiges Dreiklangsfeld*
3: *verbotener Sprung einer kleinen Septime*
4: *Missachtung des Gesetzes des nächsten Weges*
5: *Problem der großen Sexte abwärts*

Aufgabe 3.5. – Mittelstimmen ergänzen

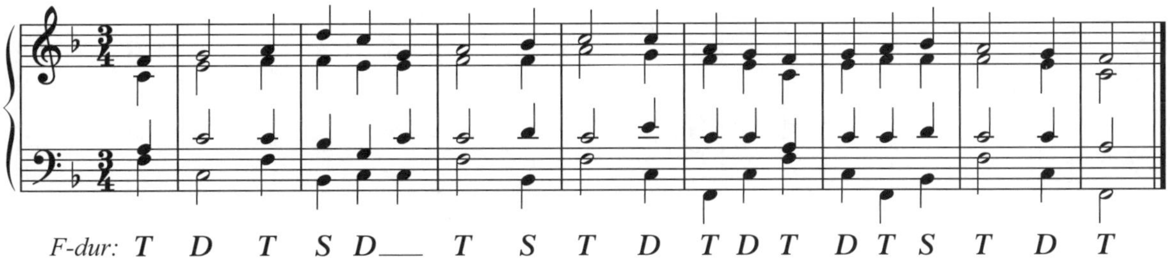

Aufgabe 3.6. – „Ich singe dir mit Herz und Mund“ → *Harmonielehre* **Aufgabe 3.D.2.** und **2.C.**

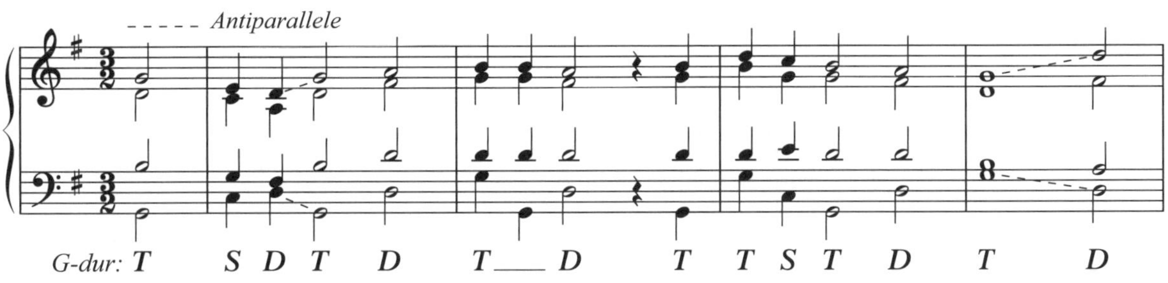

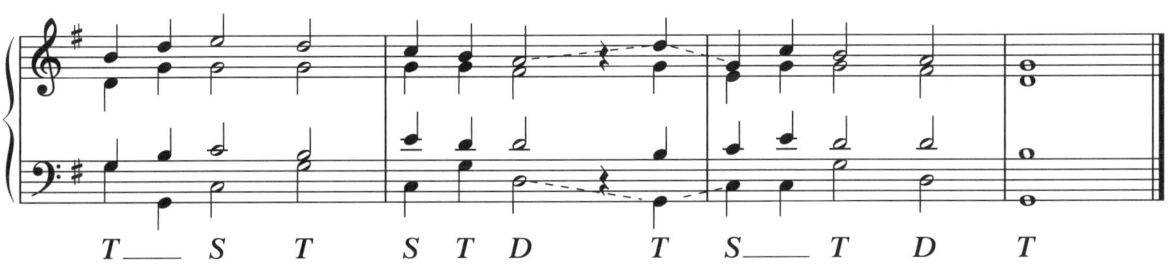

Wegen der Beschränkung auf die Verwendung der Hauptfunktionsgrundstellungen ergeben sich zwangsläufig manche „Antiparallelen“ zwischen den Außenstimmen.

Aufgabe 3.7. – „Hört, wen Jesus glücklich preist“ → *Harmonielehre* **Aufgabe 3.D.3.** und **2.D.**

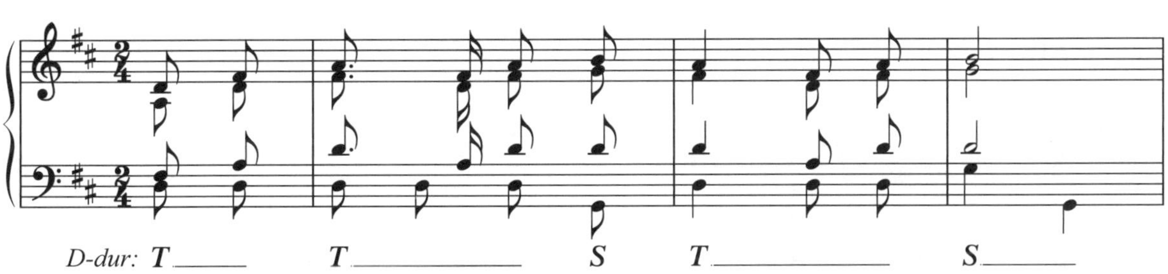

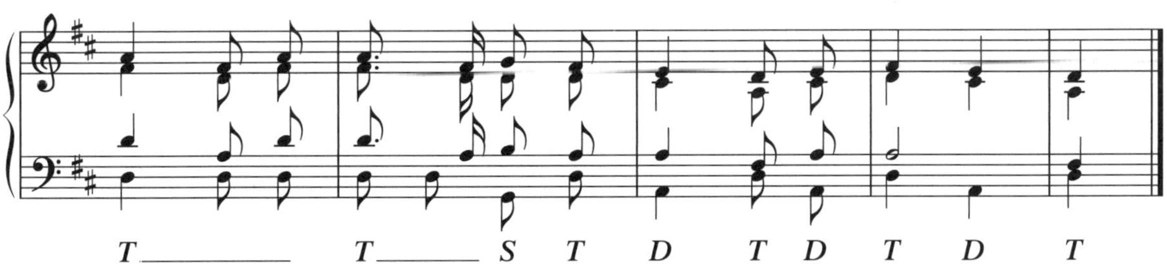

Aufgabe 3.8. – Mittelstimmen ergänzen → *Harmonielehre* **Aufgabe 3.D.4.** und **3.B.1.**

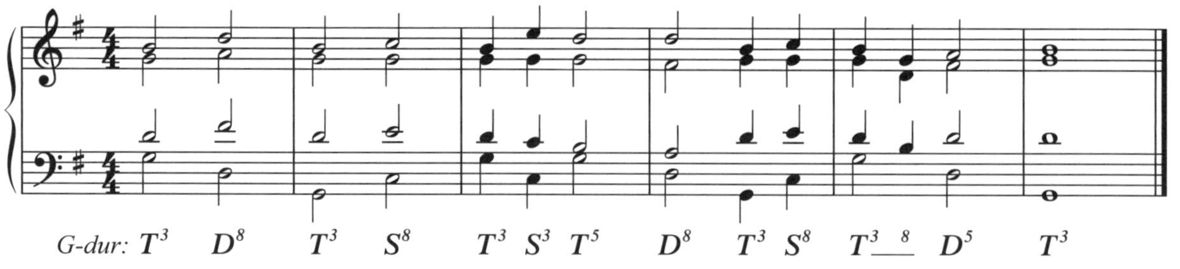

Aufgabe 3.9. – Übungssatz → *Harmonielehre* **Aufgabe 3.D.5.** und **3.D.1.**

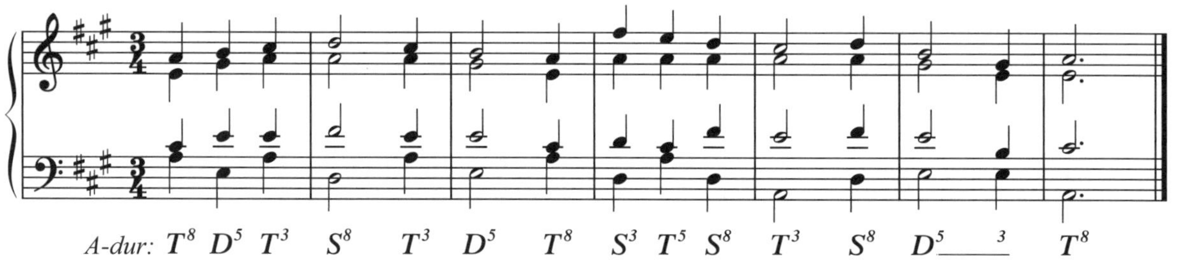

Aufgabe 3.10. – Übungssatz → *Harmonielehre* **Aufgabe 3.C.**

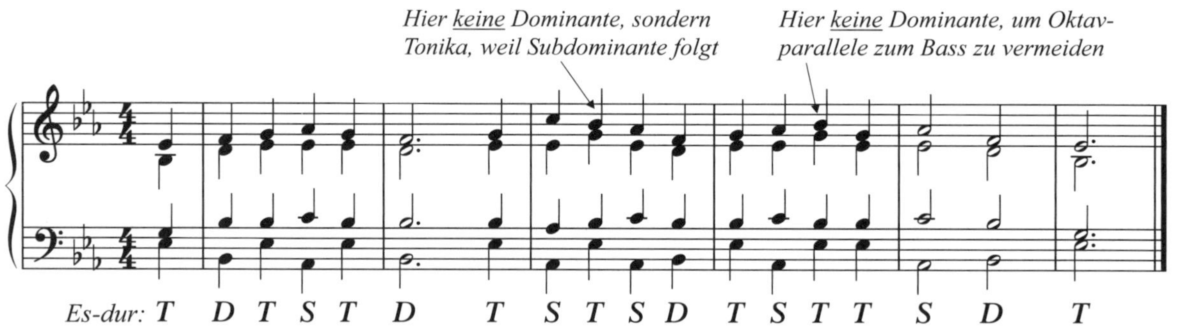

Aufgabe 3.11. – „Leer ist das Feld“

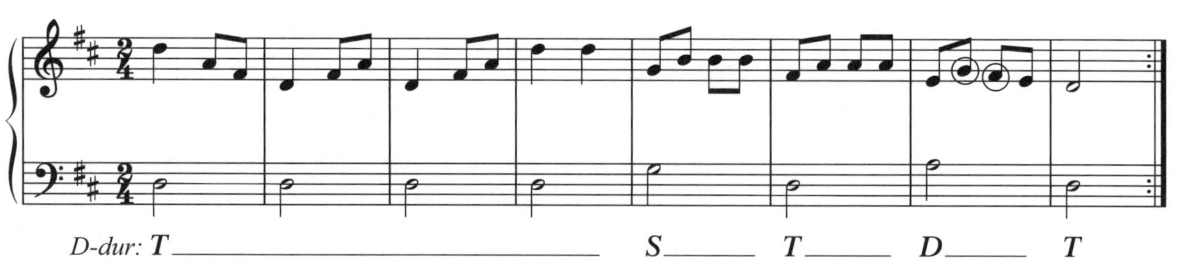

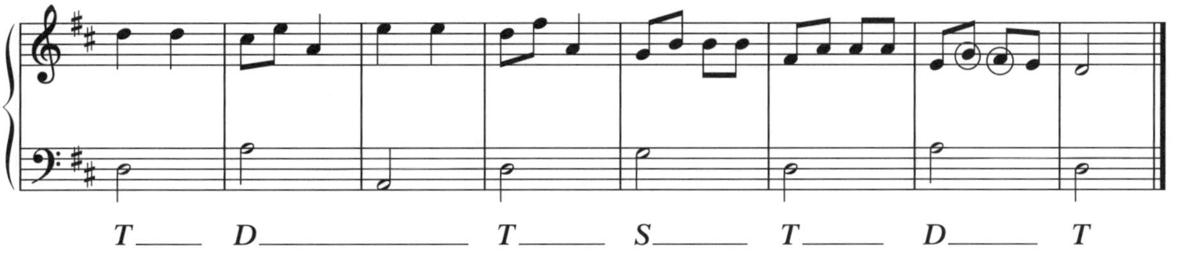

Aufgabe 4.1. – Fehler finden

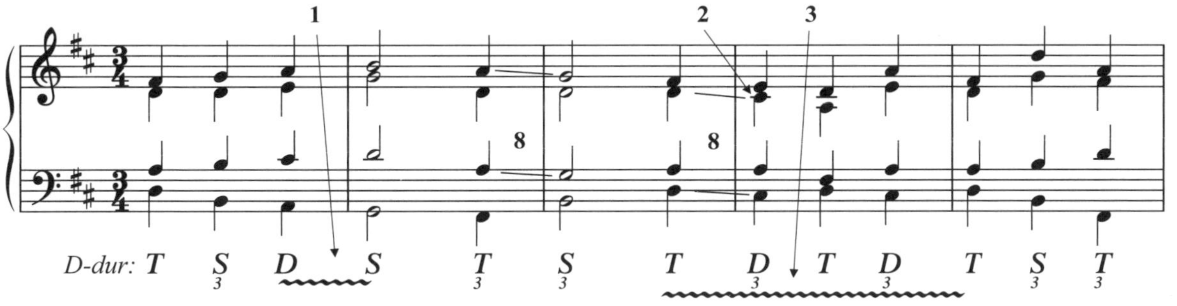

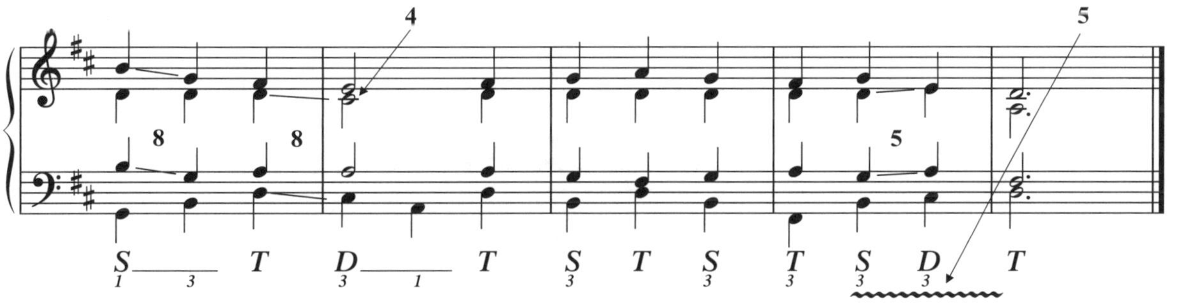

1: *fehlerhafte Verbindung D – S*
2: *fehlerhafte Leittonverdoppelung, daher Oktavparallele zum vorherigen Klang*
3: *auf der Stelle tretende Akkordführungen*
4: *fehlerhafte Leittonverdoppelung, daher Oktavparallele zum vorherigen Klang*
5: *unzulässige Verwendung von Sextakkorden in der Schlusskadenz*

Verbesserte Fassung:

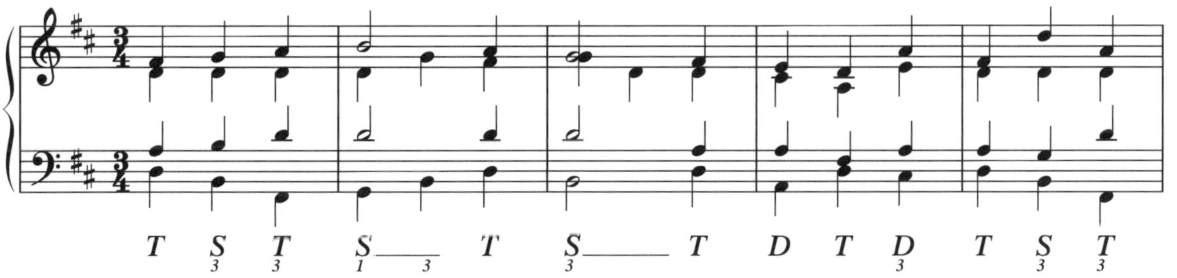

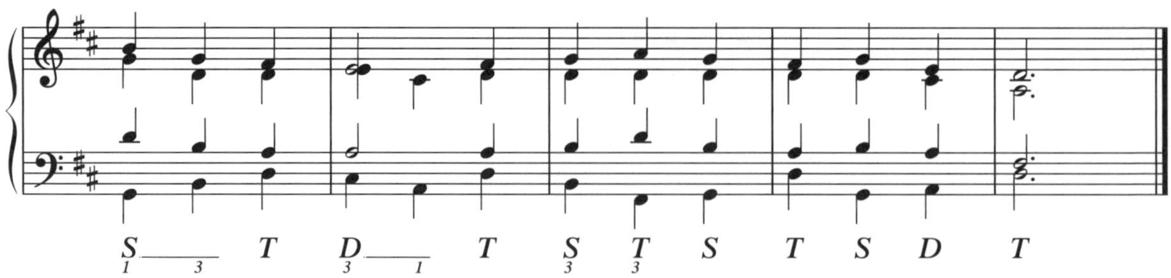

Aufgabe 4.2. – „Stabat mater dolorosa“

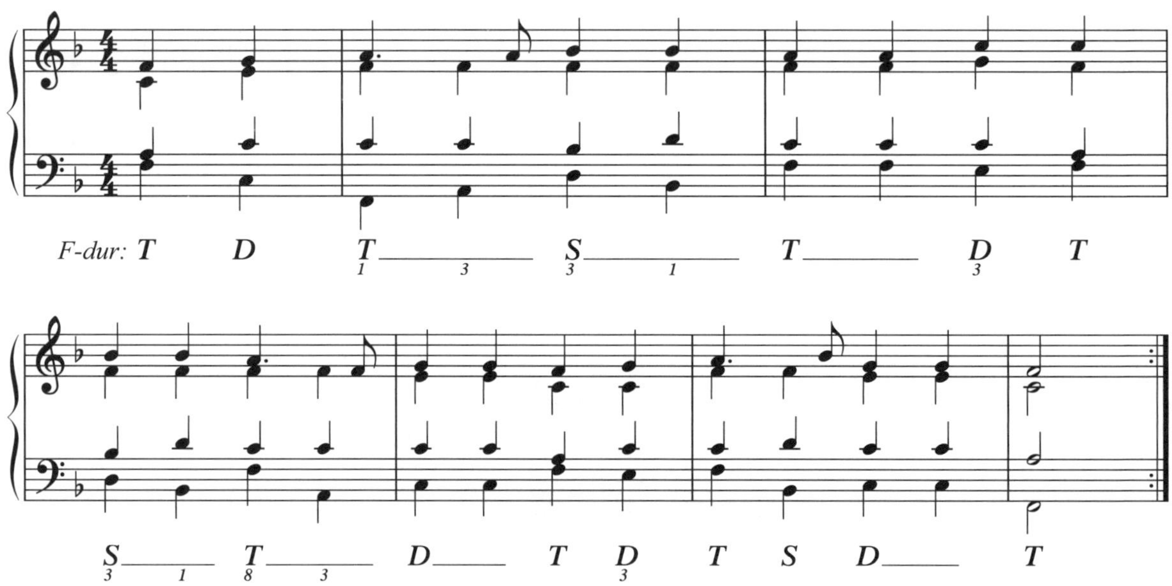

Aufgabe 4.3. – Mittelstimmen ergänzen

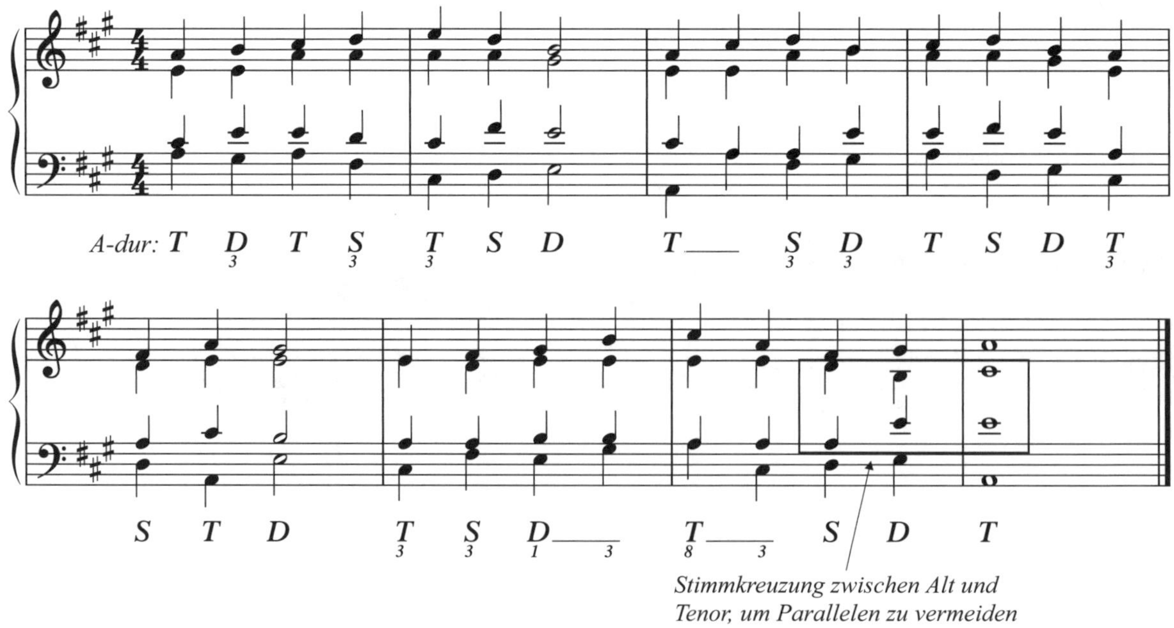

Aufgabe 4.4. – „Erhebt in vollen Chören“

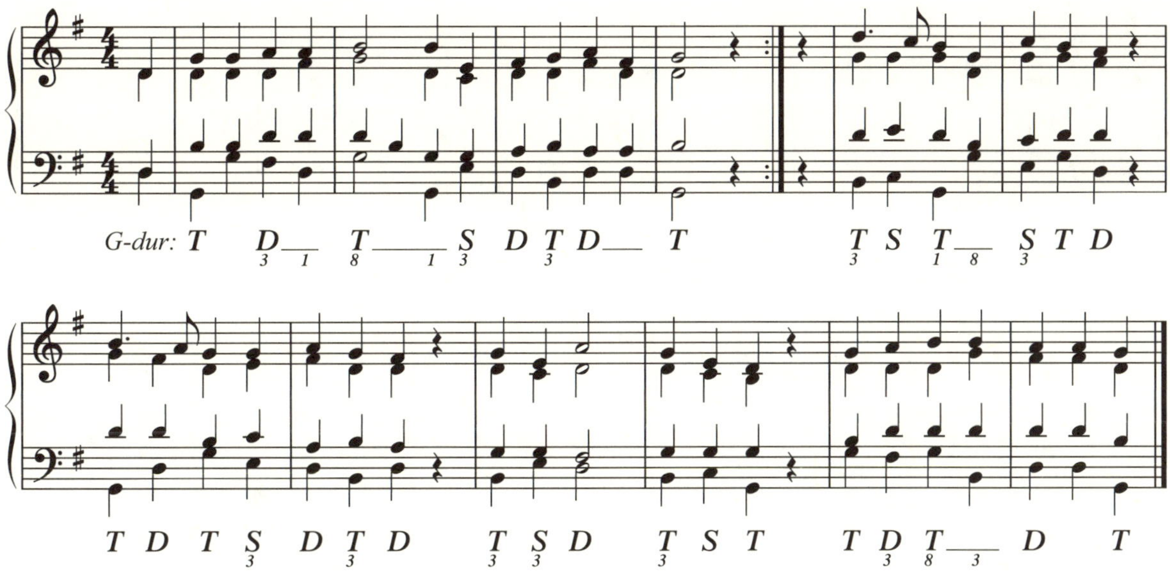

Aufgabe 4.5. – „Gott, Vater aller“

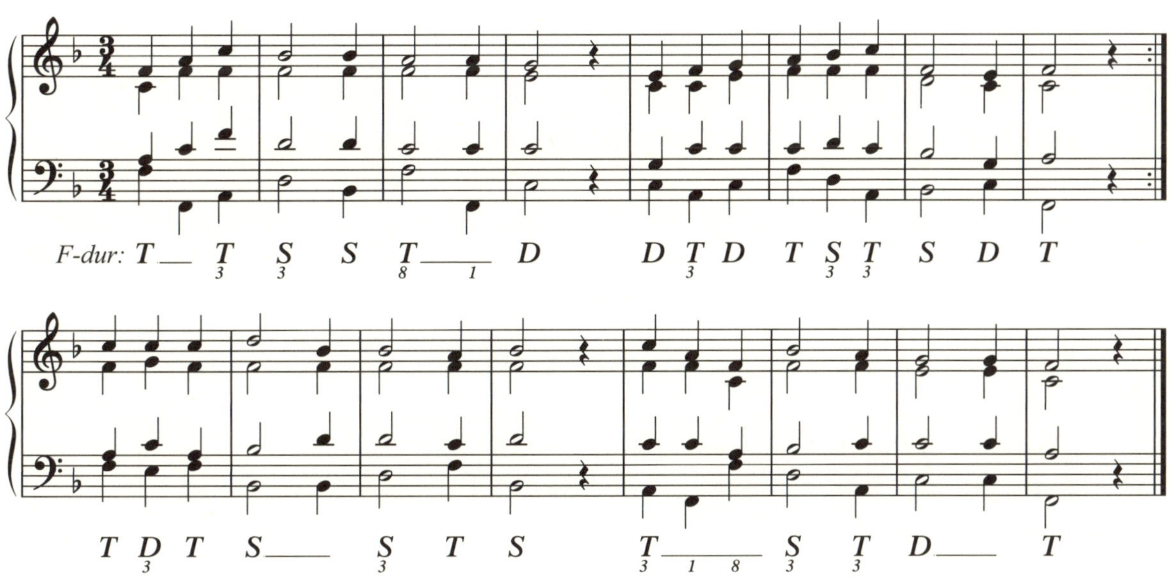

Aufgabe 4.6. – Übungssatz

→ *Harmonielehre* **Aufgabe 4.C.**

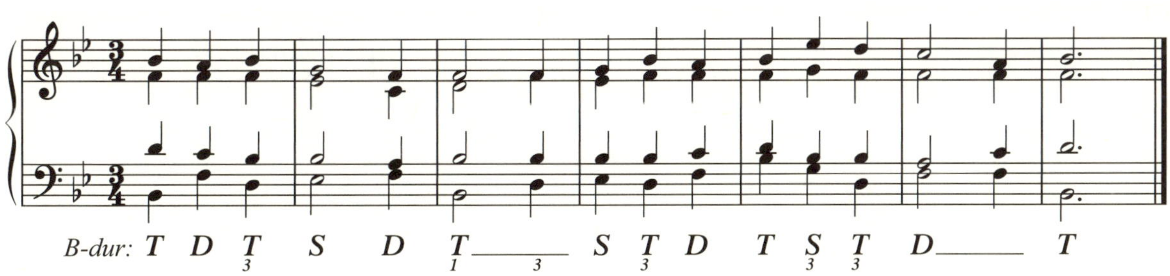

Aufgabe 4.7. – „Seid nun fröhlich“ → *Harmonielehre* **Aufgabe 4.D.1.**

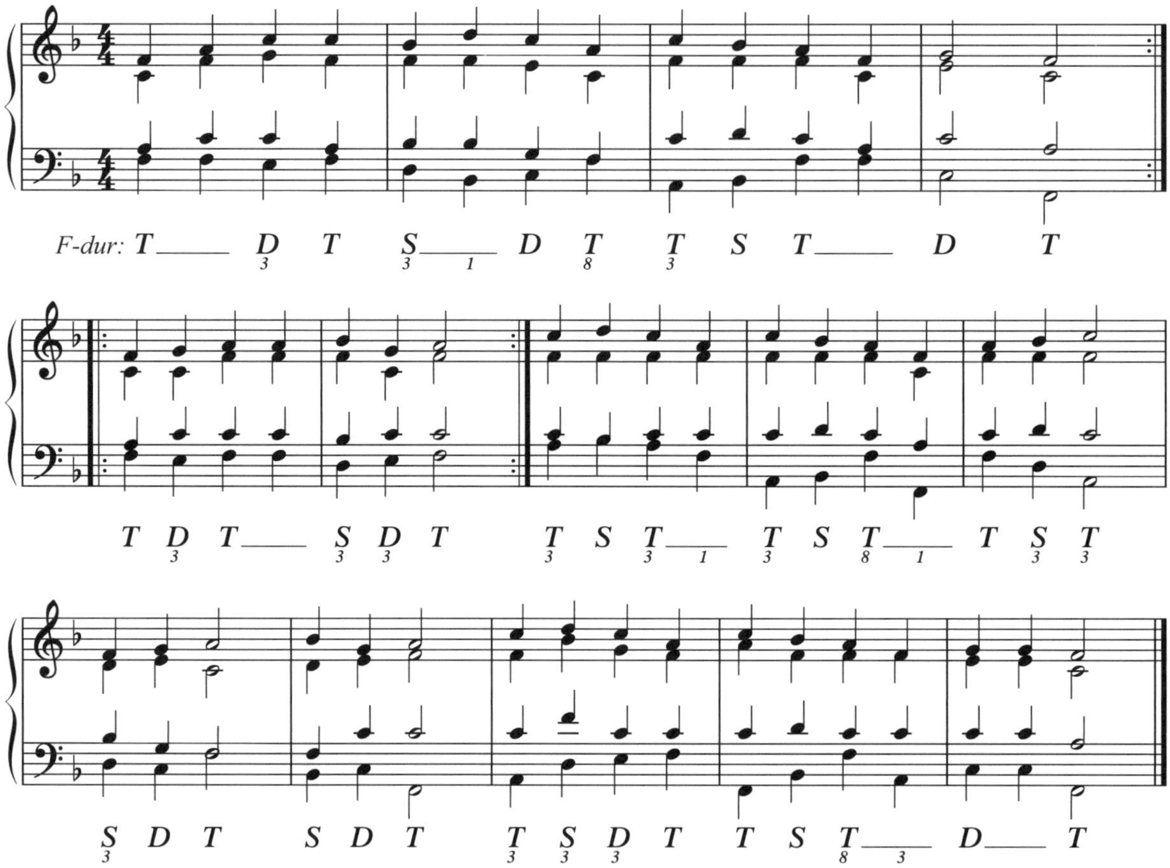

Aufgabe 4.8. – Mittelstimmen ergänzen → *Harmonielehre* **Aufgabe 4.D.2.**

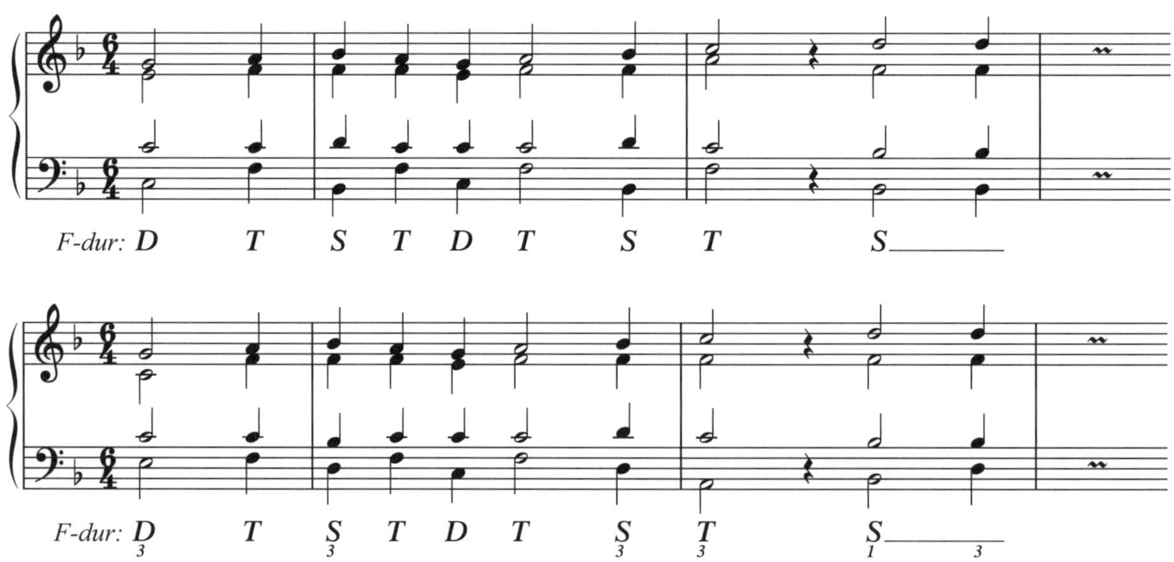

Aufgabe 4.9. – Melchior Franck, „Kommt, ihr G'spielen" – Analyse

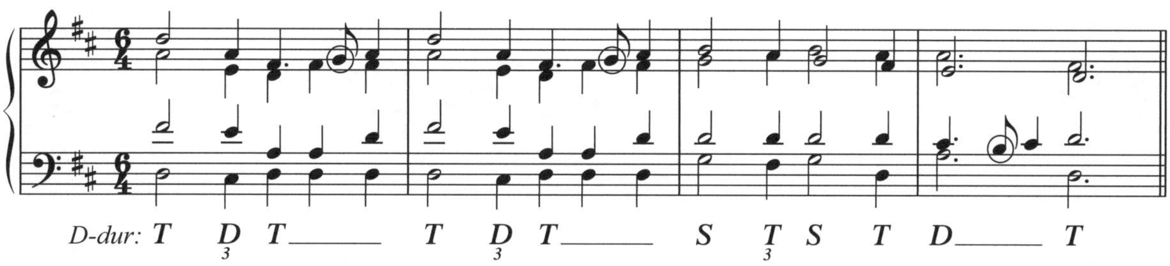

Aufgabe 4.10. – Johannes Brahms, „Die Wollust in den Maien" – Analyse

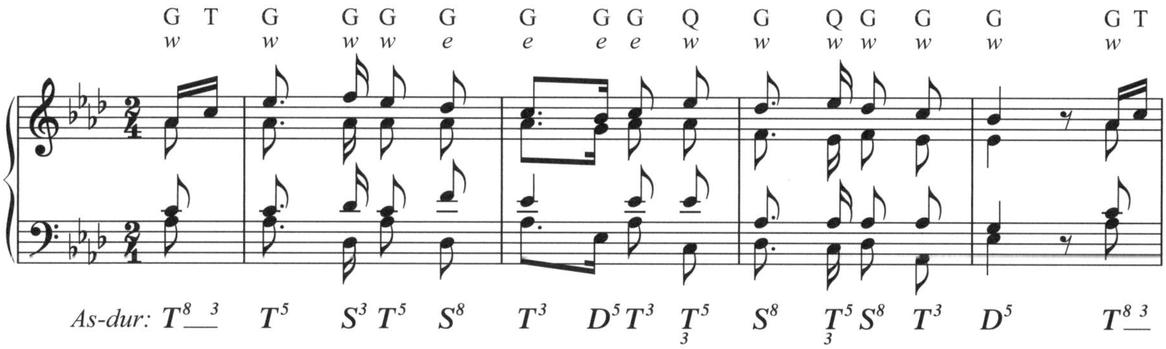

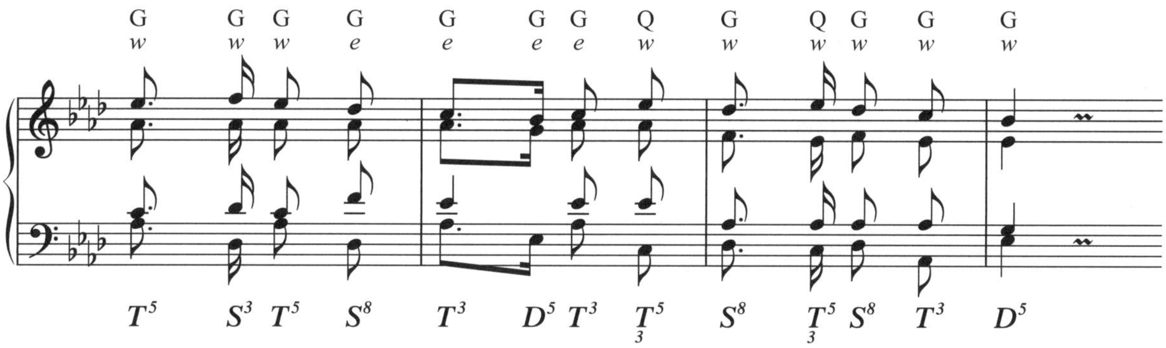

Die verschiedenen Ebenen der Analyse zeigen noch einmal sehr gut den Unterschied von Akkordstellung und Akkordlage auf: Die Stellung wird durch die tiefste Stimme bestimmt (etwa Grundstellung oder Sextakkordstellung), die Lage hingegen durch die Oberstimme (Oktav-, Terz- oder Quintlage). Zudem existiert der Lagenbegriff mit Blick auf den Abstand der drei obersten Stimmen zueinander (enge bzw. weite Lage). In der Praxis wechselt die Musik zwischen eng und weit, man spricht dann von gemischter Lage.

Aufgabe 5.1. – „Ick heff mol en Hamborger Veermaster sehn" – Fehler finden

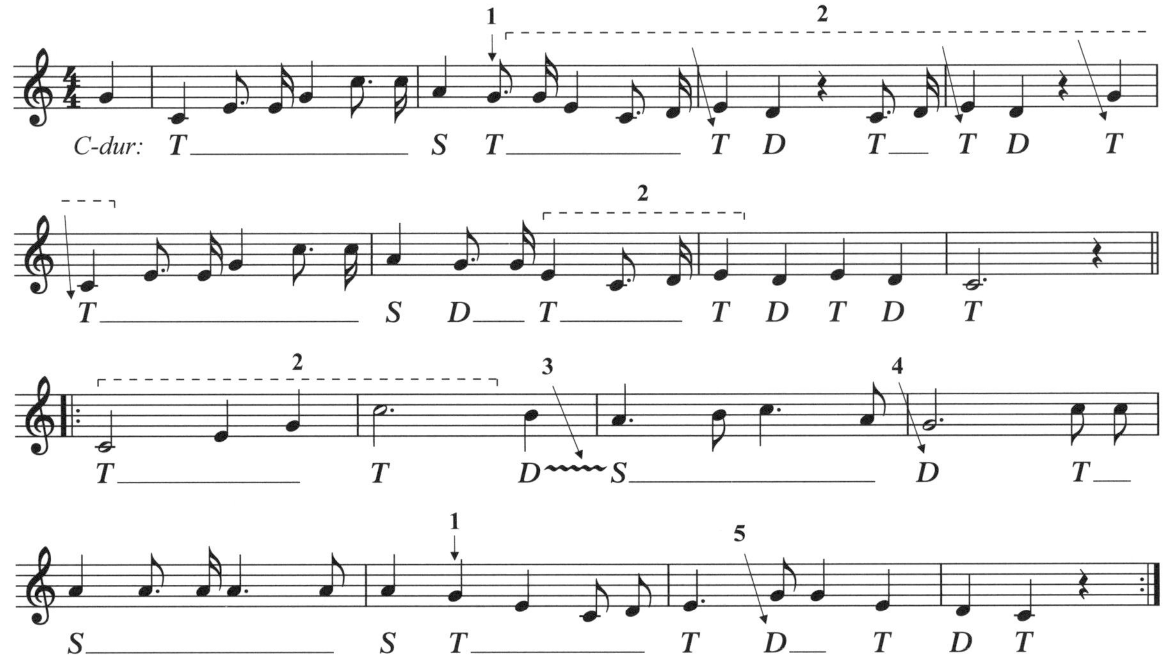

1: *T auf metrisch schwacher Zeit*
2: *jeweils harmonischer Stillstand bei den Taktübergängen, ausgelöst durch Akkordwiederholungen*
3: *schwache Verbindung **D – S***
4: *ungeschickte, schwach klingende Wendung zum „Zwischenschluss" auf der **D***
5: *Wechsel zur **D** auf metrisch sehr schwacher Zeit*

Aufgabe 5.2. – „Ick heff mol en Hamborger Veermaster sehn" – Neufassung

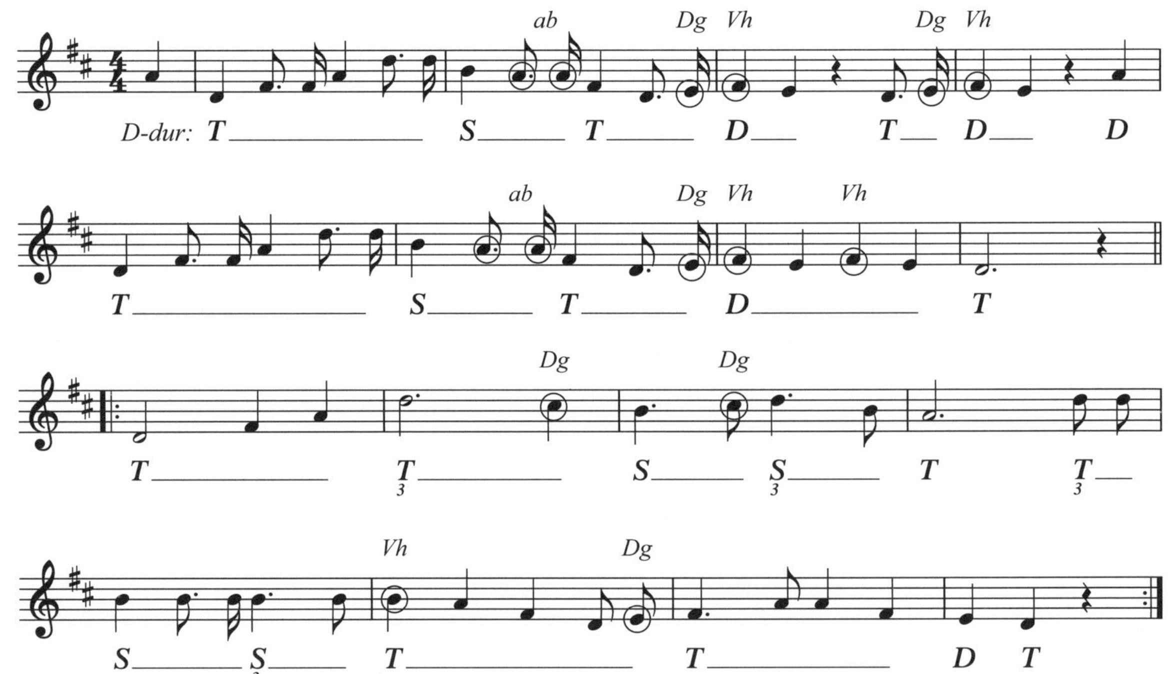

Aufgabe 5.3. – J. S. Bach, „Lobt Gott, ihr Christen“ – Analyse

Bei den eingekreisten harmoniefremden Tönen handelt es sich um Durchgangsnoten. Lediglich in Takt 3 liegt eine Wechselnote im Tenor vor (siehe Pfeil).

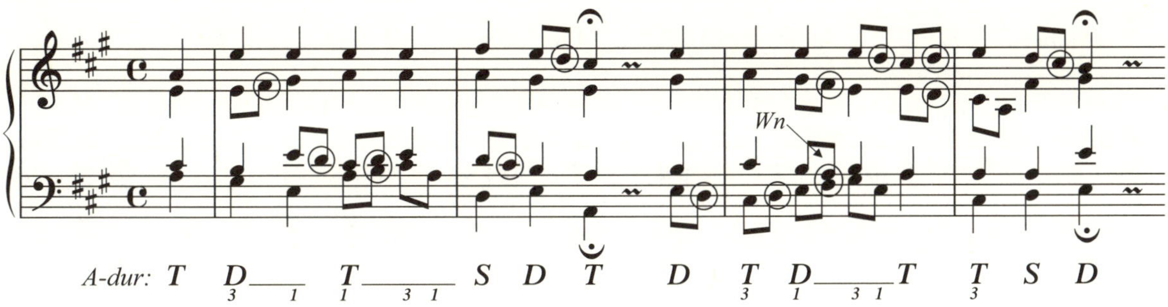

Aufgabe 5.4. – „In einen Harung“

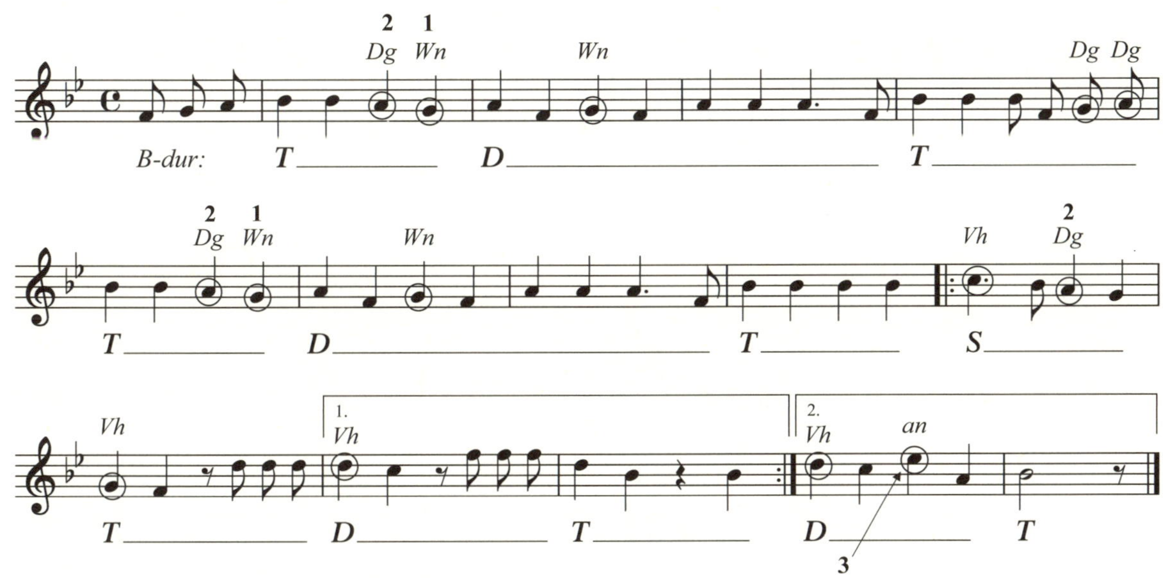

1: *Freie Wechselnote, kommt aus harmoniefremdem Ton*
2: *Harter Durchgang, da auf betonter Zeit*
3: *Diese anspringende Nebennote wird als Septime im* **D**[7] *später akkordeigen, vgl. Kapitel 8.*

Aufgabe 5.5. – „Wenn die Bettelleute tanzen“ → *Harmonielehre* **Aufgabe 5.C.1.**

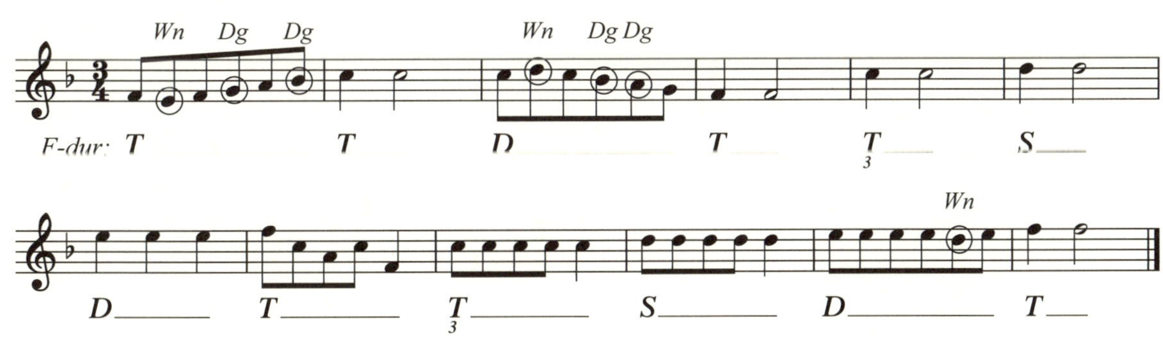

Aufgabe 5.6. – „Es ist für uns eine Zeit angekommen“ → *Harmonielehre* **Aufgabe 5.D.1.**

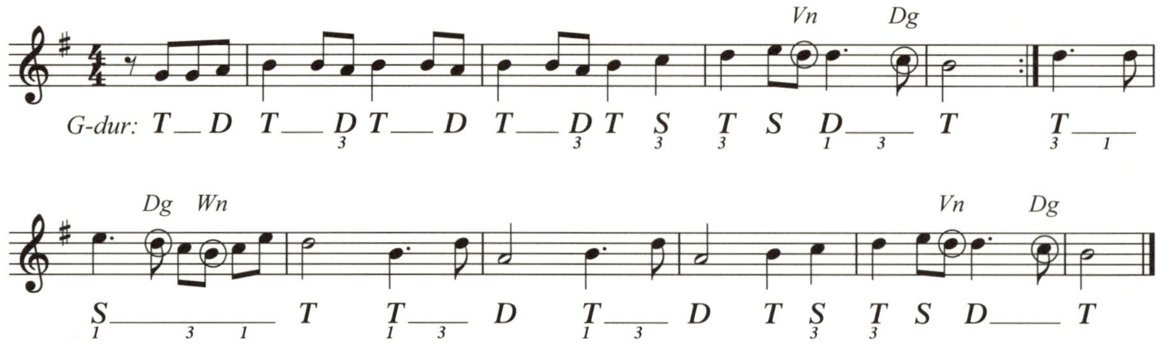

Aufgabe 5.7. – **„Kommt, ihr Seelen“** → *Harmonielehre* **Aufgabe 5.D.2.**

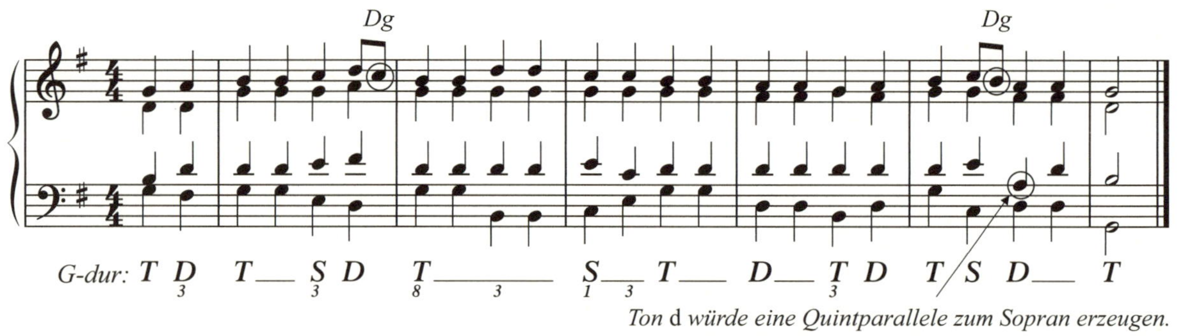

Aufgabe 5.8. – „Dat du min Leevsten bist“

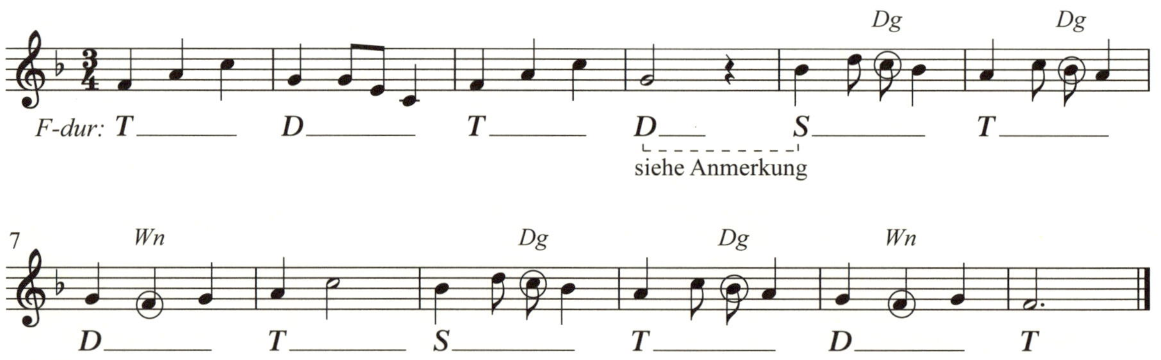

Beim Übergang von Takt 4 auf 5 ergibt sich zwangsläufig die eigentlich als verboten geltende Harmonieführung D – S. Solcherart Eigentümlichkeit ist in gewissen Stilbereichen (Volkslied) durchaus typisch und daher nicht zu beanstanden, zumal die Harmonien durch die Pause getrennt sind.

Aufgabe 5.9. – Leopold Mozart, *Menuett* aus: „Notenbuch für Wolfgang“ – Analyse

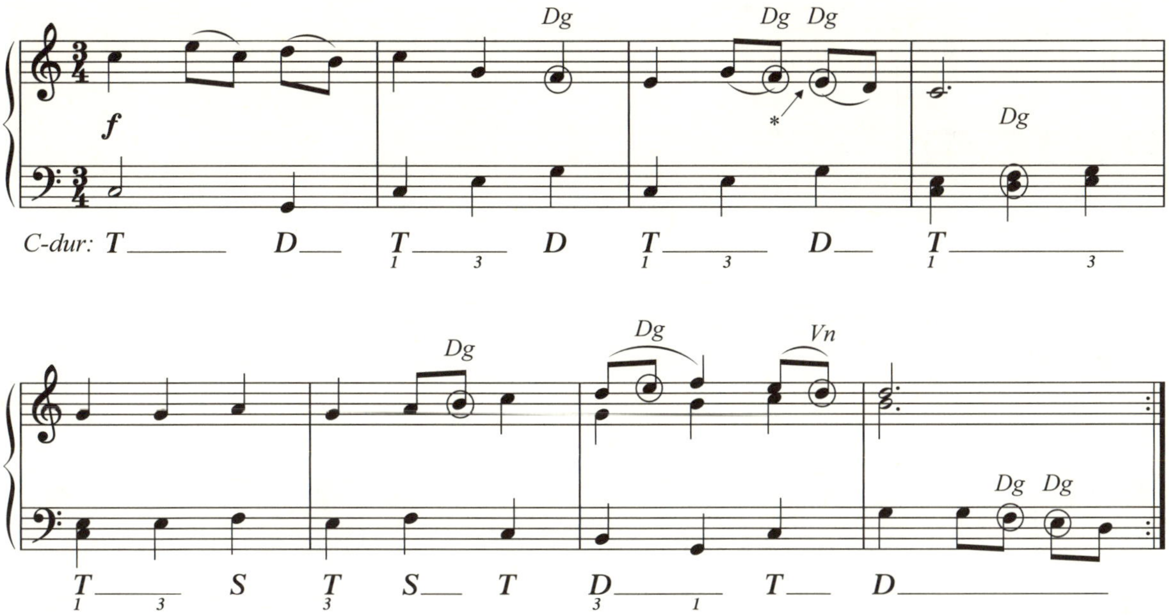

* Der Ton e ist ein „harter Durchgang“: Er kann auch als Vorhalt aufgefasst werden (vgl. linke Hand im Schlusstakt).

Aufgabe 5.10. – „Amazing Grace“

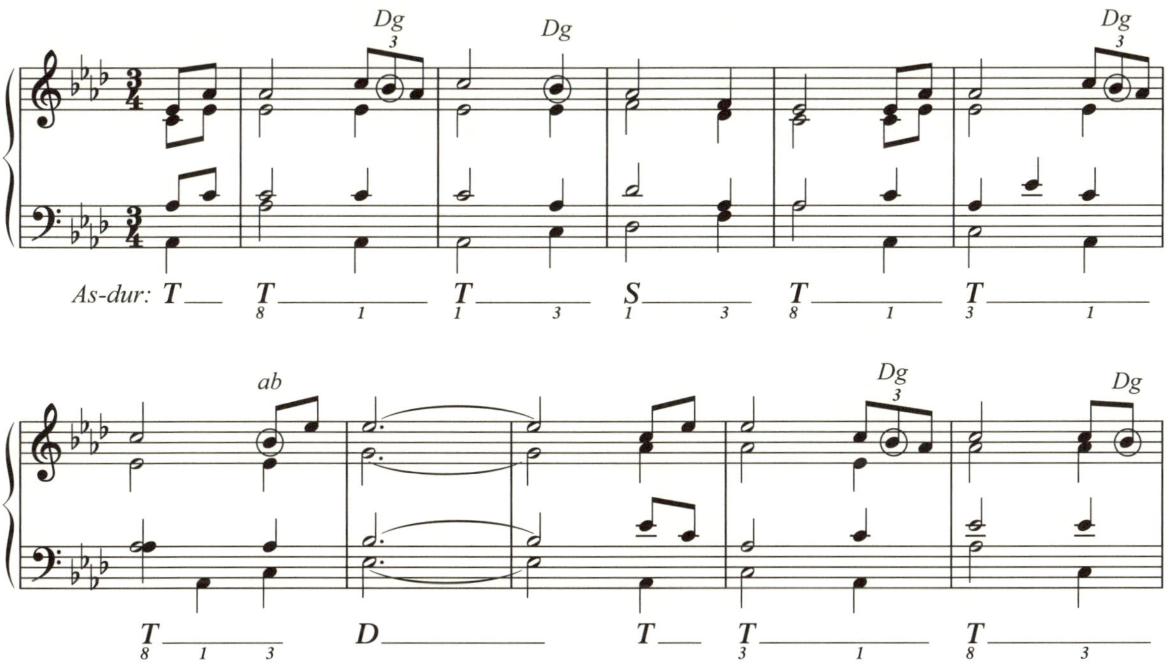

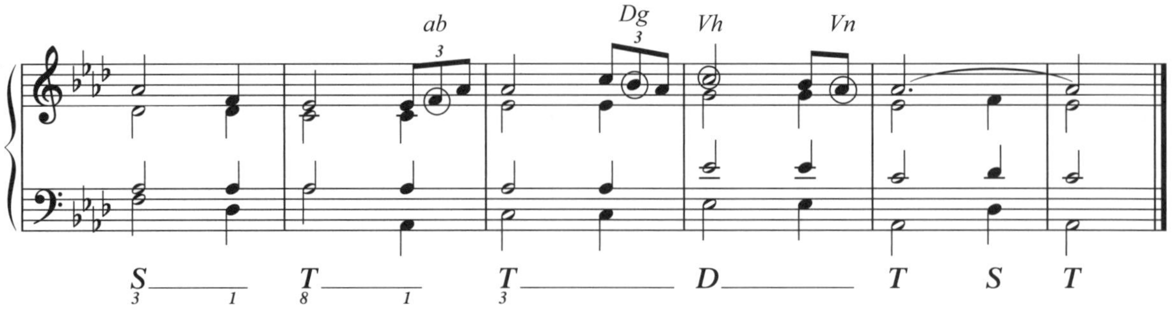

Aufgabe 5.11. – „Ich ging durch einen grasgrünen Wald" → *Harmonielehre* **Aufgabe 5.C.2.**

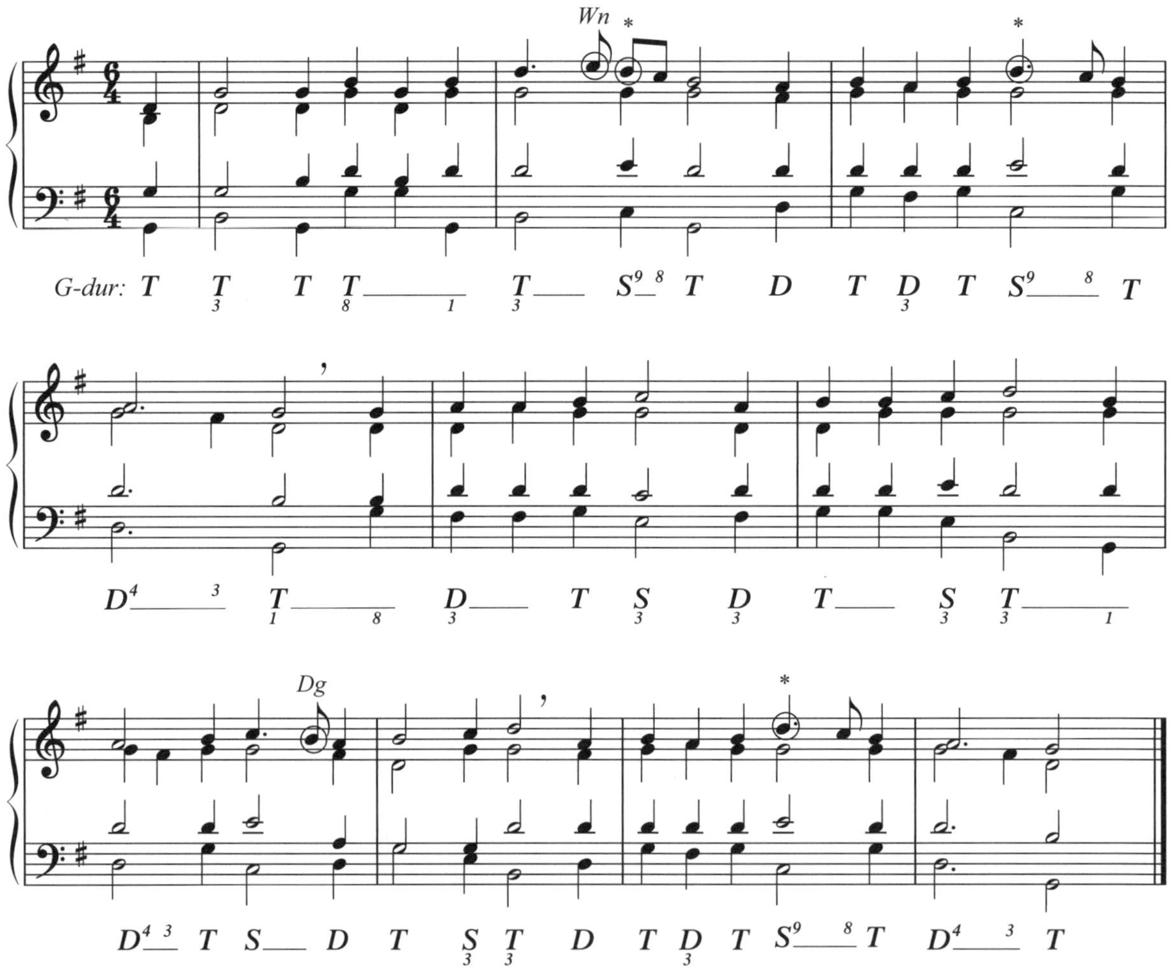

* *Bei diesen Tönen handelt es sich um Vorhaltsnoten. Sie greifen prägend in den Klang ein und werden daher in die Funktionsbezeichnung aufgenommen.*

Aufgabe 5.12. – „Vom Himmel hoch, ihr Englein kommt“ → *Harmonielehre* **Aufgabe 5.D.3.**

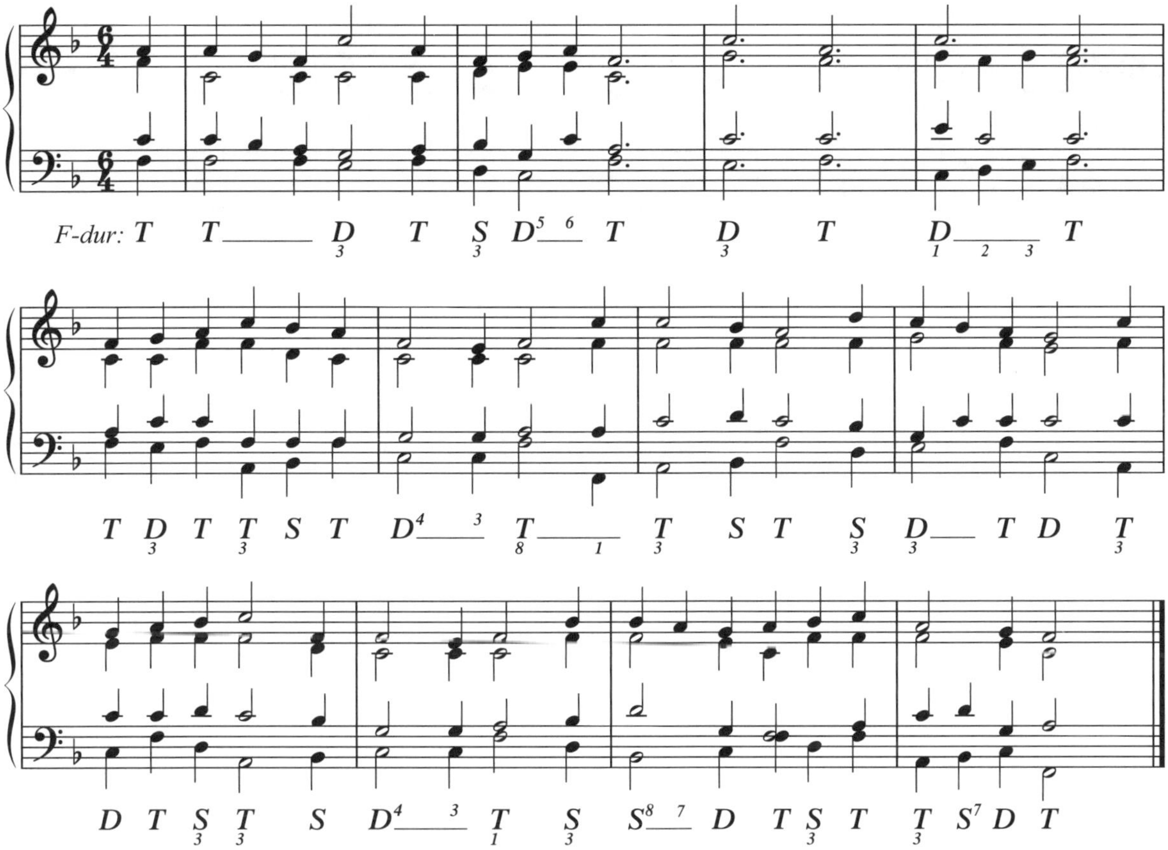

Aufgabe 5.13. – „Nun danket alle Gott“ – Analyse

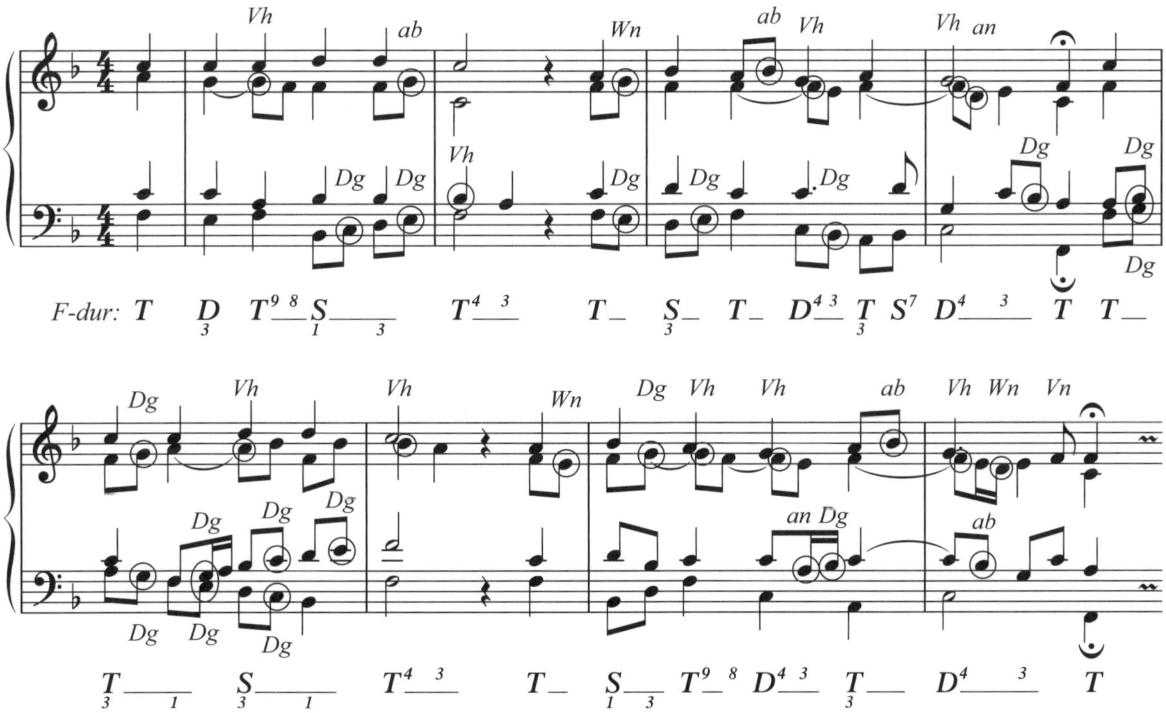

Aufgabe 6.1. – Analyse

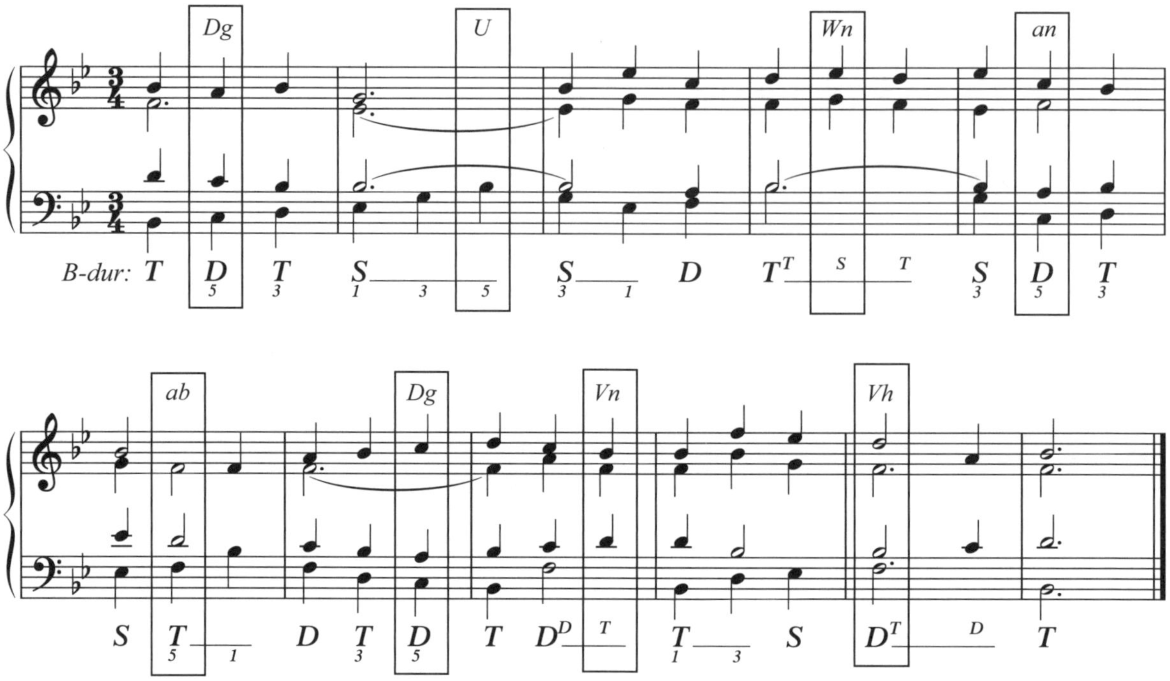

Aufgabe 6.2. – Übungssatz

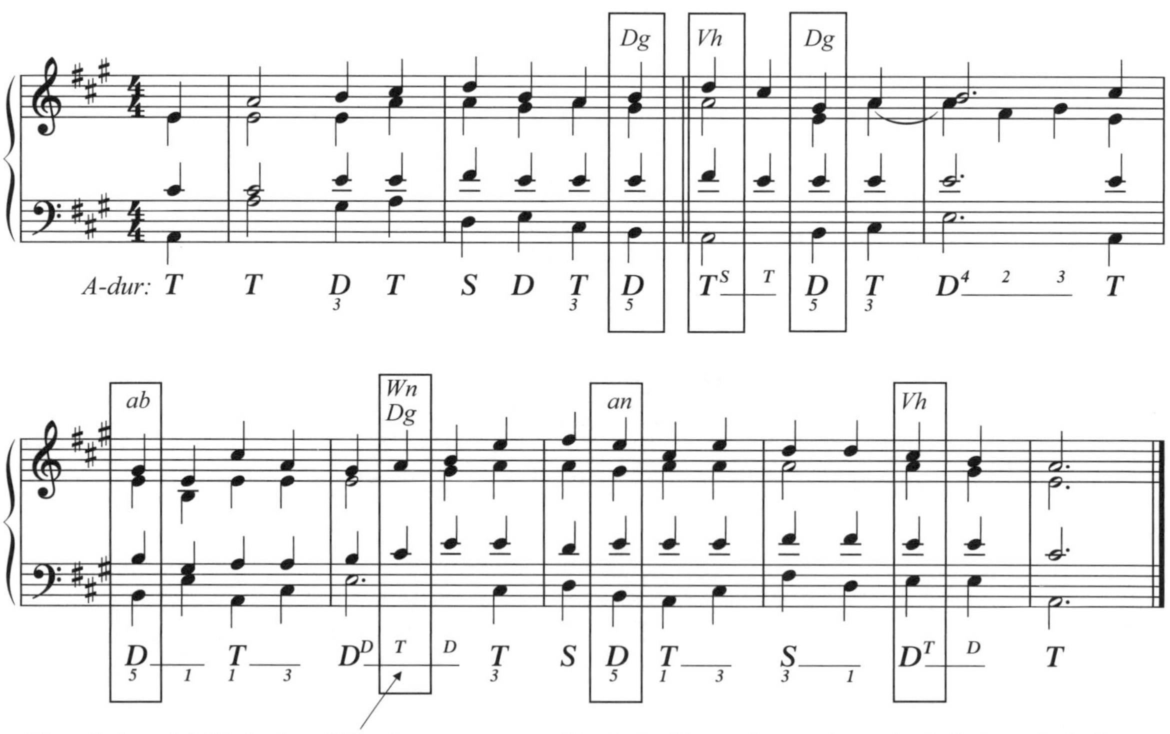

Hier mischen sich Wechsel- und Durchgangsquartsextakkord: der Harmoniegang ist wechselnd, der melodische Bewegungszug hat Durchgangsqualität.

Aufgabe 6.3. – „Matilda“

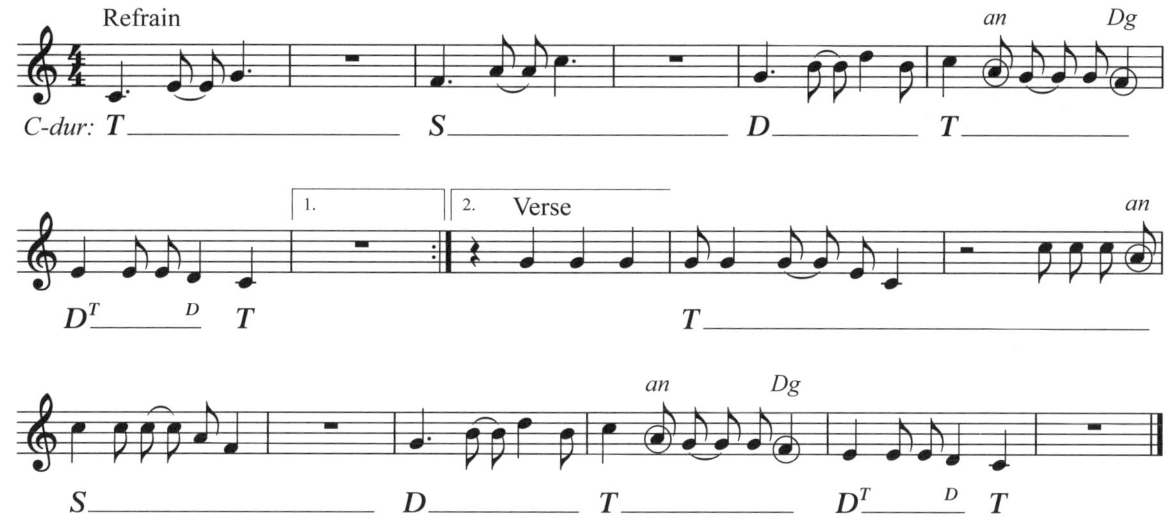

Aufgabe 6.4. – „Gaudeamus igitur“

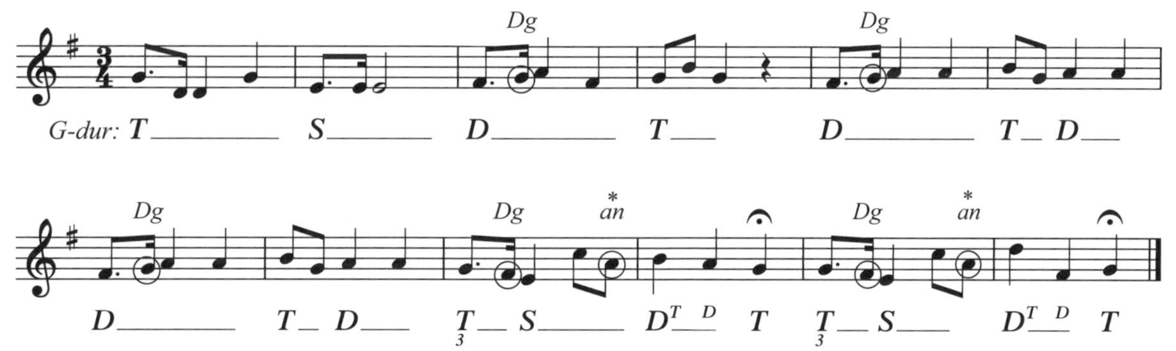

** Diese anspringenden Nebennoten in der Subdominante werden später als harmonieeigen gedeutet; siehe Kapitel 11.*

Aufgabe 6.5. – „Abend wird es wieder“

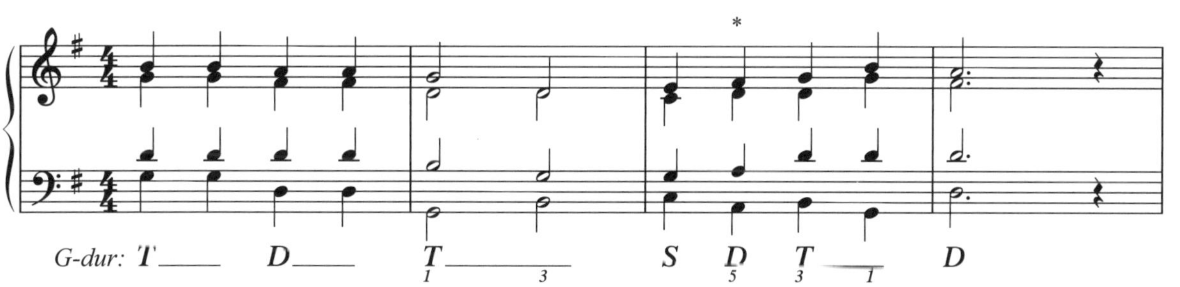

** = anspringender Quartsextakkord*

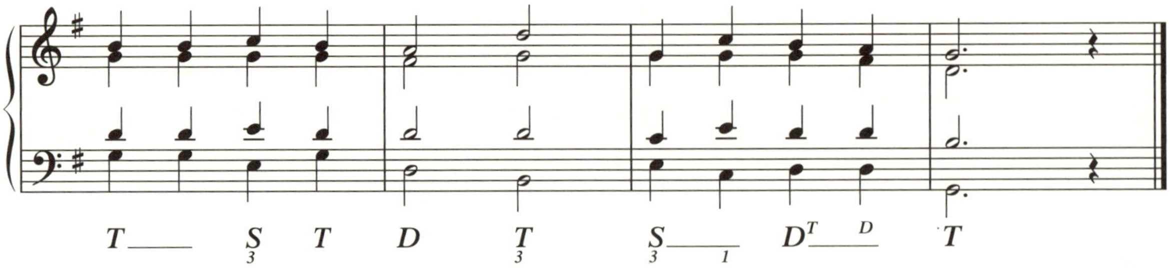

Aufgabe 6.6. – „Innsbruck, ich muss dich lassen"

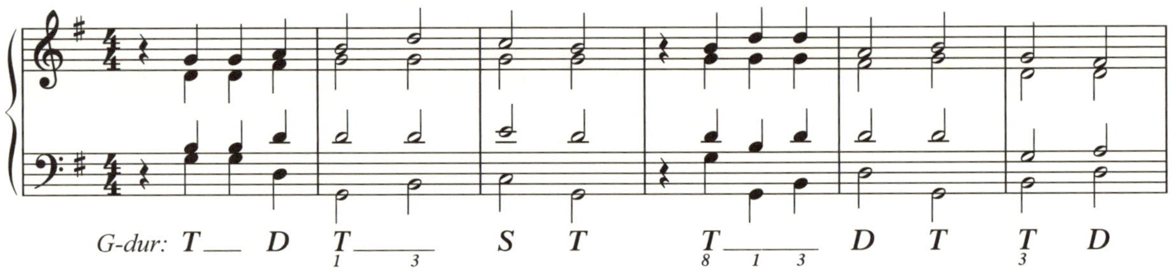

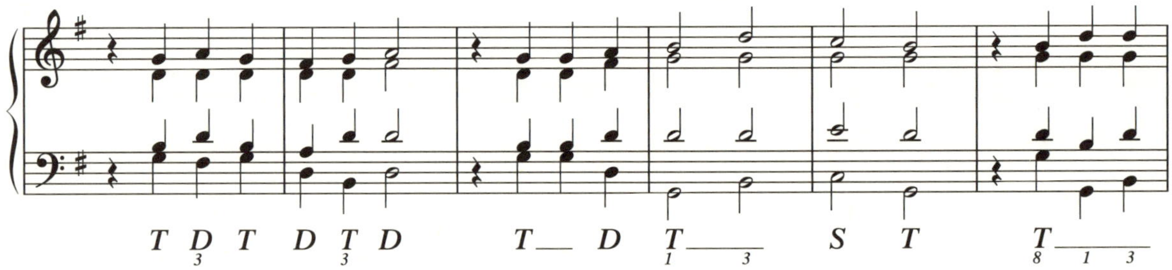

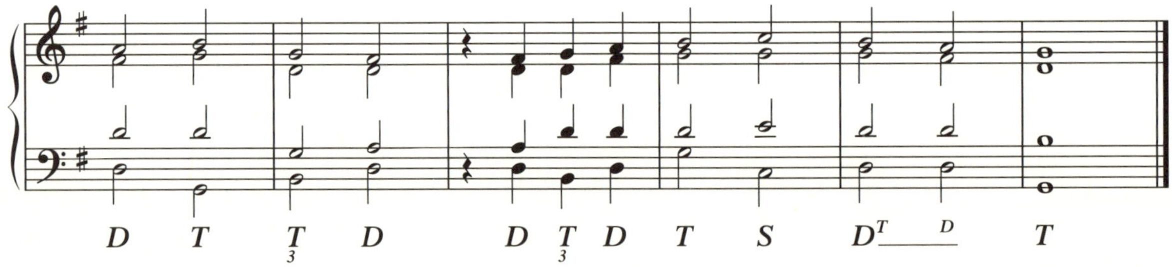

Aufgabe 6.7. – „Es ist für uns eine Zeit angekommen" → *Harmonielehre* **Aufgabe 6.C.**

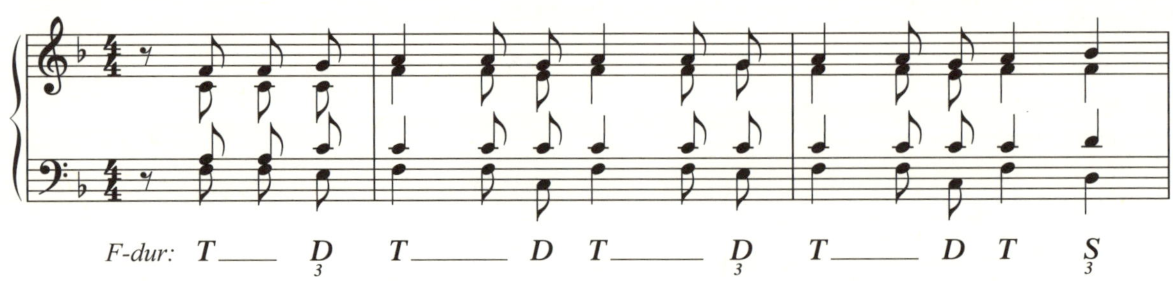

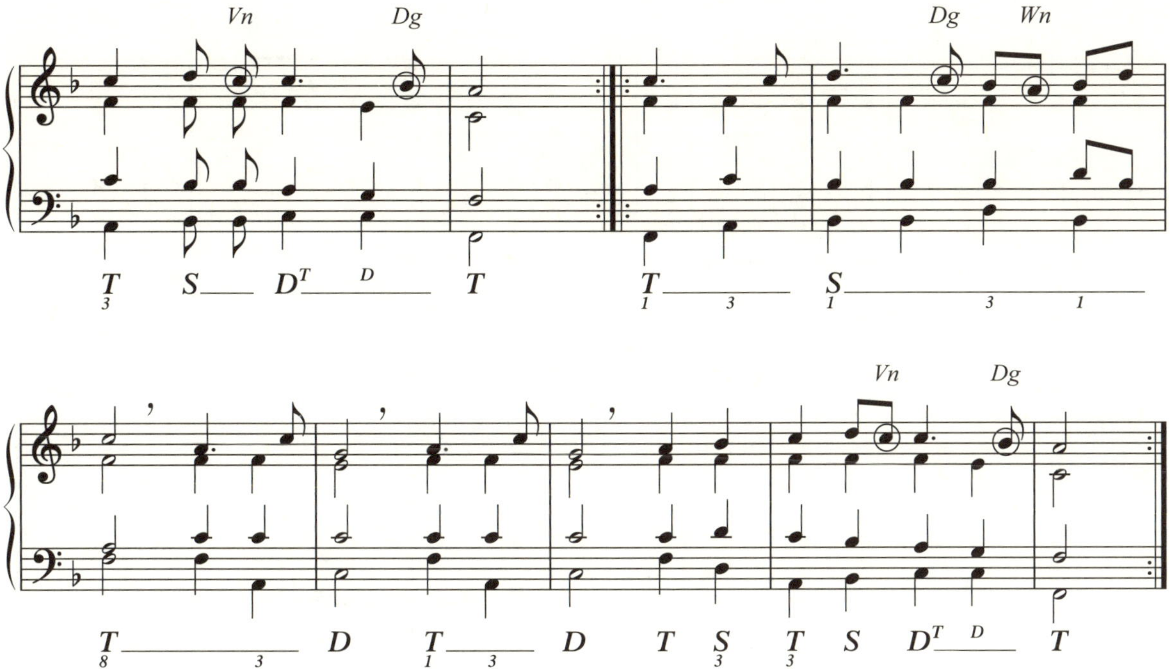

Aufgabe 6.8. – „Kumbaya"

→ *Harmonielehre* **Aufgabe 6.D.**

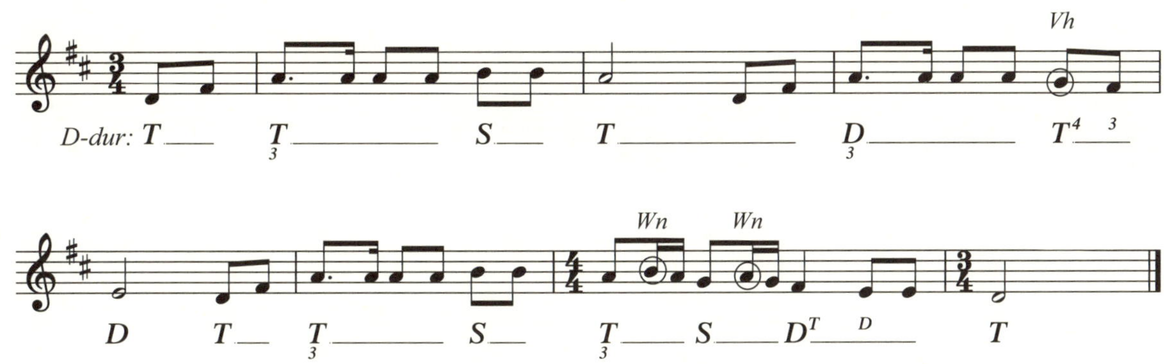

Aufgabe 6.9. – „Sah ein Knab ein Röslein stehn"

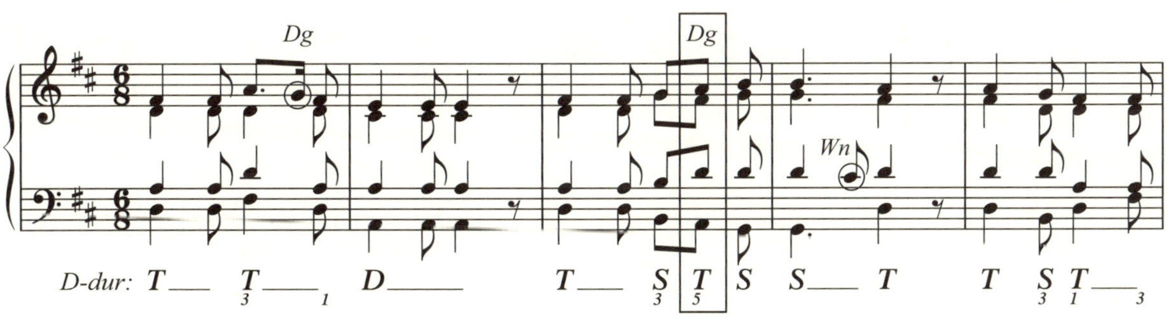

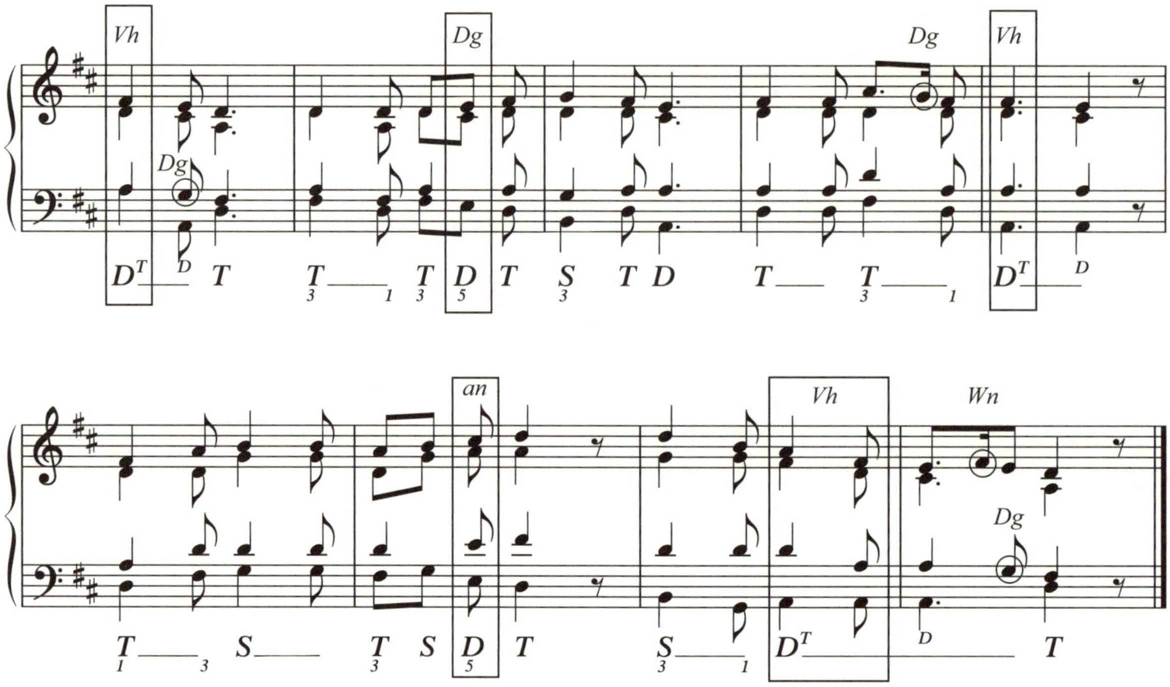

Aufgabe 6.10. – „An der Saale hellem Strande“ – Analyse

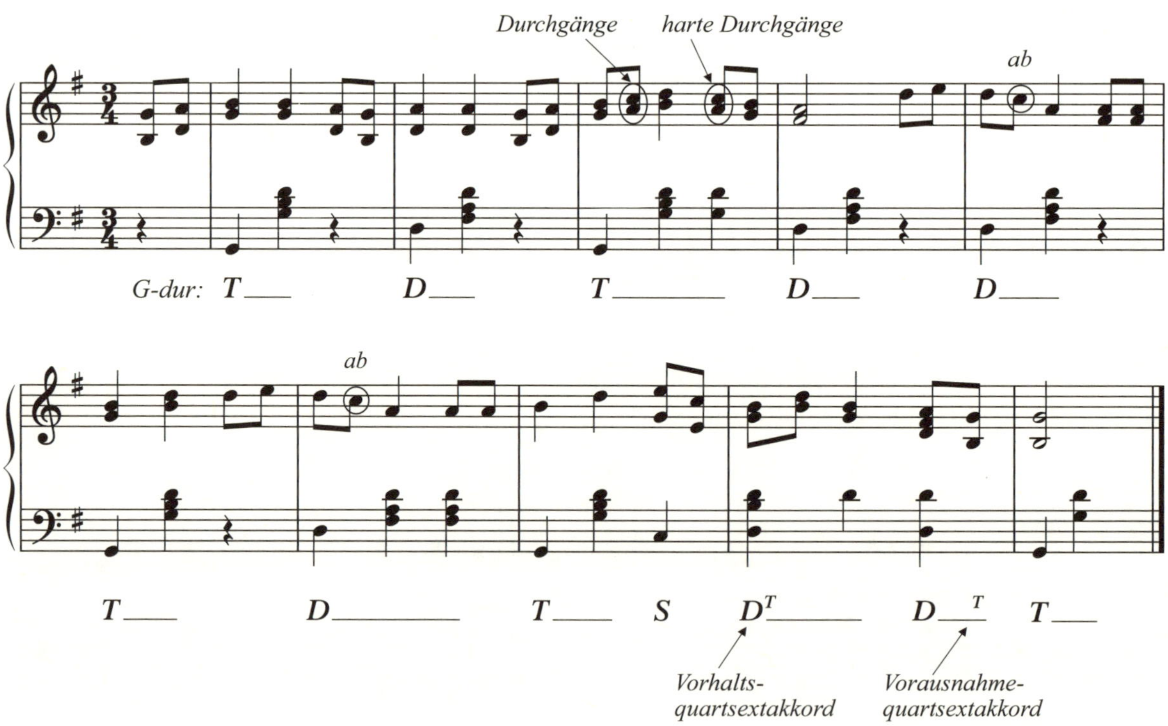

Aufgabe 7.1. – Übungssatz

Alle eingekreisten, nicht bezeichneten harmoniefremden Töne sind Durchgangsnoten.
In Takt 4 gibt es eine abspringende Nebennote, in Takt 6 eine Vorausnahme.

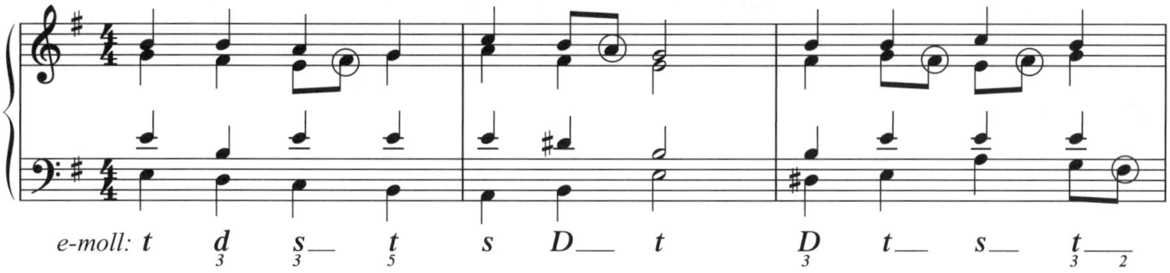

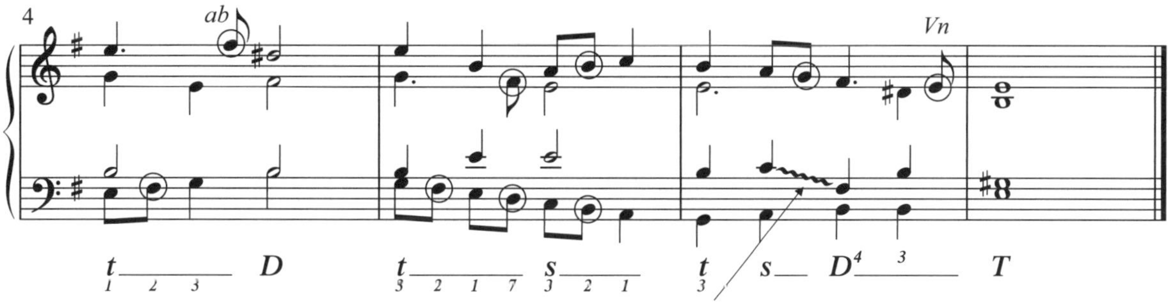

Verminderte Quinte c-fis *ist nicht zu umgehen;*
Ton h *hätte eine Quintparallele zum Sopran ergeben.*

Aufgabe 7.2. – Übungssatz

Stimmkreuzung zwischen Alt und
Tenor, um Parallelen zu verhindern

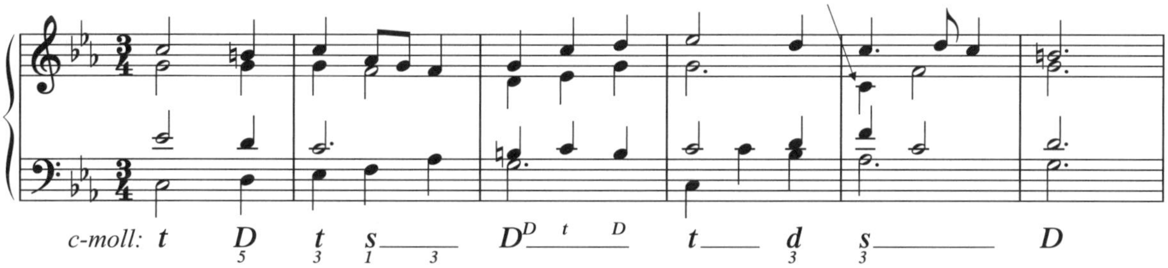

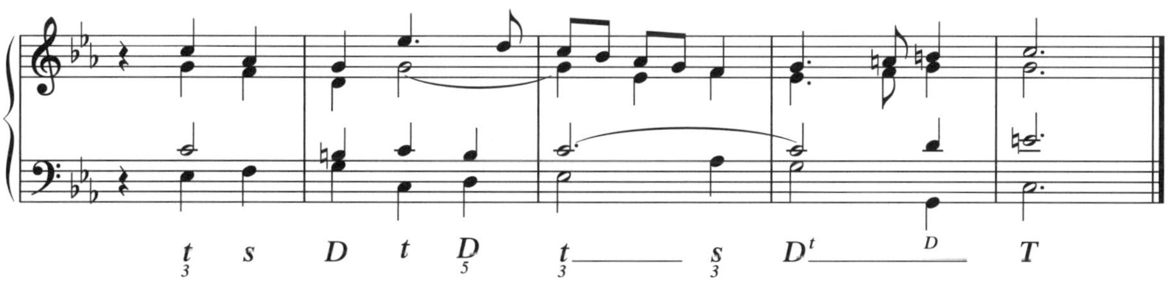

Aufgabe 7.3. – „Verstohlen geht der Mond auf“

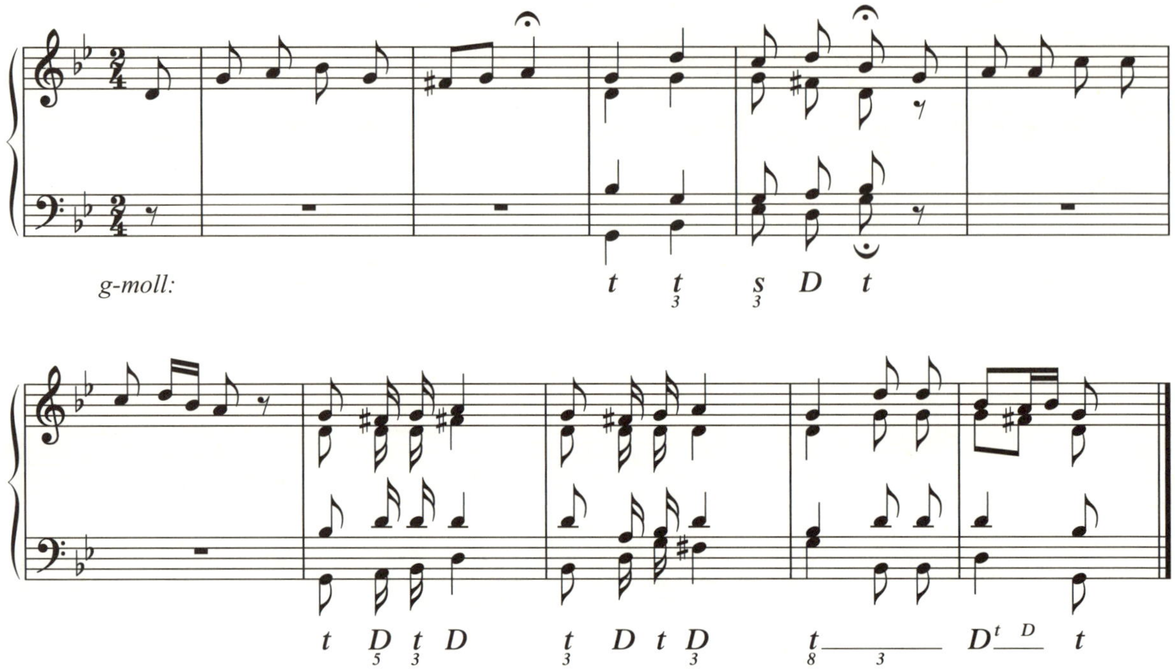

Aufgabe 7.4. – „Fierce was the wild billow“

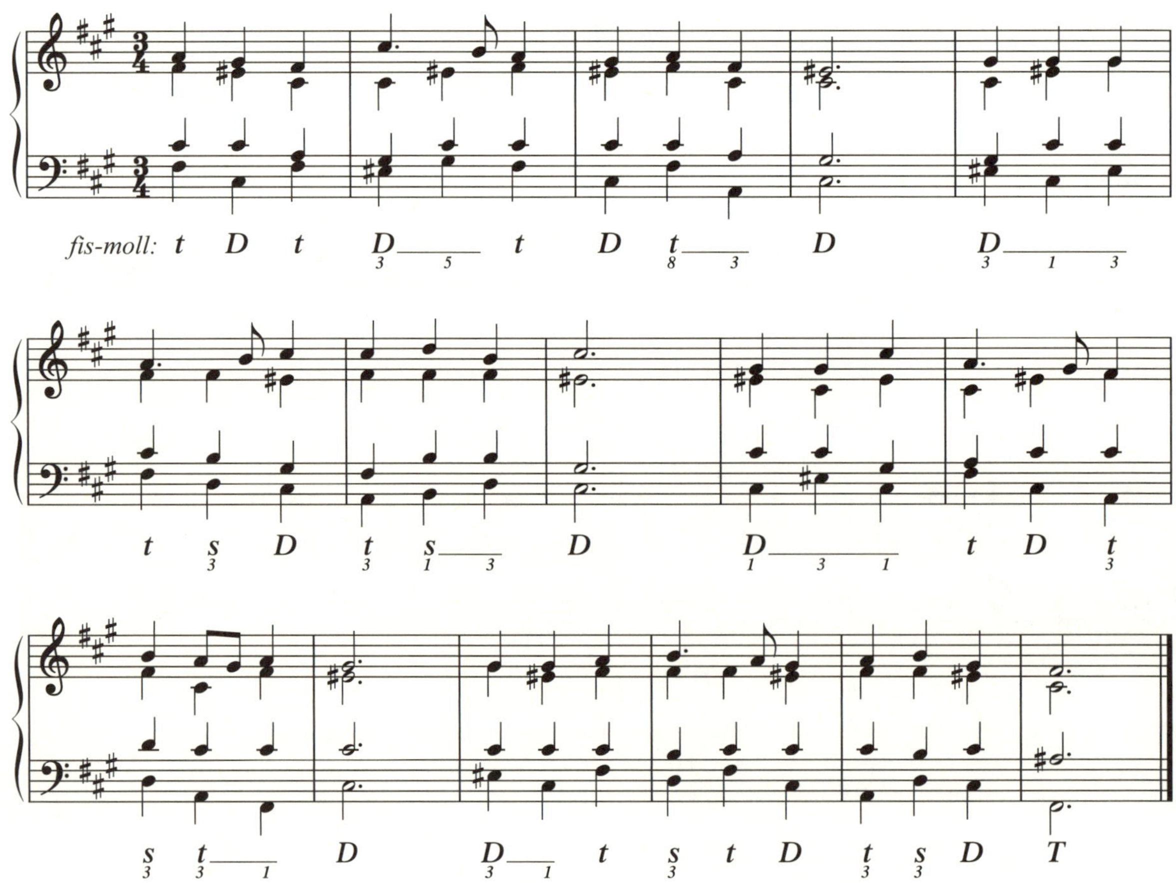

Aufgabe 7.5. – „Es fiel ein Reif in der Frühlingsnacht“ → *Harmonielehre* **Aufgabe 7.C.**

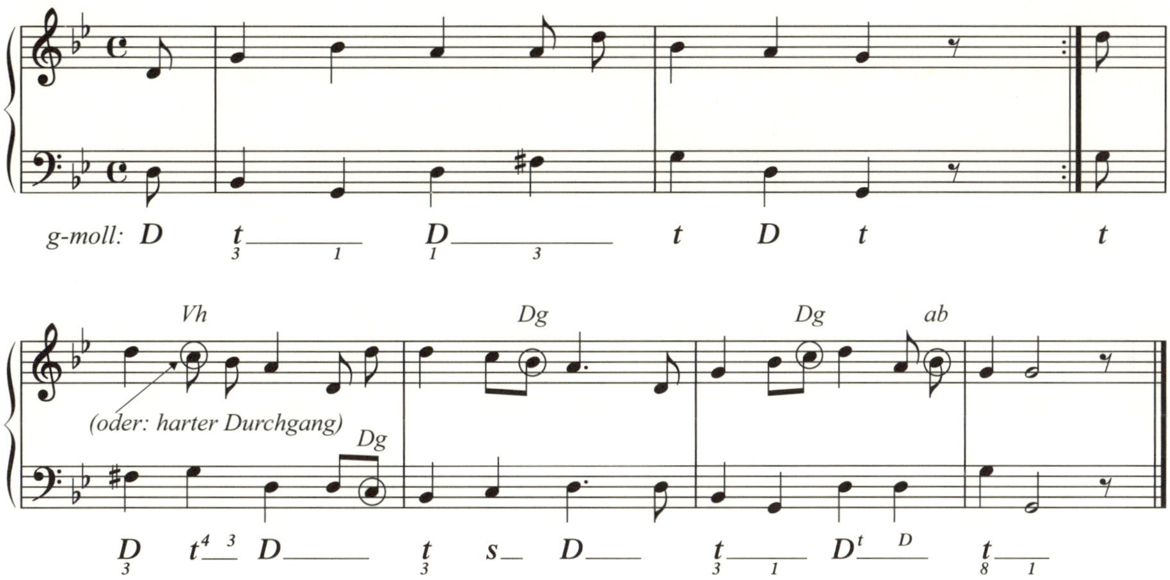

Aufgabe 7.6. – Übungssatz → *Harmonielehre* **Aufgabe 7.D.1.**

Die eingekreisten Töne ohne Bezeichnung sind Durchgangsnoten; in Takt 4 gibt es eine Wechselnote, in Takt 5 eine abspringende Nebennote.

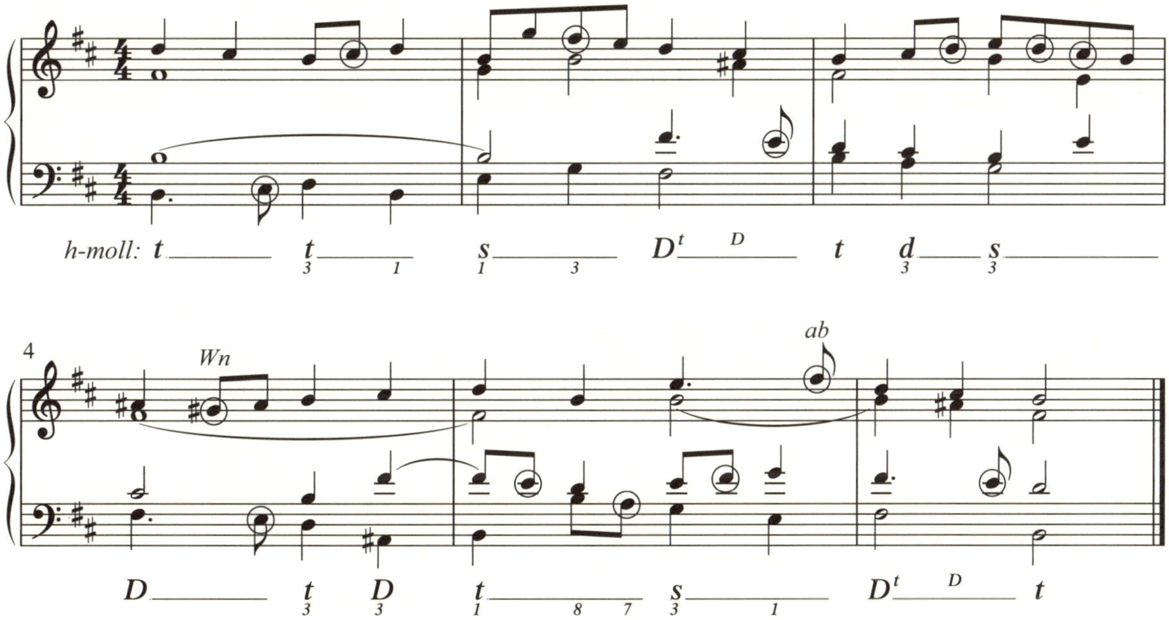

Aufgabe 7.7. – „Joshua fit de battle" → *Harmonielehre* **Aufgabe 7.D.2.**

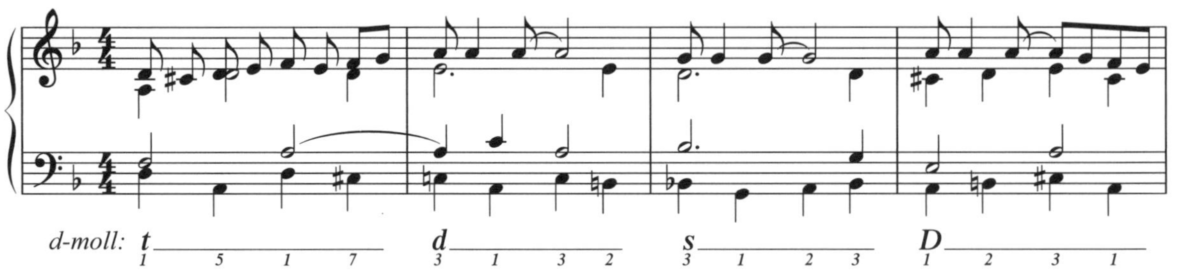

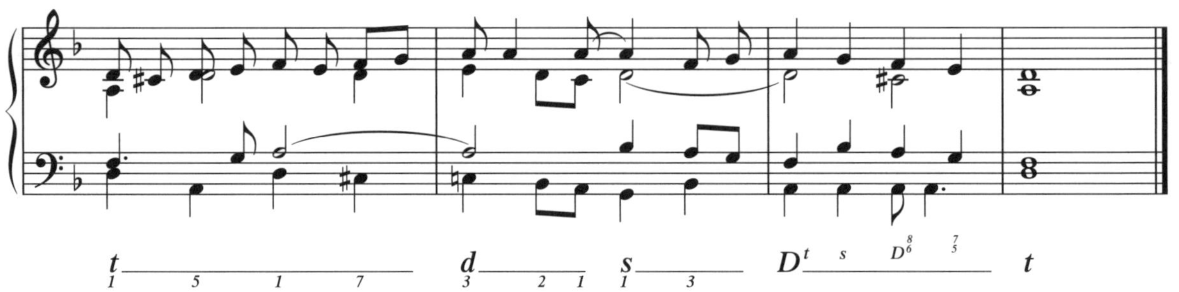

Aufgabe 7.8. – W. A. Mozart, *Symphonie Nr. 40* g-moll KV 550, 4. Satz – Analyse

Es ist möglich, diese beiden kurzen Vorschläge als „chromatische Wechselnoten" zu bezeichnen. Sie werden aber eher als verzierendes Kolorit wahrgenommen.

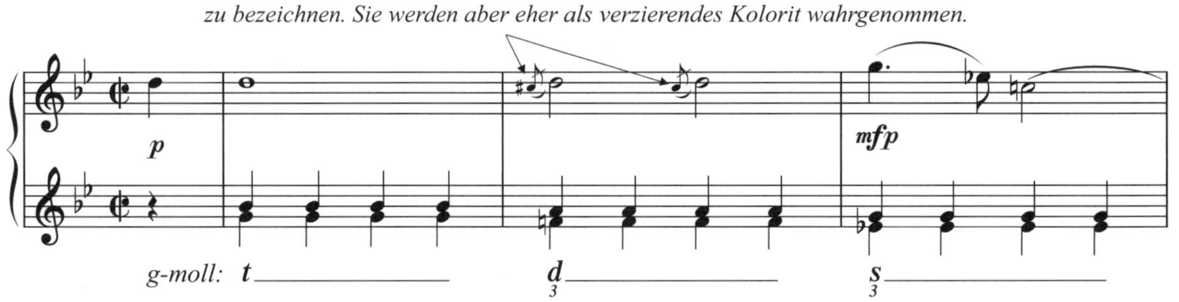

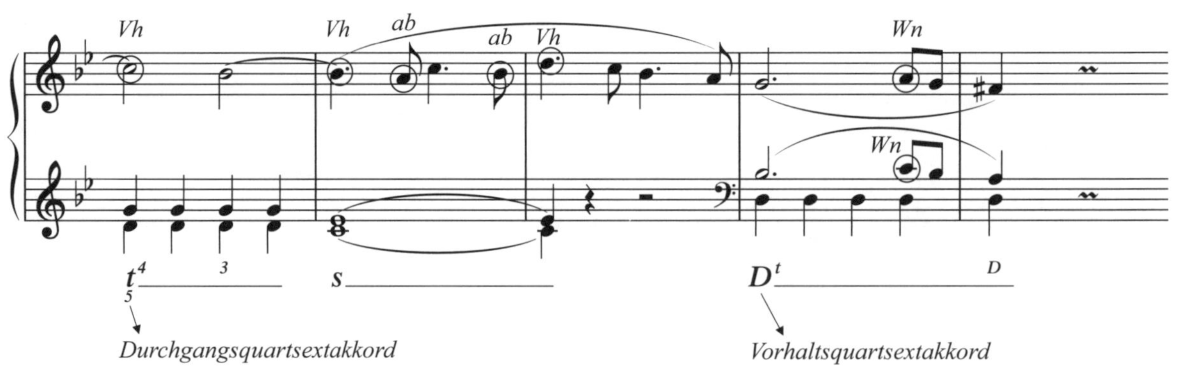

Es ist ebenso auffällig wie stiltypisch für Mozart, dass er im zweiten Teil die anfänglich klare Melodik durch eine Häufung von harmoniefremden Tönen zu verschleiern sucht.

Aufgabe 7.9. – Johannes Brahms, „Es wohnet ein Fiedler“ – Analyse

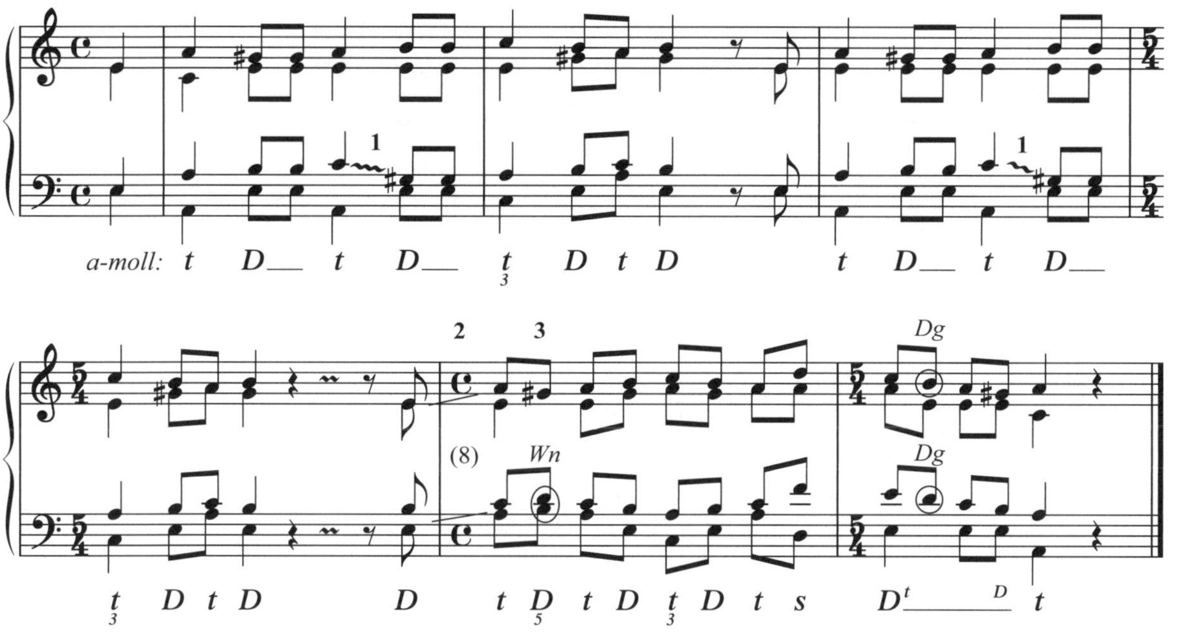

1: *Diese zweimal anzutreffende verminderte Quarte* c-gis *ist in der Romantik nicht unüblich.*
2: *Oktavparallele zwischen Sopran und Bass wohl durch den „Auftakteffekt“ begründet (vgl. den Beginn).*
3: *Wechselnote hier melodisch gedeutet. Ton d kann auch als Septime im Dominanspetakkord aufgefasst werden (vgl. Kapitel 8).*

Aufgabe 8.1. – Übungssatz

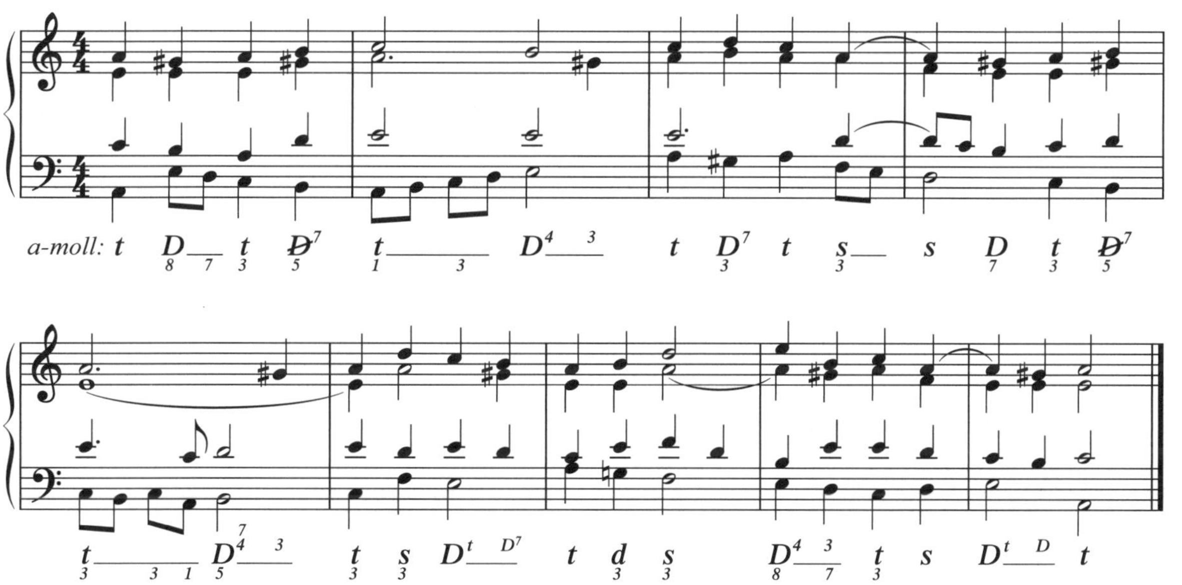

Aufgabe 8.2. – „Wahre Freundschaft soll nicht wanken“

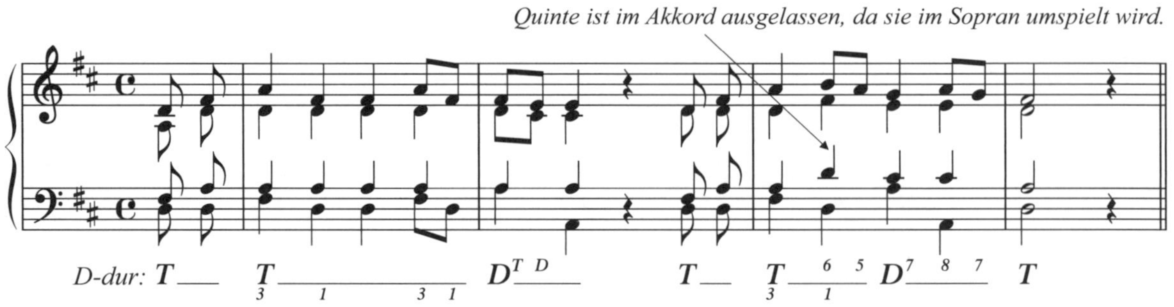

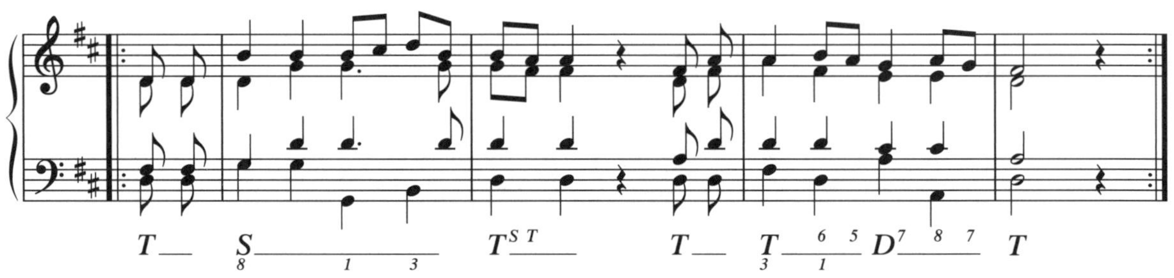

Aufgabe 8.3. – „Verchovino“

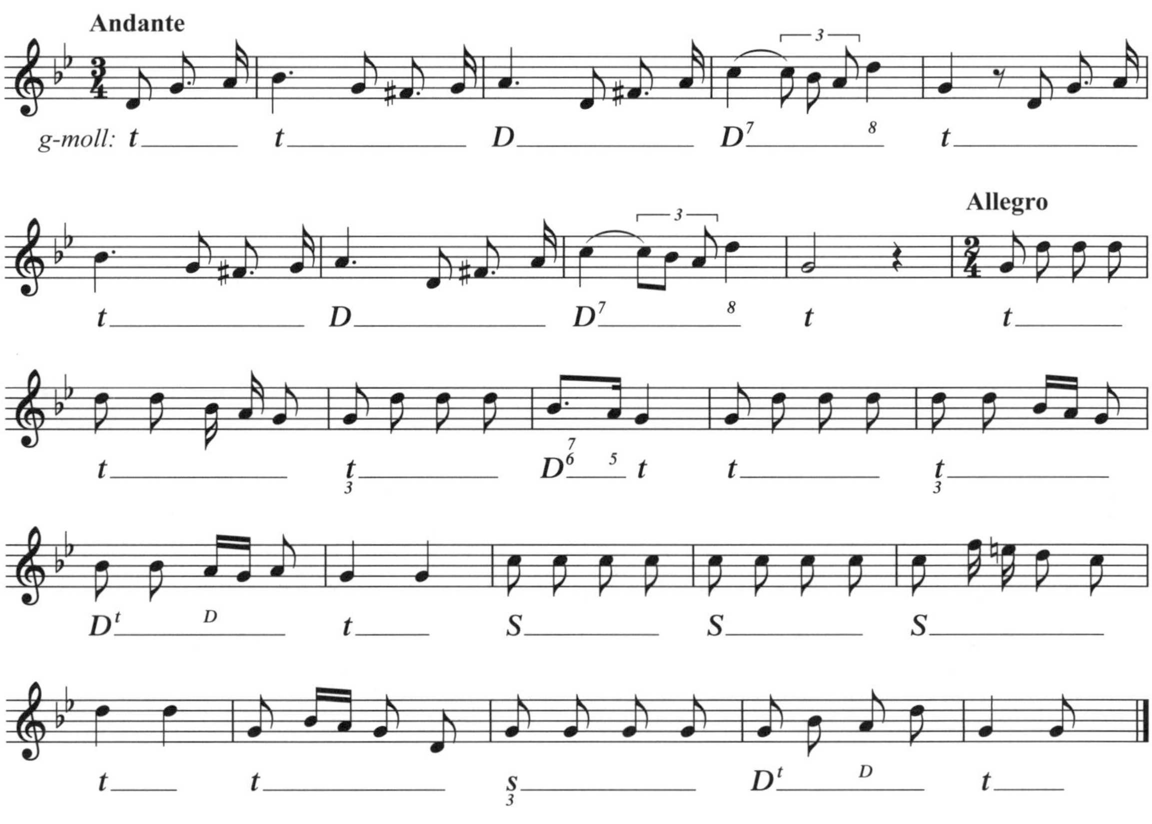

Aufgabe 8.4. – „Der Lindenbaum“ (nach Franz Schubert: *Die Winterreise* D 911)

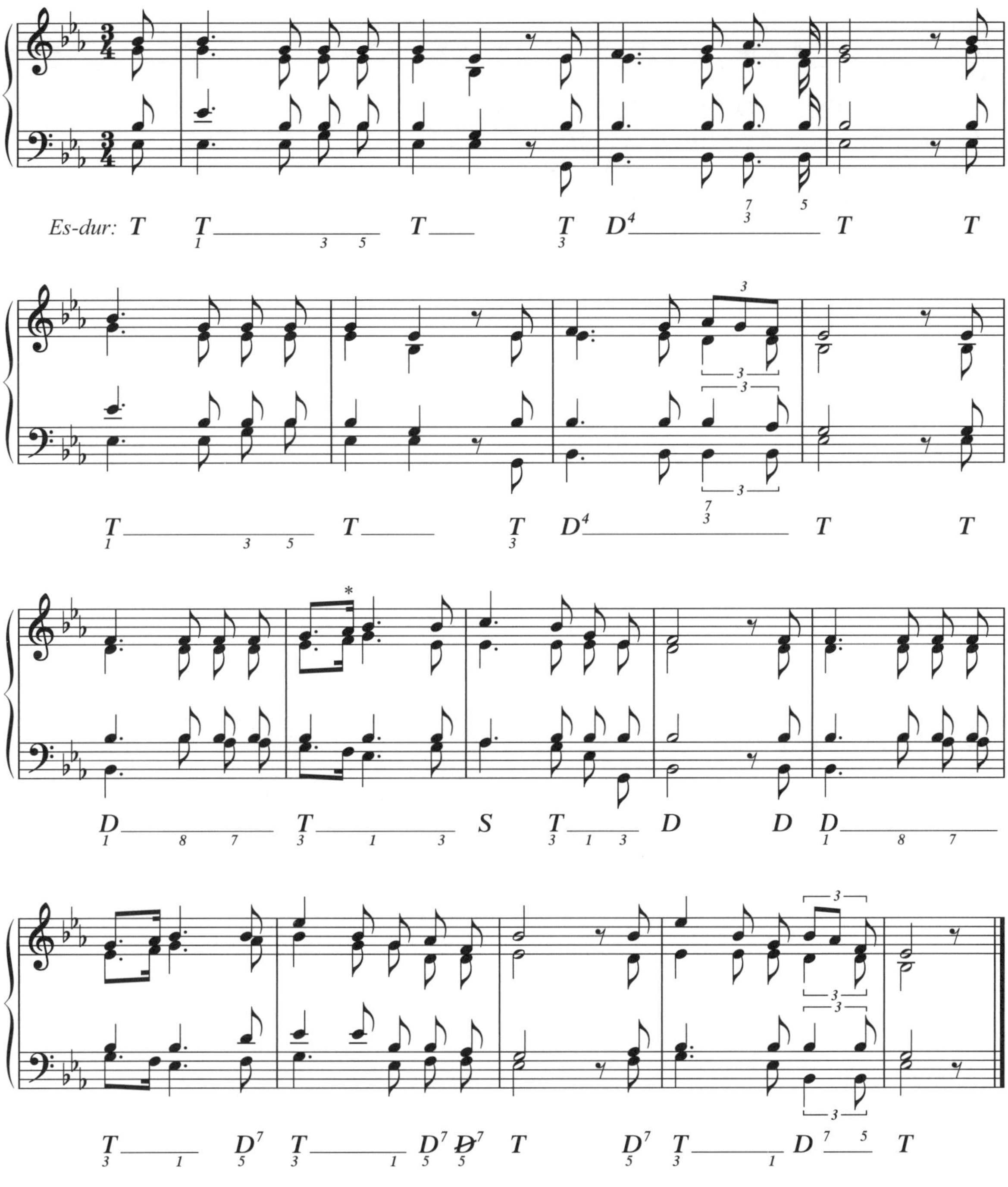

* *Diese Sechzehntelakkorde (nach Schubert) sind wohl eher gekoppelte Durchgänge in der Tonika. Zur Deutung als Dominante fehlt der Ton* d.

Aufgabe 8.5. – „Es waren zwei Königskinder“

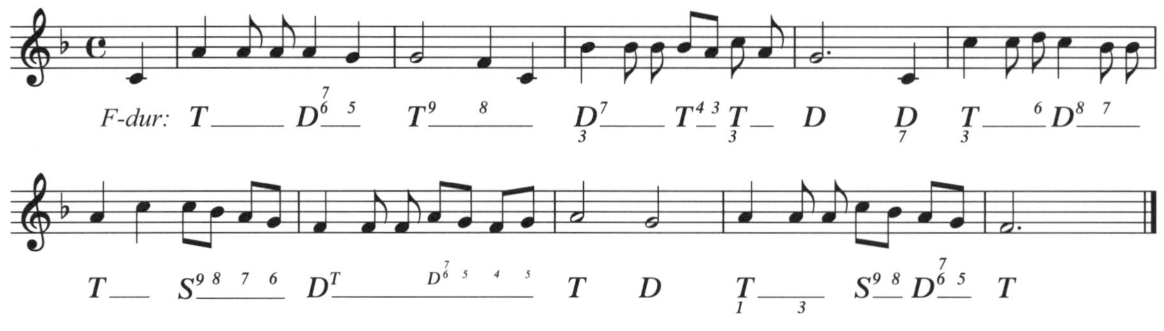

Aufgabe 8.6. – „Wenn ich ein Vöglein wär'“ → *Harmonielehre* **Aufgabe 8.C.**

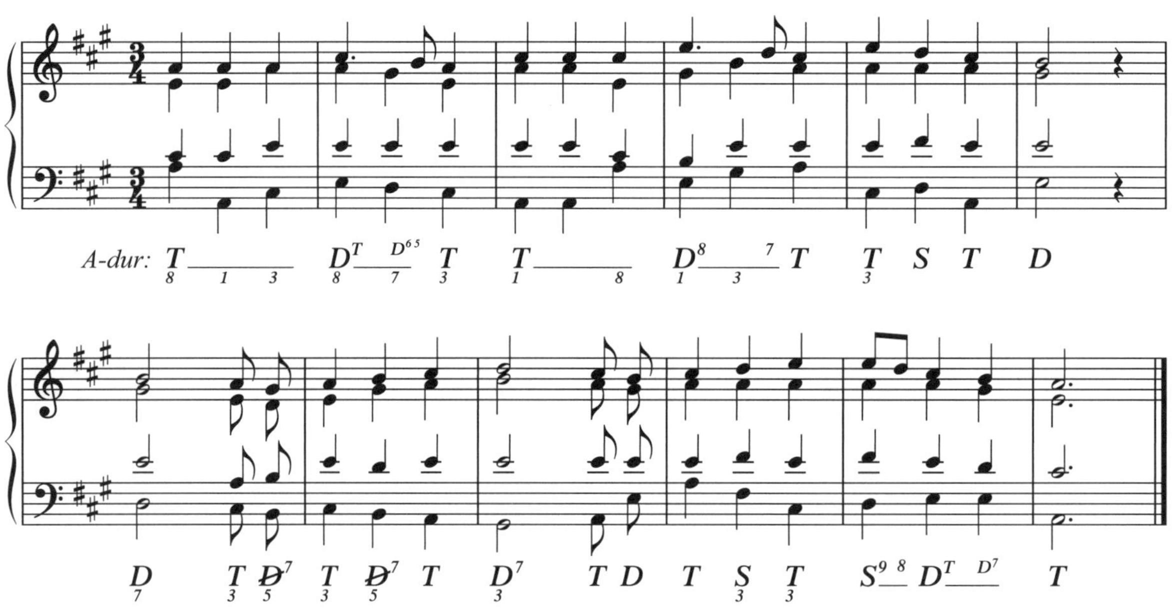

Aufgabe 8.7. – „Wir lieben die Stürme“ → *Harmonielehre* **Aufgabe 8.D.**

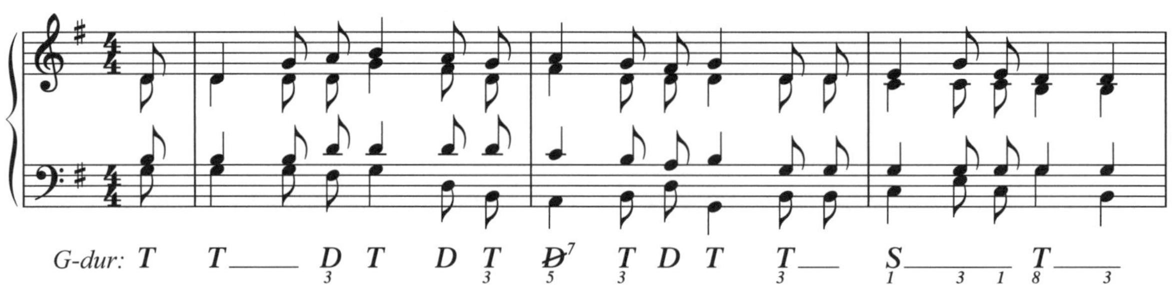

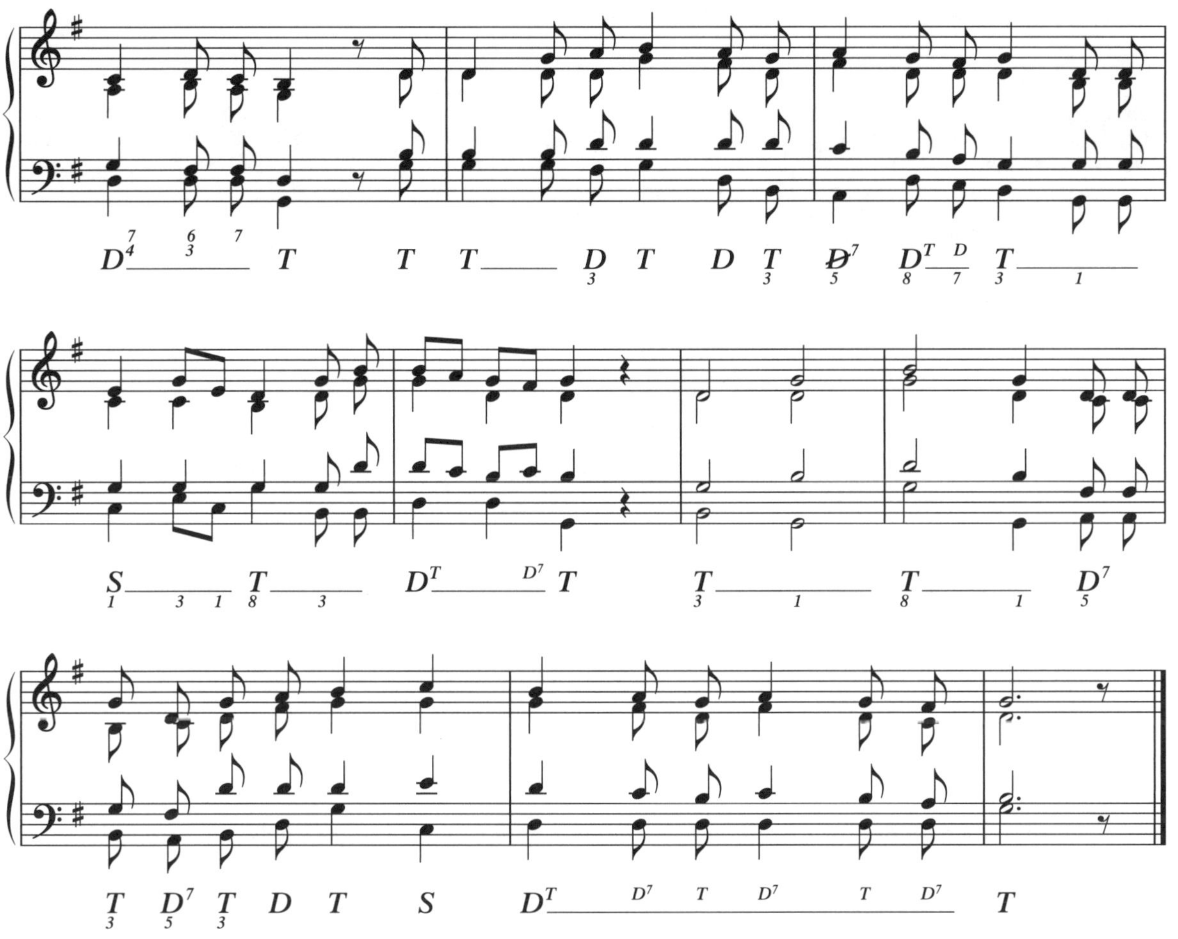

Aufgabe 8.8. – Georg Friedrich Händel, „Tochter Zion, freue dich" – Analyse

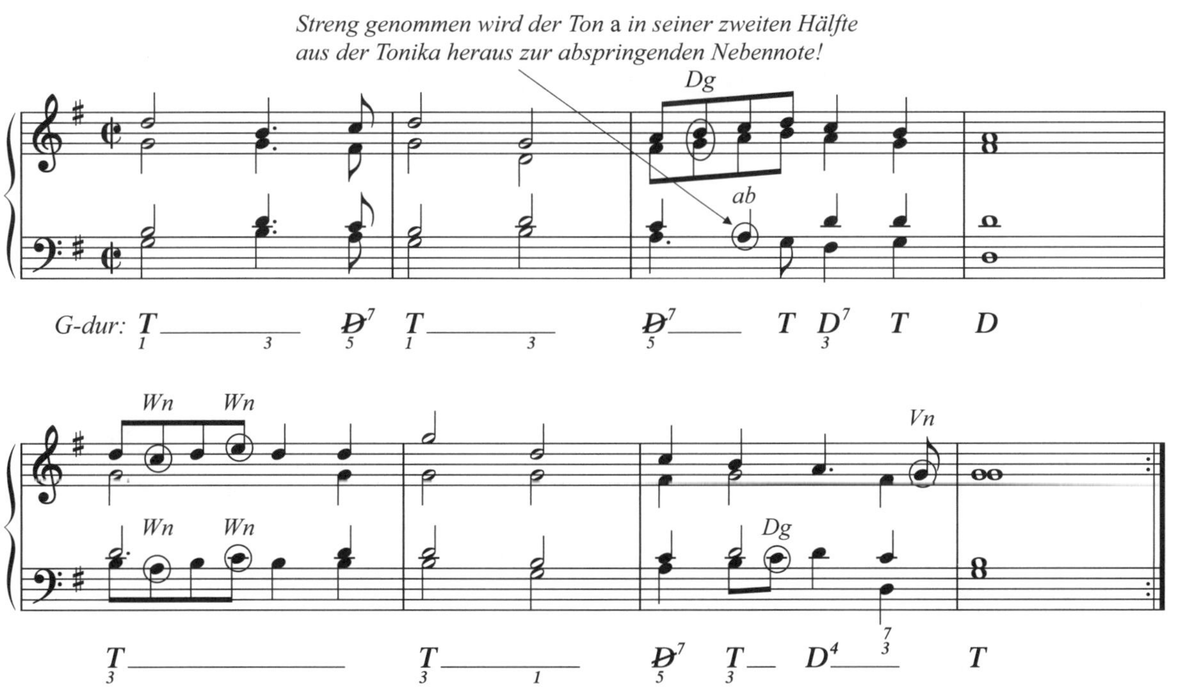

Aufgabe 8.9. – Ludwig van Beethoven, *Klaviersonate* f-moll op. 2 Nr. 1, 2. Satz – Analyse

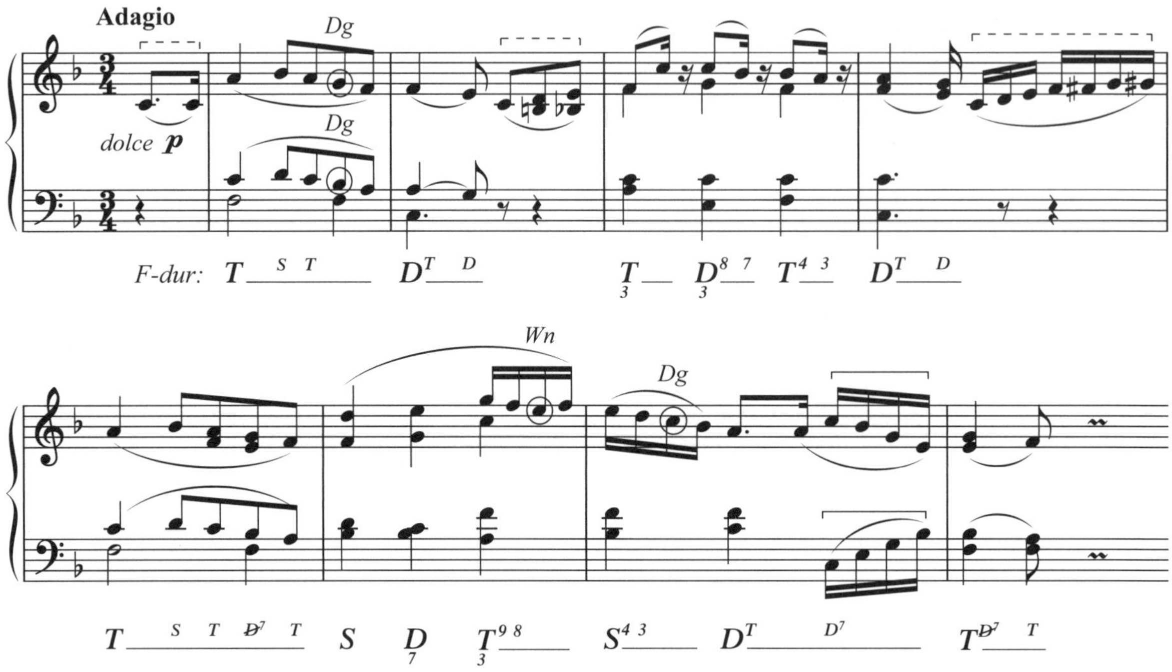

Aufgabe 8.10. – Richard Strauss, *Serenade für 13 Blasinstrumente* Es-dur op. 7 – Analyse

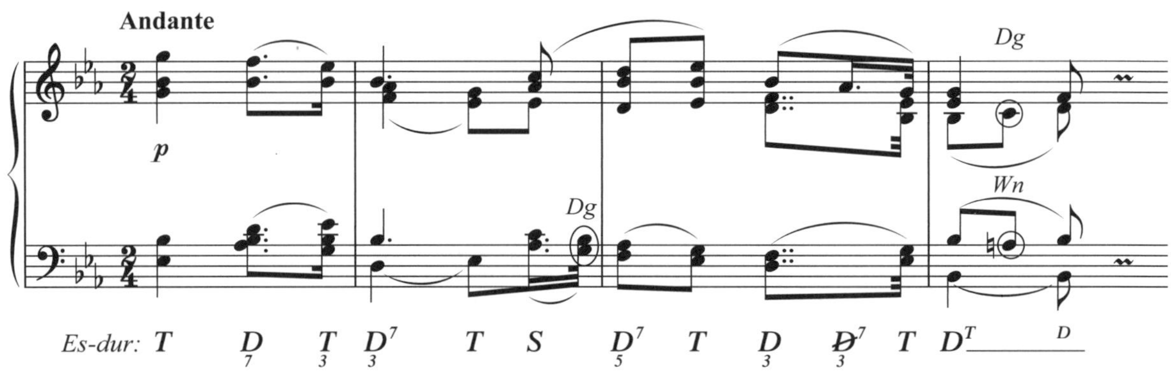

Aufgabe 9.1. – Übungssatz

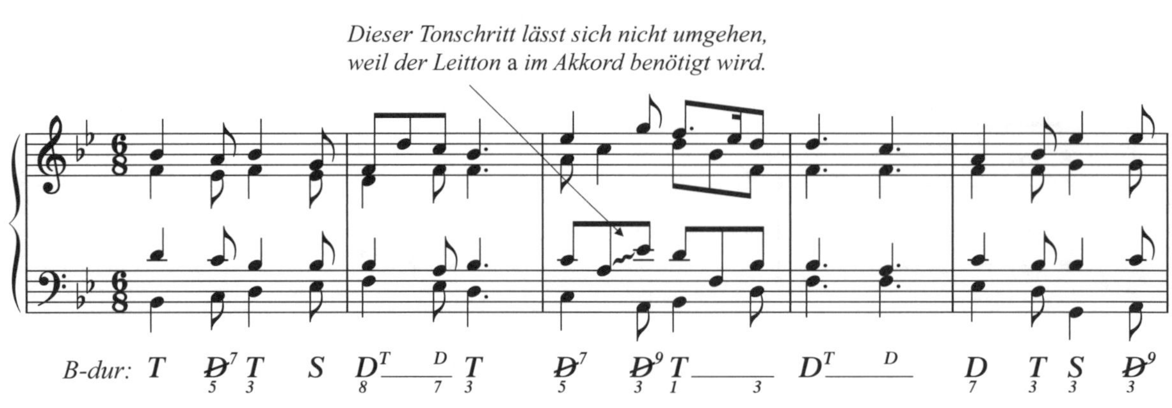

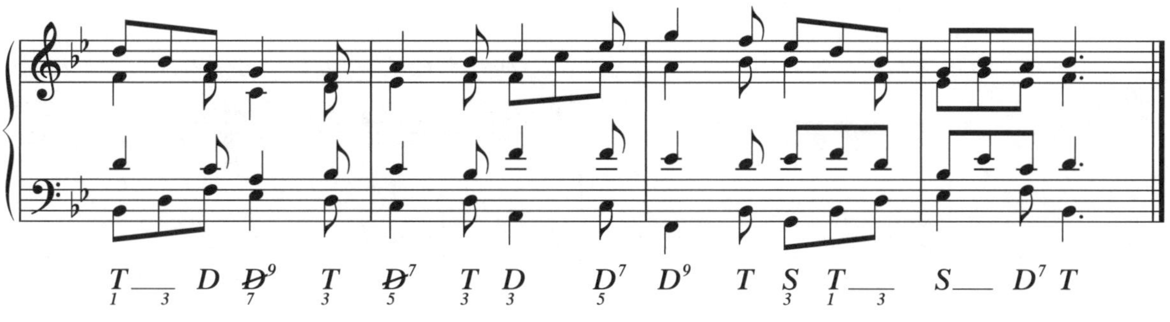

Takt 3 beweist sehr anschaulich, wie rhythmische Bewegungsmomente in den Mittelstimmen helfen können, drohende Parallelen zu vermeiden.

Aufgabe 9.2. – Übungssatz

→ *Harmonielehre* **Aufgabe 9.C.**

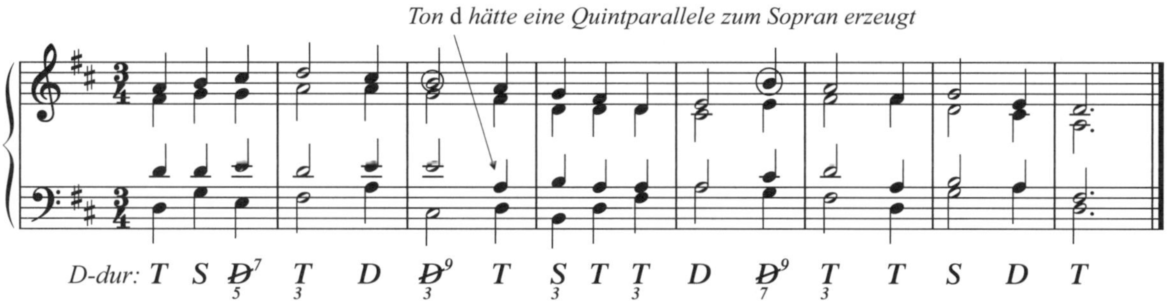

Den eingekreisten Tönen h *geht jeweils eine Dominantfunktion voraus, sodass sich die* **S** *verbietet und der* **D⁹** *eine willkommene Klangsteigerung darstellt.*

Aufgabe 9.3. – „Un poquito cantas"

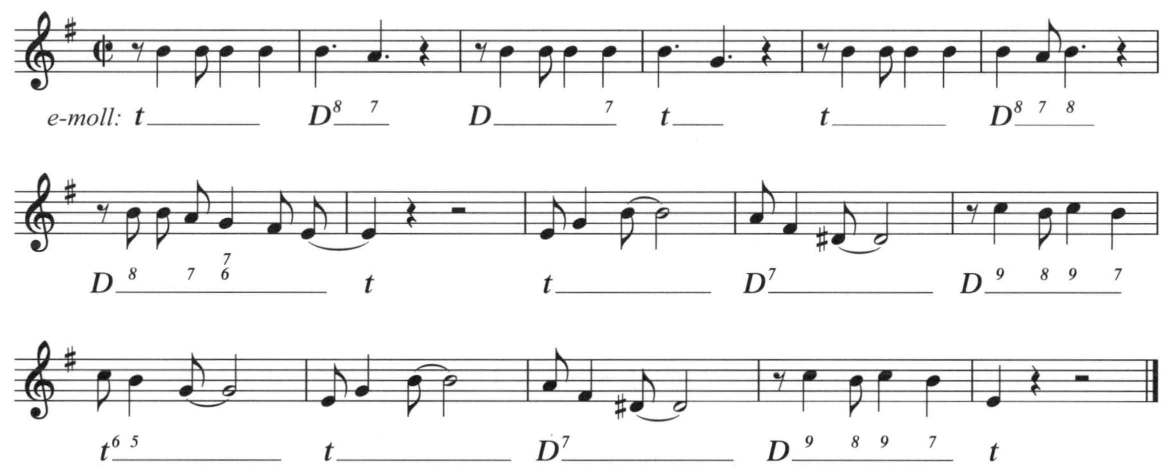

Aufgabe 9.4. – „Guten Abend, gut Nacht"

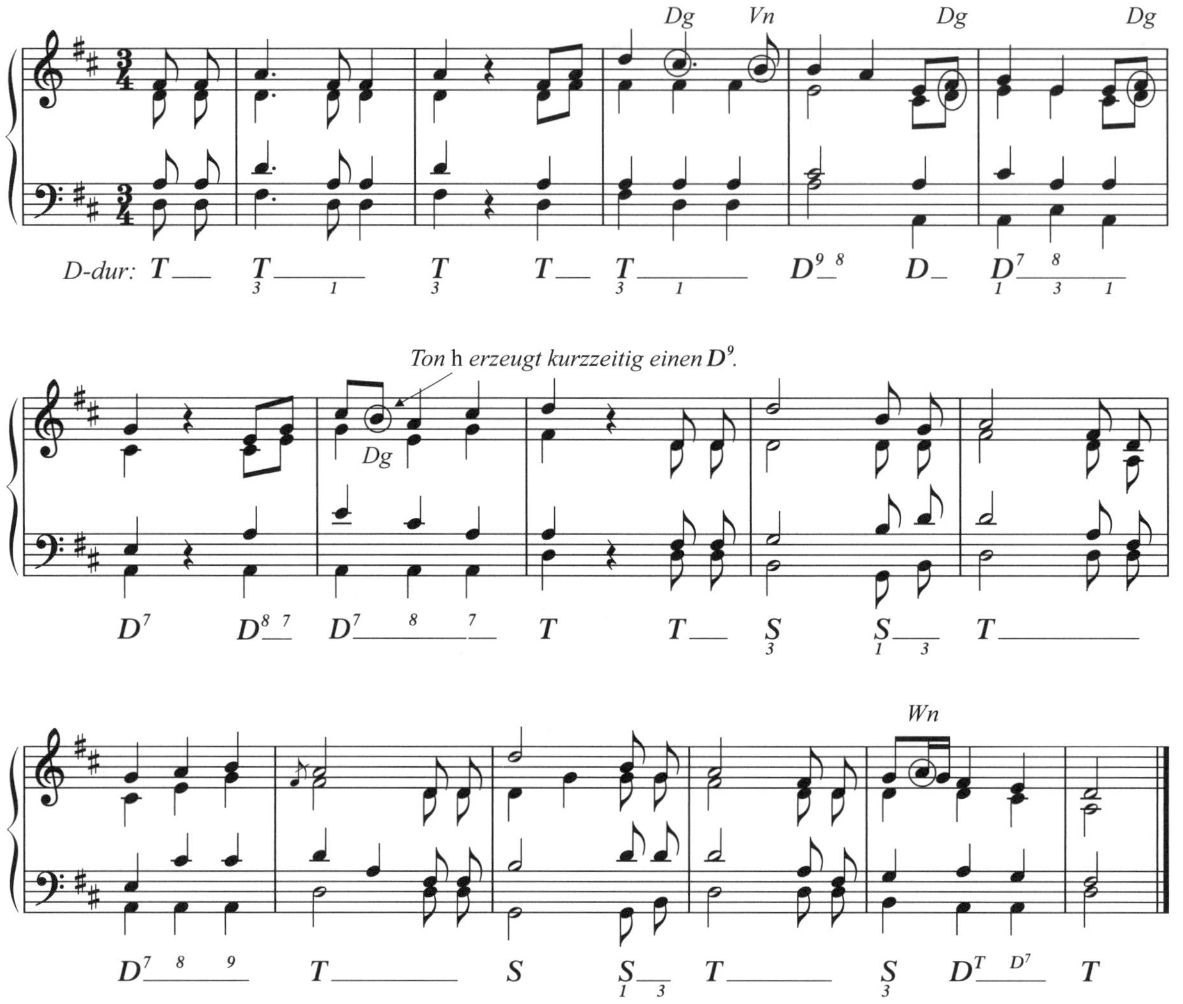

Aufgabe 9.5. – „Ade zur guten Nacht"

** Unvollständige Dreiklänge, um Quintparallelen in den nächsten Klang zu vermeiden.*
Bei den eingekreisten harmoniefremden Tönen handelt es sich um Wechselnoten.

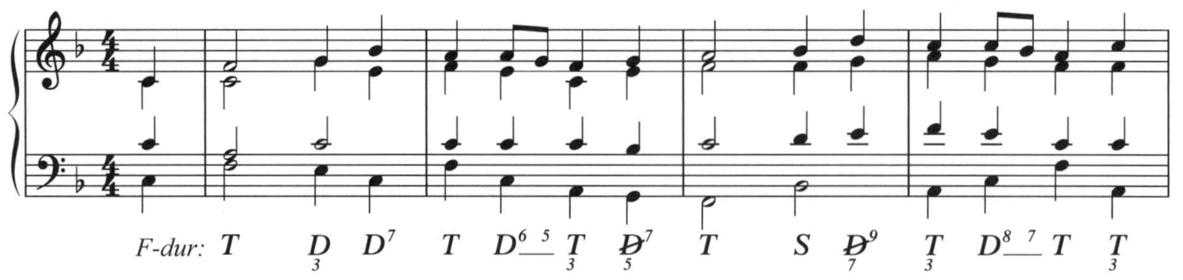

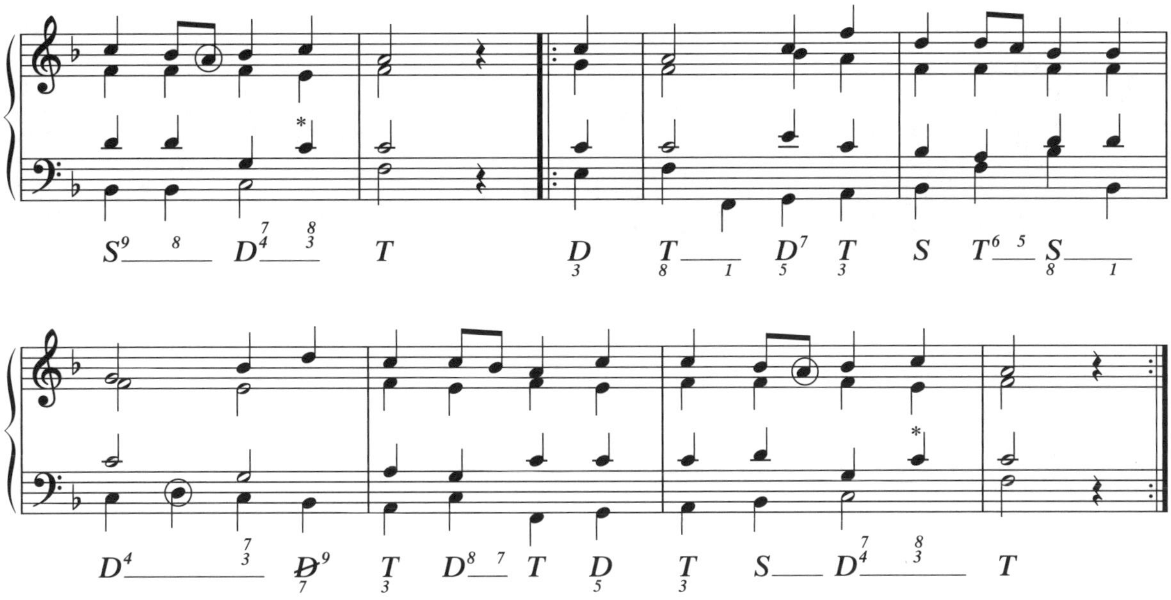

Aufgabe 9.6. – „Und jetzt gang i ans Peters Brünnle“ – Klaviersatz

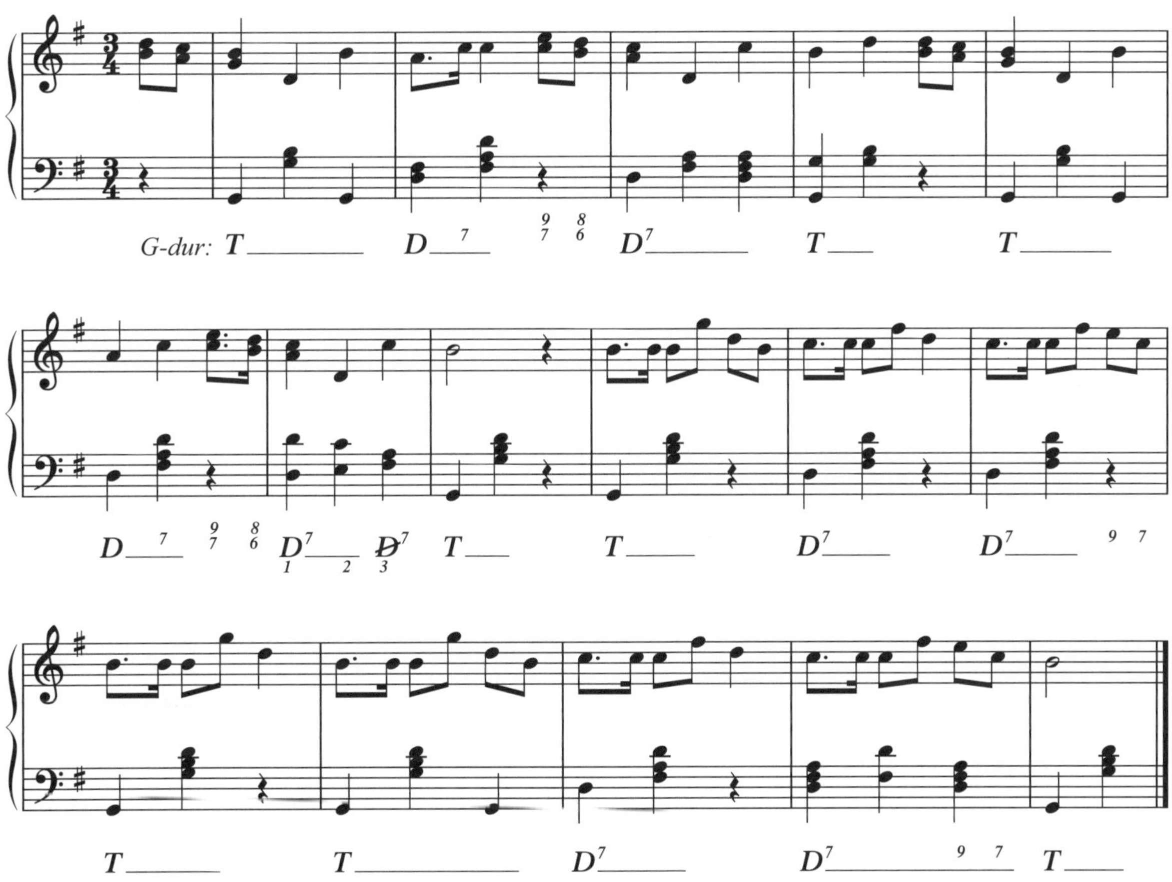

Aufgabe 9.7. – Übungssatz → *Harmonielehre* **Aufgabe 9.D.**

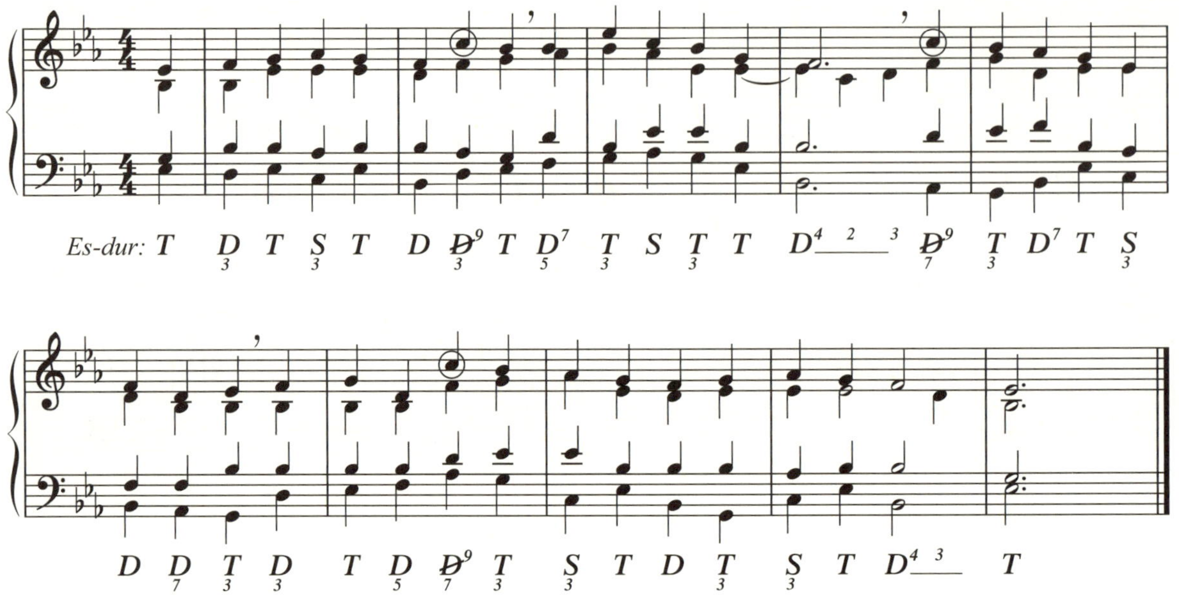

Den eingekreisten Tönen c *geht jeweils eine Dominantfunktion voraus, sodass sich die S verbietet und der* D⁹ *eine willkommene Klangsteigerung darstellt.*

Aufgabe 9.8. – Frédéric Chopin, *Étude* E-dur op. 10 Nr. 3 – Analyse

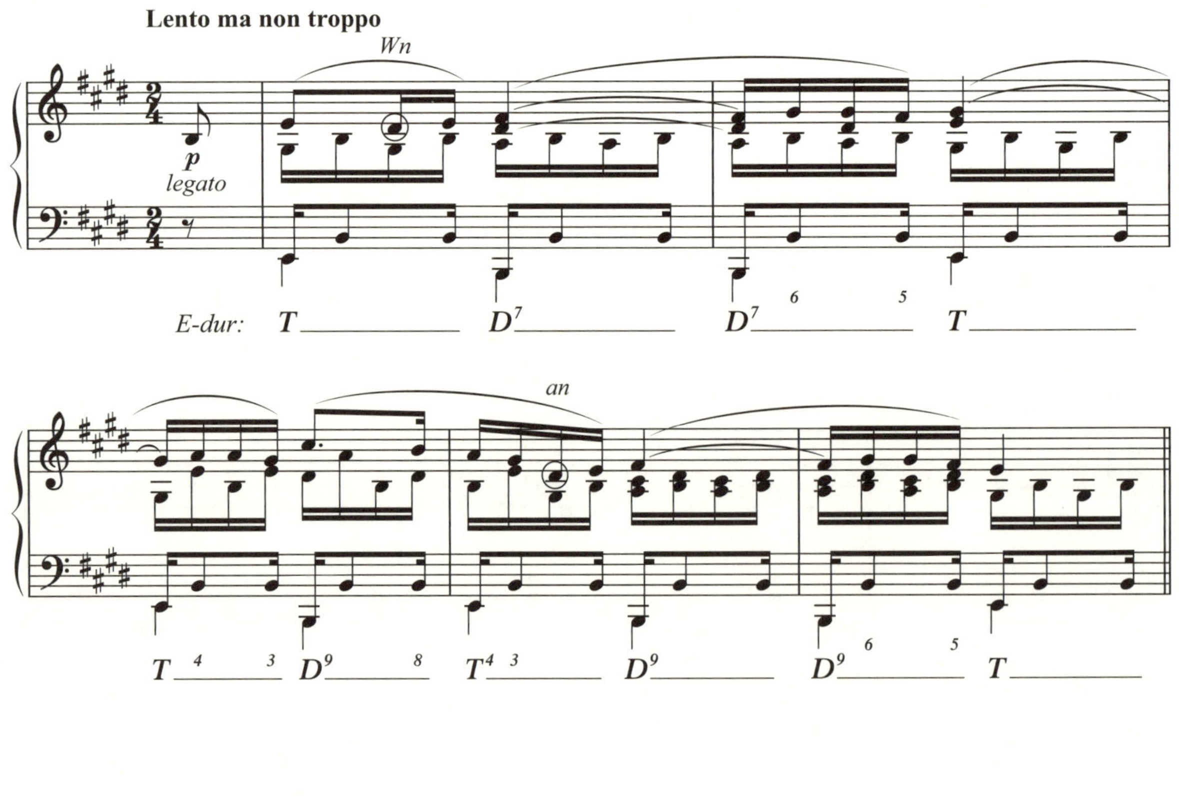

Aufgabe 9.9. – Johannes Brahms, „War es dir, dem diese Lippen bebten“ op. 33 Nr. 7 – Analyse

Die zu Beginn eingekreisten Töne e *und* h *sind für die Dauer der hier abgedruckten Takte immer Wechselnoten.*

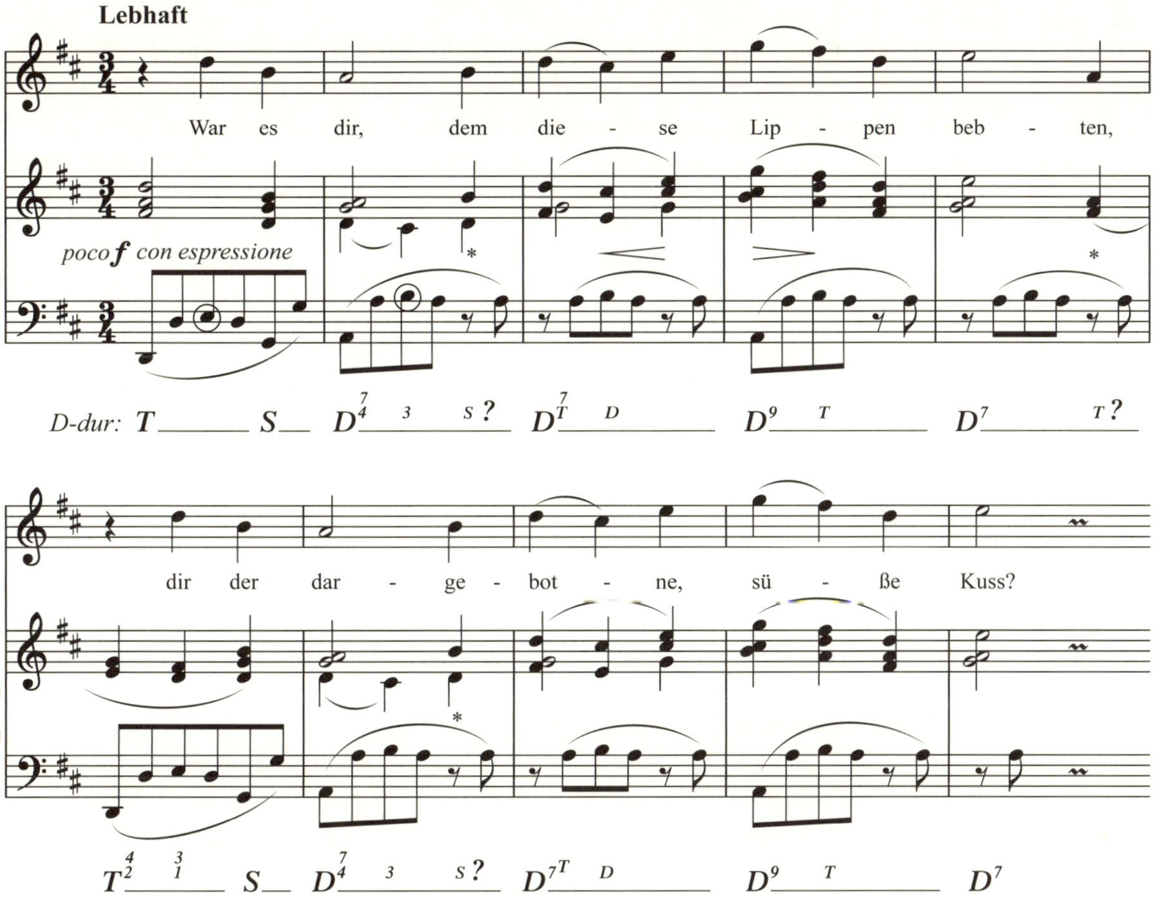

* = *Fragezeichen, weil der jeweilige Grundton der Funktion fehlt; daher wohl eher Durchgangsnoten*

Aufgabe 10.1. – *Verminderte Septakkorde* – Übung

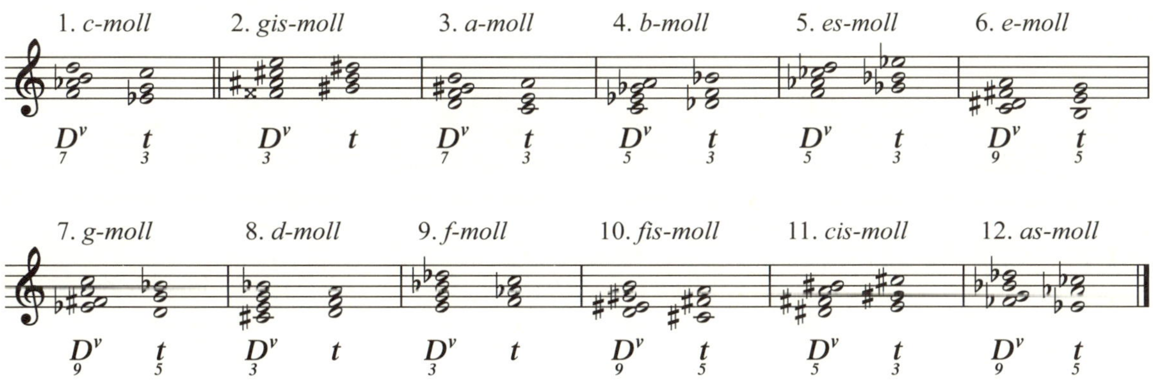

Aufgabe 10.2. – *Verminderte Septakkorde* – Übung

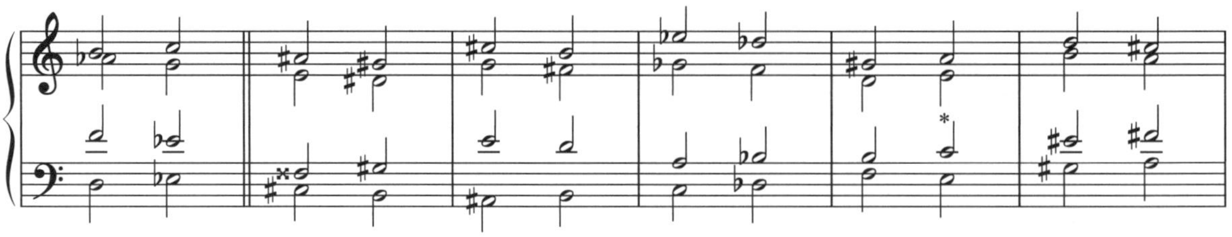

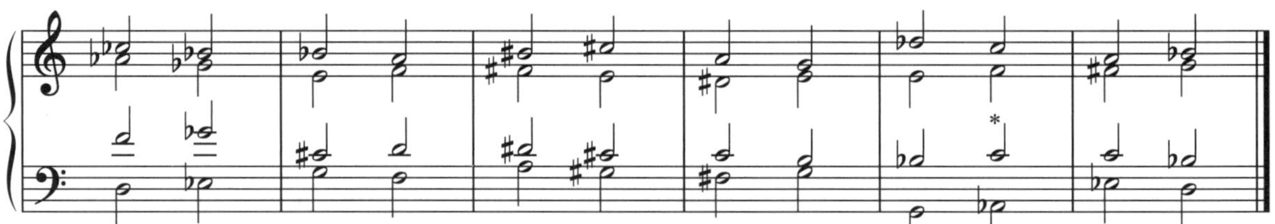

Bei der Weiterführung in die **t** *kann auch eine Aufwärtsbewegung der Akkordseptime des* **D**^{v} *in Frage kommen, sofern die Septime in den Mittelstimmen auftritt und dadurch eine Quintparallele verhindert wird. Bei den mit * markierten Lösungen ist von dieser Möglichkeit Gebrauch gemacht worden.*

Aufgabe 10.3. – Harmonische Analyse

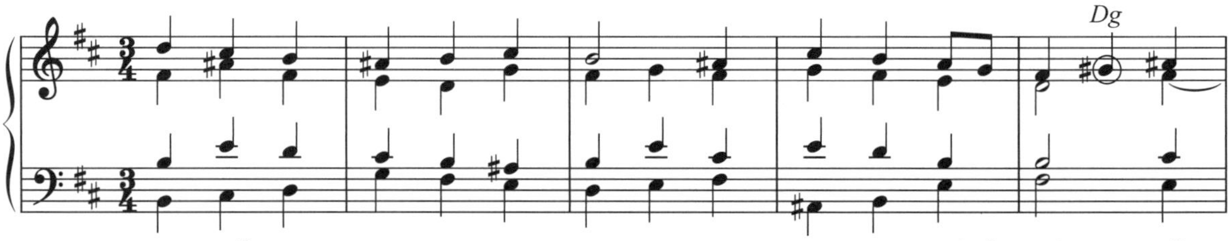

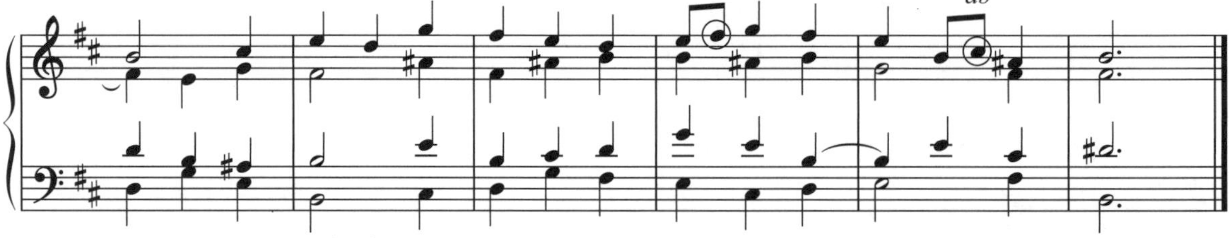

Aufgrund der unmittelbaren Weiterführung in den Grundton der **t** *wird hier* **s**, *nicht 7 geschrieben.*

Aufgabe 10.4. – Übungssatz

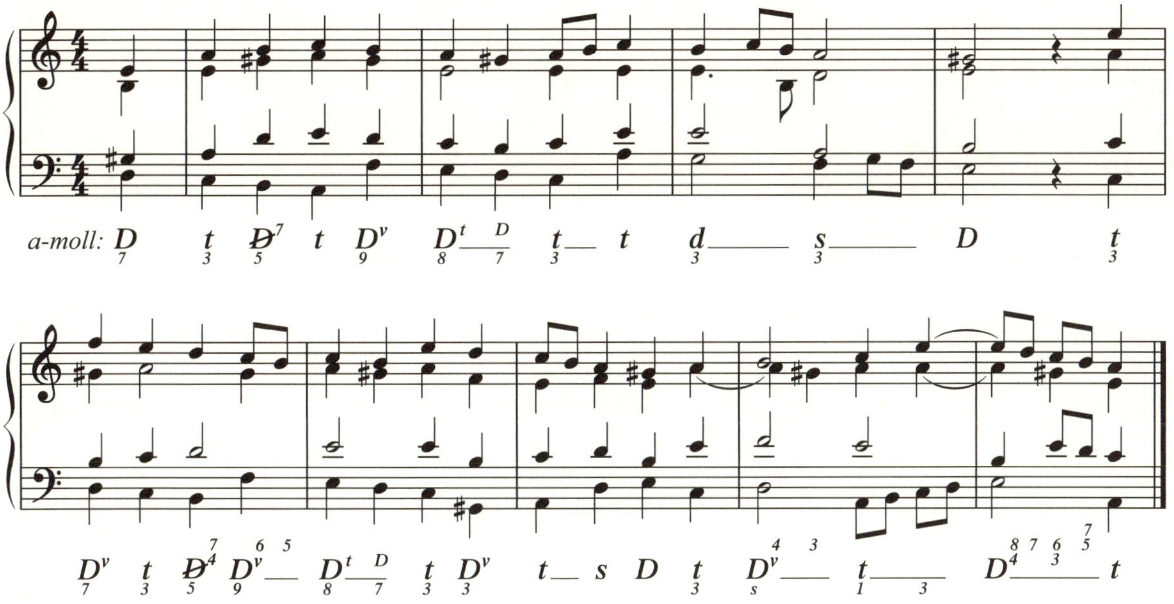

Aufgabe 10.5. – Übungssatz

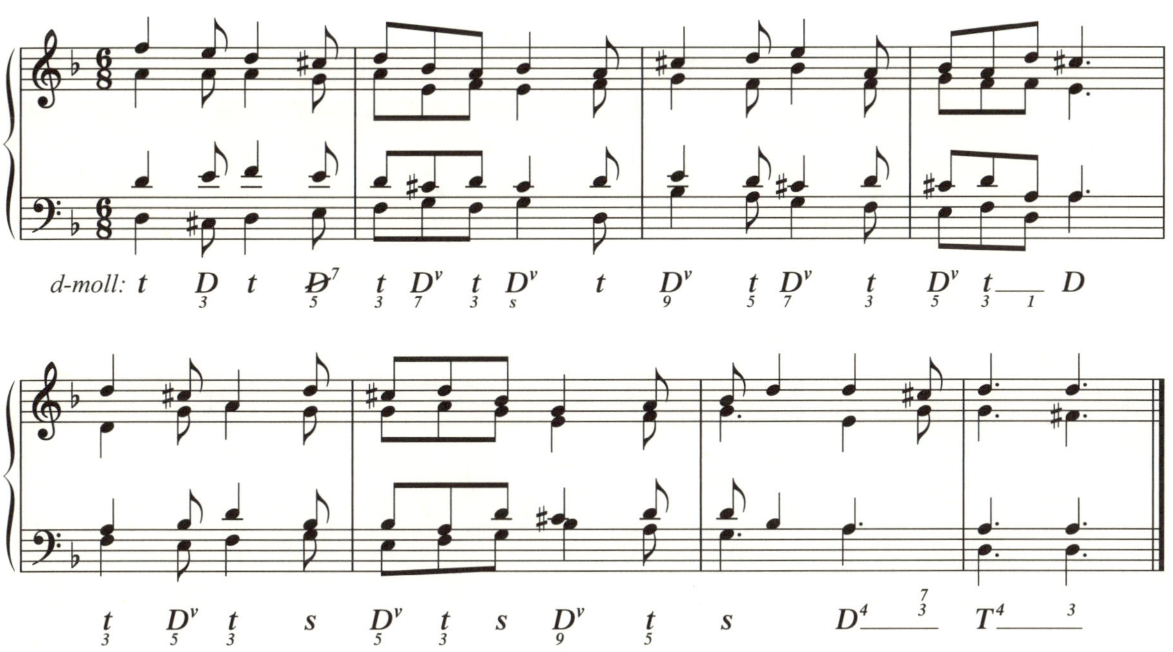

Aufgabe 10.6. – „Hevenu shalom alechem“ → *Harmonielehre* **Aufgabe 10.C.**

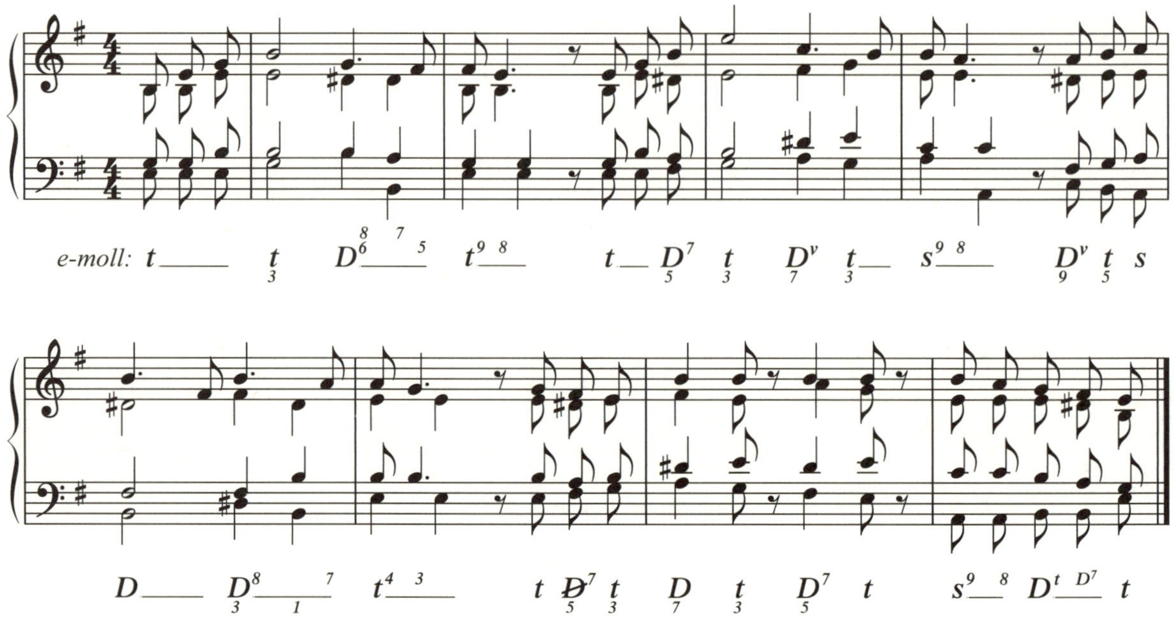

Aufgabe 10.7. – Übungssatz → *Harmonielehre* **Aufgabe 10.D.**

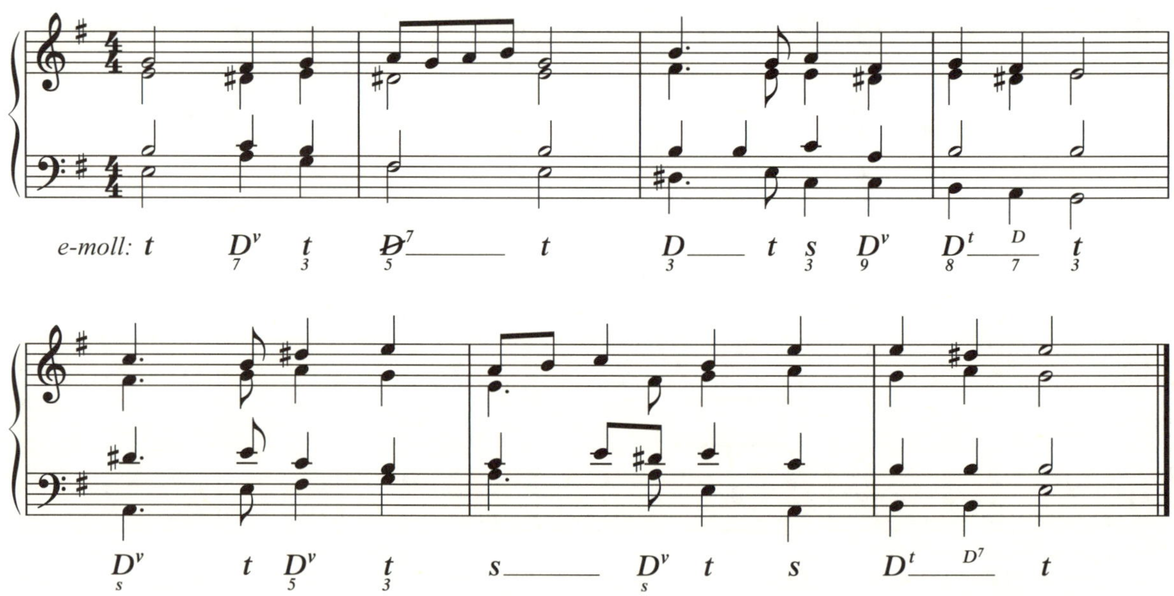

Aufgabe 10.8. – J. S. Bach, „O große Lieb“ – Analyse

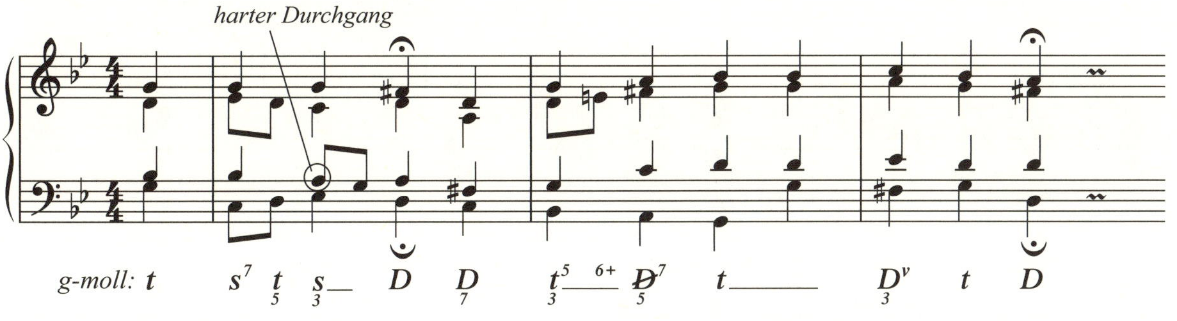

Aufgabe 10.9. – W. A. Mozart, *Die Zauberflöte*, 2. Aufzug, 28. Auftritt, Einleitung – Analyse

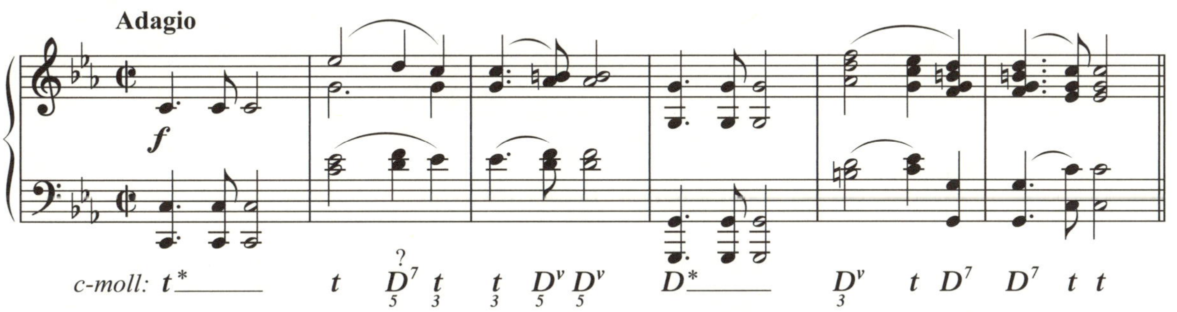

** = Diese Deutungen in den Unisono-Takten sind Vermutungen, wenngleich sehr wahrscheinliche.*
? = Für die eindeutige Bestimmung als Dominante fehlt der Leitton h. *Der Akkord kann auch als Durchgang im Tonikafeld empfunden werden.*

Aufgabe 10.10. – Ludwig van Beethoven, *Klaviersonate* c-moll op. 10 Nr. 1, 1. Satz – Analyse

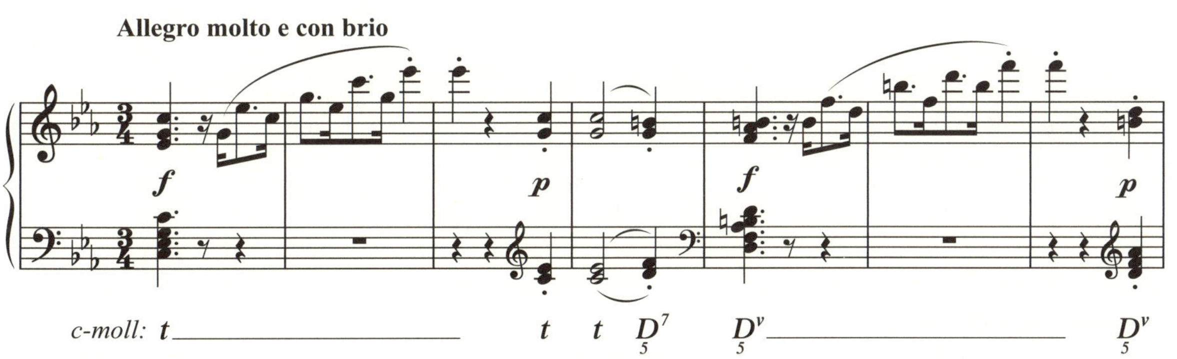

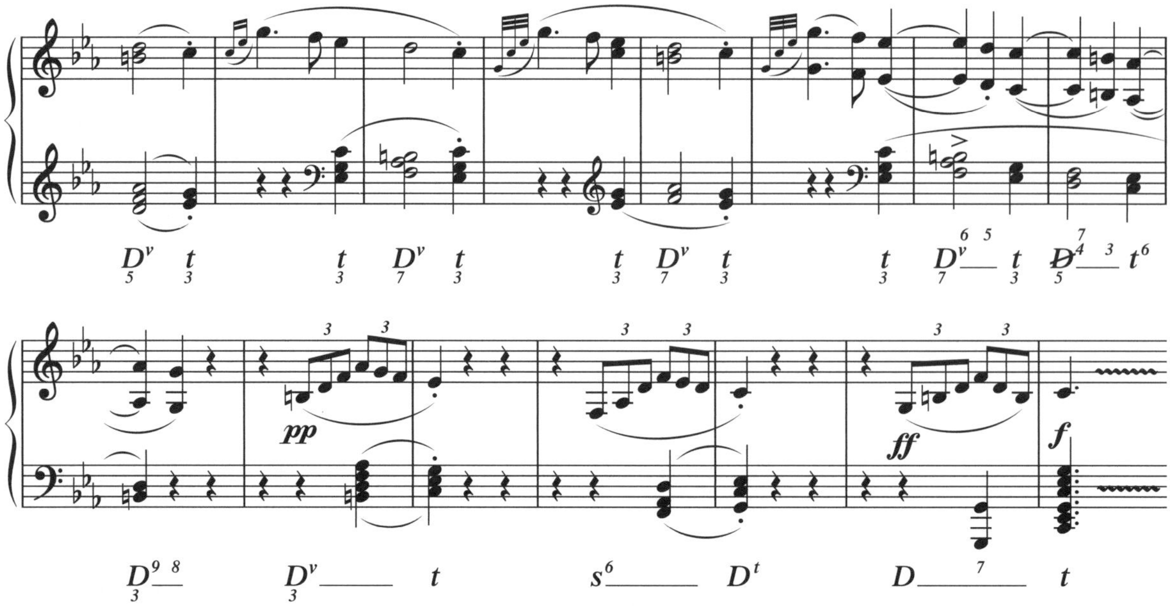

Aufgabe 11.1. – Übungssatz

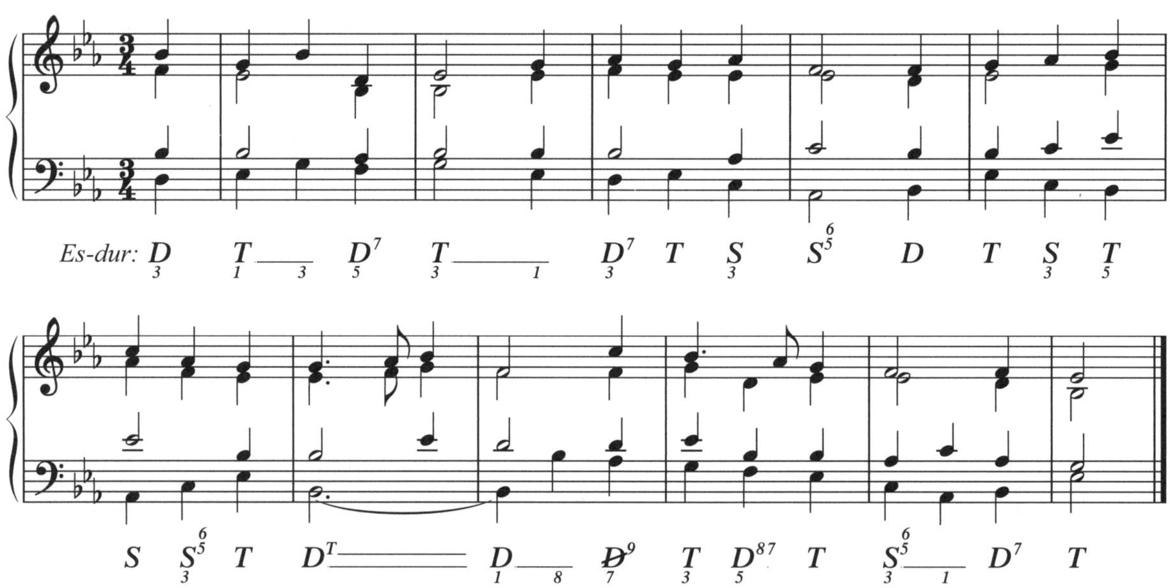

Aufgabe 11.2. – Übungssatz

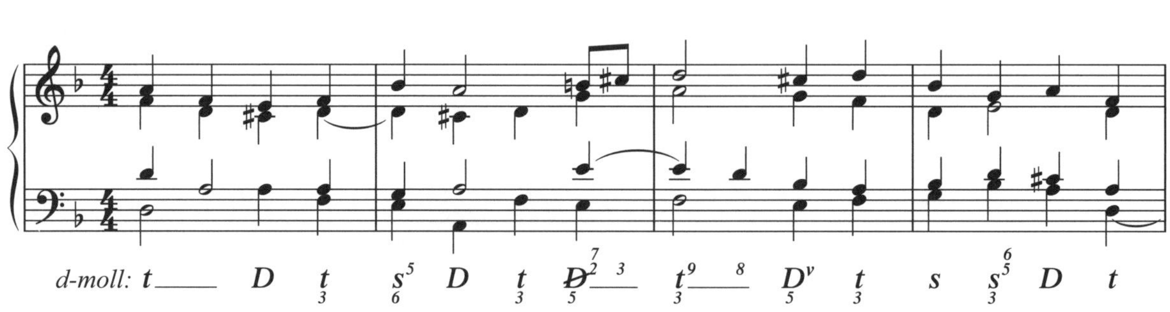

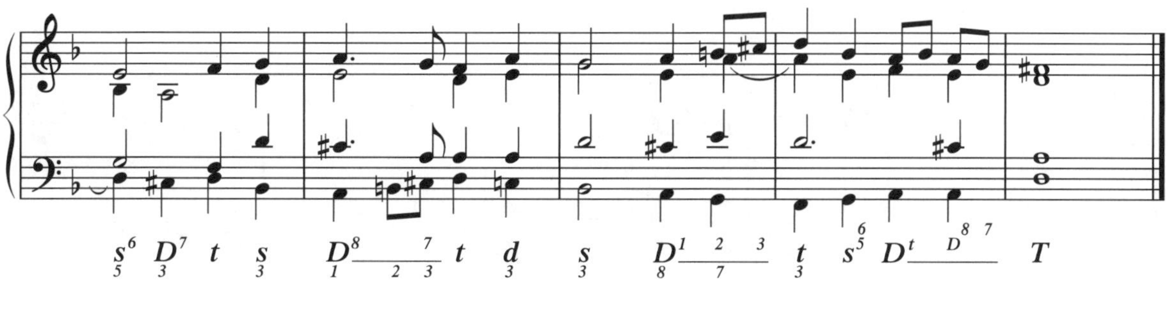

Aufgabe 11.3. – Franz Schubert, „Heidenröslein“

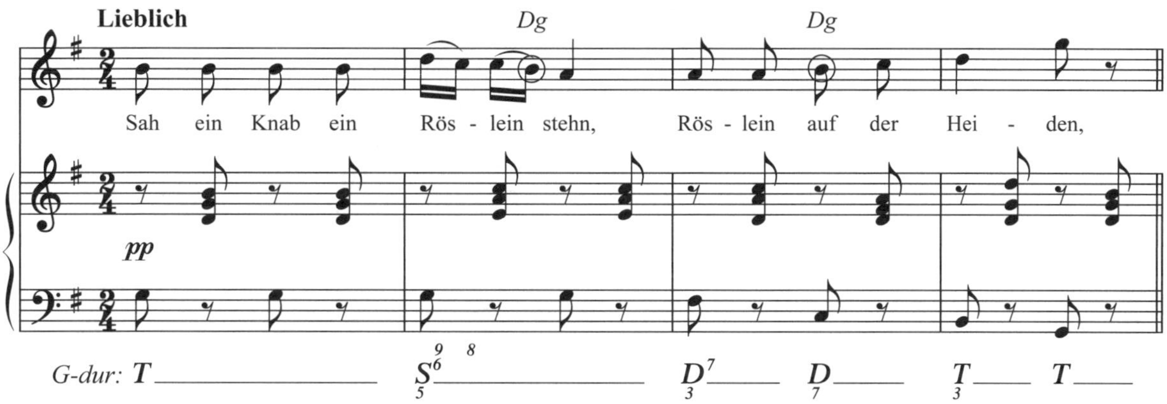

Aufgabe 11.4. – „Du Friedefürst“

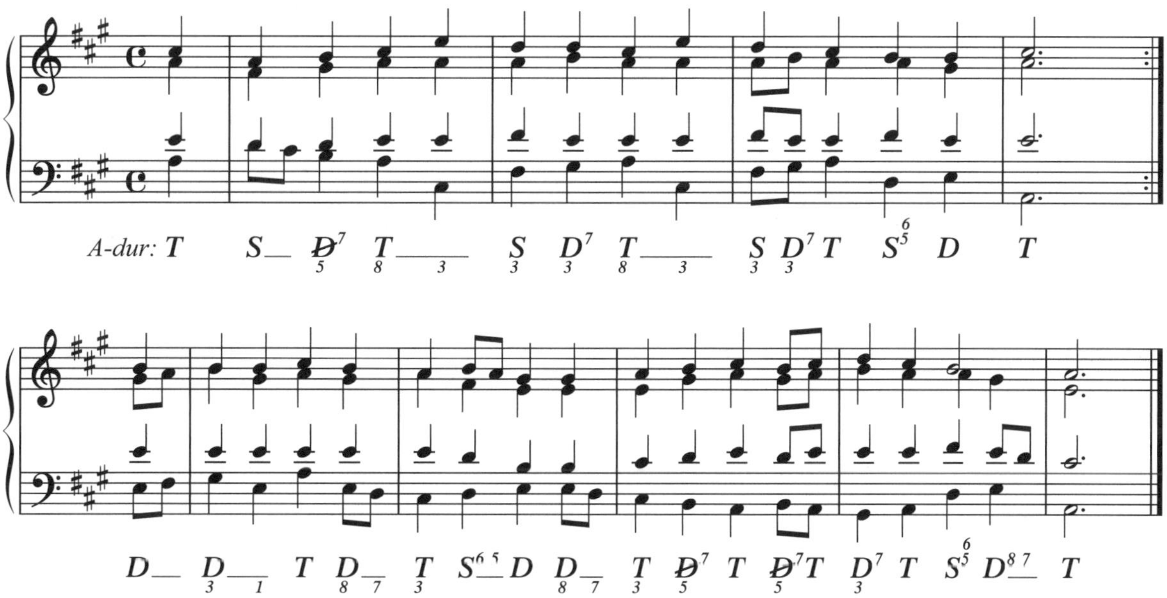

Aufgabe 11.5. – „Der Mai, der Mai, der lustige Mai“ – Instrumentalsatz

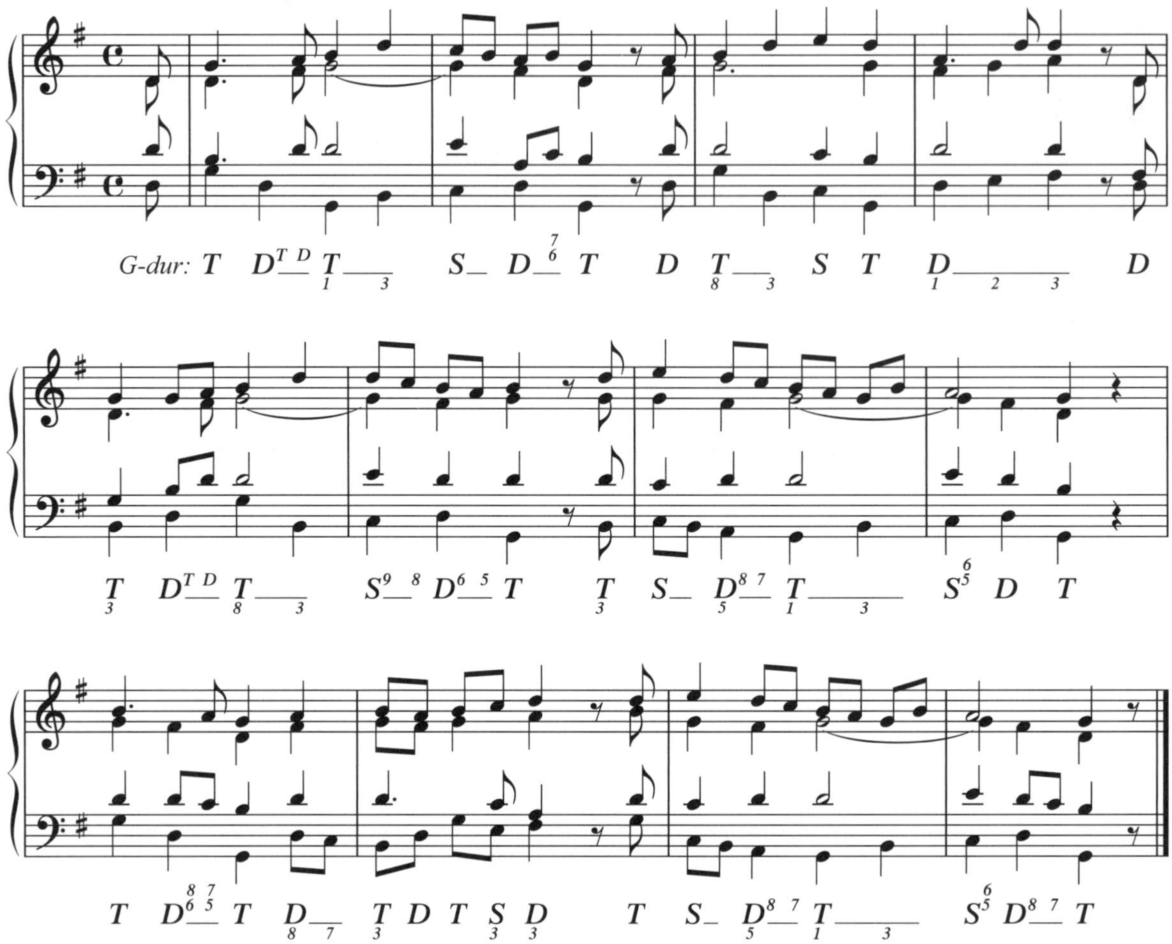

Aufgabe 11.6. – „Aus meines Herzens Grunde“ → *Harmonielehre* **Aufgabe 11.C.**

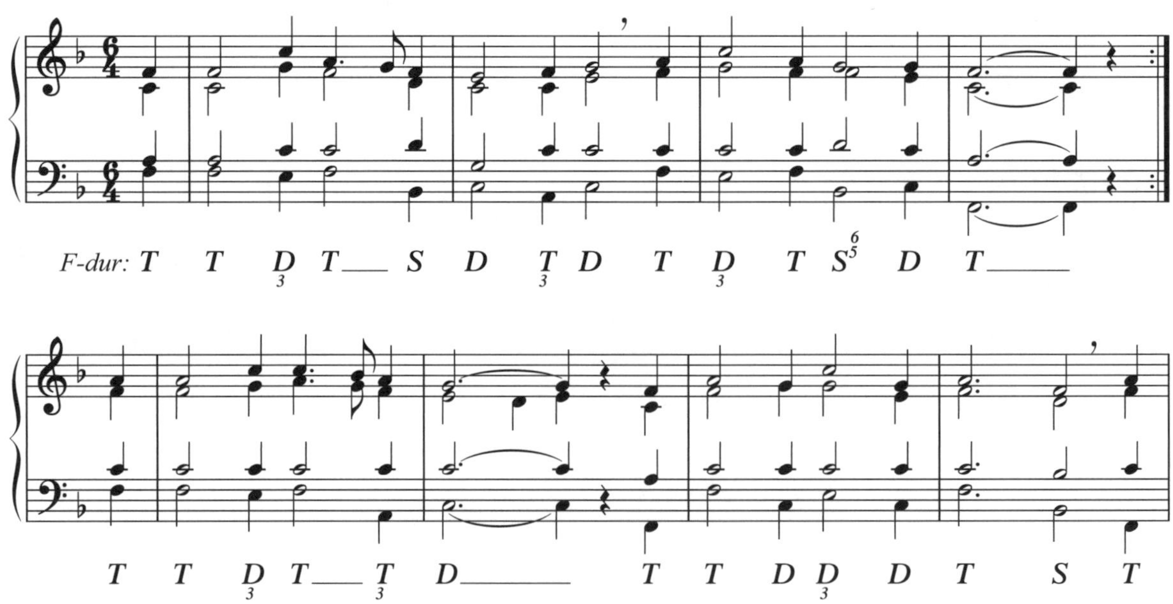

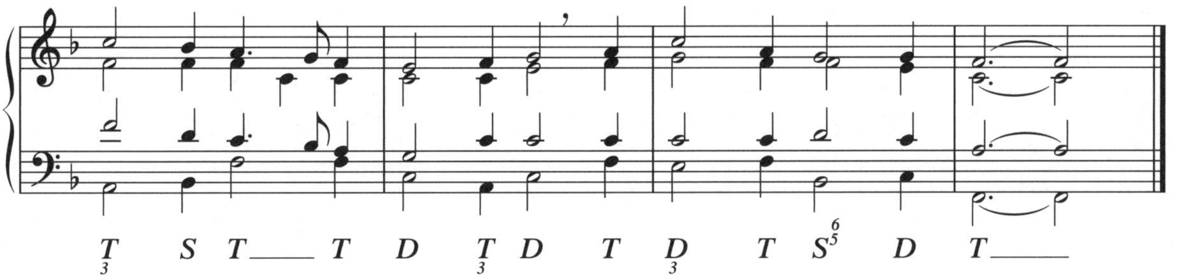

Aufgabe 11.7. – „Ach bittrer Winter“ → *Harmonielehre* **Aufgabe 11.D.**

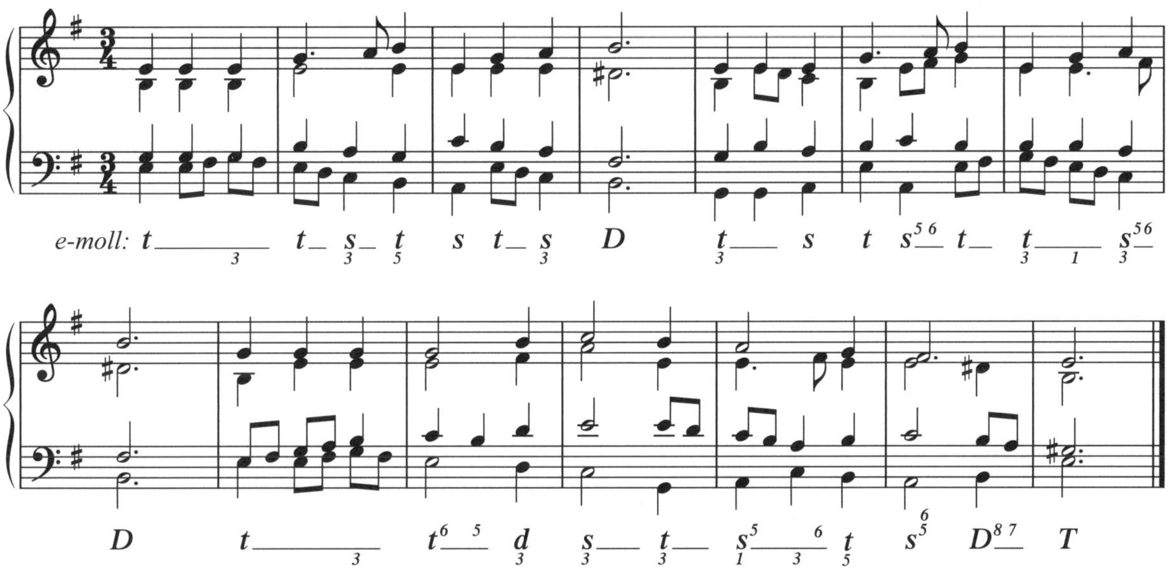

Aufgabe 11.8. – J. S. Bach, „Jesu, der du meine Seele“ – Analyse

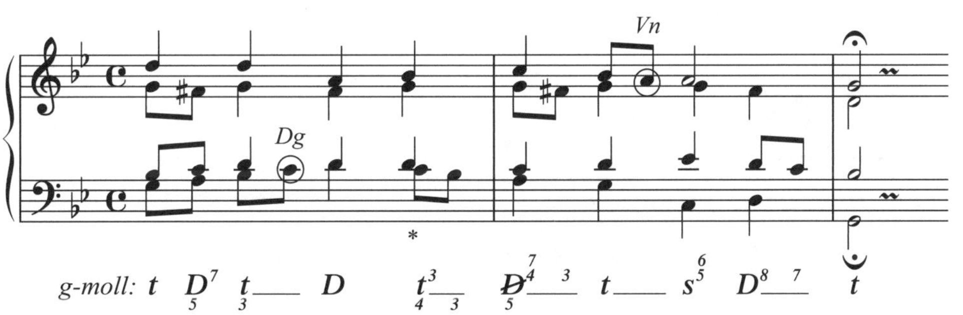

* *Ton c ist eine Mischung aus Vorhalt und hartem Durchgang.*

Aufgabe 11.9. – Ludwig van Beethoven, *Symphonie Nr. 6* F-dur op. 68, Schlusssatz – Analyse

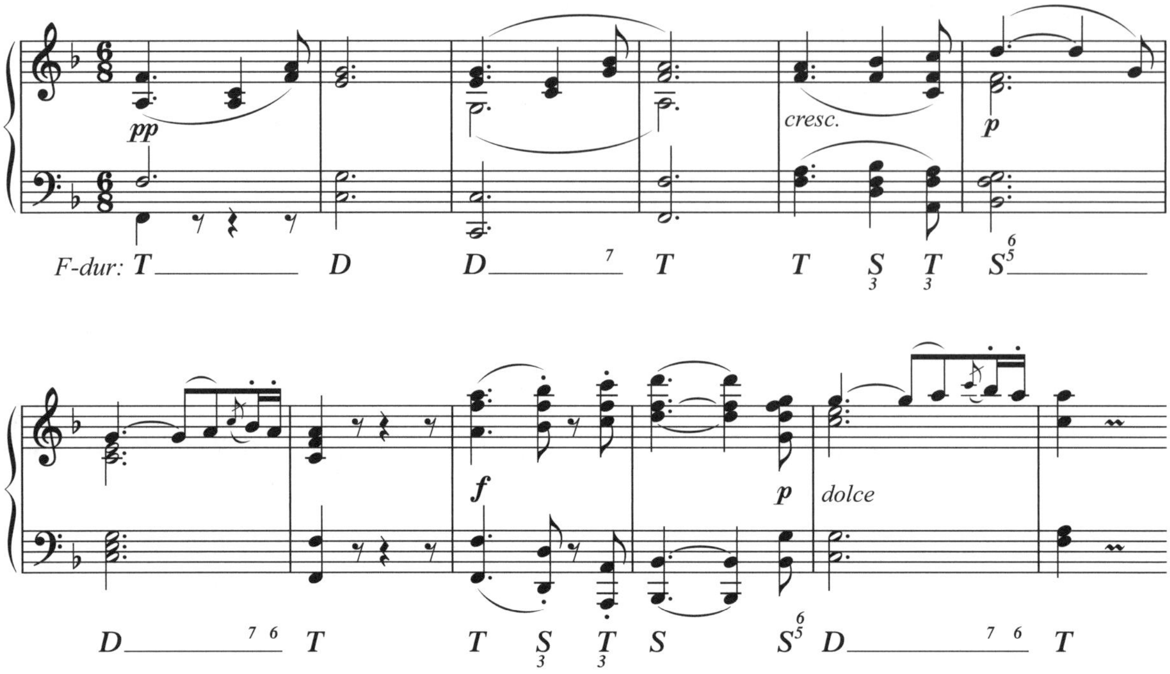

Aufgabe 11.10. – Frédéric Chopin, *Walzer* h-moll op. 69 Nr. 2 – Analyse

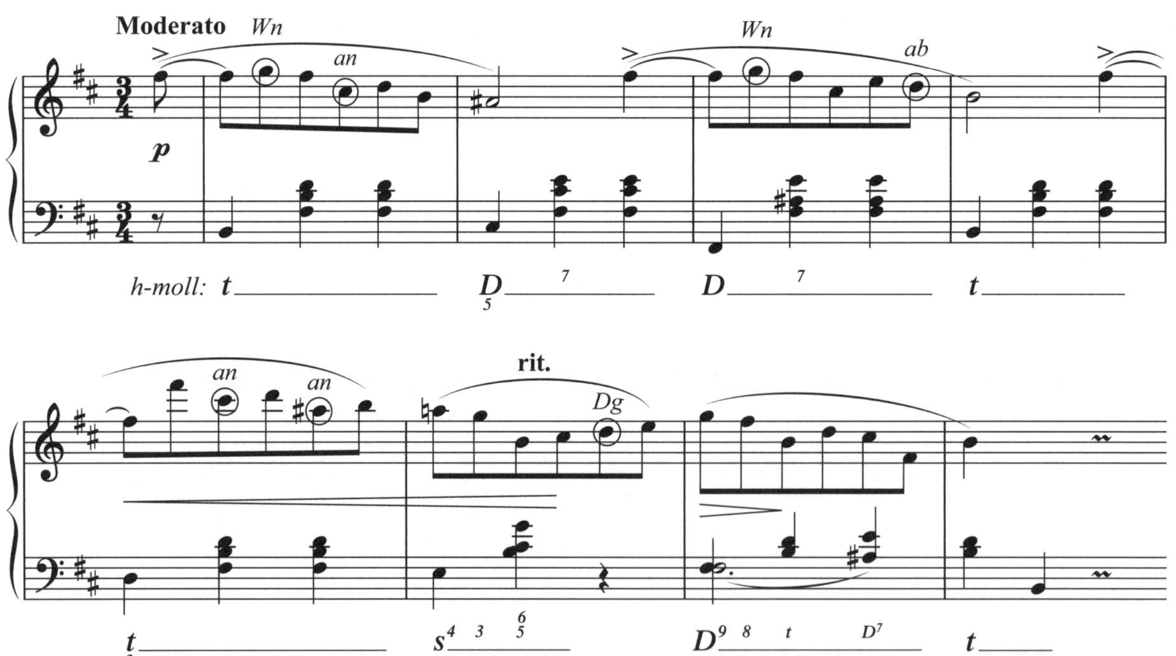

Der schmerzhaft-melancholische Charakter dieses stilisierten Walzers wird – neben dem Tongeschlecht – ganz sicher auch durch die vielen harmoniefremden Töne ausgelöst und mitbestimmt.

Aufgabe 12.1. – „Ich hört ein Sichelein rauschen"

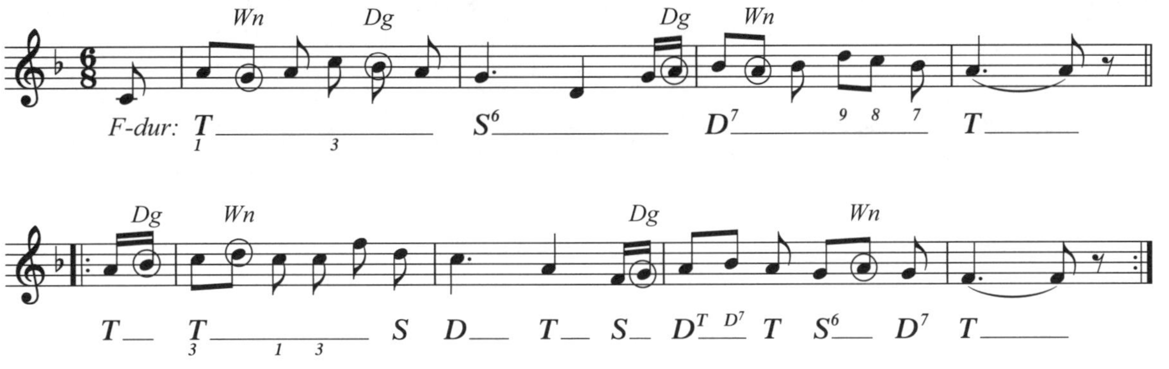

Aufgabe 12.2. – „Ich hab die Nacht geträumet"

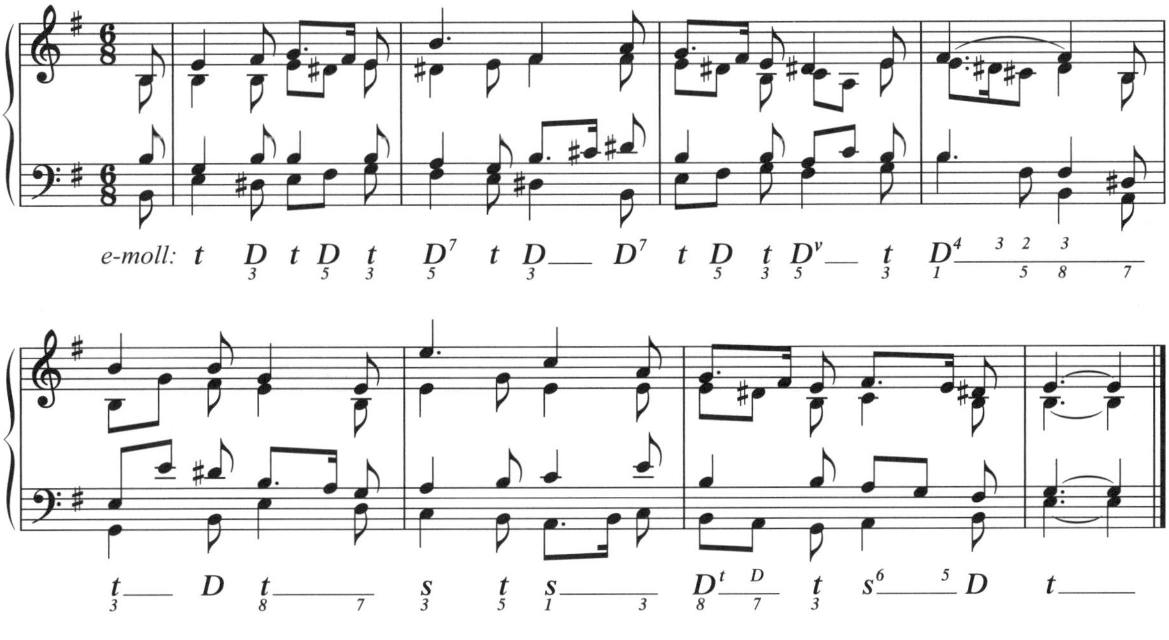

Aufgabe 12.3. – „Und in dem Schneegebirge"

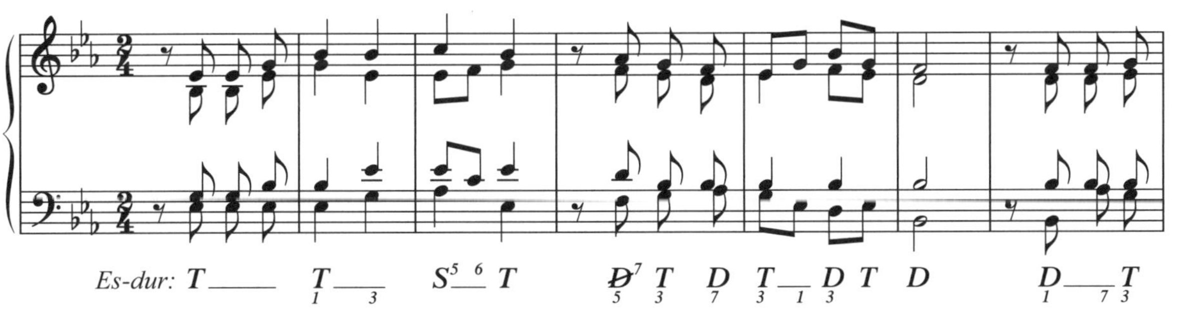

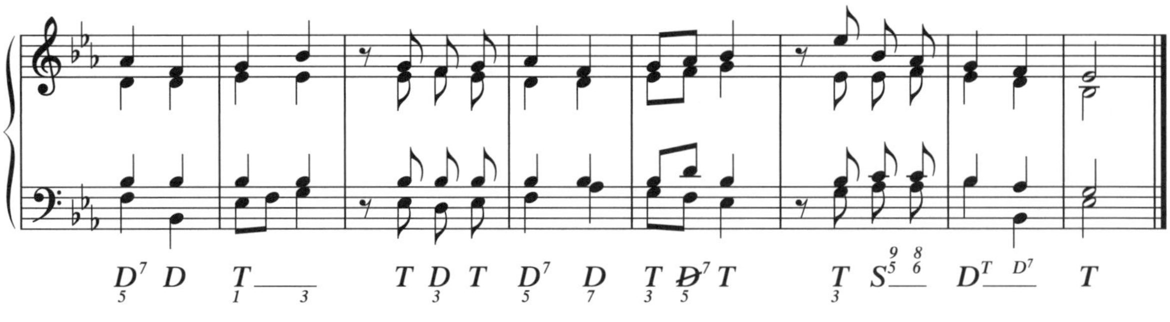

Aufgabe 12.4. – „Im schönsten Wiesengrunde“

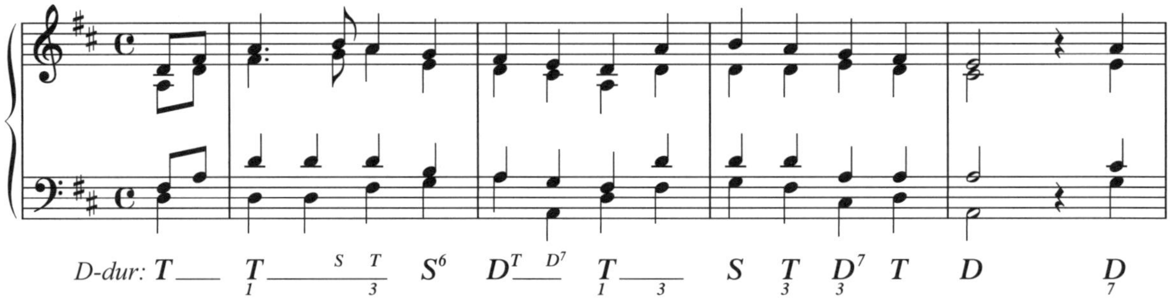

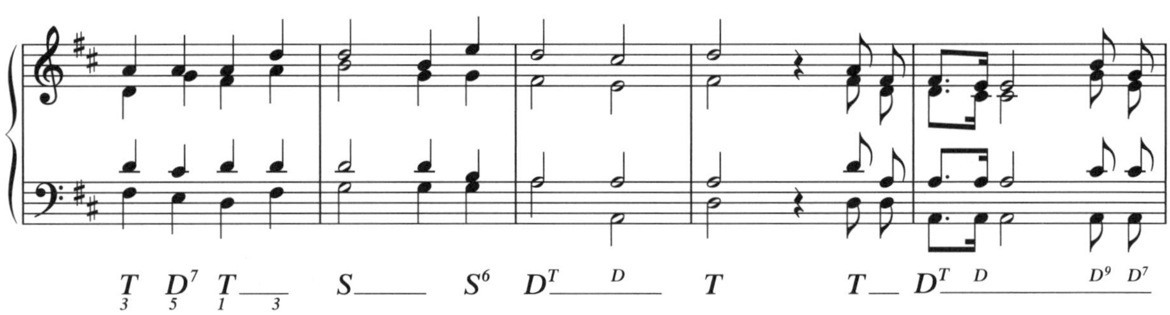

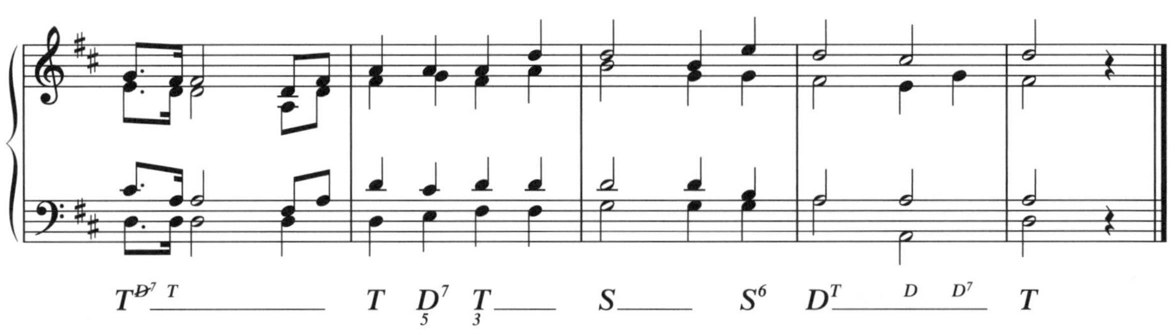

Aufgabe 12.5. – „Schneidri, schneidra, schneidrum“ → *Harmonielehre* **Aufgabe 12.C.**

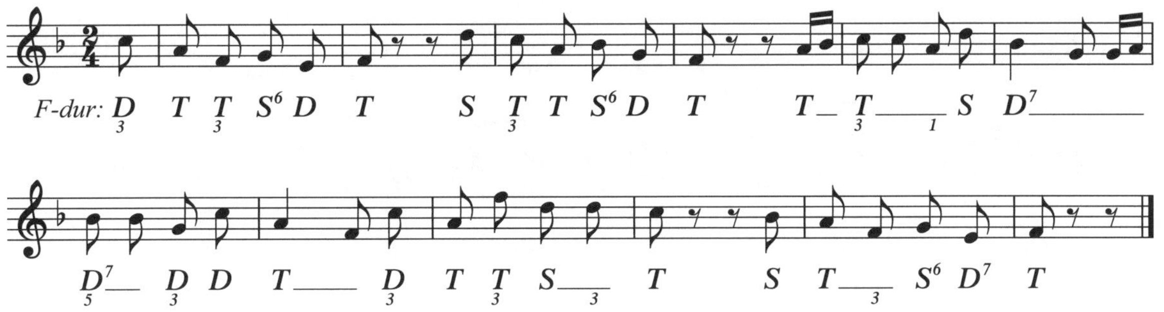

Aufgabe 12.6. – „Auf de schwäbsche Eisebahne“ → *Harmonielehre* **Aufgabe 12.D.**

Harmoniefremde Töne sind bezeichnet; Vorhalte wurden in die Funktionszeichen aufgenommen.

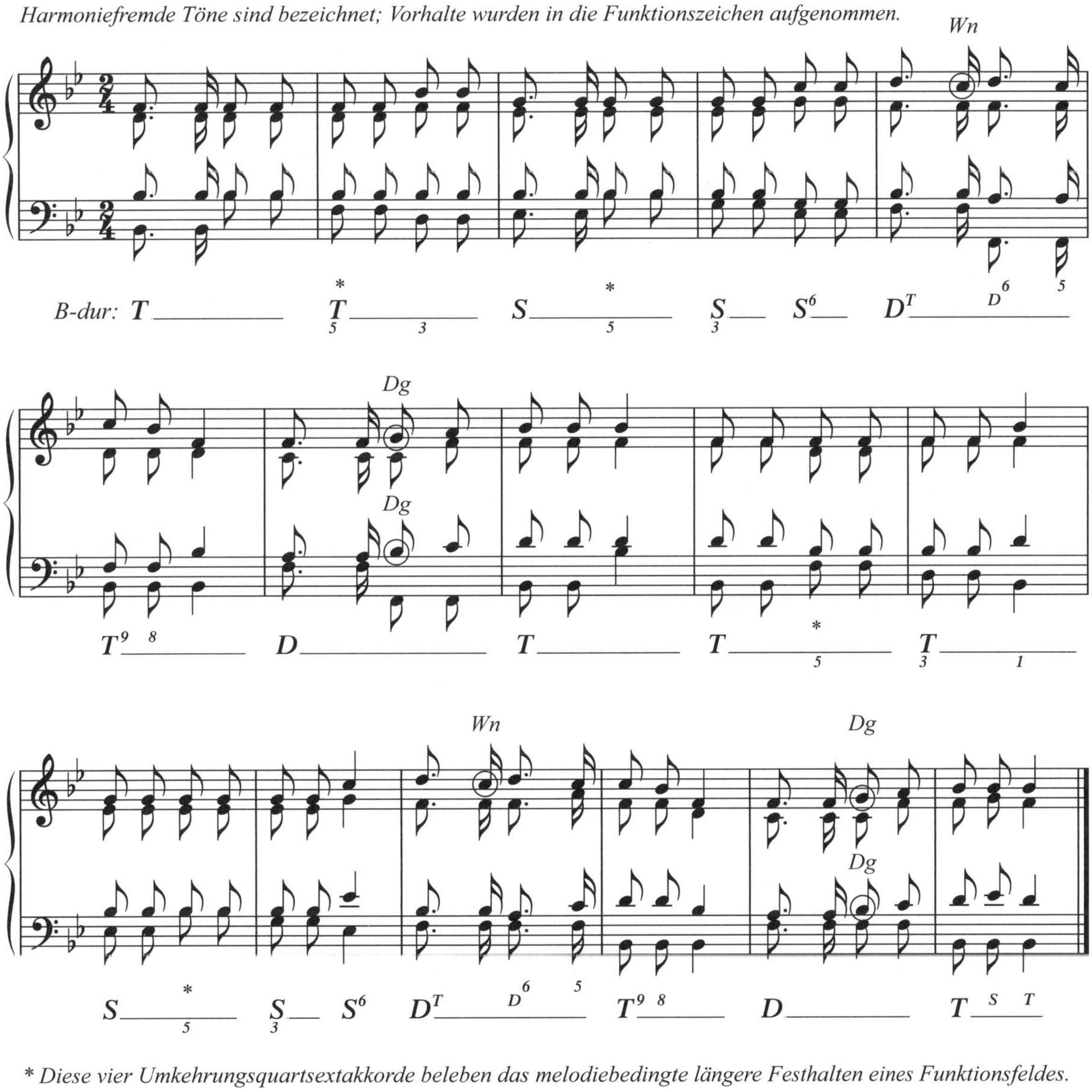

* *Diese vier Umkehrungsquartsextakkorde beleben das melodiebedingte längere Festhalten eines Funktionsfeldes.*

Aufgabe 12.7. – J. S. Bach, „Das alte Jahr vergangen ist" – Analyse

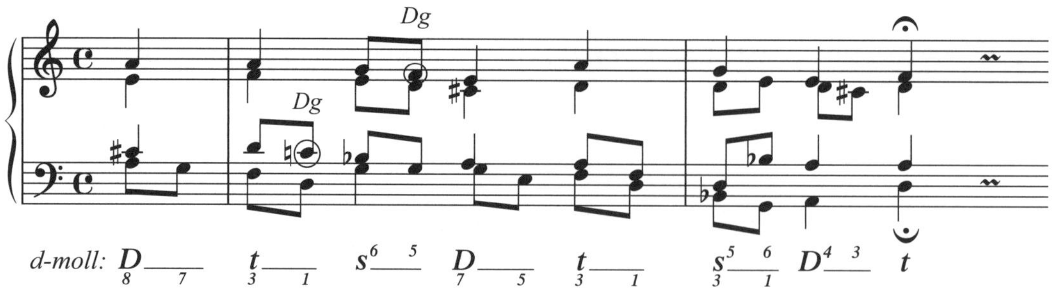

Aufgabe 12.8. – W. A. Mozart, *Die Zauberflöte*, 2. Aufzug, Arie Nr. 15, „In diesen heil'gen Hallen" – Analyse

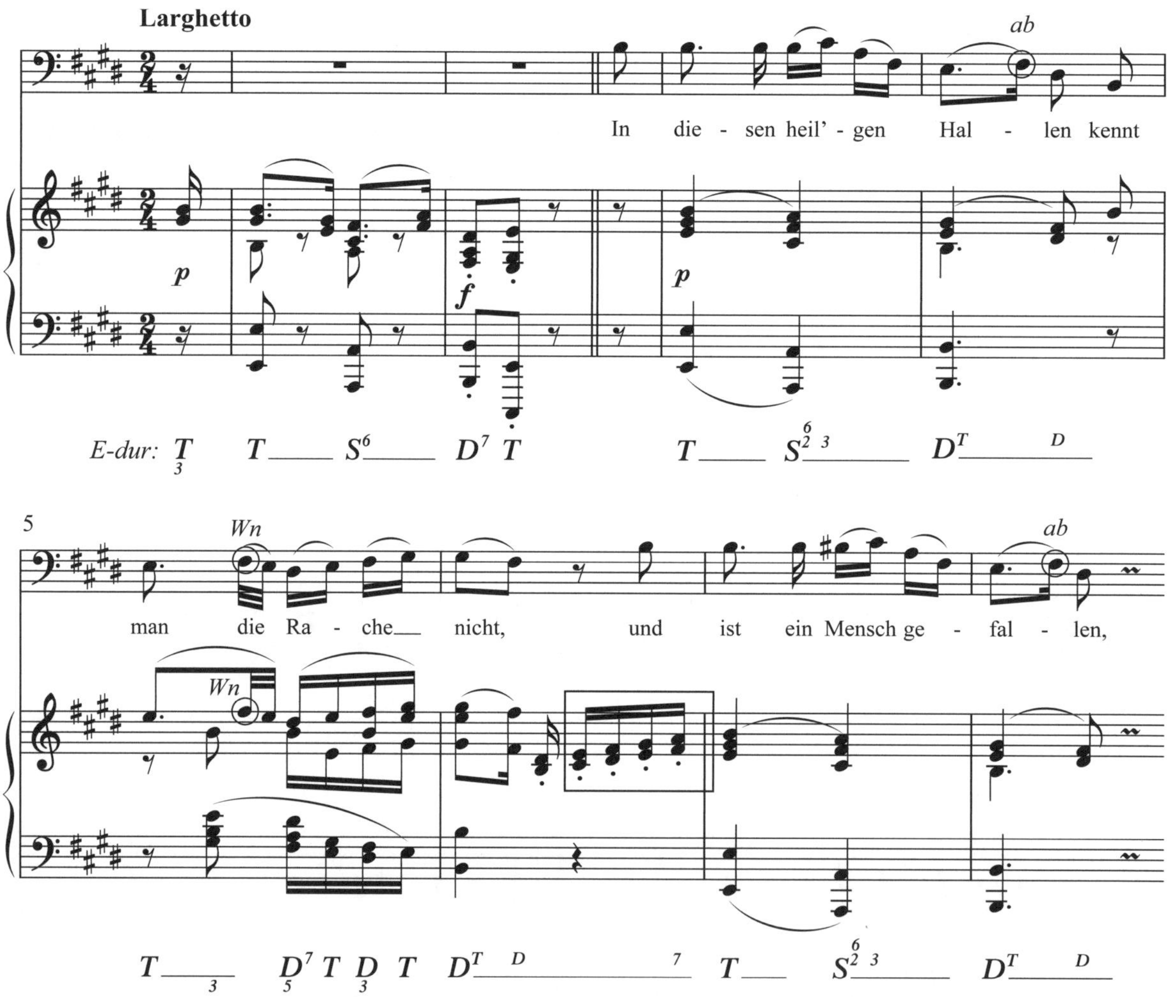

Die flüchtigen Zweiunddreißigstel in Takt 5 wirken eher wie Verzierungen denn als Wechselnoten.

Aufgabe 12.9. – W. A. Mozart, *Die Zauberflöte*, Arie Nr. 20, „Ein Mädchen oder Weibchen" – Analyse

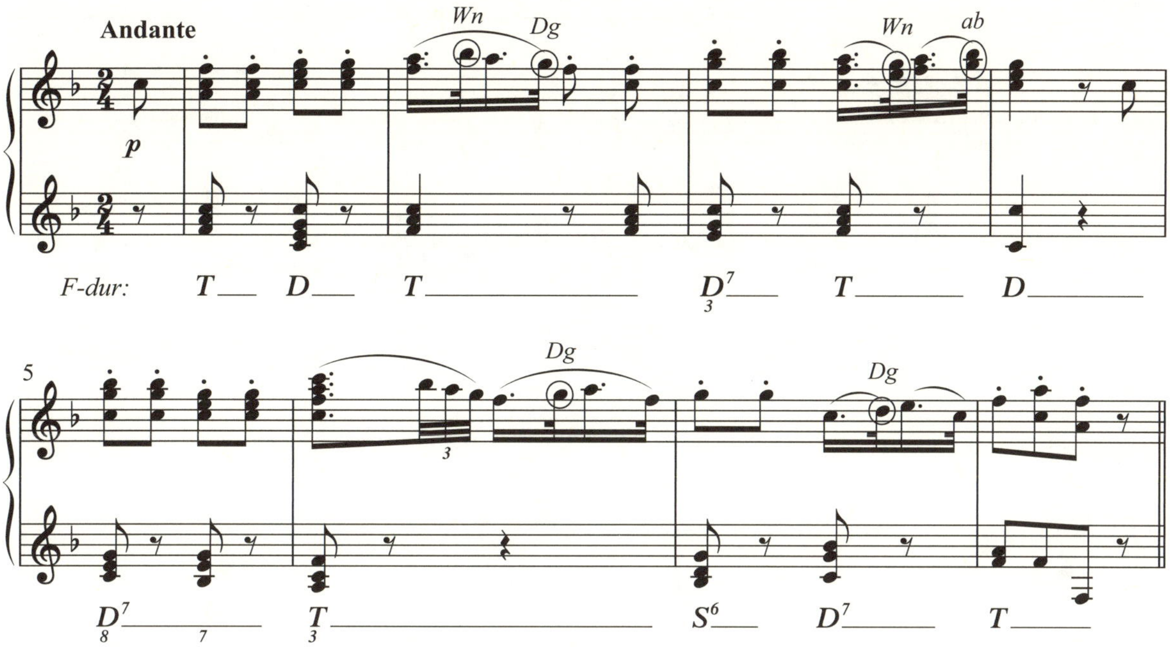

Innerhalb der Triolen-Passage in Takt 6 machen das schnelle Tempo sowie der erkennbare Wille Mozarts, eine virtuose Spielfigur auf dem Glockenspiel zu schaffen, Analyseangaben zu den harmoniefremden Tönen hinfällig.

Aufgabe 12.10. – Giuseppe Verdi, *Rigoletto* 1. Akt, „Arie der Gilda" – Analyse

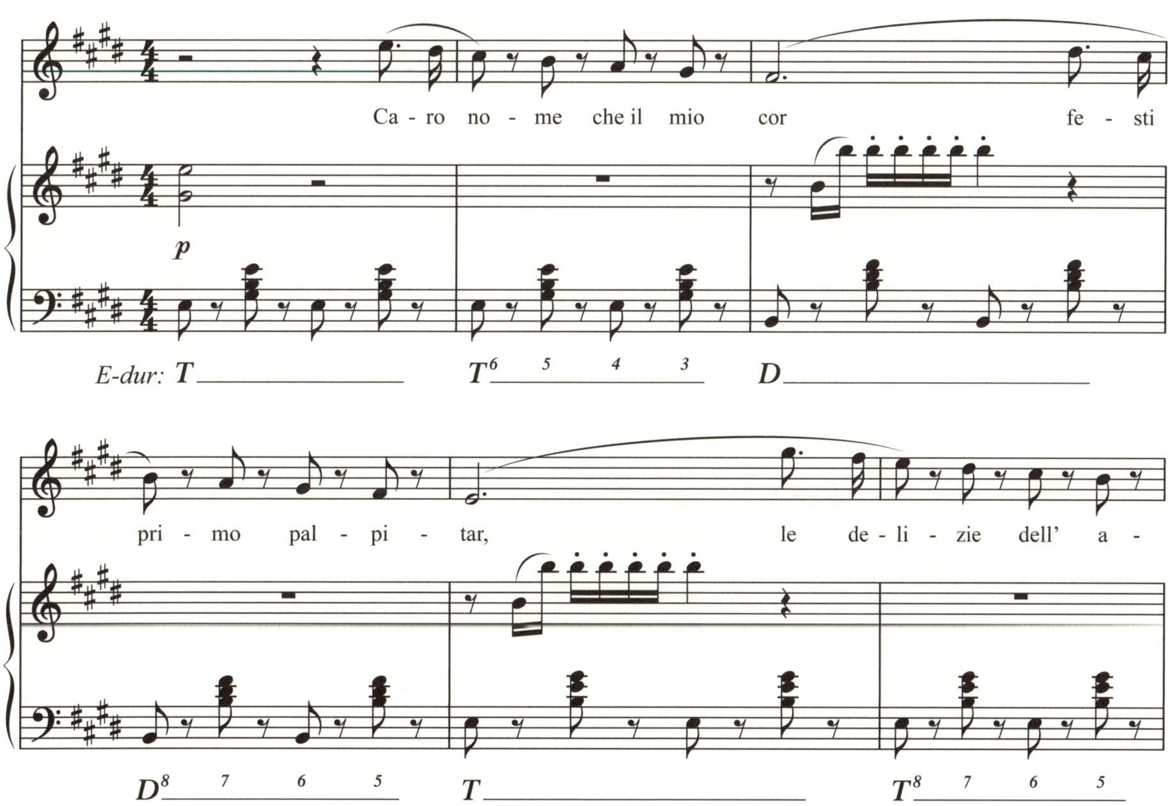

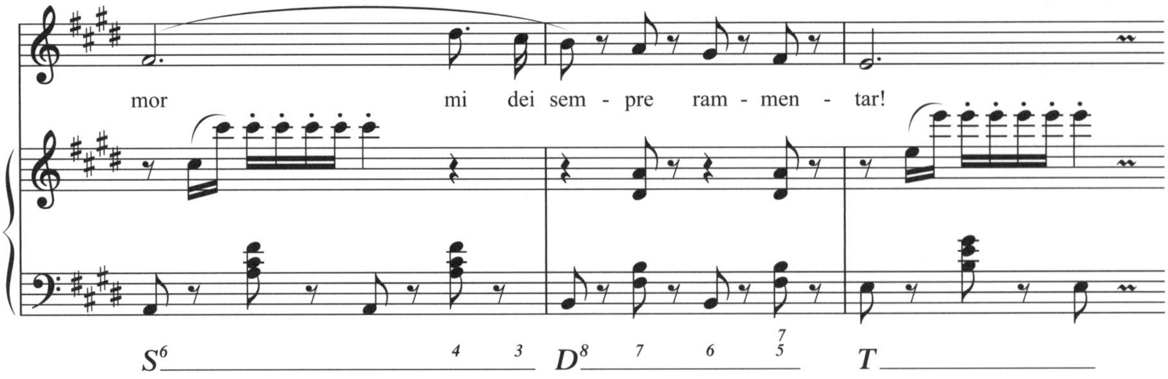

Aufgabe 13.1. – Übungssatz

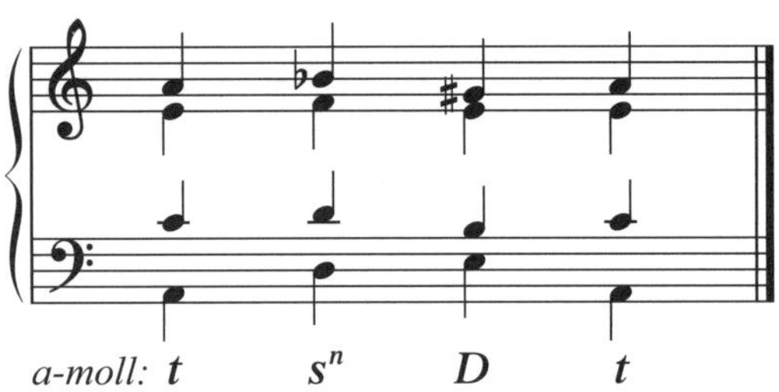

Aufgabe 13.2. – Übungssatz

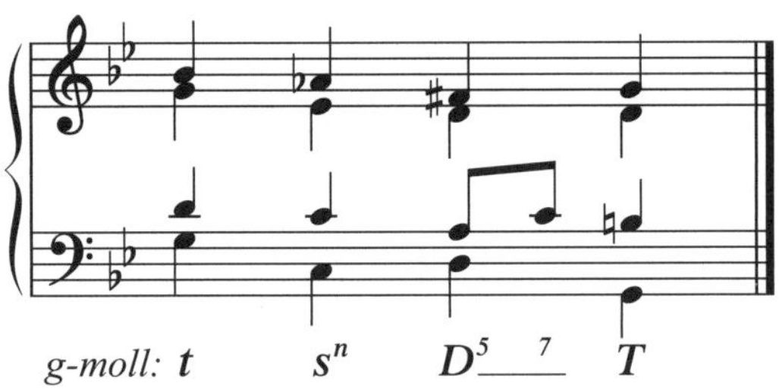

Aufgabe 13.3. – Übungssatz

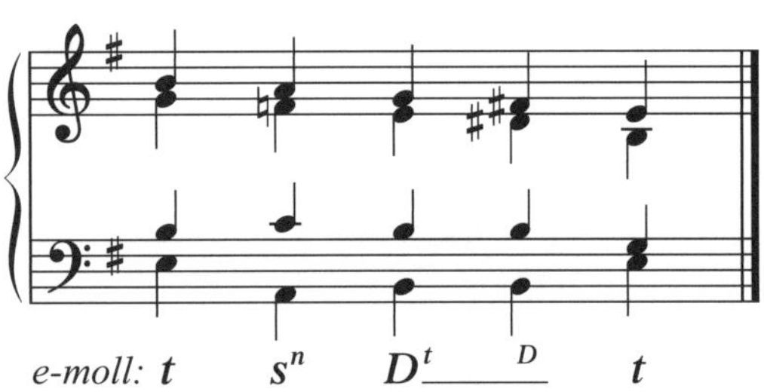

Aufgabe 13.4. – Übungssatz

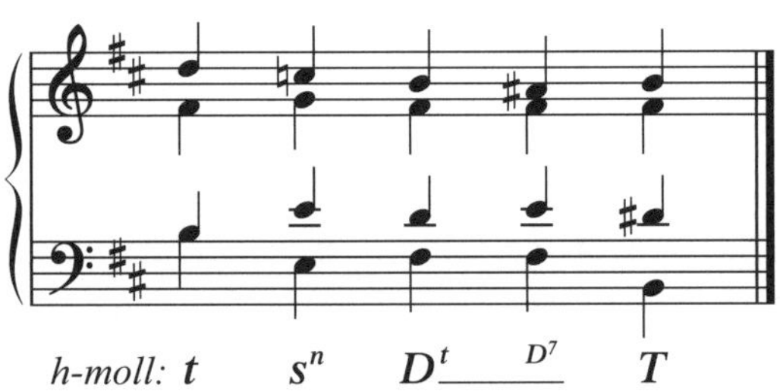

Aufgabe 13.5. – Übungssatz

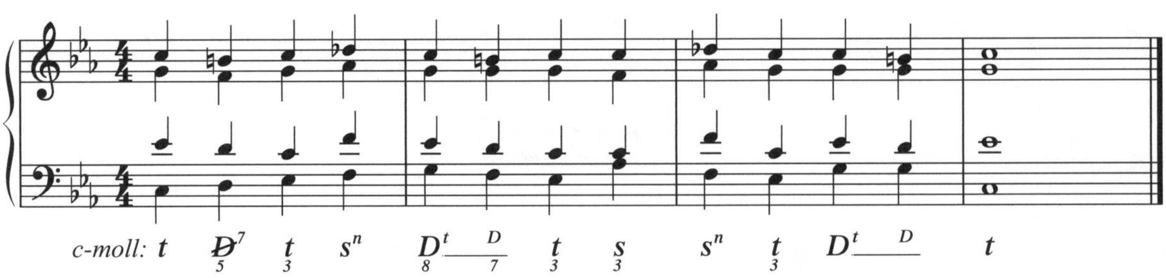

Aufgabe 13.6. – Übungssatz → *Harmonielehre* **Aufgabe 13.C.**

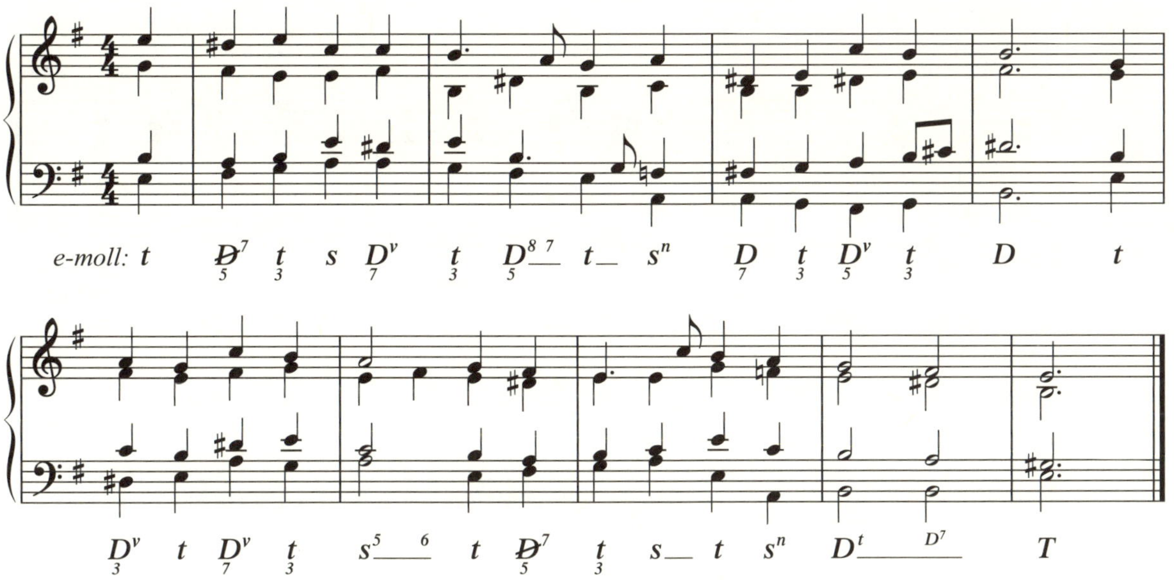

Aufgabe 13.7. – Funktionsablauf aussetzen → *Harmonielehre* **Aufgabe 13.D.**

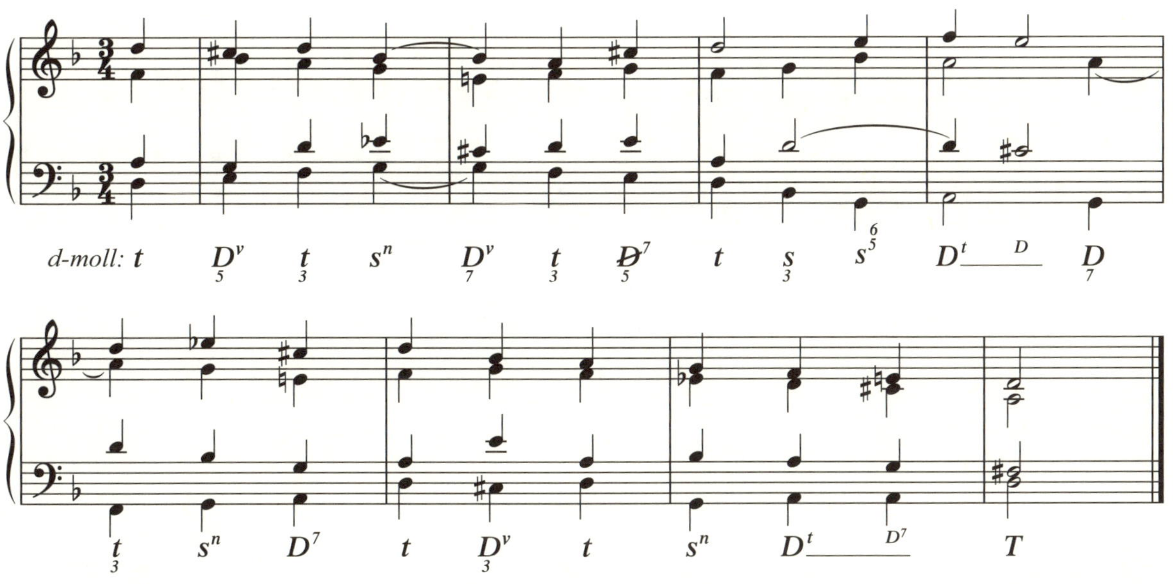

Aufgabe 13.8. – Übungssatz

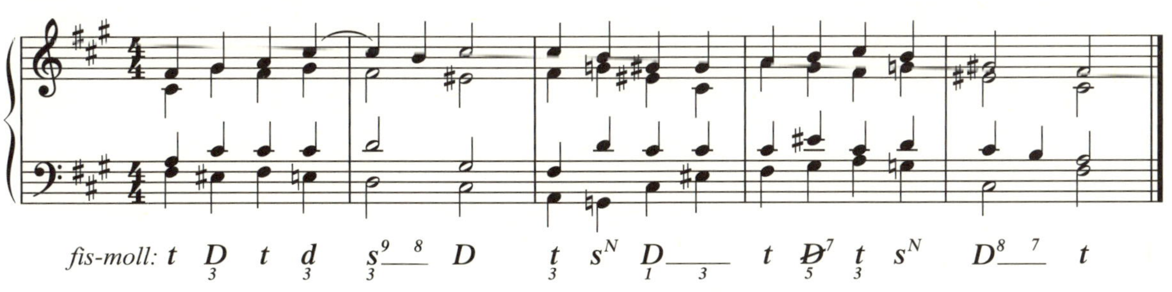

Aufgabe 13.9. – Fehler finden

Offene Parallelen durch 5 bzw. 8 gekennzeichnet

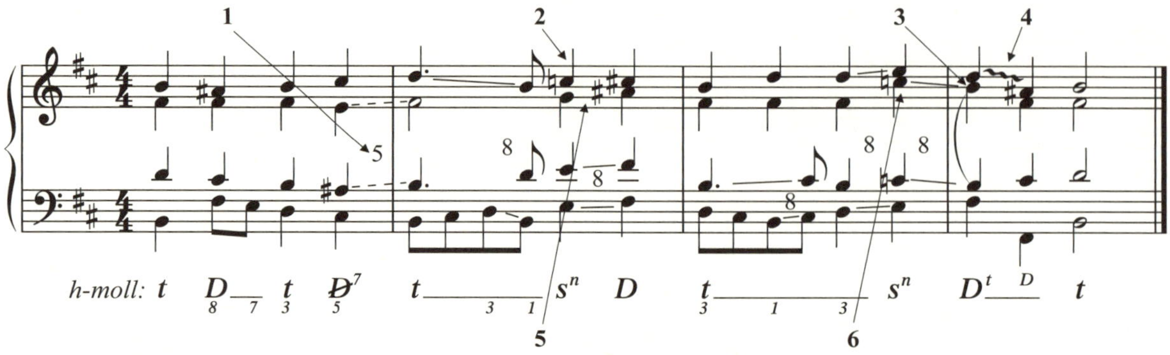

1: vermindert-reine Quintparallele *zwischen Tenor und Alt*
2: *Sopran: Ton* c *muss abwärts geführt werden.*
3: *Alt: Nicht Vorhaltston* h *wird im Vorhaltsquartsextakkord verdoppelt, sondern Dominantgrundton* fis.
4: *Sopran: ungünstige Tonführung* d-ais
5: *fehlerhafte Tonführung* g-ais *im Alt*
6: *Alt: Die neapolitanische Sexte (Ton c) darf nicht verdoppelt werden.*

Verbesserte Fassung:

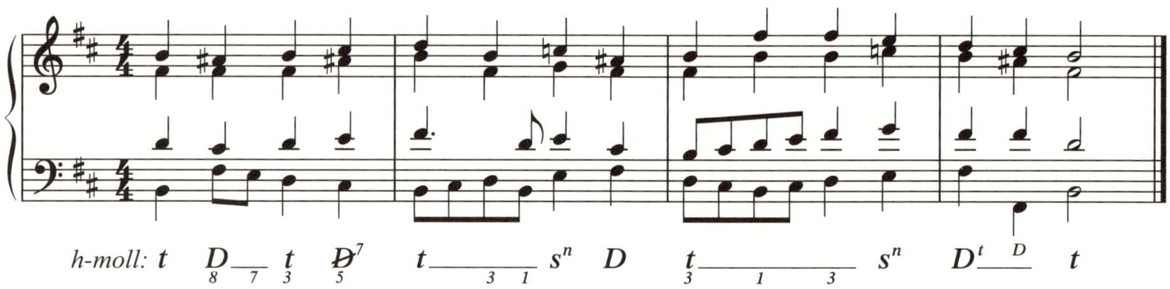

Aufgabe 13.10. – Übungssatz

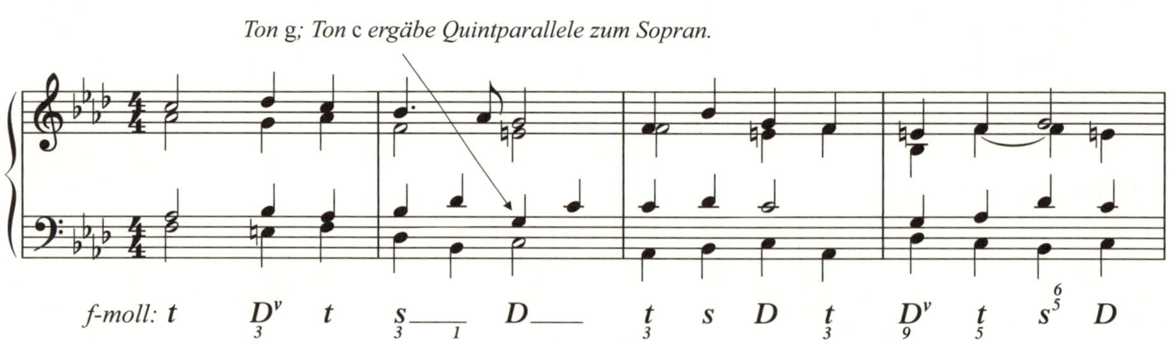

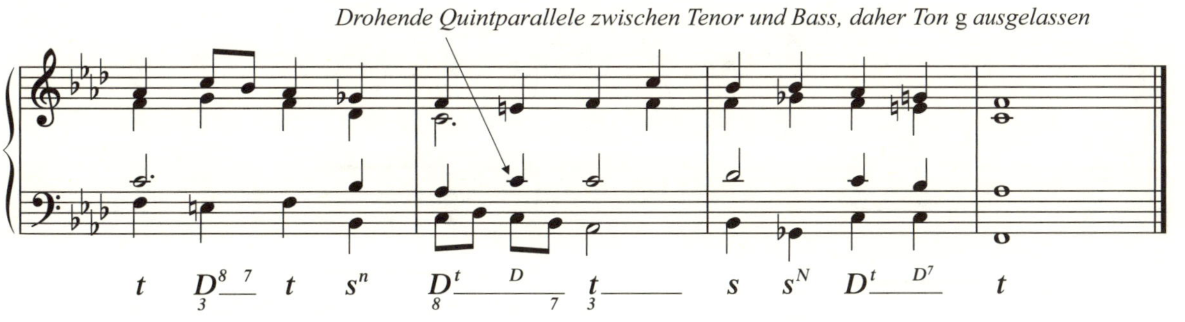

Aufgabe 13.11. – Übungssatz

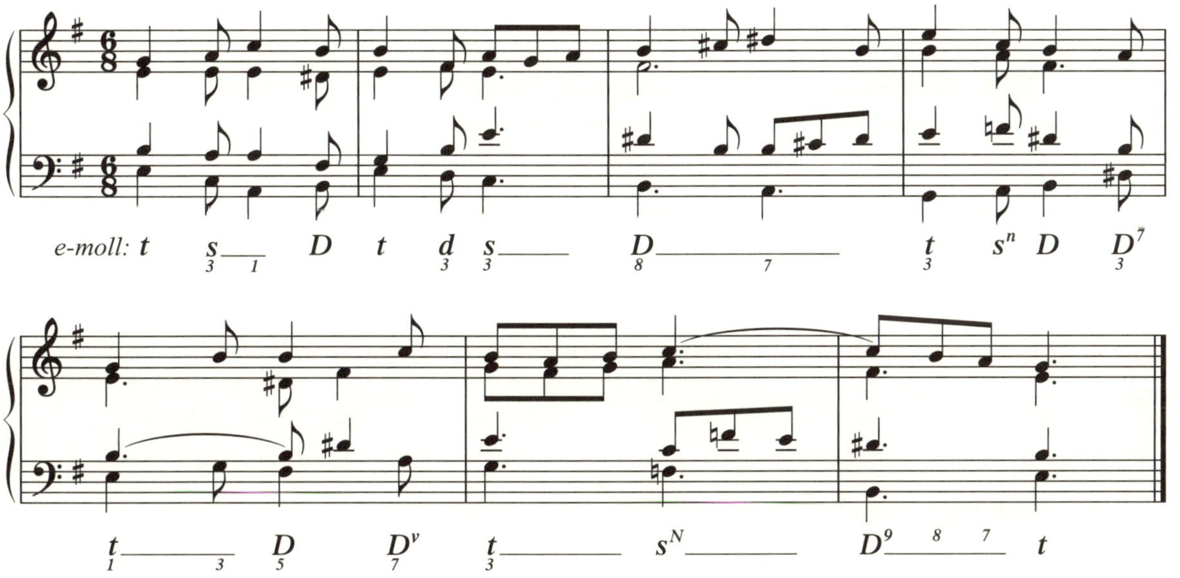

Aufgabe 13.12. – W. A. Mozart, *Die Zauberflöte*, 2. Aufzug, 28. Auftritt – Analyse

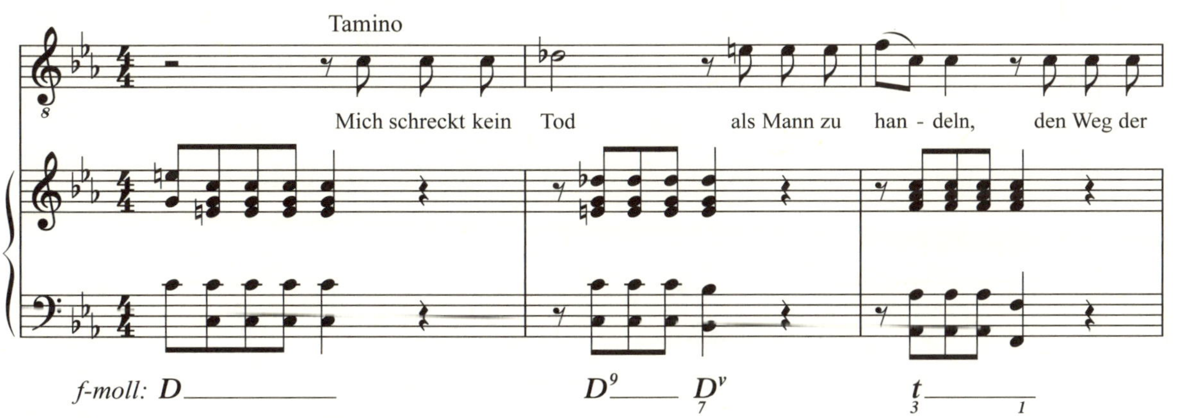

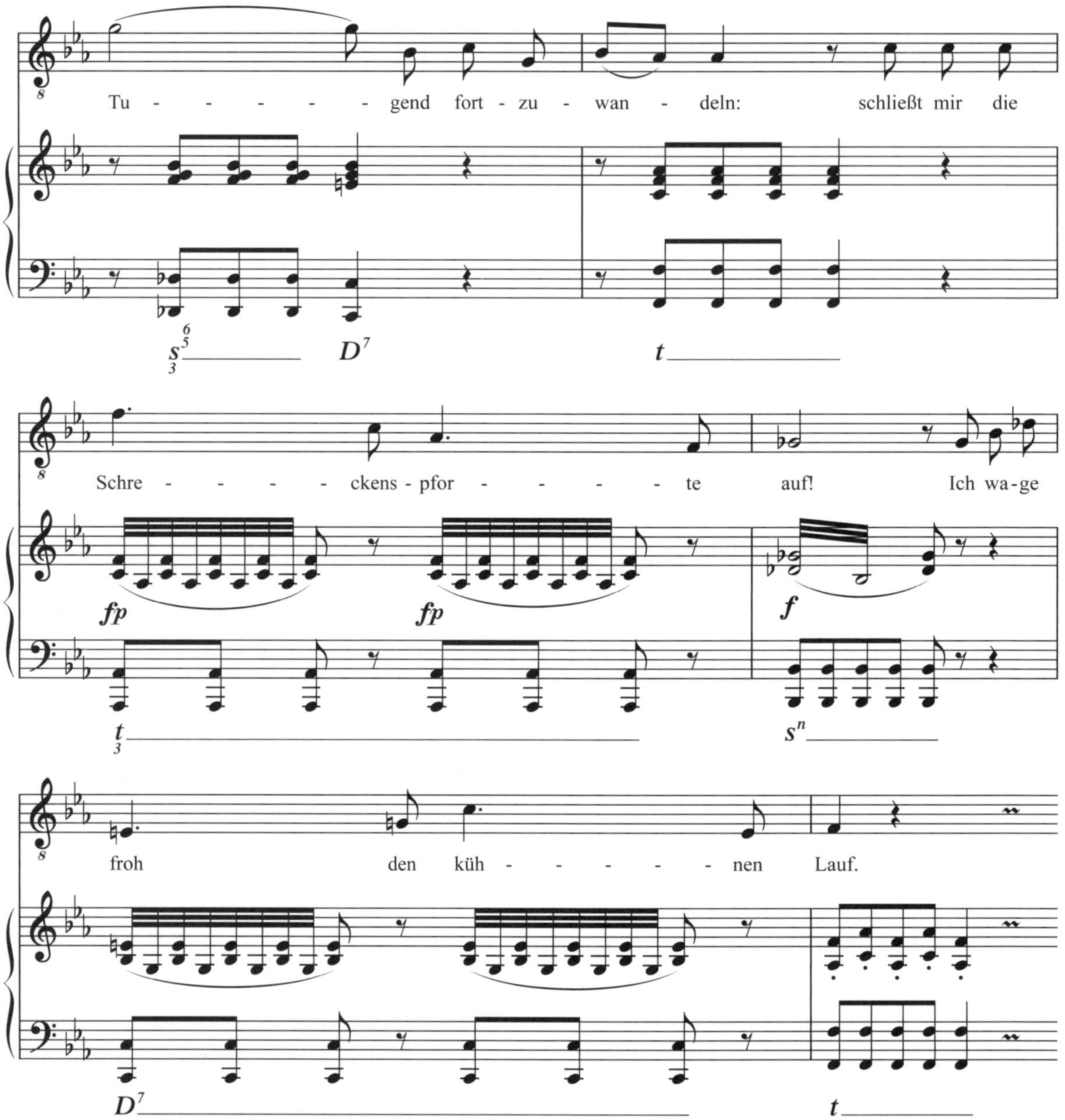

Mozart verwendet den s^n *ganz in der Tradition der Neapolitanischen Opernschule gezielt bei der aufrüttelnden Textstelle „… schließt mir die Schreckenspforte auf!".*

Aufgabe 13.13. – Ludwig van Beethoven, *Bagatelle* op. 119 Nr. 9 für Klavier – Analyse

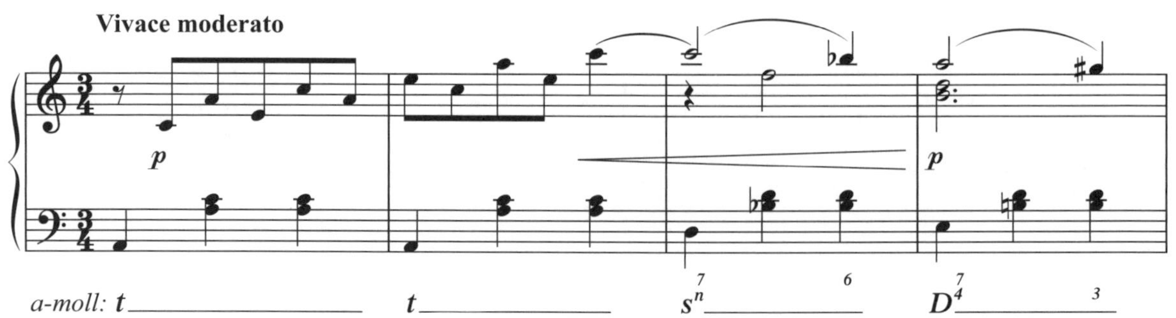

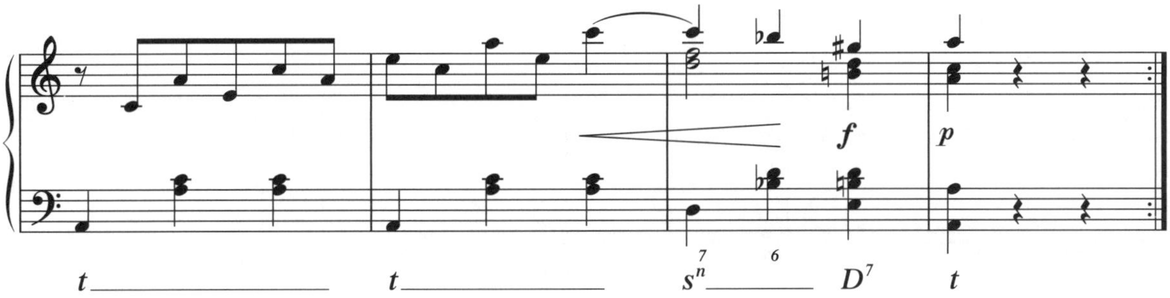

Aufgabe 13.14. – Johannes Brahms, „Wie Melodien zieht es" op. 105 Nr. 1 – Analyse

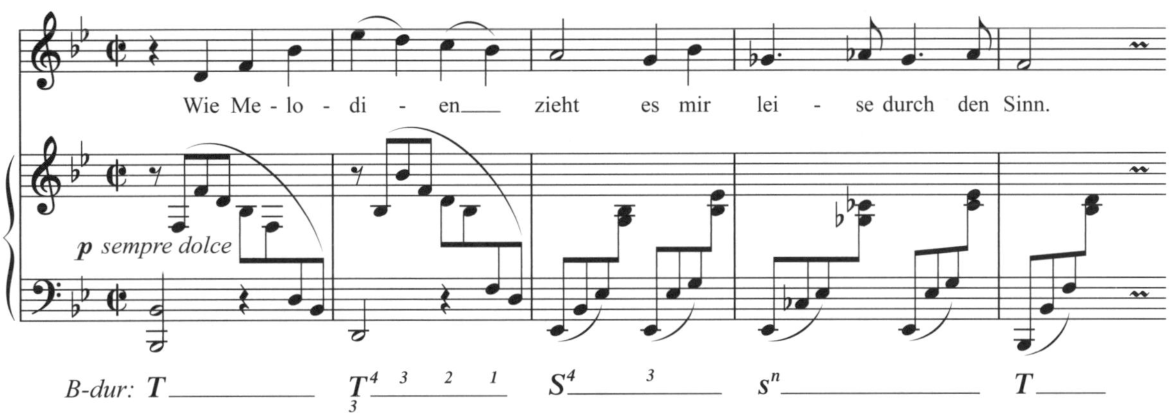

Aufgabe 14.1. – Übungssatz

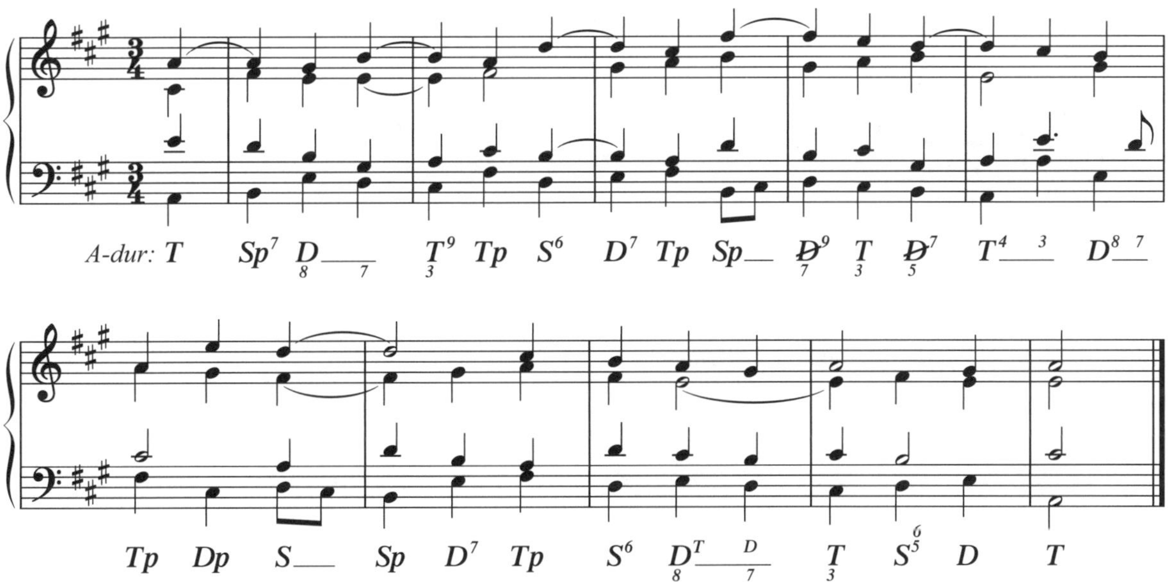

Aufgabe 14.2. – „My Lord, what a mourning"

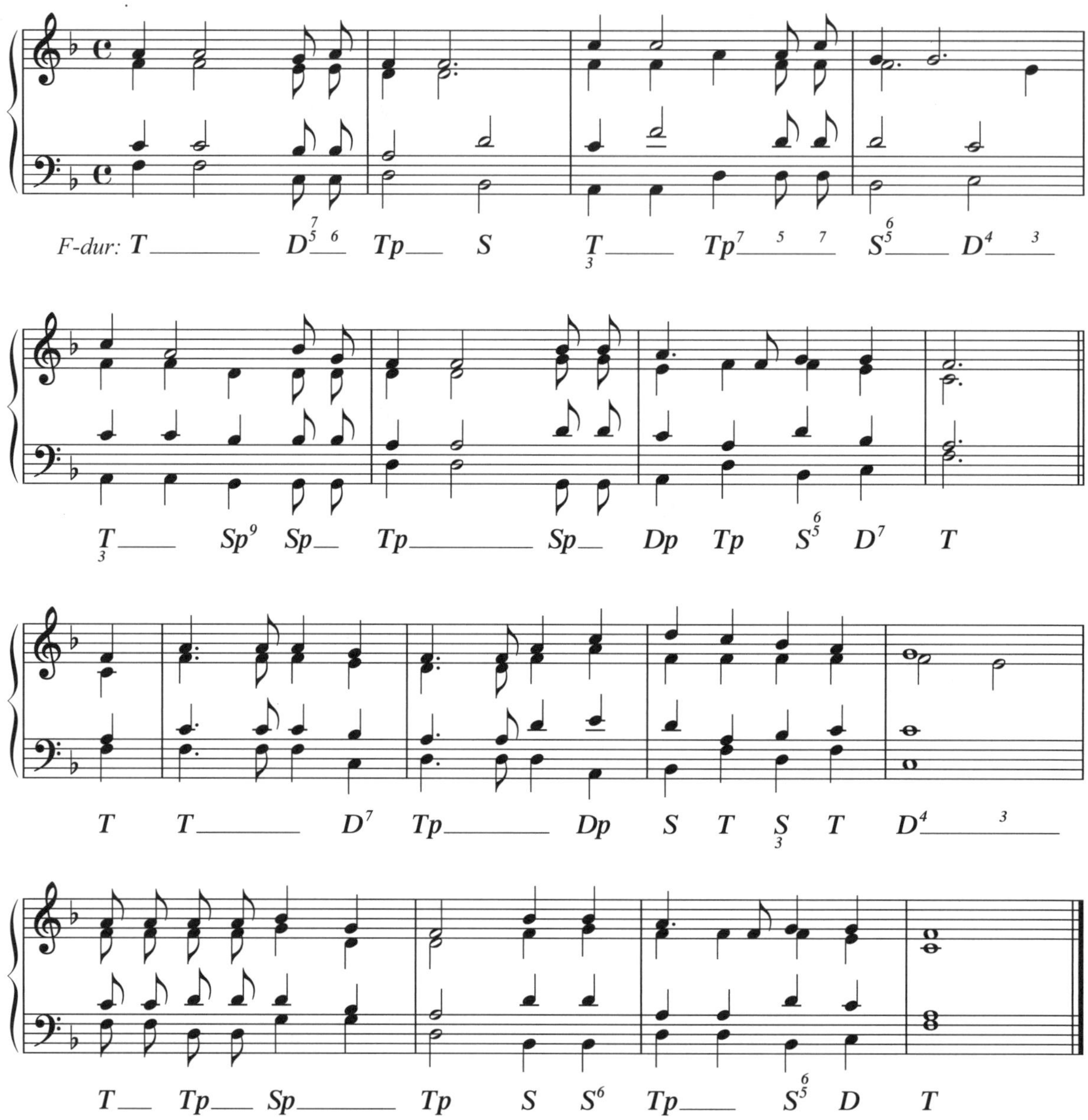

Aufgabe 14.3. – „Auf der Mauer, auf der Lauer"

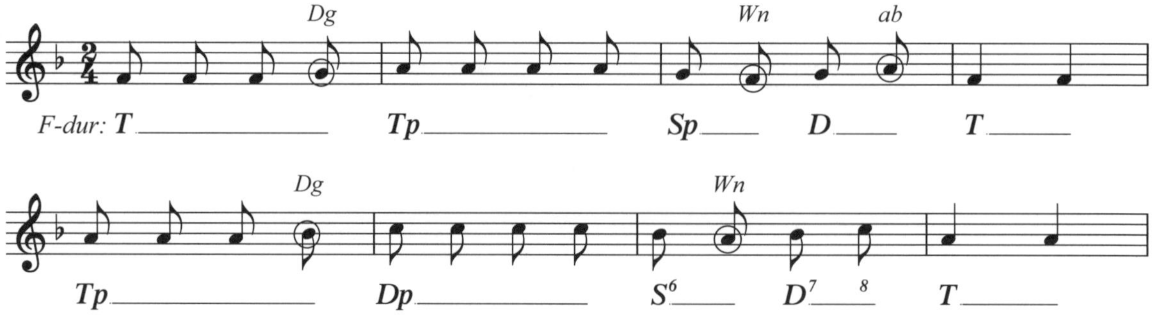

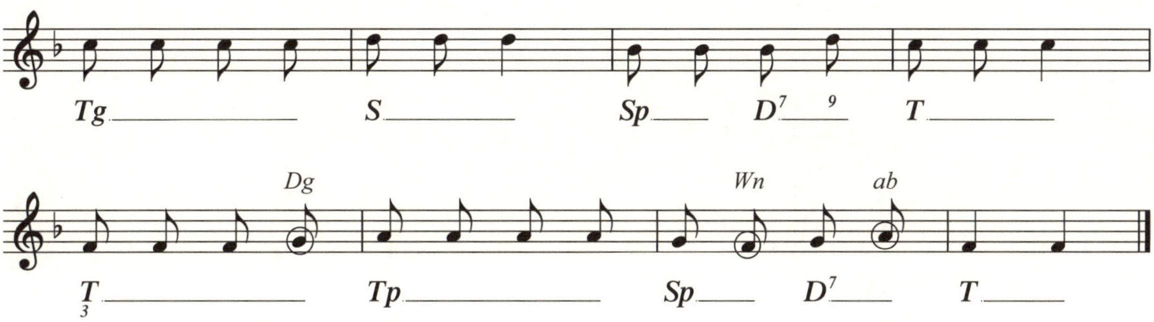

Aufgabe 14.4. – „Clementine“

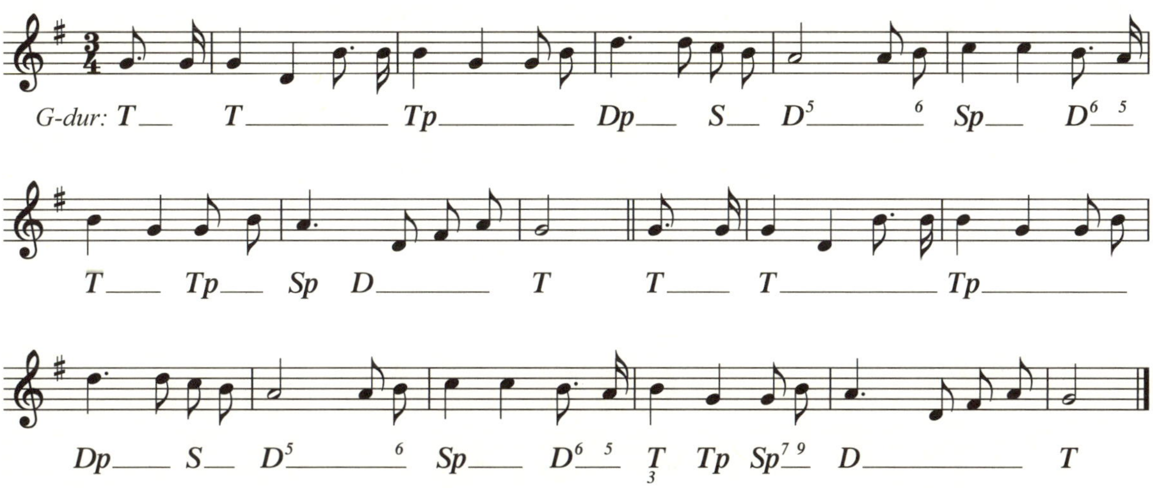

Aufgabe 14.5. – „Christus, der ist mein Leben“ → *Harmonielehre* **Aufgabe 14.C.**

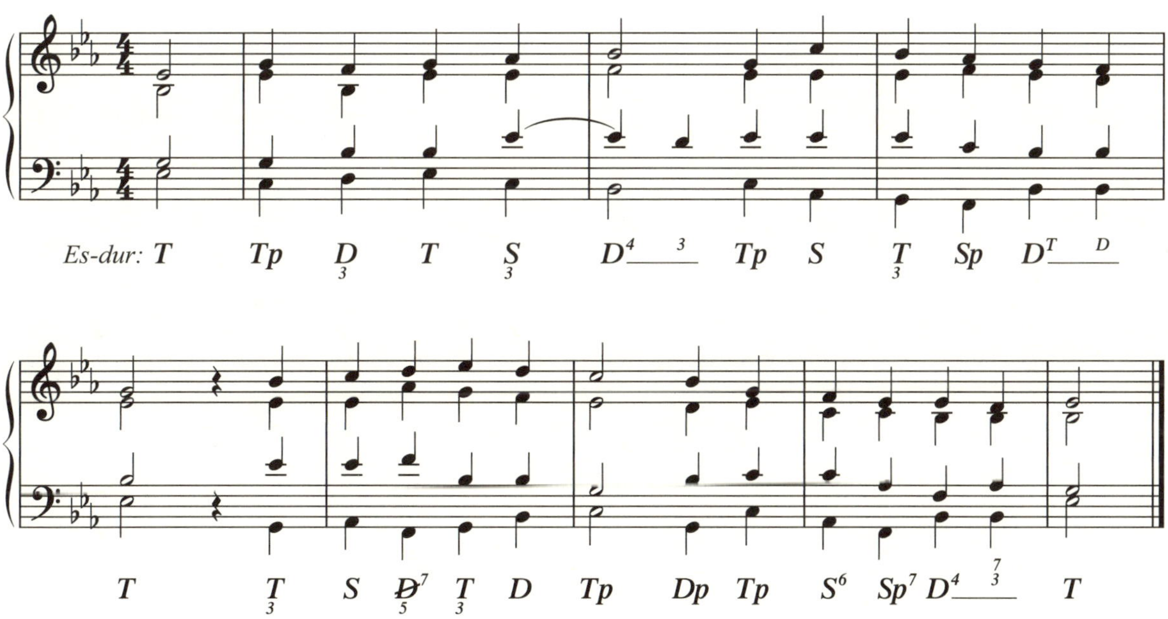

Aufgabe 14.6. – „Way down upon the Swanee River“ → *Harmonielehre* **Aufgabe 14.D.1.**

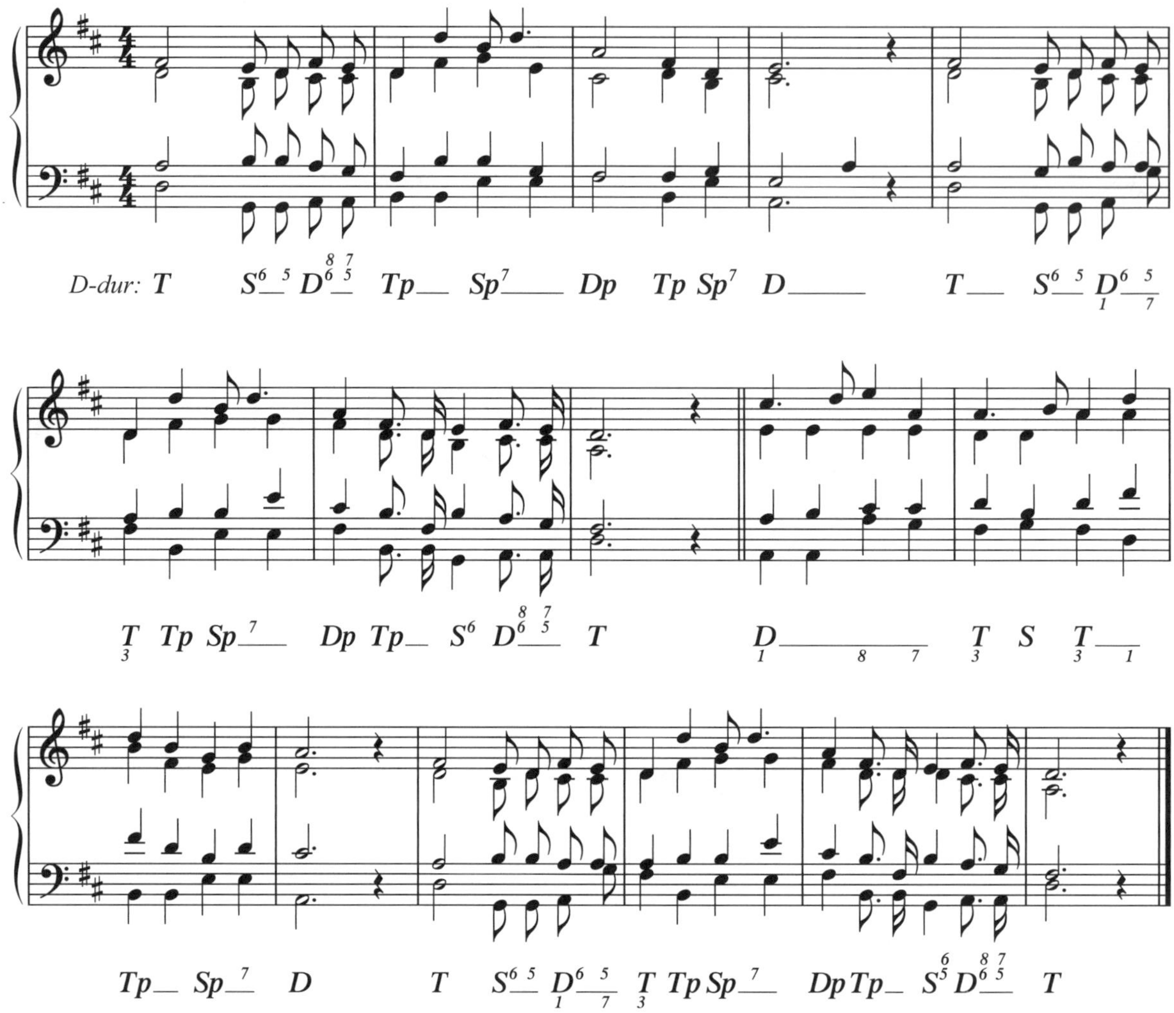

Aufgabe 14.7. – „Auld Lang Syne“ → *Harmonielehre* **Aufgabe 14.D.2.**

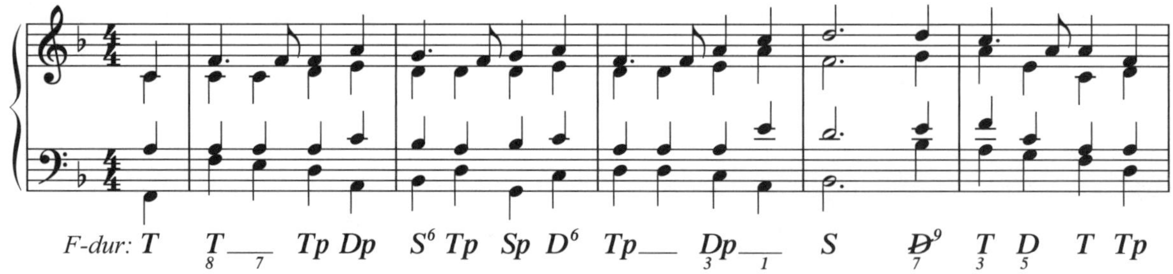

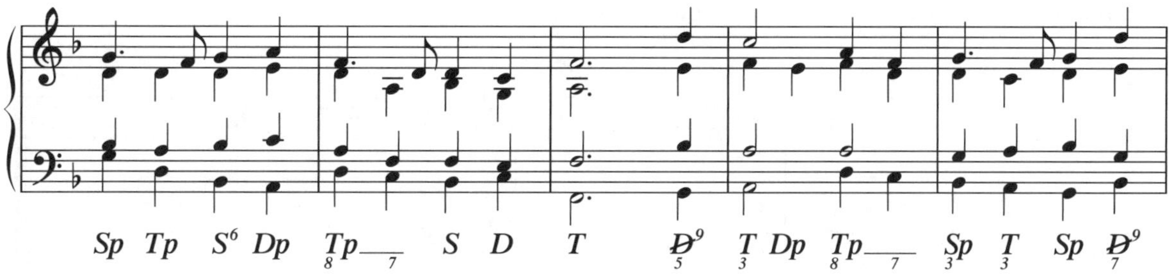

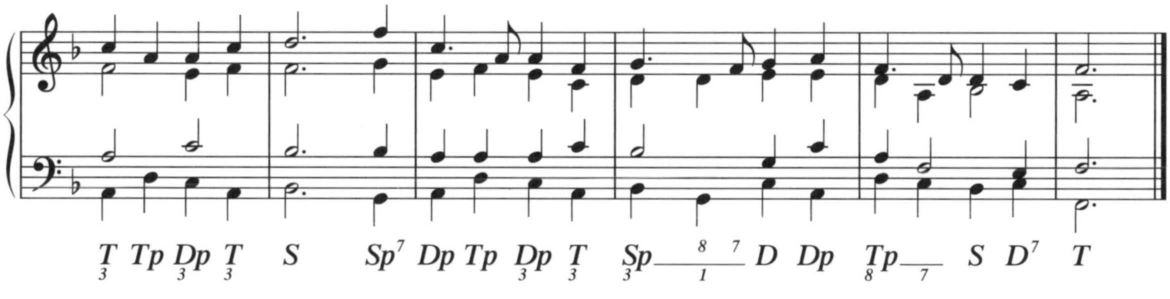

Aufgabe 14.8. – „Shenandoah“ → *Harmonielehre* **Aufgabe 14.D.3.**

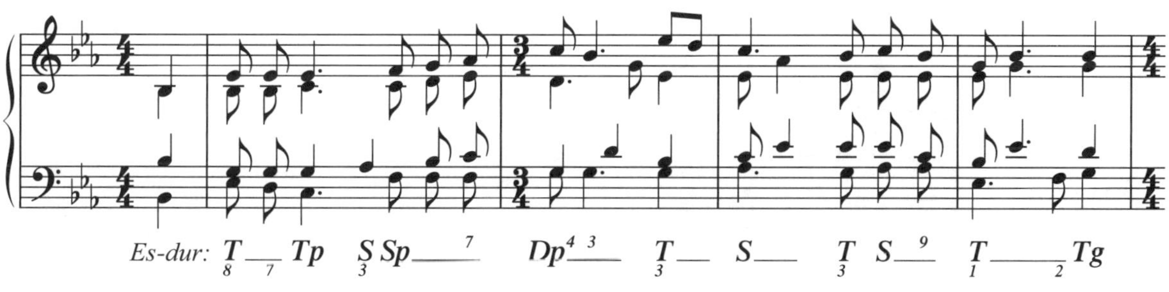

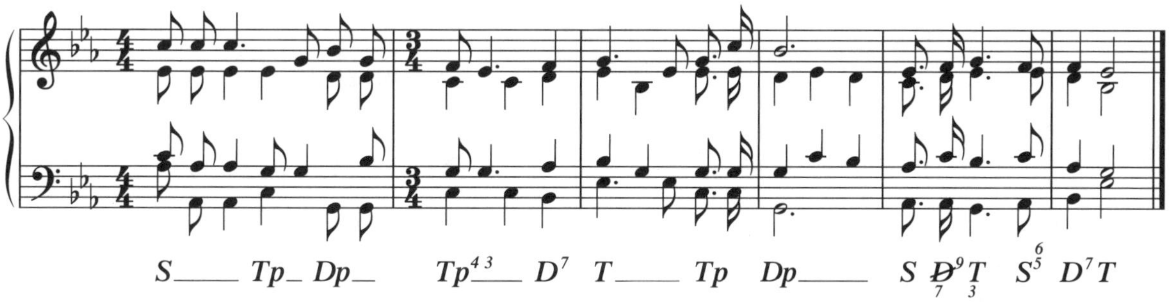

Aufgabe 14.9. – J. S. Bach, „Werde munter, mein Gemüthe“ – Analyse

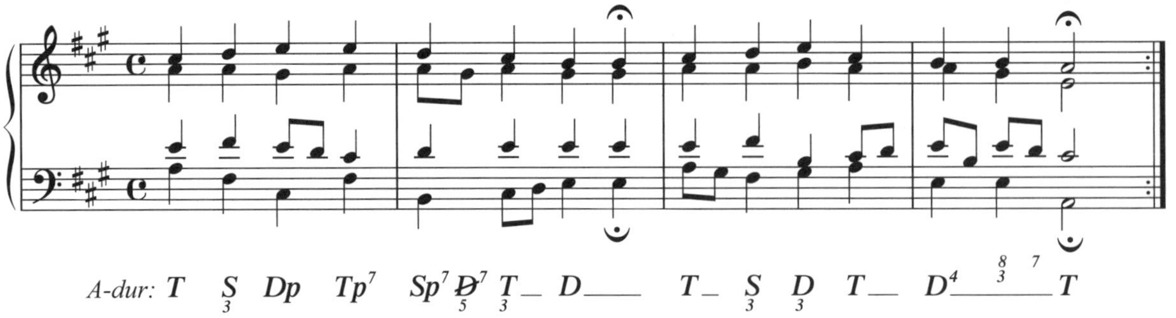

Aufgabe 14.10. – W. A. Mozart, *Die Zauberflöte*, 1. Aufzug, 14. Auftritt – Analyse

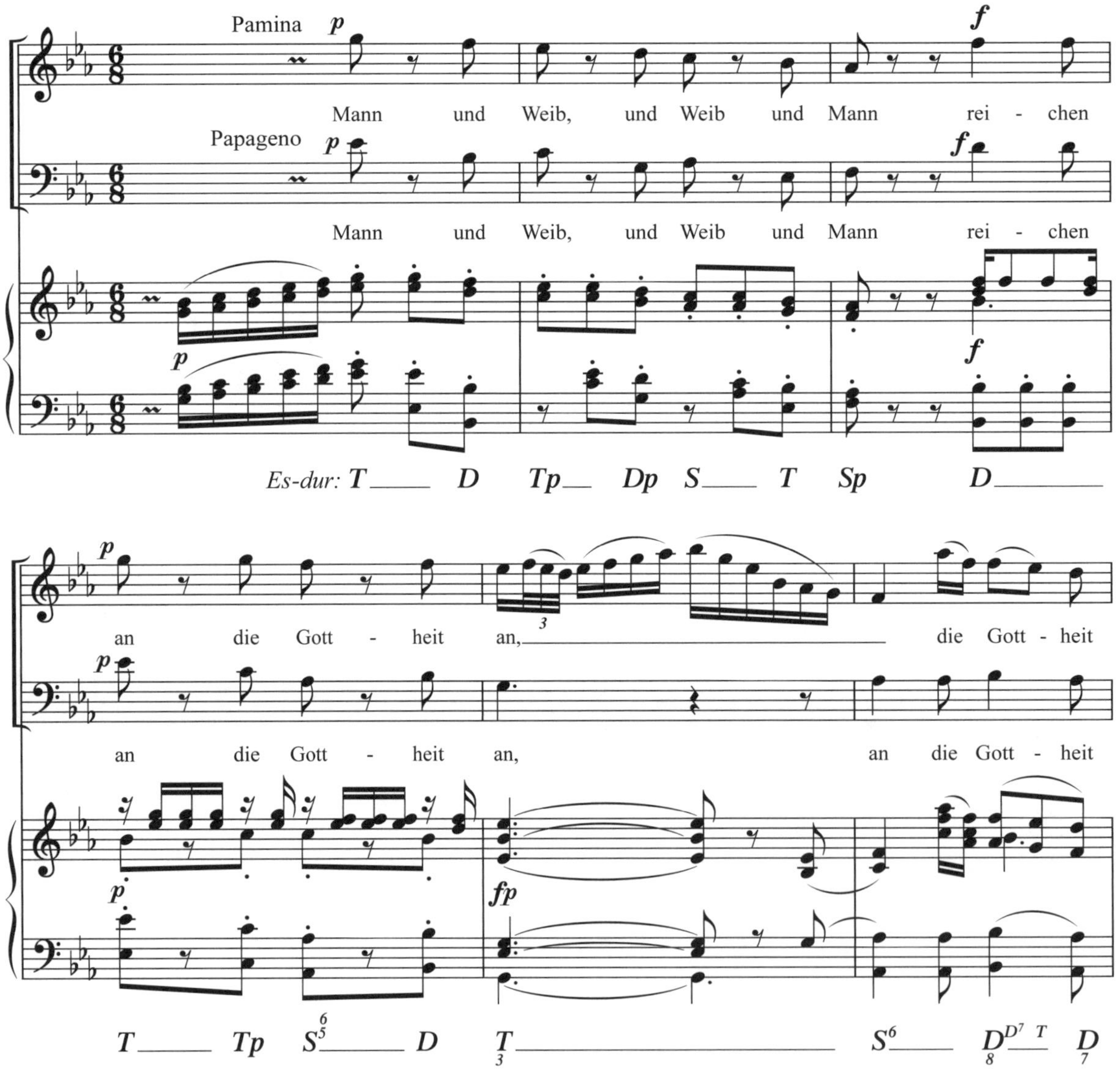

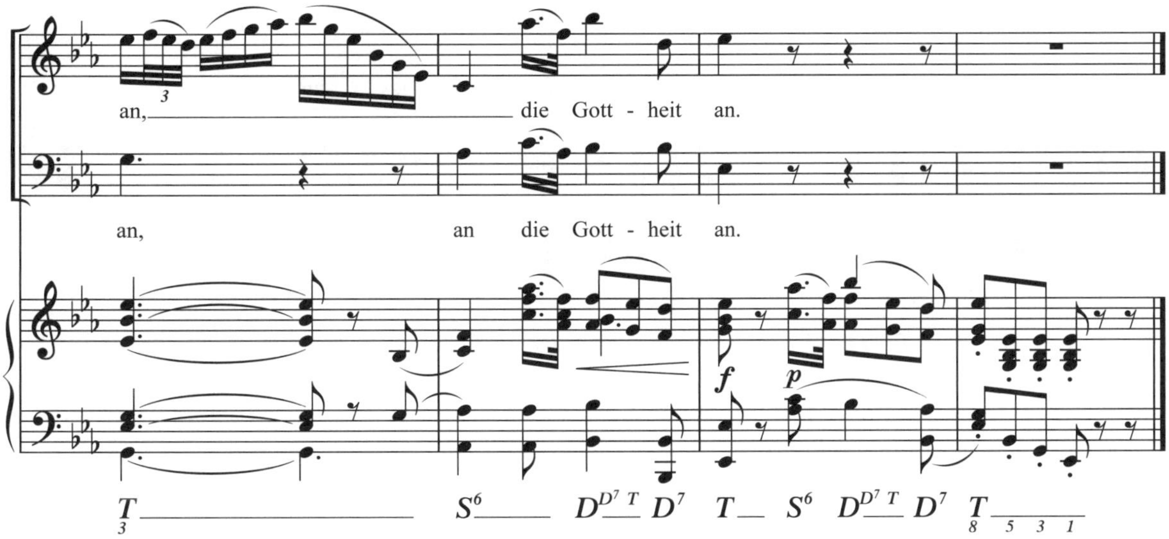

Aufgabe 14.11. – Johannes Brahms, *Romanze* F-dur op. 118 Nr. 5 – Analyse

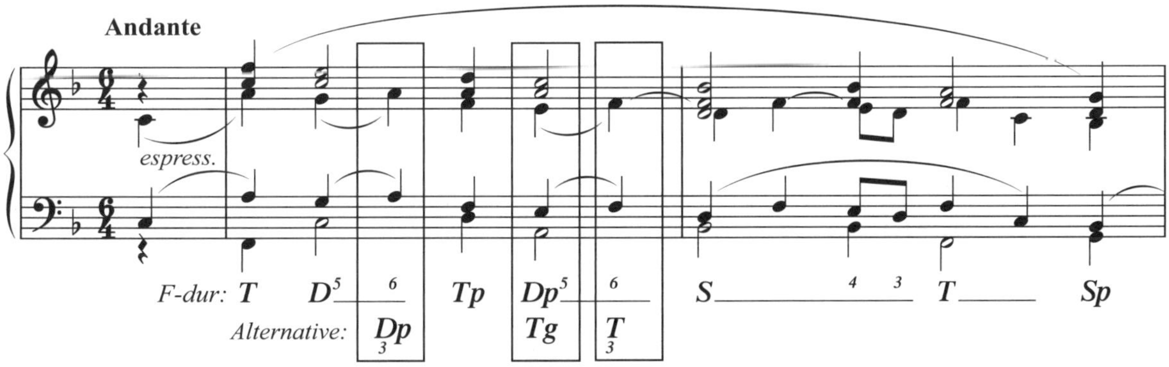

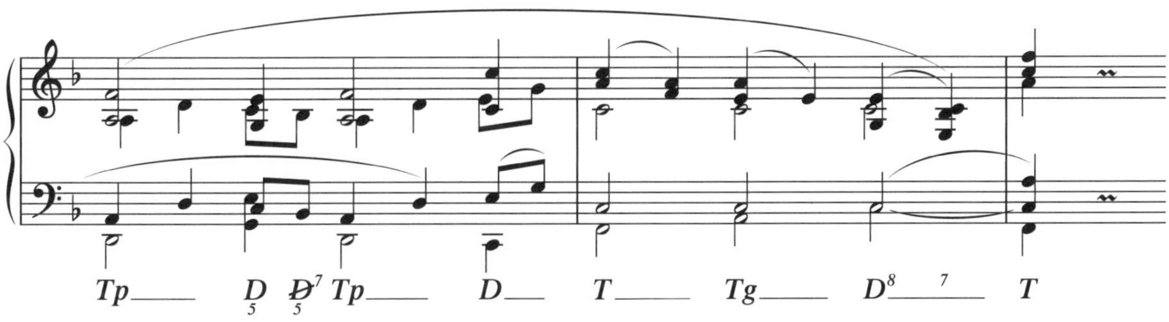

Die eingerahmten Klänge mit den Vorschlägen einer Alternativbezeichnung in der unteren Funktionsebene zeigen weniger das Dilemma als vielmehr den Vorzug harmonischer Analyse auf: Brahms zielt offensichtlich auf eine Mehrdeutigkeit und damit auf eine Verschleierung des harmonischen Gangs. Den Sinngehalt einer solchen vagen Musik unterstützen auch die metrischen Verschiebungen im ersten sowie, ausgelöst durch die Hemiole, *im vorletzten Takt. Der Analysevorschlag in der Hauptzeile ist wohl am wahrscheinlichsten.*

Aufgabe 14.12. – Modest Mussorgskij, *Boris Godunow*, „Sing the glory“ – Analyse

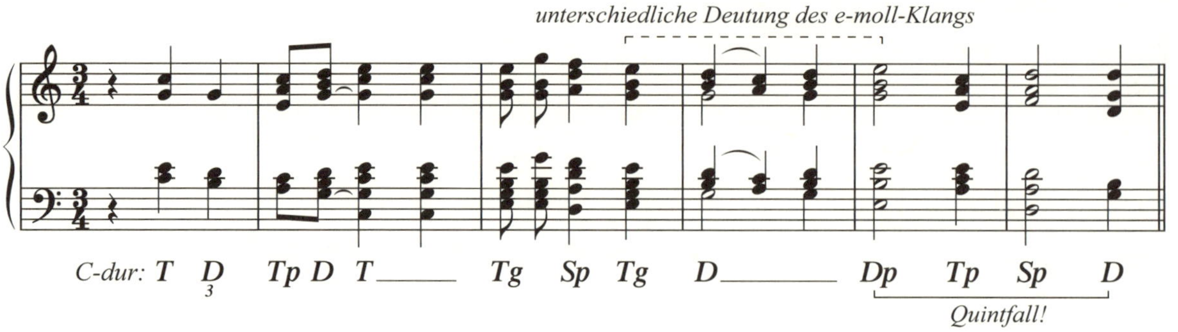

Man beachte die unterschiedliche harmonische Deutung des e-moll-Dreiklangs und die Begründung dazu in den Schlusstakten.

Aufgabe 15.1. – „Auf, Christen, singt festliche Lieder“ – Analyse

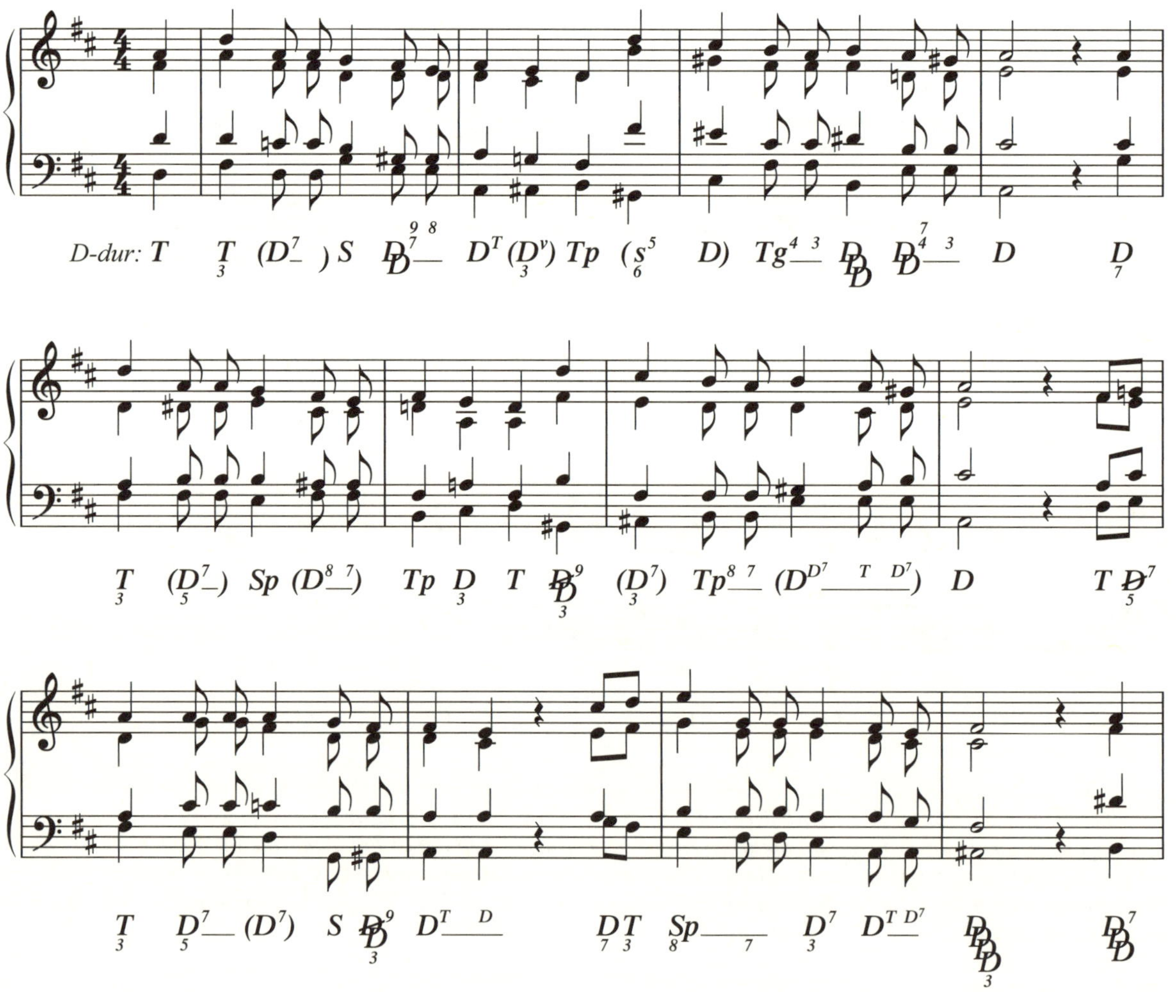

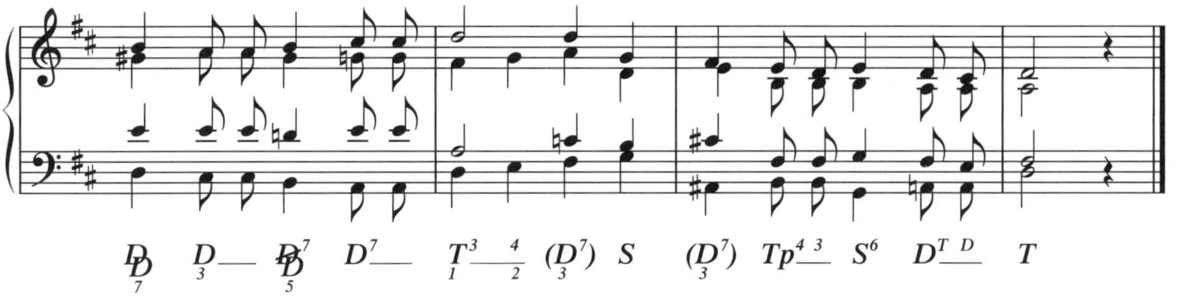

Aufgabe 15.2. – „Der lieben Sonne Licht und Pracht“

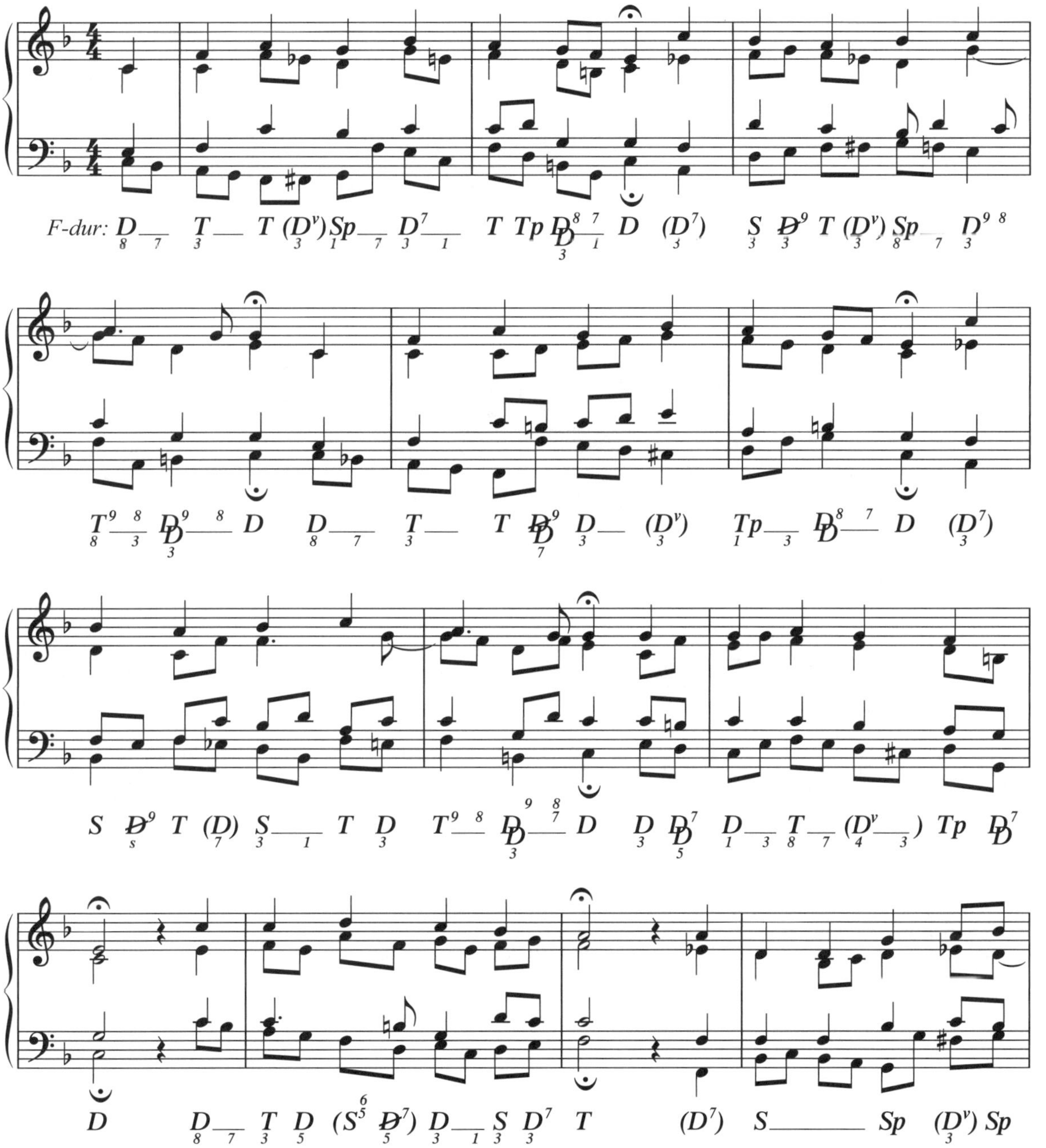

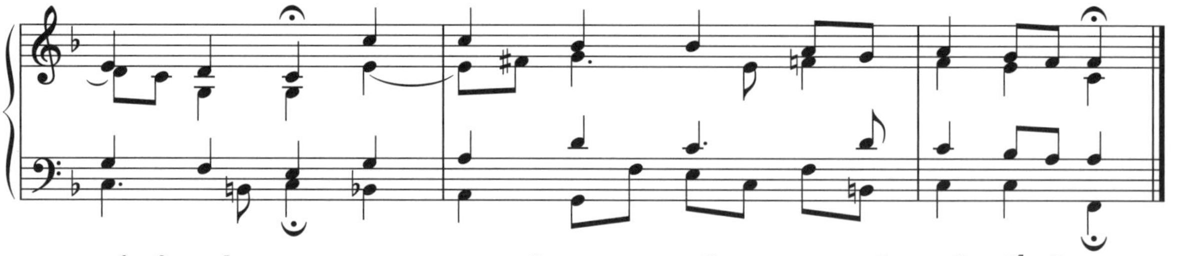

Aufgabe 15.3. – Max Reger, „Abendlied" – Analyse

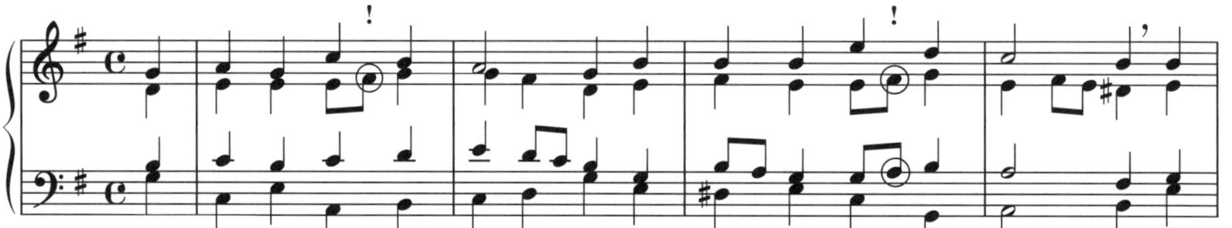

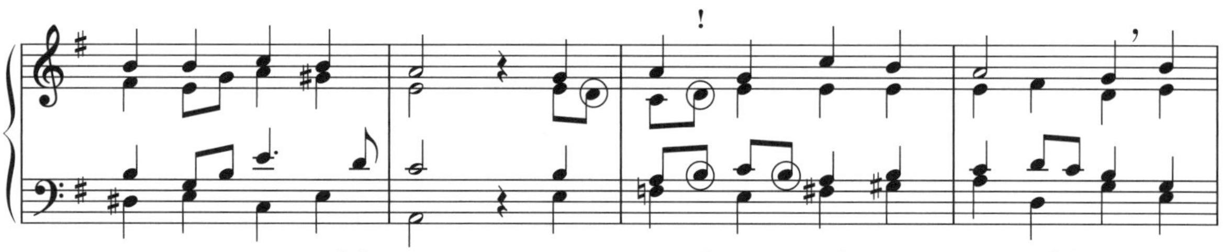

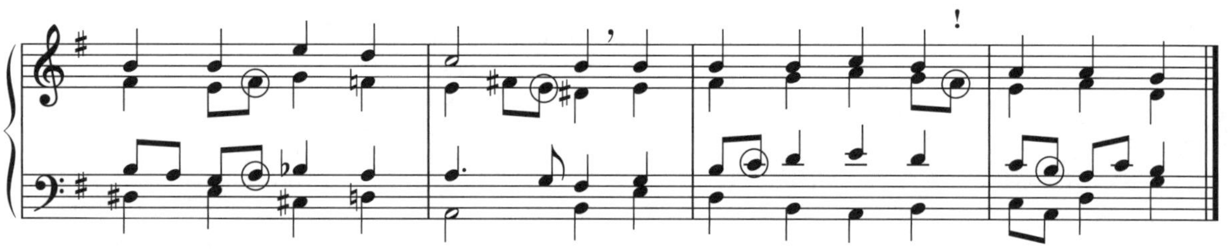

Die mit **!** *markierten eingekreisten Töne lösen einen* Harmoniewechsel *aus.*
Die übrigen eingekreisten Töne sind Durchgangsnoten.
Nicht markierte Bewegungstöne wurden als akkordtypisch in die Funktionsbezeichnung mit aufgenommen.

Aufgabe 15.4. – Friedrich Silcher, „Hab oft im Kreise der Lieben“

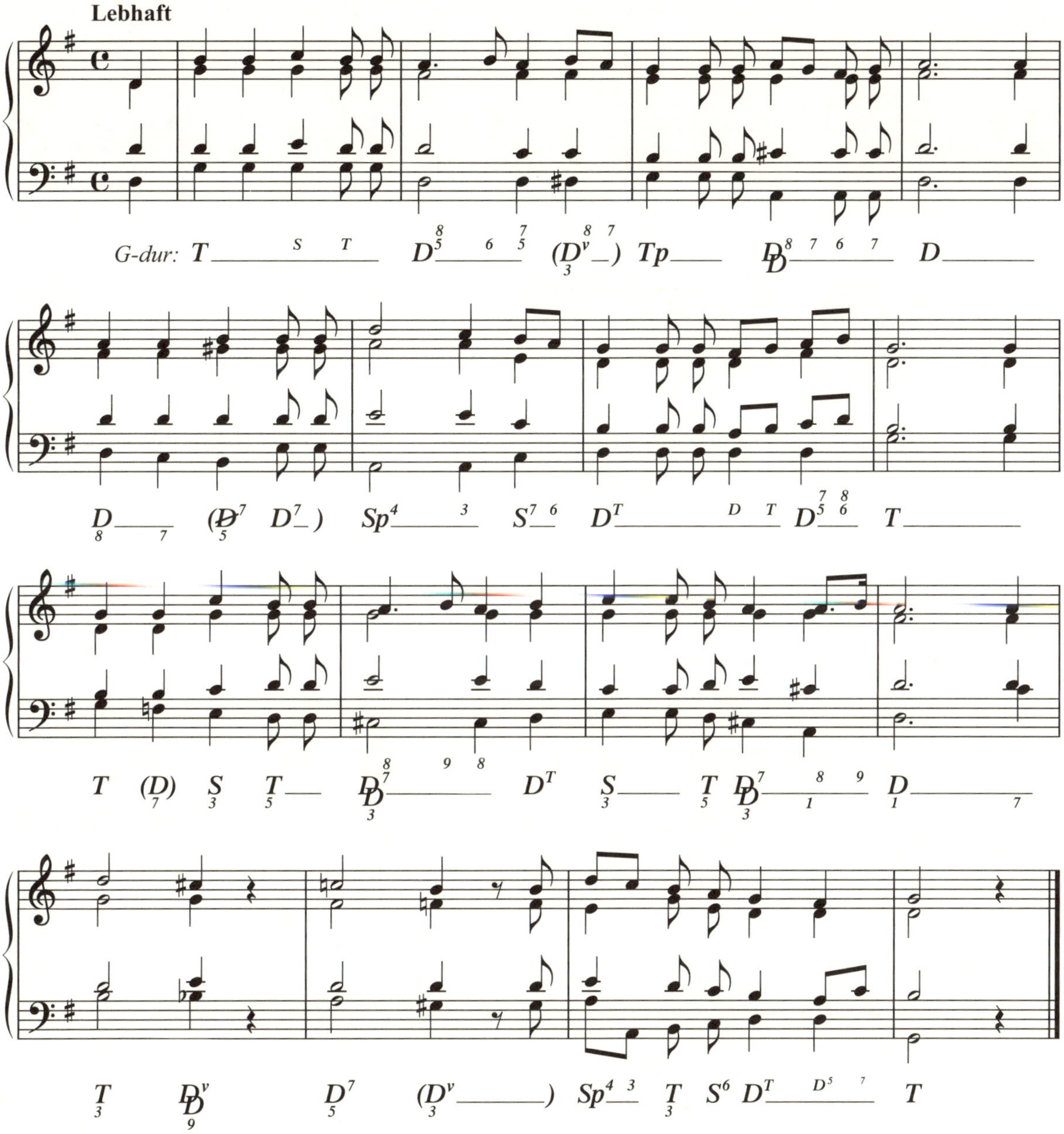

(Die Harmonik ist eng an Silchers Originalsatz für Männerstimmen op. 34 Nr. 1 aus dem Jahr 1839 angelehnt.)

Aufgabe 15.5. – „John Brown’s body“

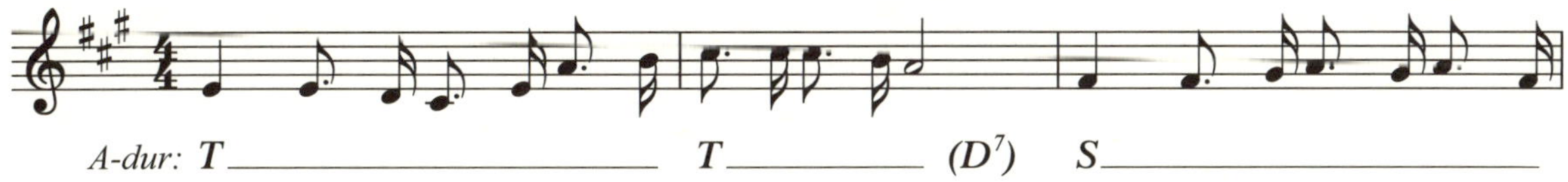

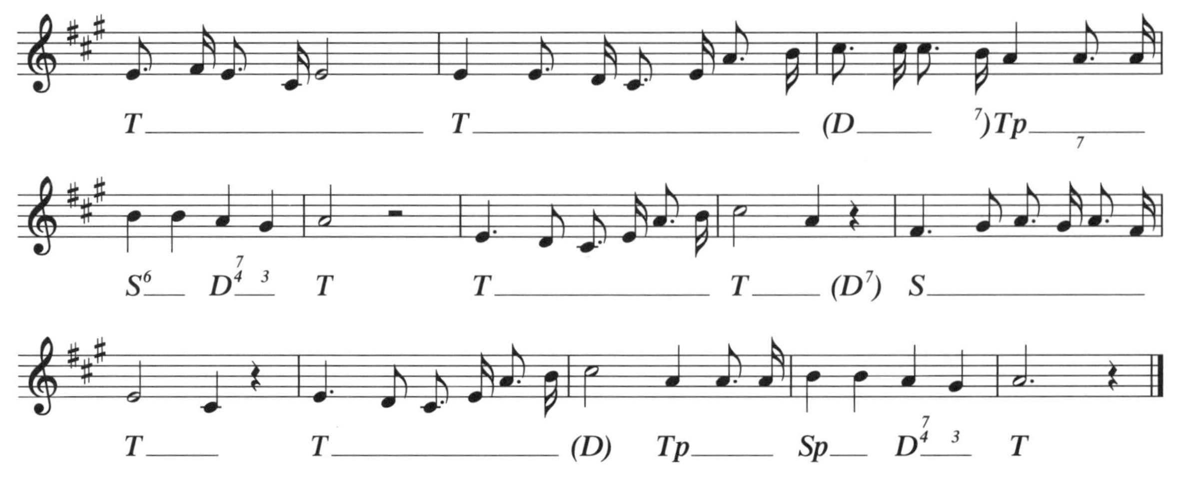

Aufgabe 15.6. – „Was noch frisch und jung an Jahren" → *Harmonielehre* **Aufgabe 15.C.1.**

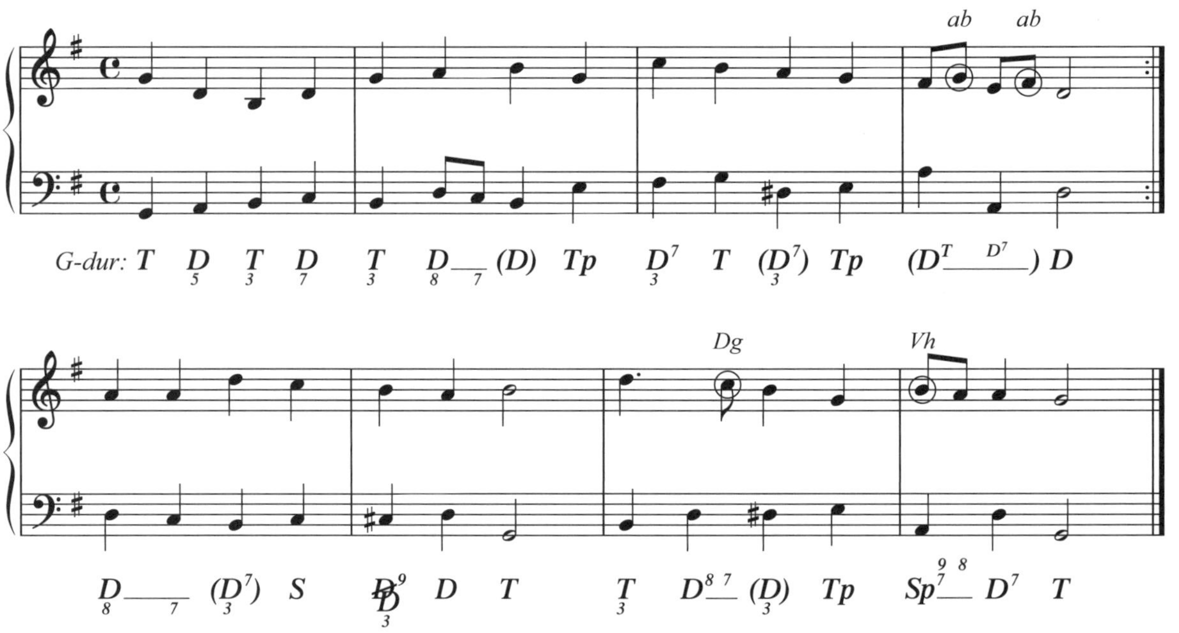

Aufgabe 15.7. – „Wer recht in Freuden wandern will" → *Harmonielehre* **Aufgabe 15.C.2.**

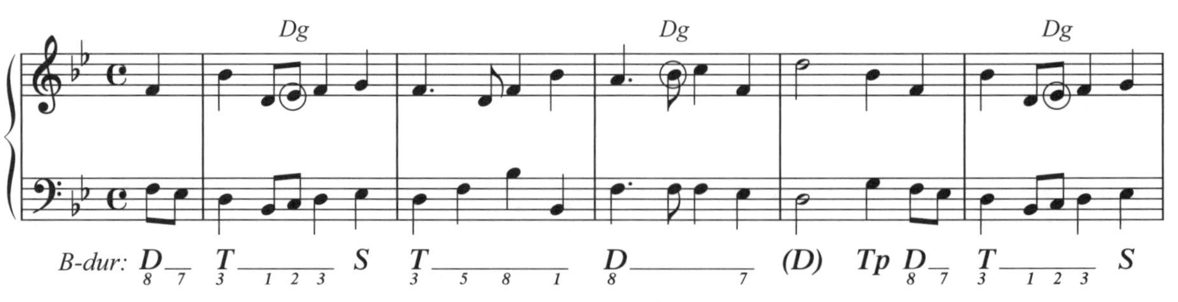

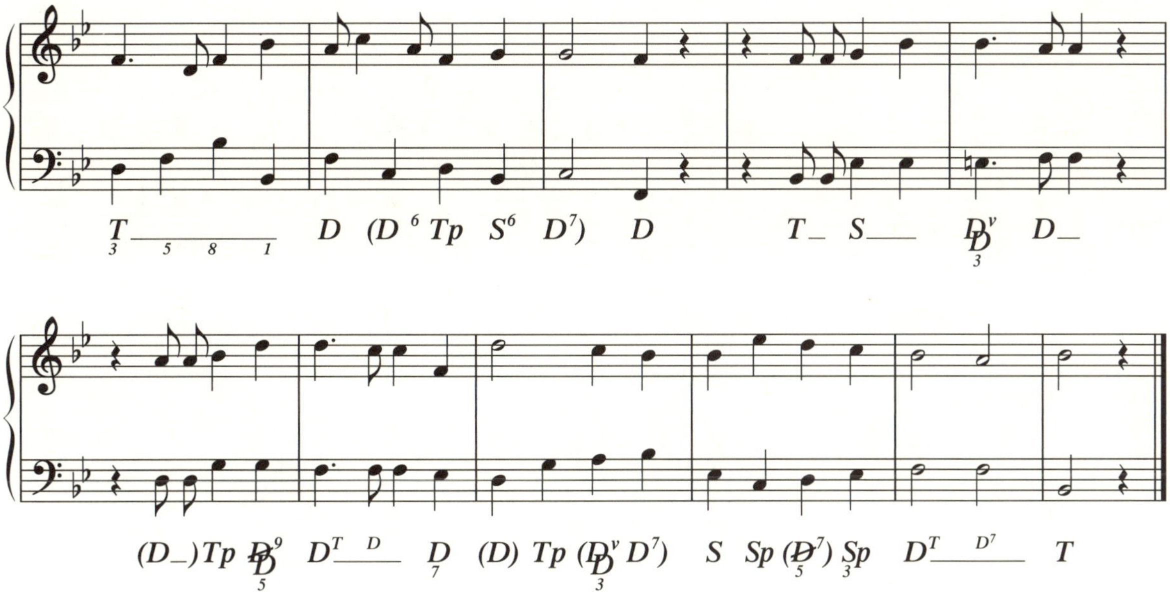

Aufgabe 15.8. – „Engel haben Himmelslieder“

→ *Harmonielehre* **Aufgabe 15.D.1**

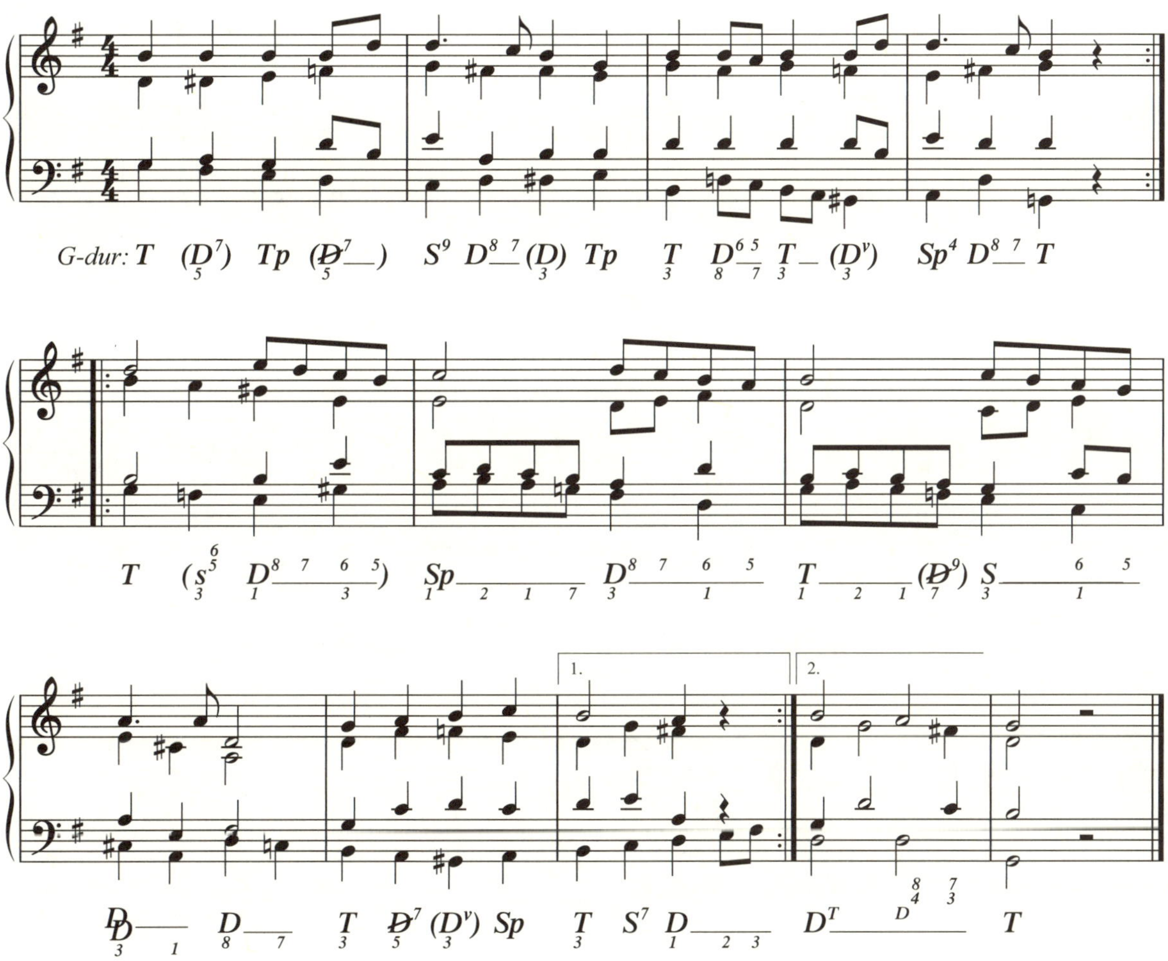

Aufgabe 15.9. – „Wir sagen euch an den lieben Advent“ → *Harmonielehre* **Aufgabe 15.D.2.**

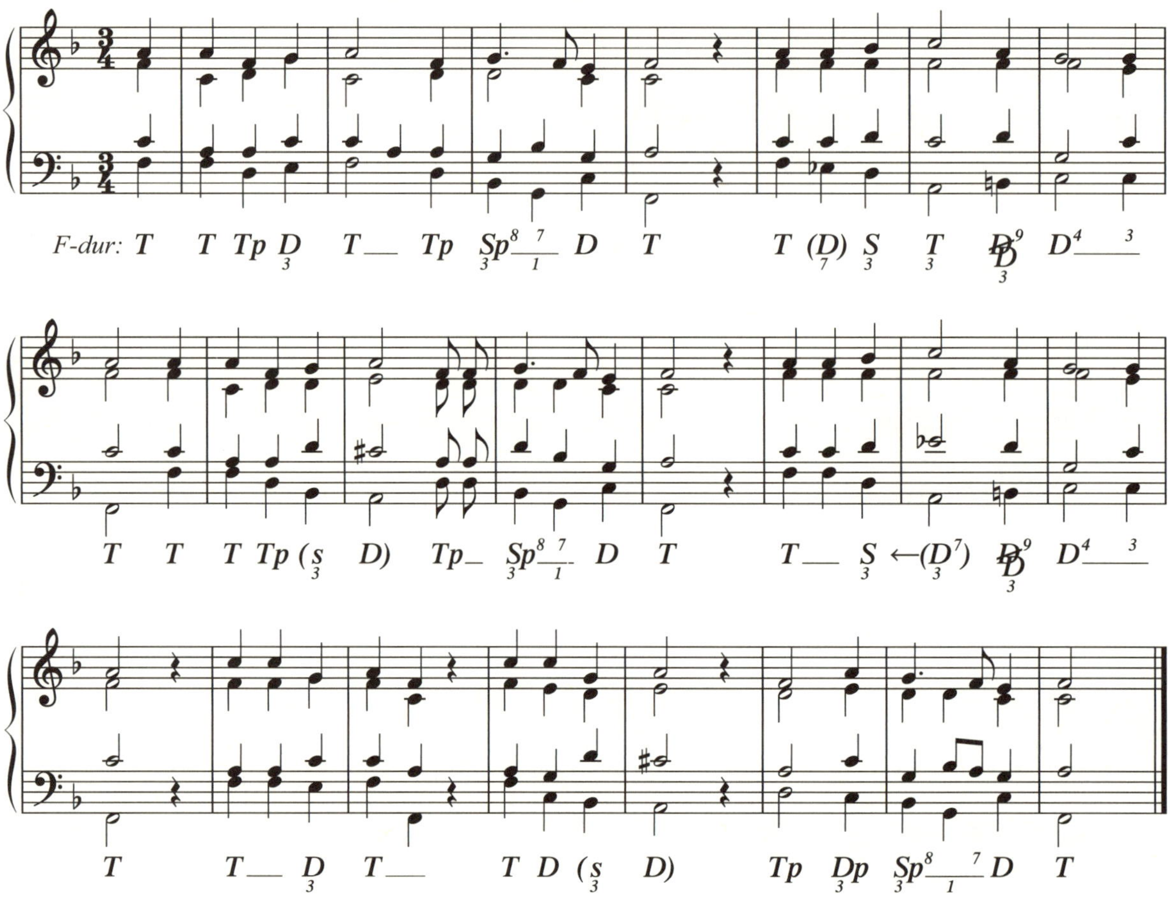

Aufgabe 15.10. – J. S. Bach, „Herr, wie du willst“ – Analyse

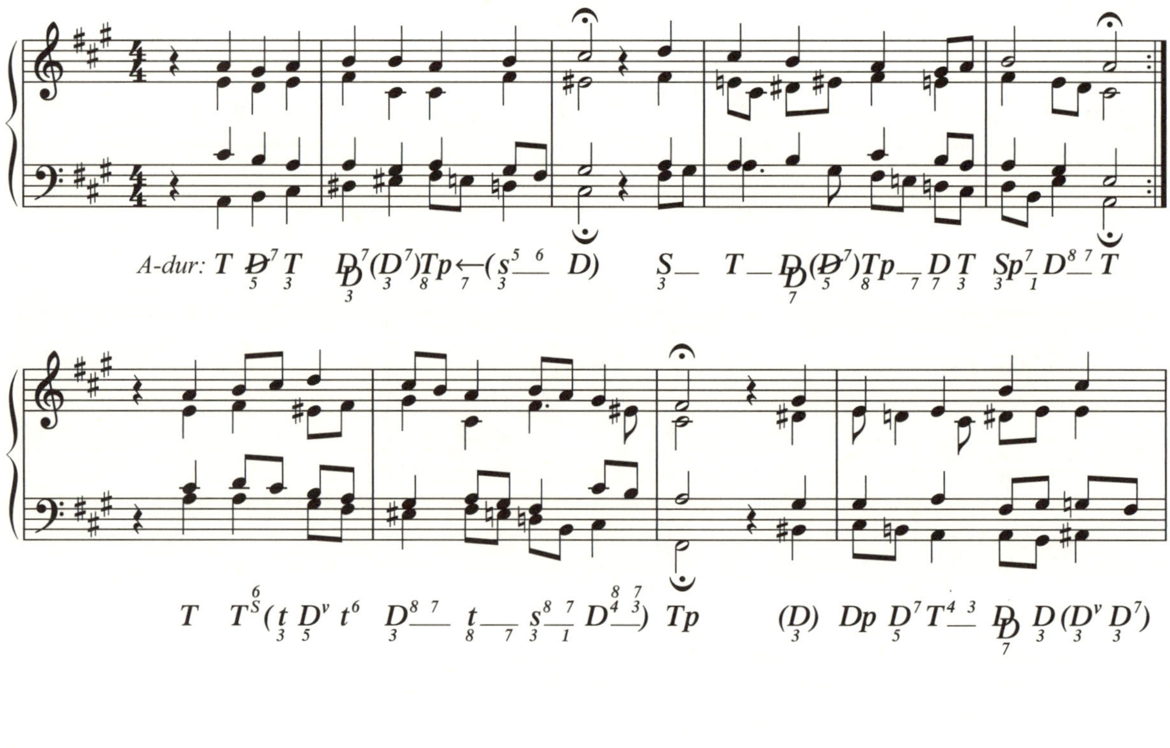

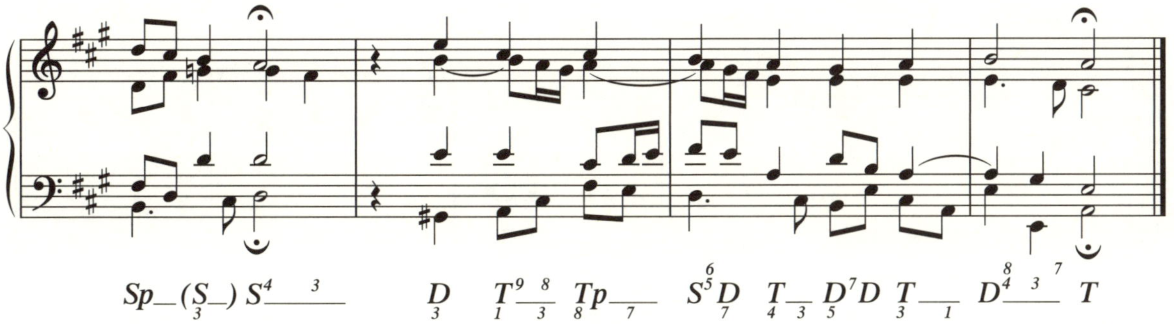

Aufgabe 15.11. – Felix Mendelssohn Bartholdy, „Andante" für Klavier aus: *Lieder ohne Worte* – Analyse

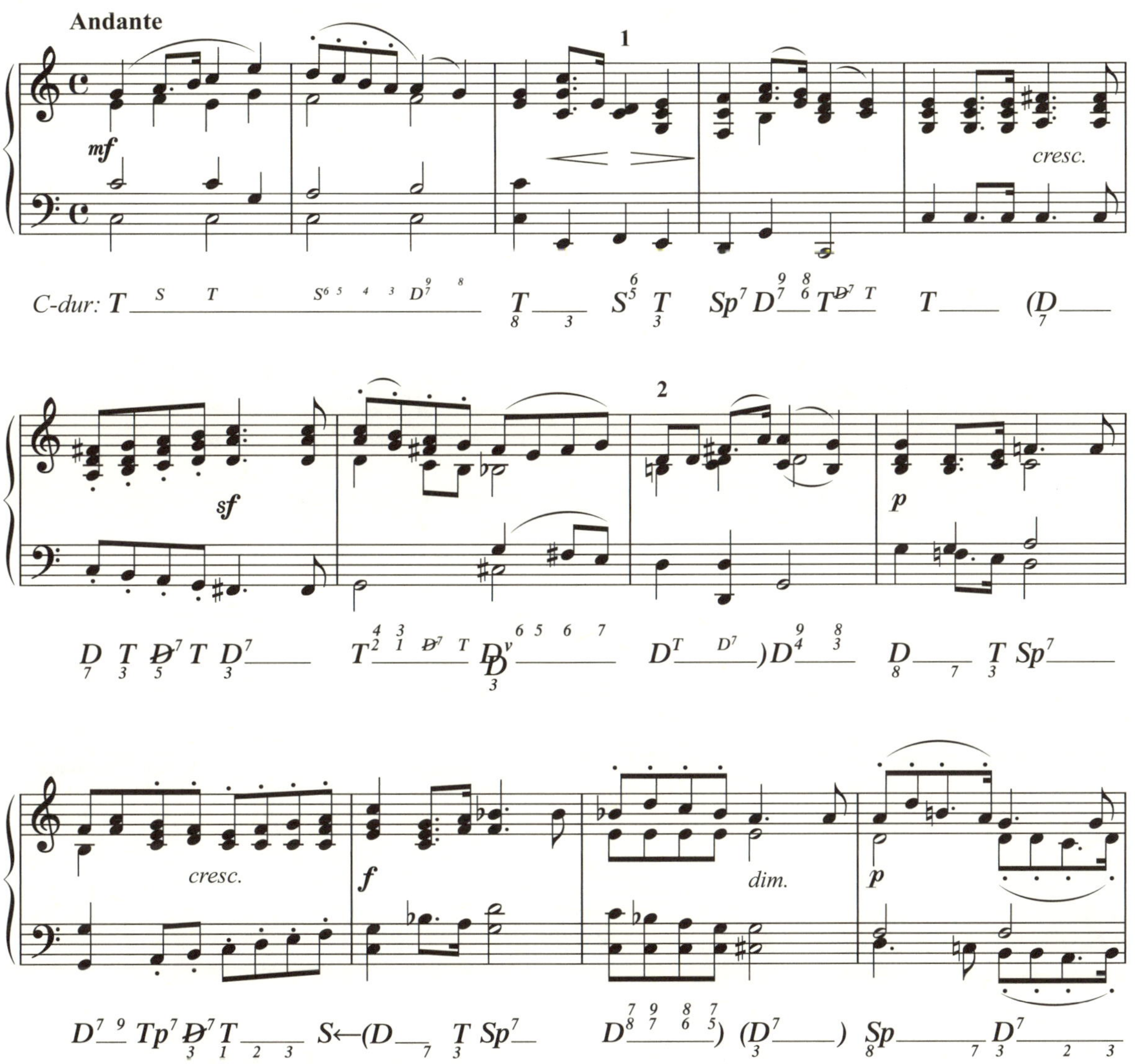

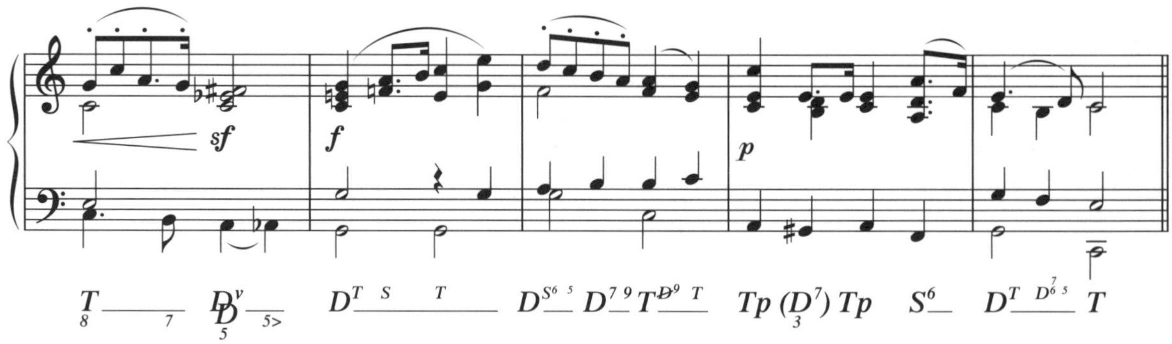

1: *Trotz Fehlens der Terz* a *die wahrscheinliche Deutung*
2: *Trotz Fehlens des Grundtons* g *die wahrscheinliche Deutung*
3: *Vergleiche diese Lösung mit der von Takt 2; der Bewegungszug der oberen Bassstimme löst den Harmoniewechsel aus.*

Aufgabe 15.12. – Richard Wagner, „Chor der heimkehrenden Pilger" aus der Oper *Tannhäuser und der Sängerkrieg auf Wartburg* – Analyse

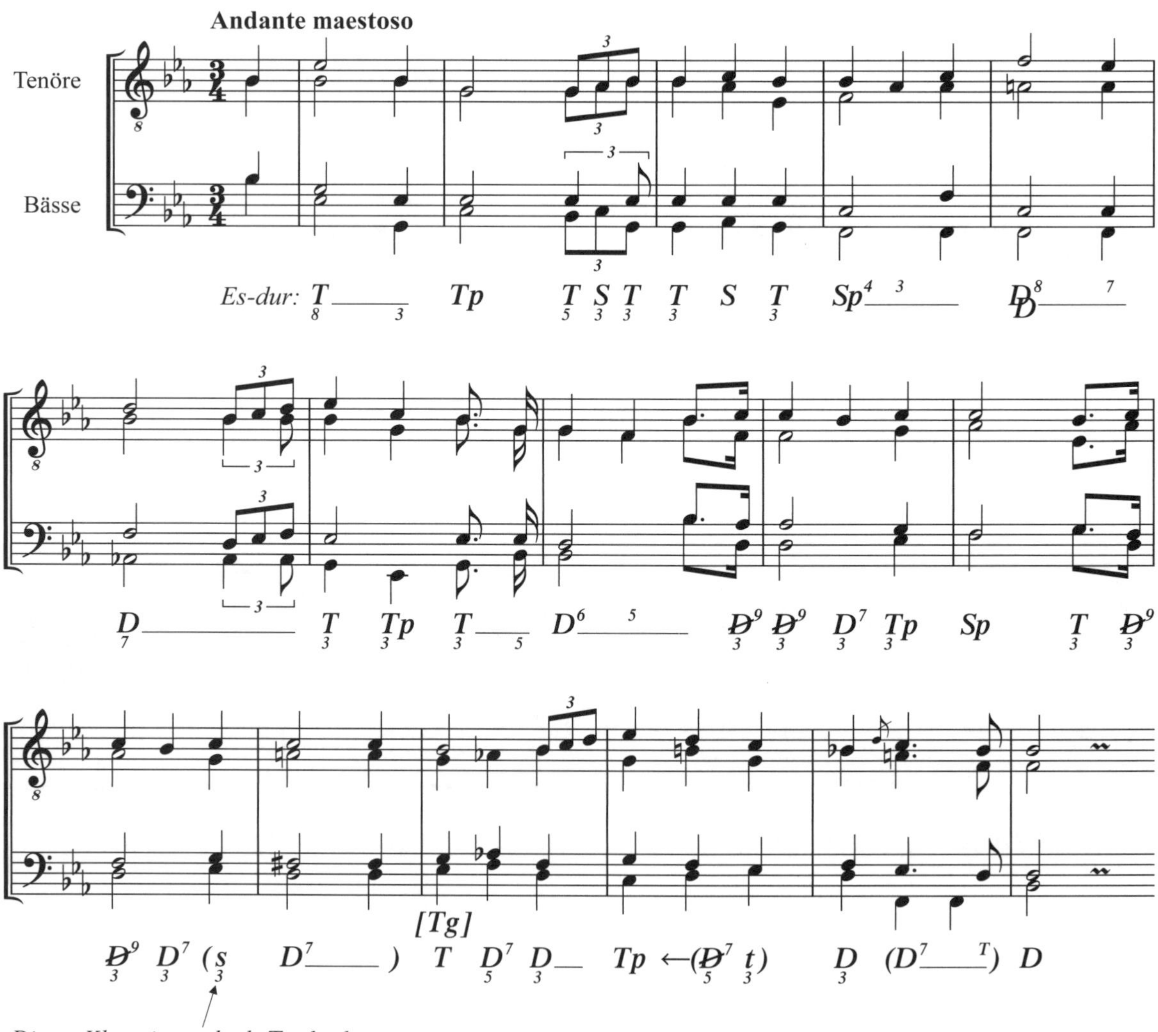

Dieser Klang ist auch als **Tp** *deutbar.*

Aufgabe 15.13. – Pjotr Iljitsch Tschaikowsky, „Morgengebet“ für Klavier, Nr. 1 aus: *Kinderalbum* op. 39 – Analyse

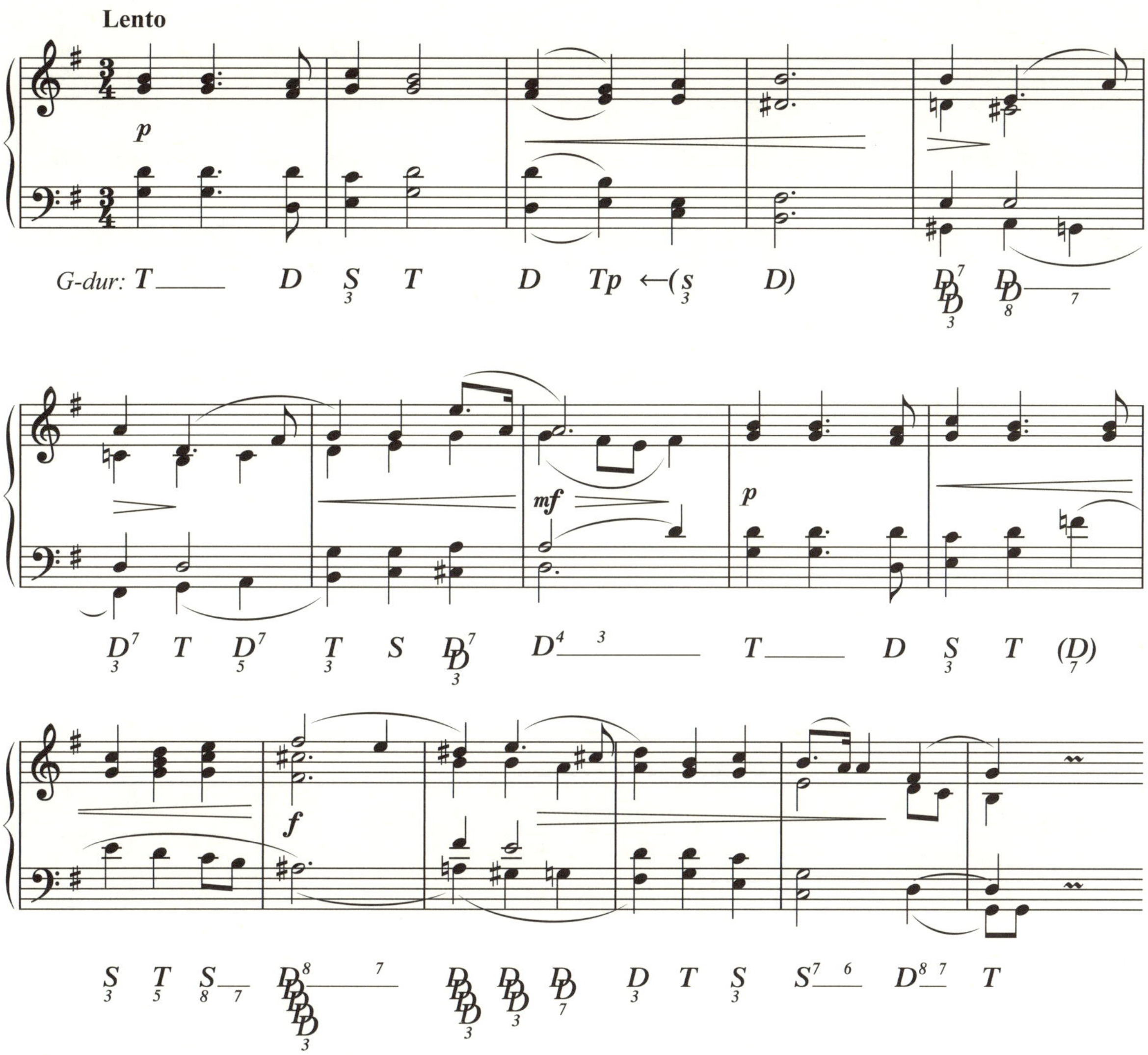

Aufgabe 15.14. – Max Reger, „Unser lieben Frauen Traum“ – Analyse

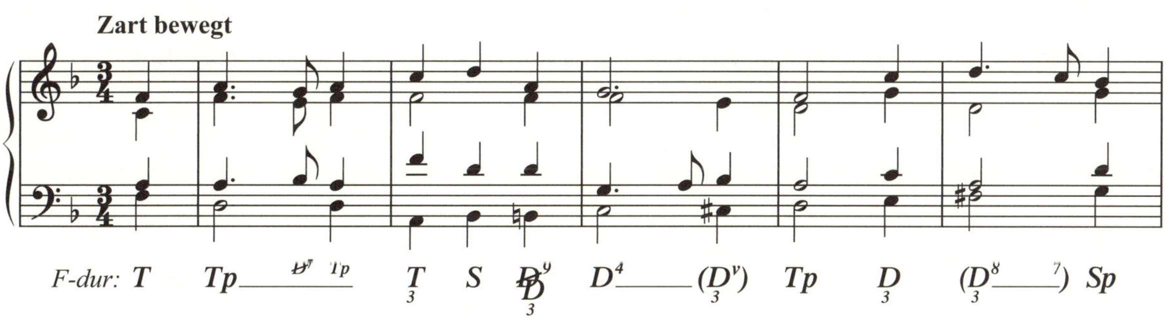

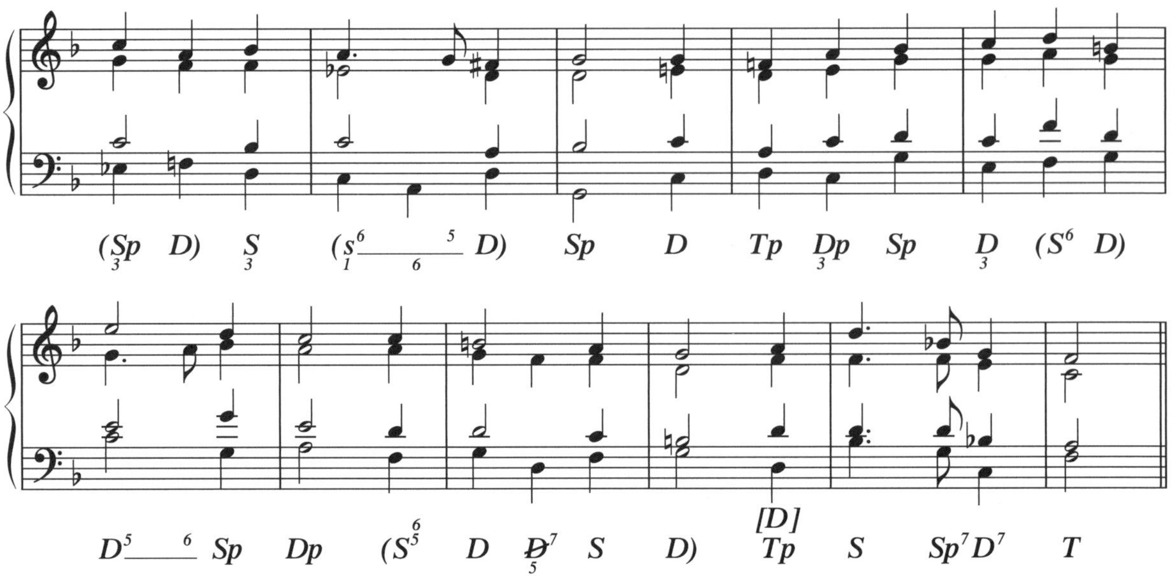

Aufgabe 16.1. – „O Traurigkeit, o Herzeleid“

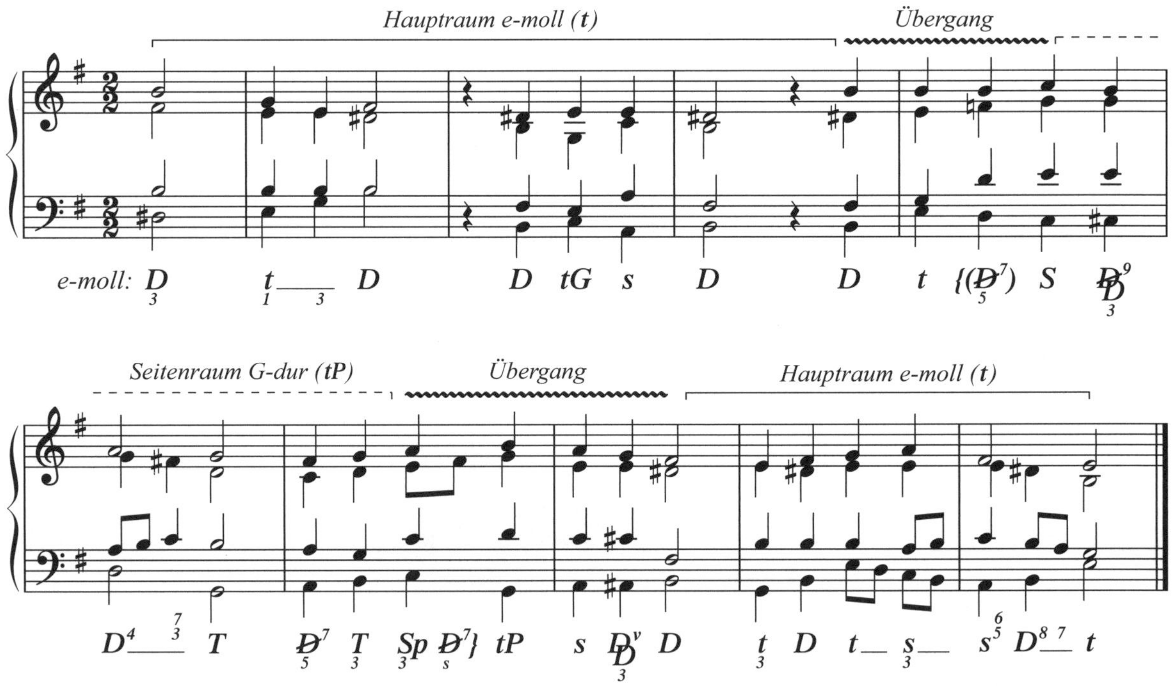

Aufgabe 16.2. – J. S. Bach, „Des heil'gen Geistes reiche Gnad'"

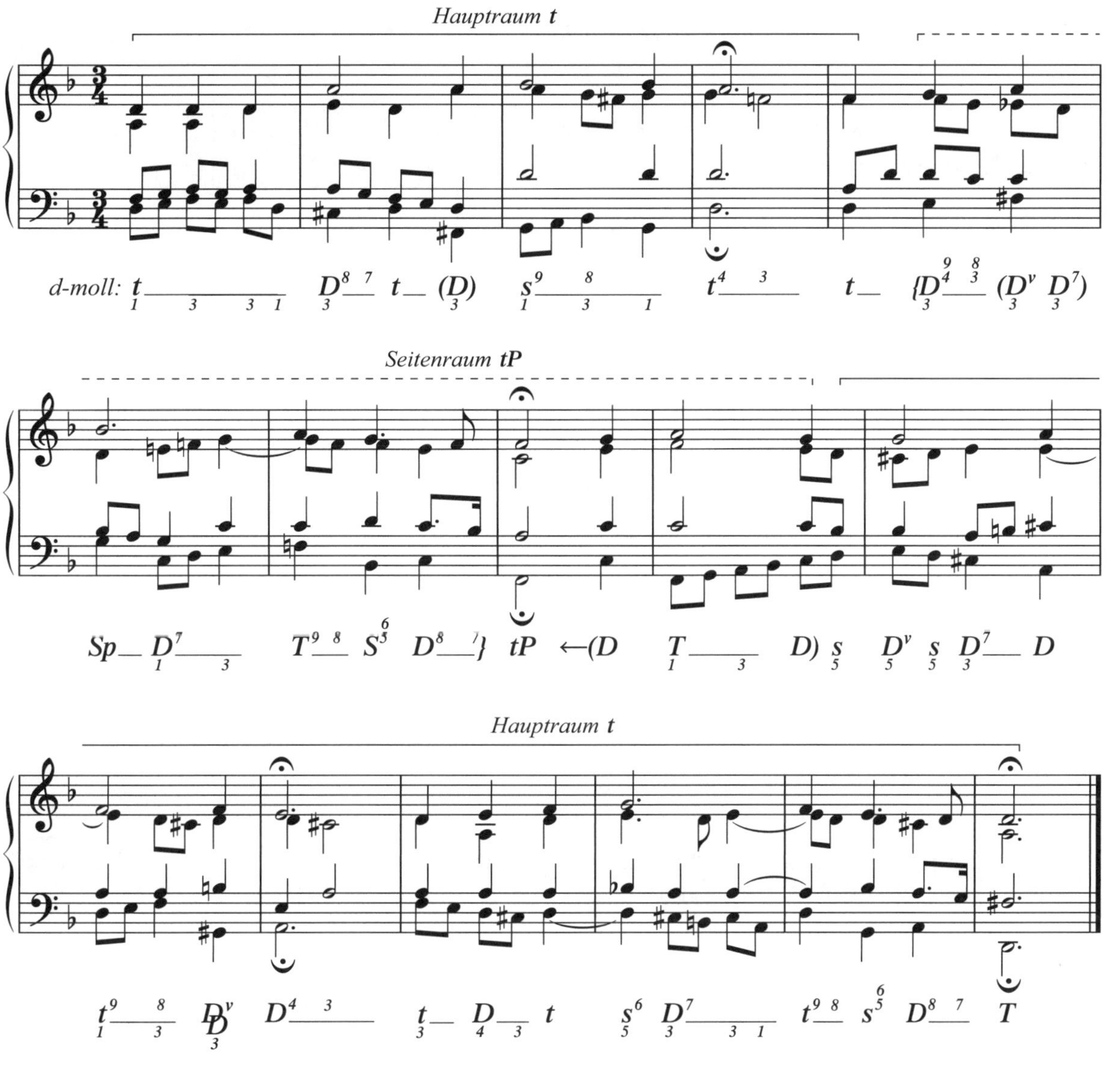

Aufgabe 16.3. – „Feinsliebchen, du sollst mir nicht barfuß gehn"

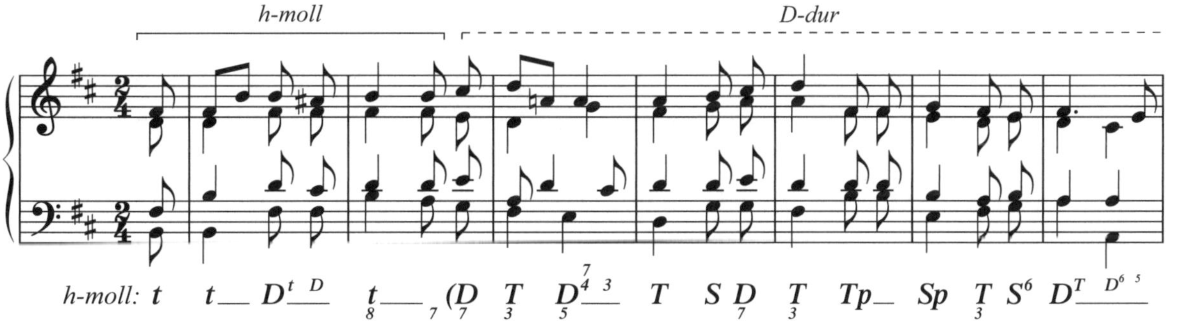

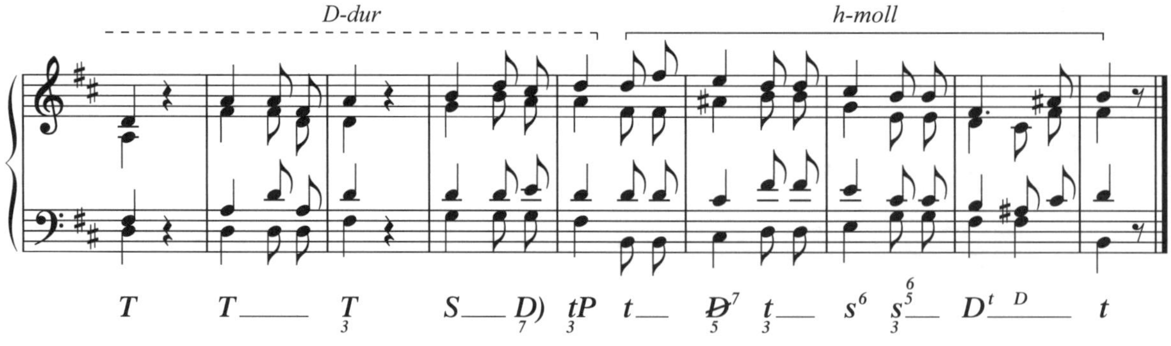

Aufgabe 16.4. – Ludwig van Beethoven, *Allegretto* c-moll für Klavier – Original

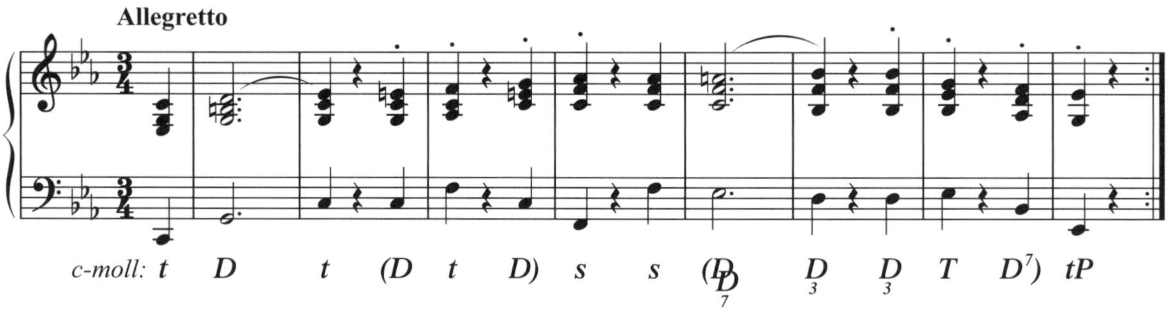

Aufgabe 16.5. – „Maria durch ein Dornwald ging"

→ *Harmonielehre* **Aufgabe 16.C.**

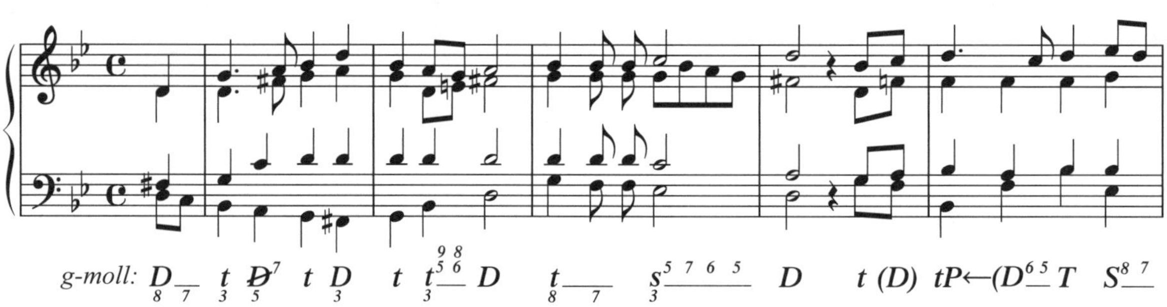

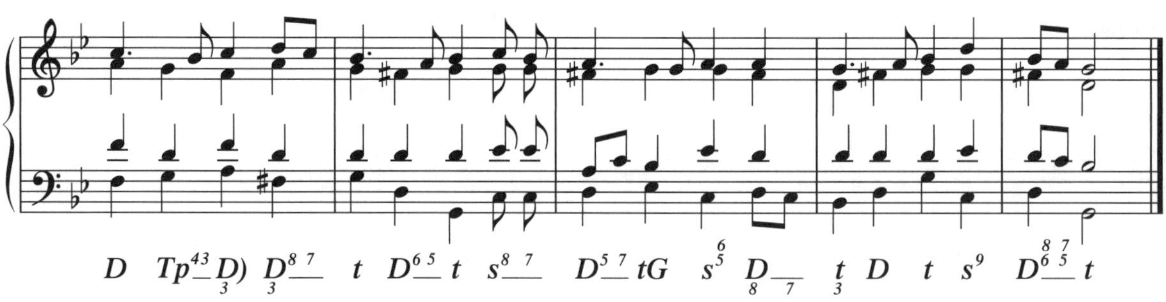

Aufgabe 16.6. – „Werft 'nen Heller" → *Harmonielehre* **Aufgabe 16.D.**

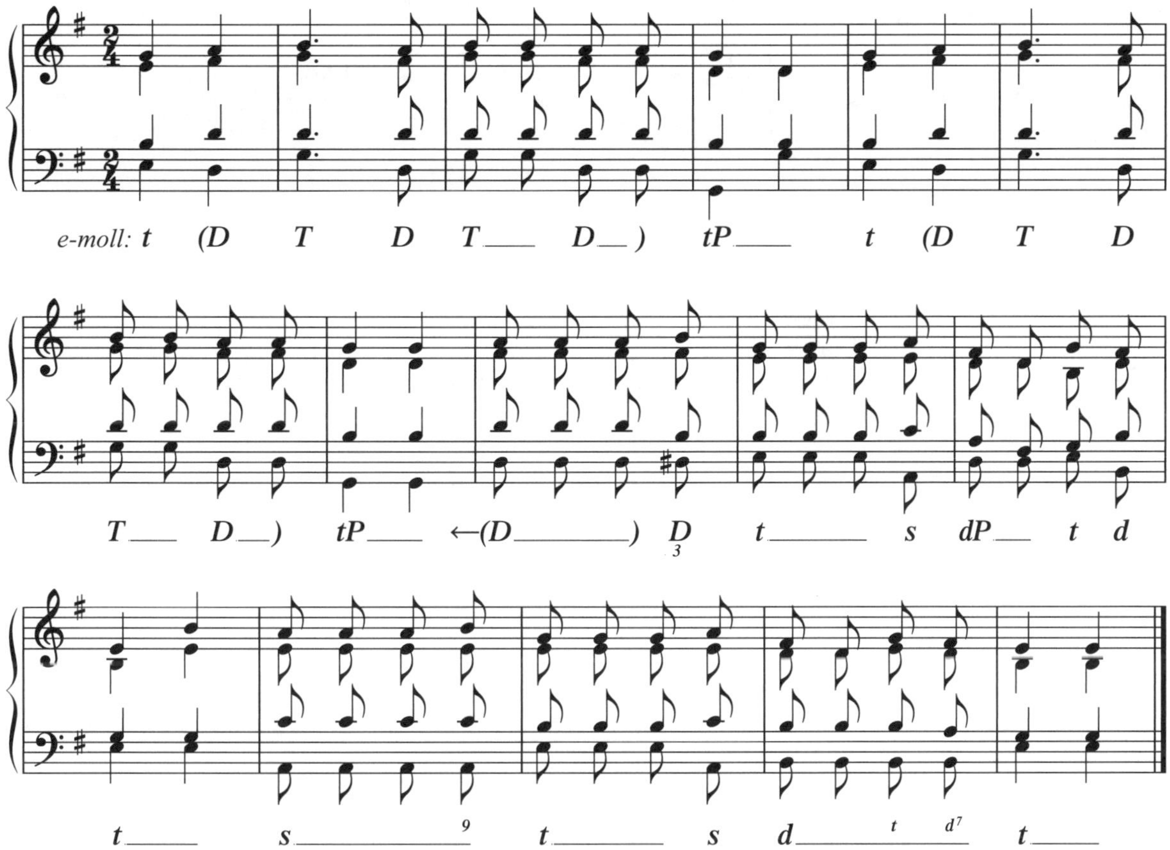

Aufgabe 16.7. – J. S. Bach, Schlusschoral aus der Motette *Komm, Jesu, komm* BWV 222 – Analyse

Wie mehrdeutig harmonische Analyse sein kann und muss, zeigen die Anmerkungen.

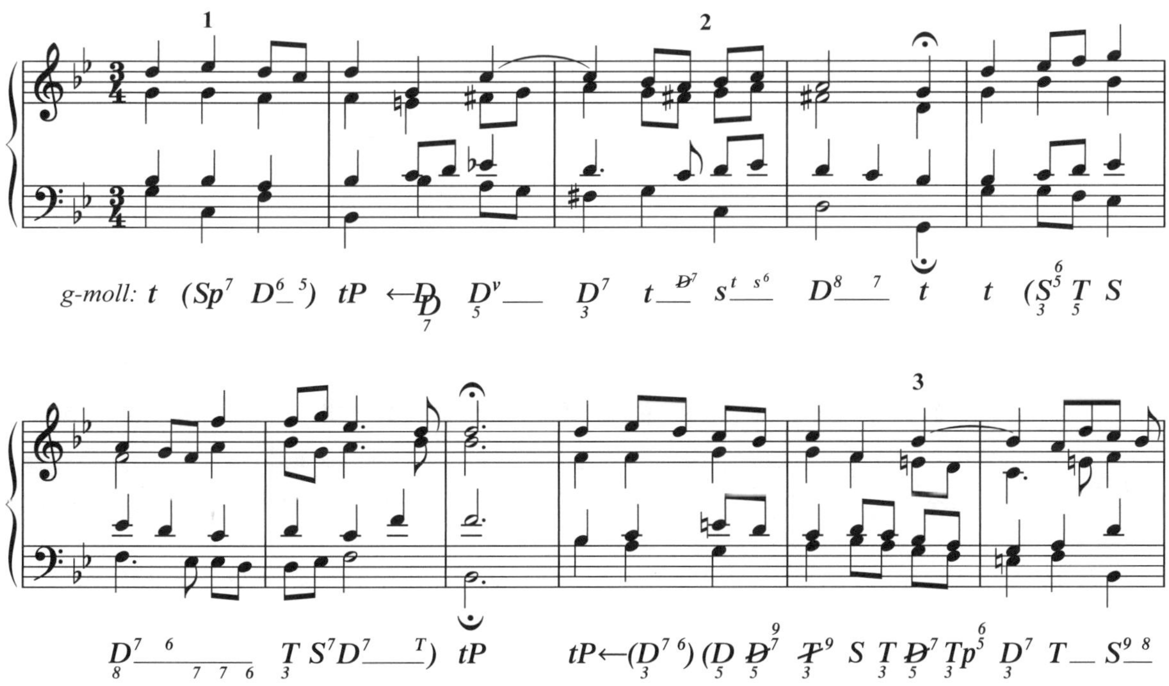

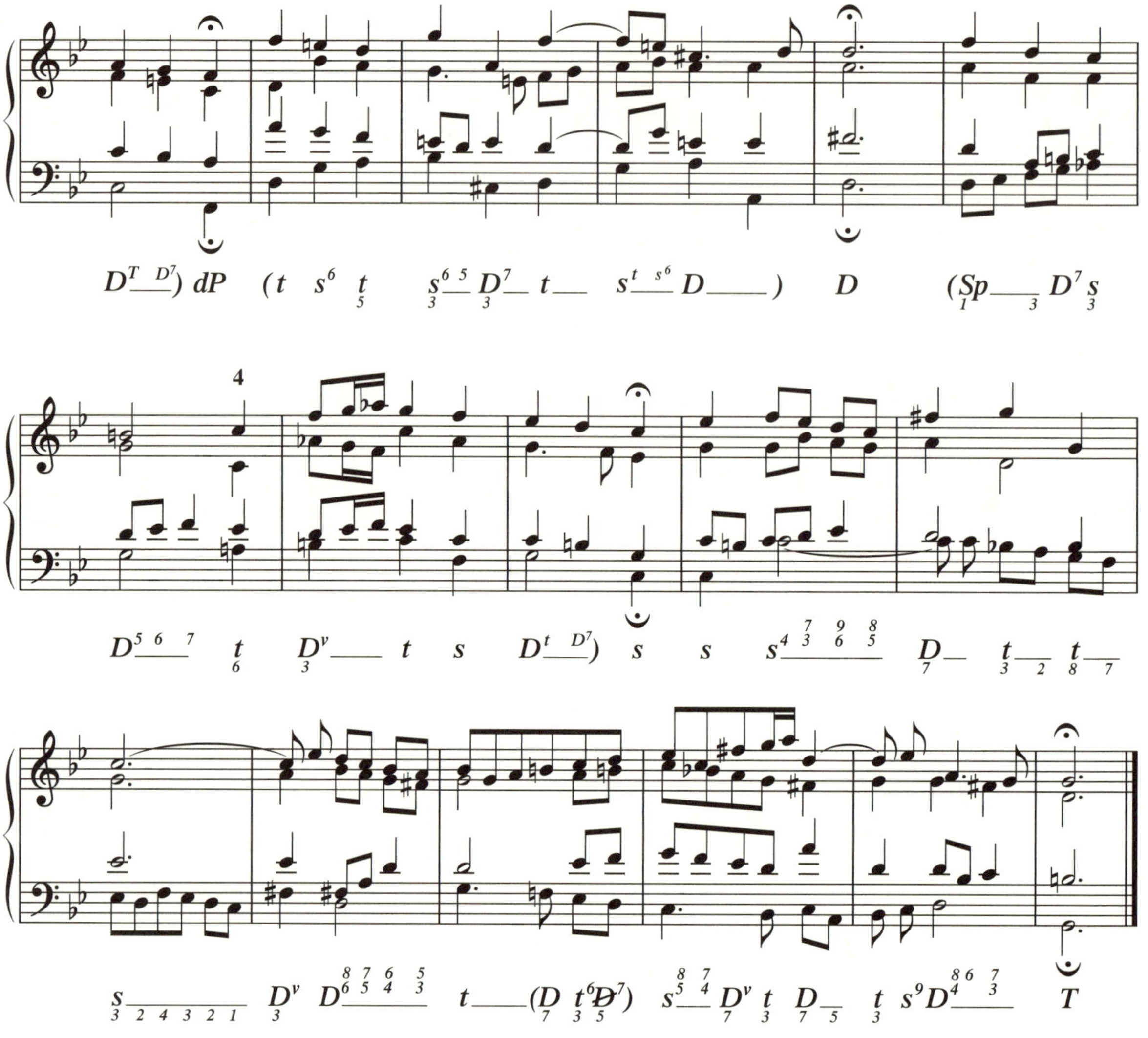

1: *Diese Funktion kann auch als* **s**^{7} *in der Haupttonart gedeutet werden.*

2: *Beachtlich ist, wie Bach durch Akkordgestalten auf akkordfremdem Basston Klangmixturen erzeugt.*

3: *Dieser Akkord kann auch komplett als Durchgang unter dem Liegeton* b' *aufgefasst werden.*

4: *Eine vage Deutung. Die Vermutung einer* **t** *wird jedoch durch den Umstand genährt, dass sie nach der* **D** *auftritt.*

Aufgabe 16.8. – Franz Schubert, *Symphonie Nr. 9* C-dur D 944, 2. Satz – Analyse

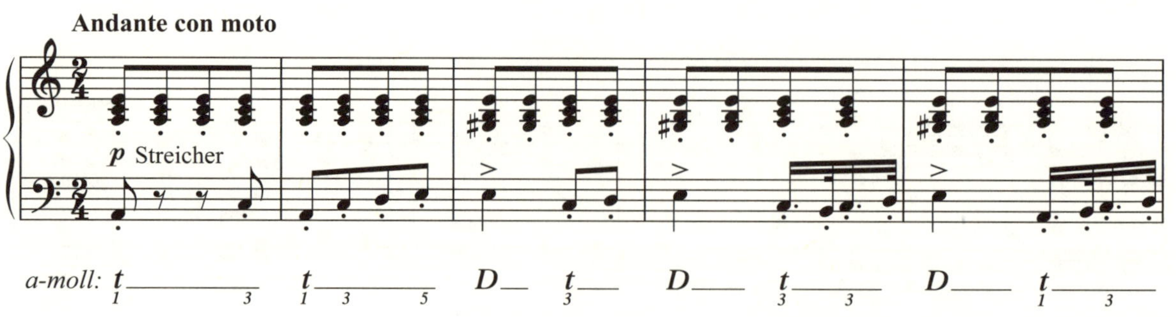

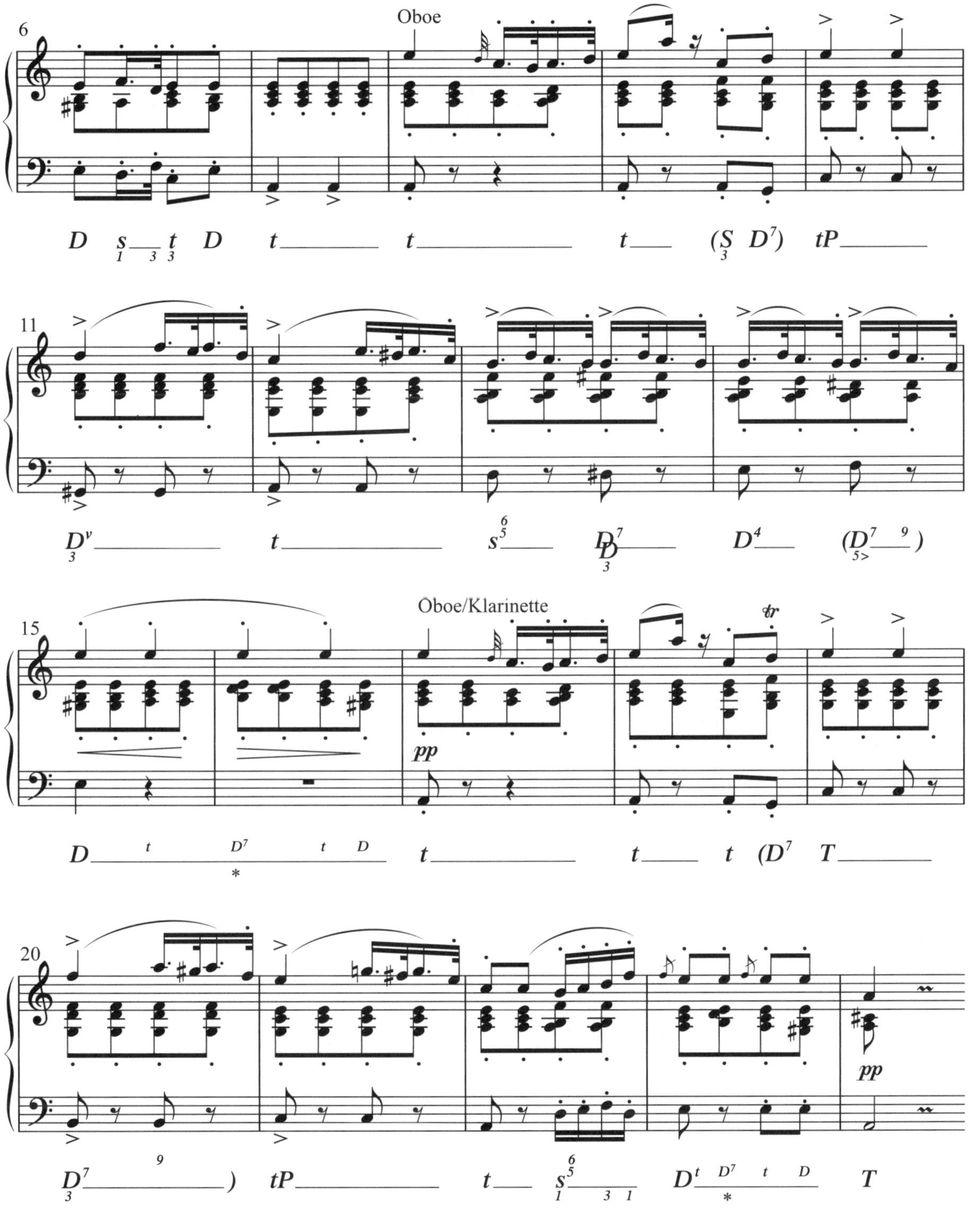

* *In diesen Akkoladen fehlt der Leitton.*

Aufgabe 16.9. – Robert Schumann, „Gebet" – Analyse

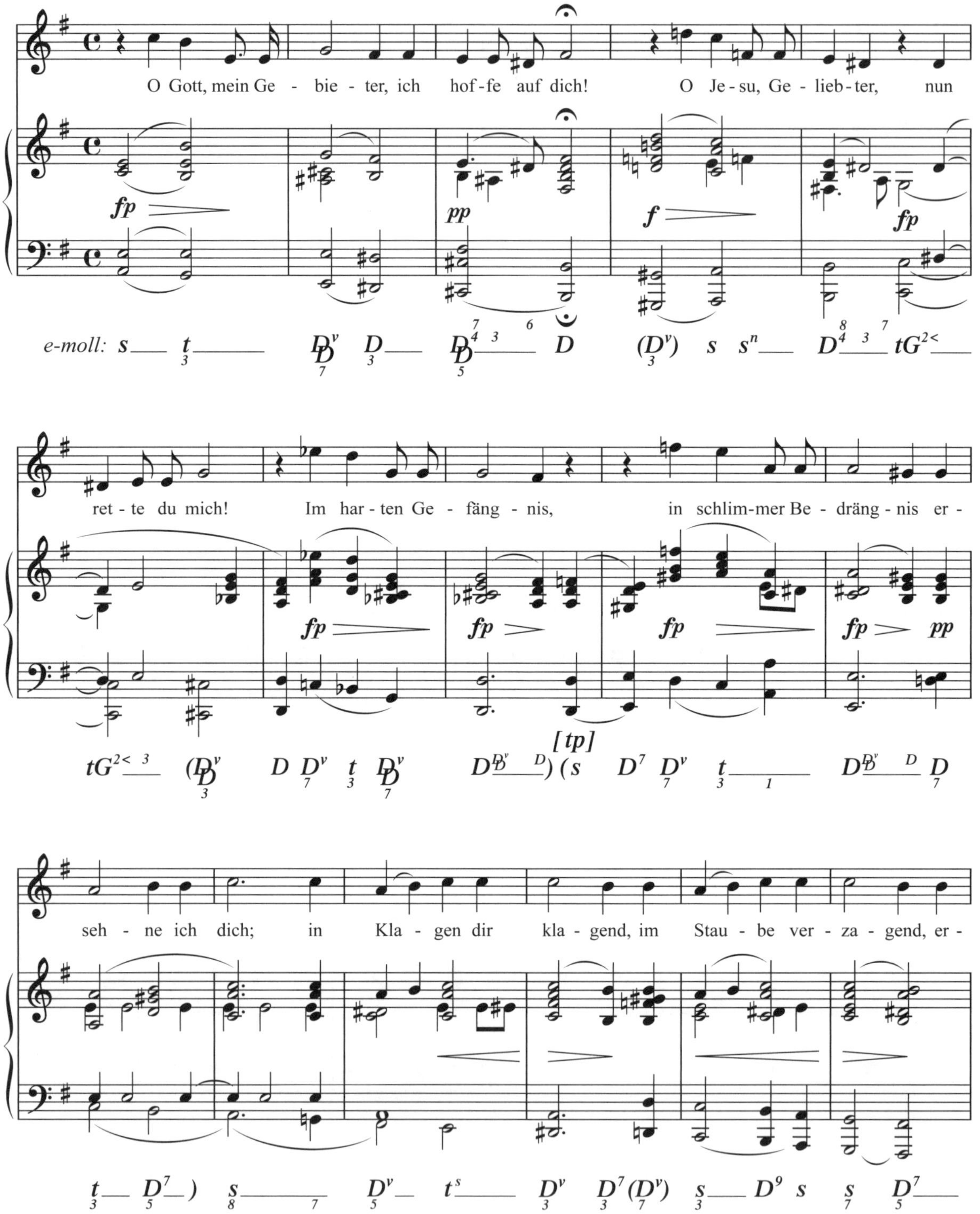

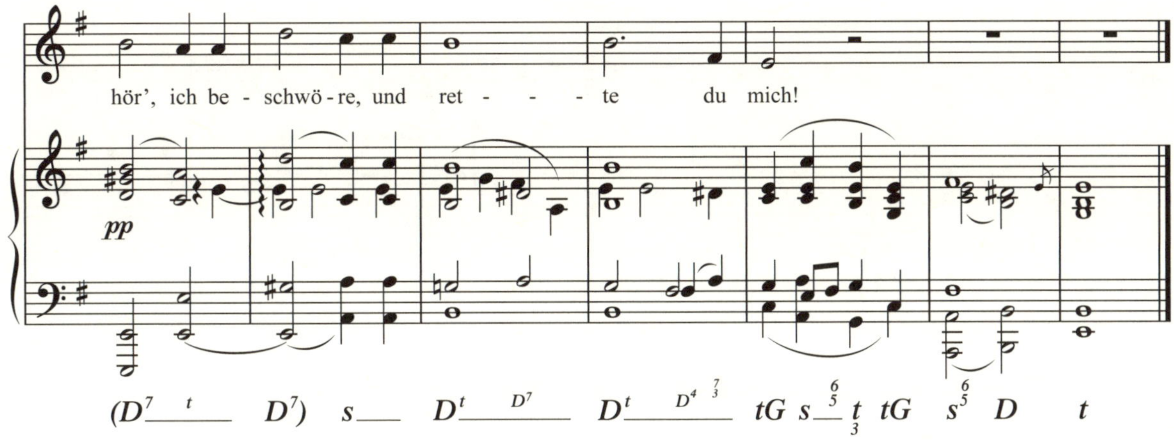

Aufgabe 16.10. – Frédéric Chopin, *Mazurka* e-moll op. 17 Nr. 2 (Ausschnitt) – Analyse

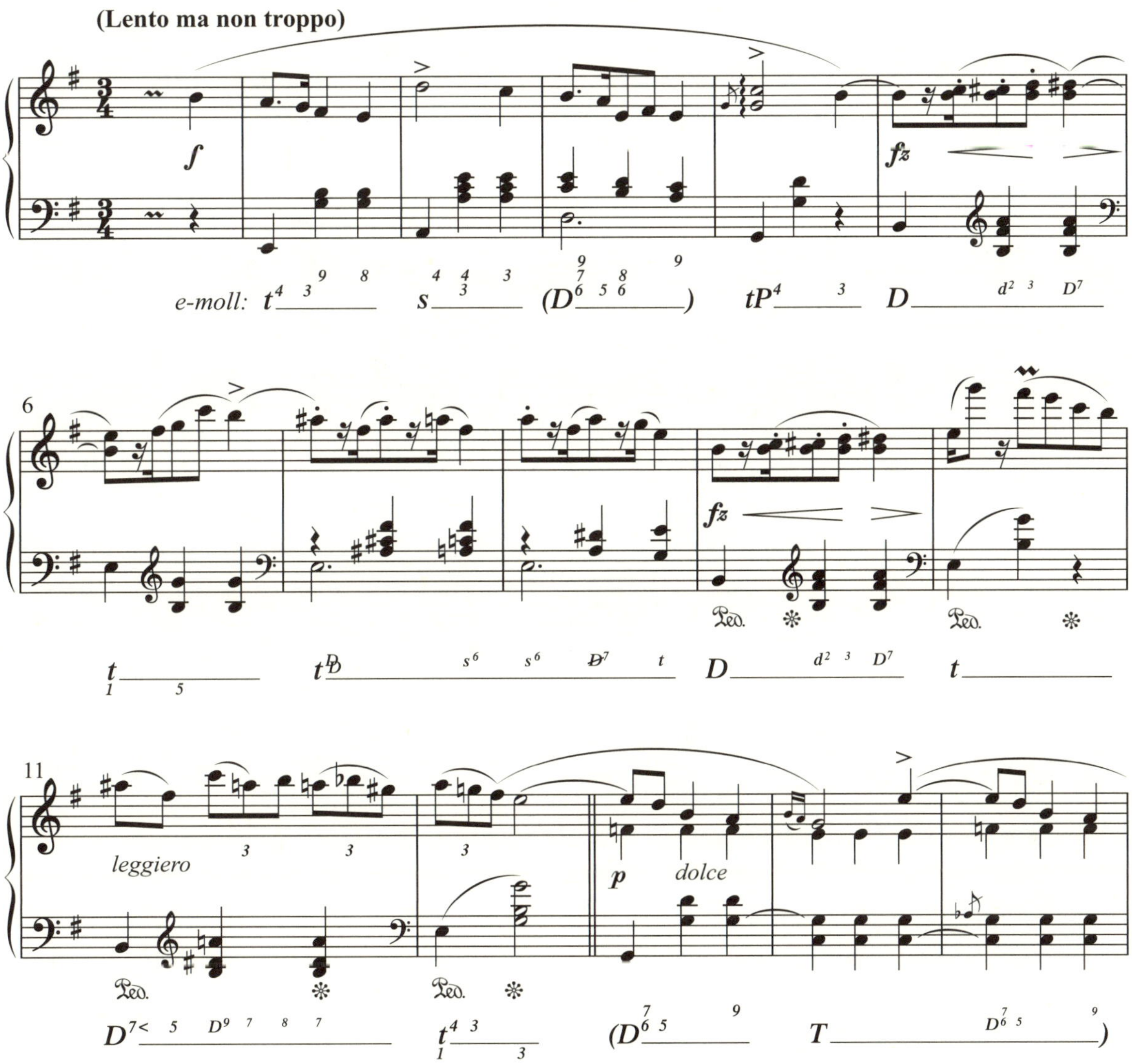

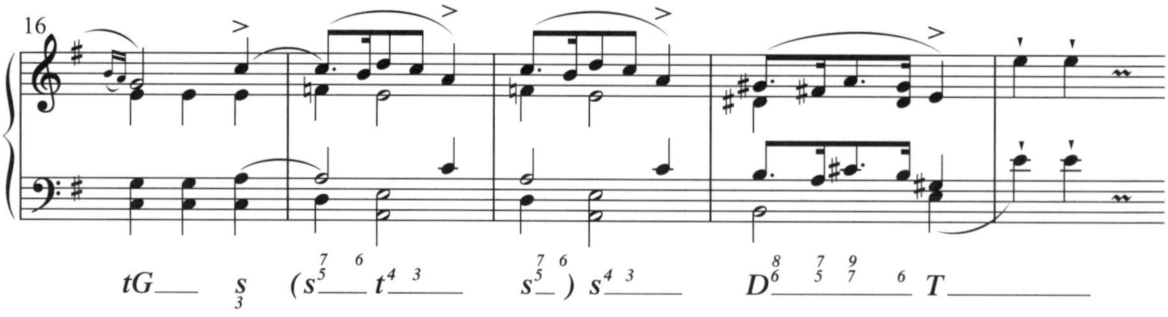

Aufgabe 16.11. – Pjotr Iljitsch Tschaikowsky, *Barcarole* für Klavier, op. 37a Nr. 6 – Analyse

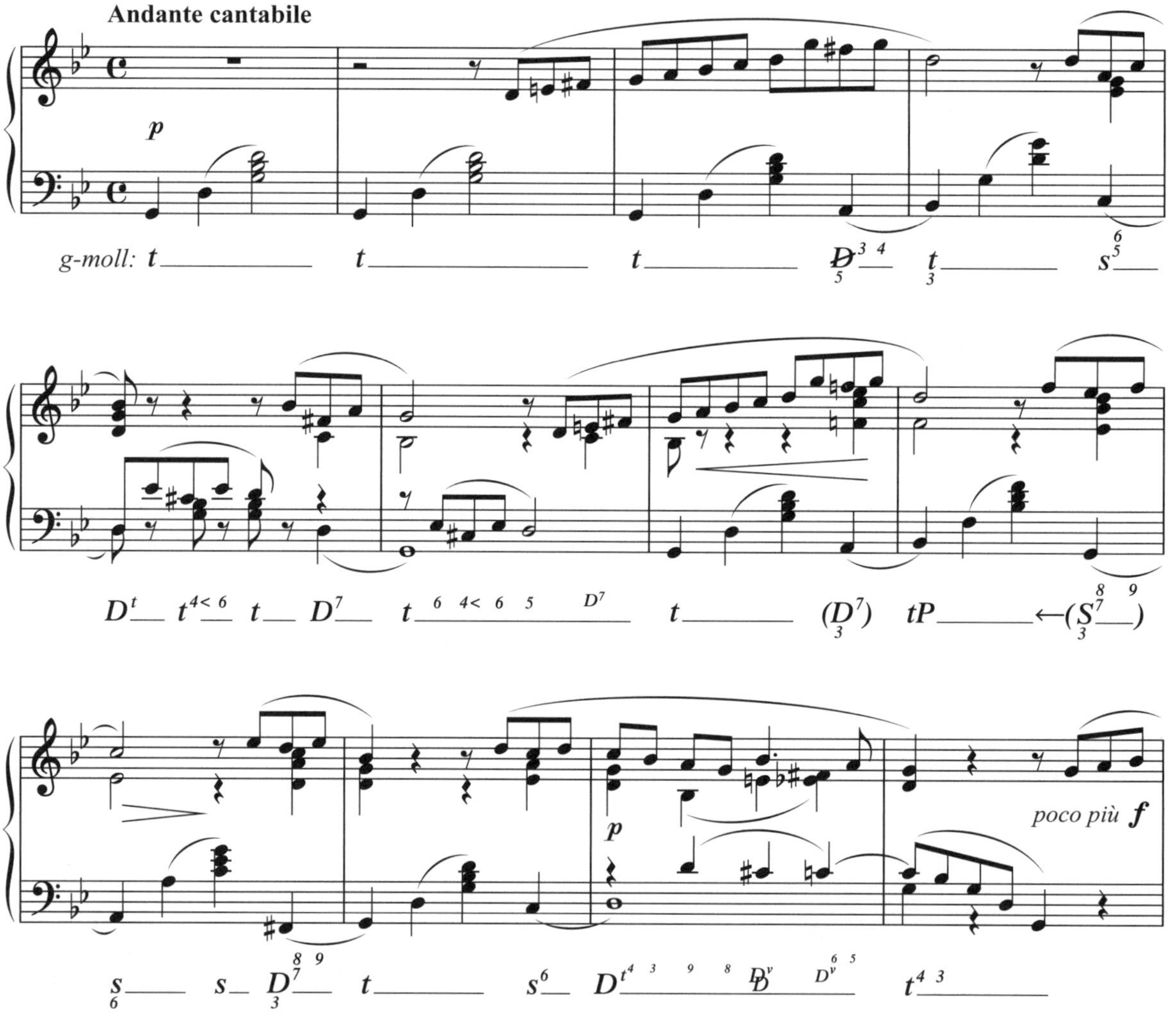

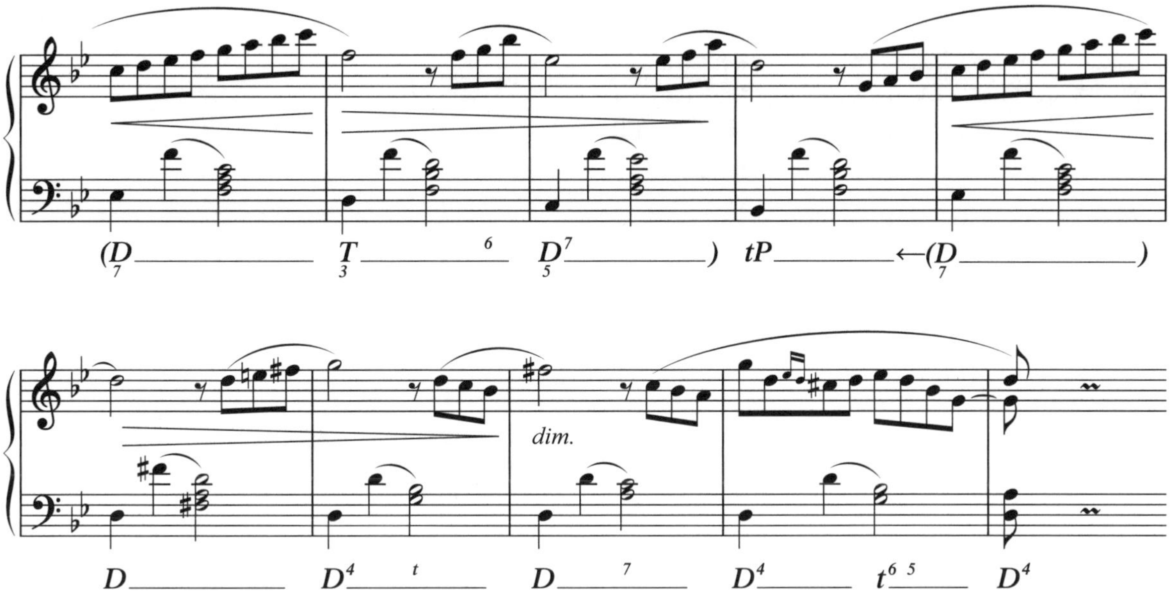

Aufgabe 16.12. – Johannes Brahms, *Ein deutsches Requiem* op. 45, II. Satz „Denn alles Fleisch es ist wie Gras“ – Analyse

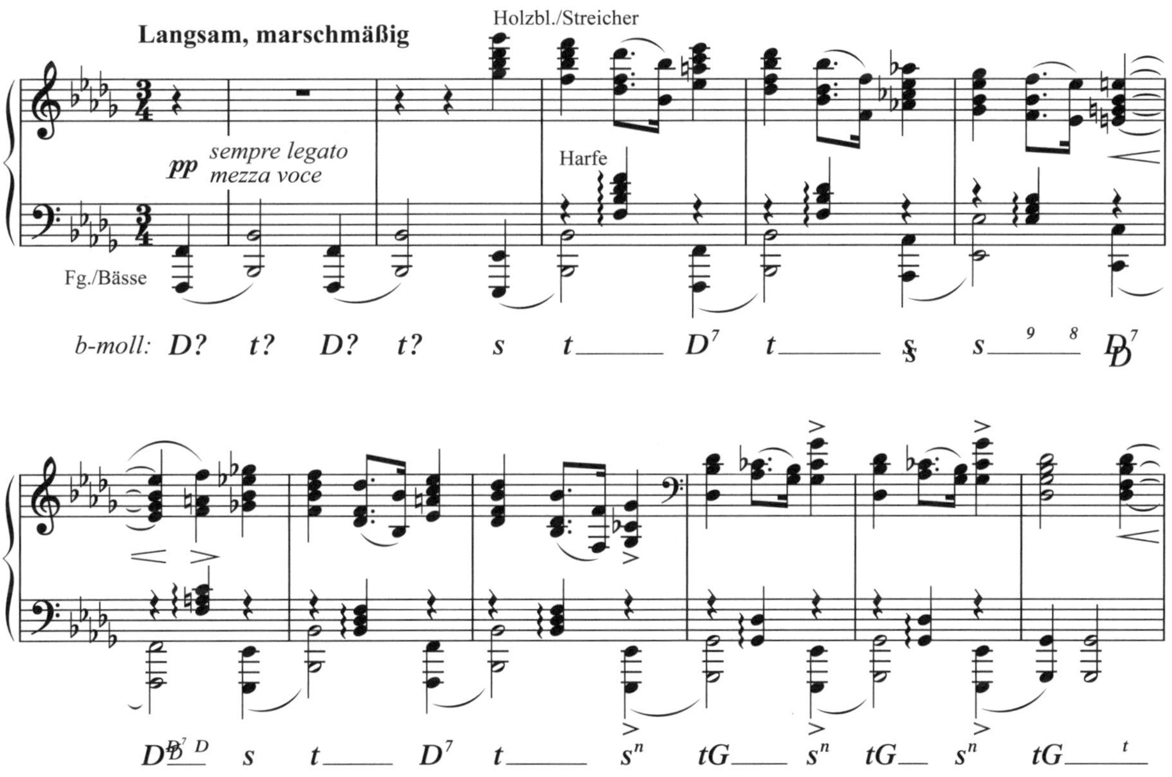

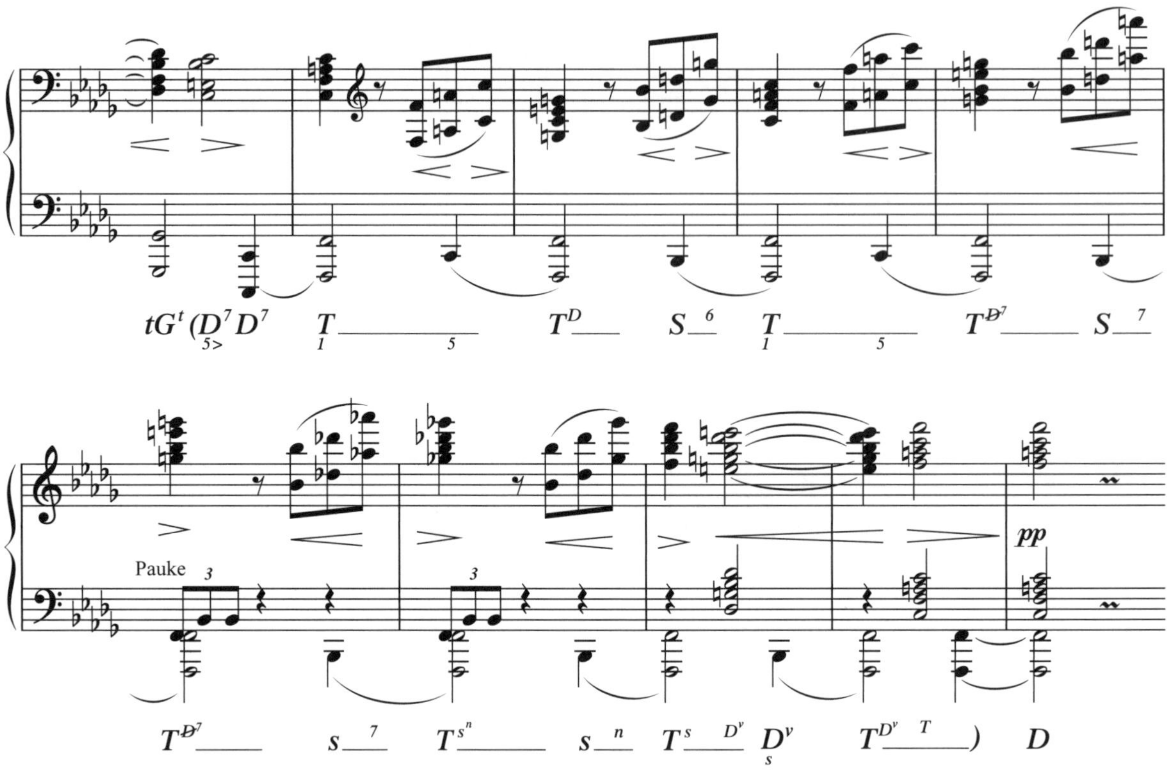

Pauke
pp
tG^t (D^7 D^7 T T^D S^6 T T^D7 S^7
T^D7 s^7 T^sn s^n T^s D^v D^v T^Dv T) D

Verzeichnis der Liedbeispiele

Verzeichnis der Werkausschnitte

Reger, Max
„Abendlied", Nr. 1 aus: *Sieben geistliche Volkslieder* WoO VI/14 *97, 184*
„Unser lieben Frauen Traum", Nr. 4 aus: *Acht Geistliche Gesänge* op. 138 *106, 191*

Schubert, Franz
„Der Lindenbaum" (Melodie aus: *Die Winterreise* D 911) *46, 147*
„Heidenröslein" D 257 (Klavierlied) *66, 161*
Symphonie Nr. 9 C-dur D 944, 2. Satz *113, 196*

Schumann, Robert
Gebet (Nr. 5 aus: *Gedichte der Königin Maria Stuart* op. 135), (Klavierlied) *114, 198*

Silcher, Friedrich
„Hab oft im Kreise der Lieben" op. 34 Nr. 1 *98, 185*

Strauss, Richard
Serenade für 13 Blasinstrumente Es-dur op. 7 *50, 150*

Tschaikowsky, Pjotr Iljitsch
„Barcarole", Nr. 6 aus: *Die Jahreszeiten* op. 37a für Klavier *117, 200*
„Morgengebet", Nr. 1 aus: *Kinderalbum* op. 39 für Klavier *105, 191*

Verdi, Giuseppe
Rigoletto, 1. Akt, „Arie der Gilda" *76, 169*

Wagner, Richard
Tannhäuser und der Sängerkrieg auf Wartburg, 3. Aufzug, 2. Szene: „Chor der heimkehrenden Pilger" *104, 190*

Literaturempfehlungen

Aufgeführt sind nur Veröffentlichungen, welche in empfehlenswerter Form die im Buch angerissenen Themenfelder sowie deren Nachbargebiete vertiefen.

Lexika, Handbücher, Allgemeine Darstellungen, Musikgeschichte

Amon, Reinhard: *Lexikon der Harmonielehre*
Dahlhaus, Carl/Eggebrecht, Hans Heinrich (Hrsg.): *Brockhaus-Riemann Musiklexikon*
Dietel, Gerhard: *Musikgeschichte in Daten*
Kolneder, Walter: *Geschichte der Musik*
Krämer, Thomas/Dings, Manfred: *Lexikon Musiktheorie*
Krämer, Thomas: *Musikwissen! 231 Fragen und Antworten*
Michels, Ulrich (Hrsg.): *dtv-Atlas zur Musik*
Schering, Arnold/Reinisch, Frank: *Neue Tabellen zur Musikgeschichte*

Allgemeine Musiklehre

Grabner, Hermann: *Allgemeine Musiklehre*
Hempel, Christoph: *Neue Allgemeine Musiklehre*
Wolf, Erich: *Allgemeine Musiklehre*
Ziegenrücker, Wieland: *ABC Musik – Allgemeine Musiklehre*
Ziegenrücker, Wieland: *Praktische Musiklehre*

Harmonielehre

Abraham, Lars Ulrich: *Harmonielehre. Der homophone Satz*
Acker, Heinz: *Modulationslehre*
Bölsche, Franz: *Übungen und Aufgaben zur Harmonielehre*
Geller, Doris: *Modulationslehre*
Hempel, Christoph: *Harmonielehre. Das große Praxisbuch*
Hindemith, Paul: *Aufgaben für Harmonieschüler*
Hindemith, Paul: *Harmonieübungen für Fortgeschrittene*
Krämer, Thomas: *Harmonielehre im Selbststudium*
Krämer, Thomas: *Lehrbuch der harmonischen Analyse*
Kühn, Clemens: *Modulation kompakt*
Lemacher, Heinrich/Schroeder, Hermann: *Harmonielehre*
Maler, Wilhelm: *Beitrag zur dur-moll-tonalen Harmonielehre* (2 Bände)
Motte, Diether de la: *Harmonielehre*
Reger, Max: *Beiträge zur Modulationslehre*
Riemann, Hugo: *Handbuch der Harmonie- und Modulationslehre*
Schönberg, Arnold: *Harmonielehre*
Wolf, Erich: *Die Musikausbildung*, Bd. II, *Harmonielehre*

Kontrapunkt

Fux, Johann Joseph: *Gradus ad parnassum*
Jeppesen, Knud: *Kontrapunkt*
Krämer, Thomas: *Kontrapunkt in Selbststudium und Unterricht*
Lemacher, Heinrich/Schroeder, Hermann: *Lehrbuch des Kontrapunkts*
Manicke, Dietrich: *Der polyphone Satz* (2 Bände)
Motte, Diether de la: *Kontrapunkt*
Wolf, Erich: *Die Musikausbildung, Bd. III, Die Lehre vom Kontrapunkt*

Jazztheorie

Fritsch, Markus u. a.: *Harmonielehre und Songwriting*
Haunschild, Frank: *Die neue Harmonielehre*
Sikora, Frank: *Neue Jazz-Harmonielehre*

Formenlehre

Amon, Reinhard: *Lexikon der musikalischen Form*
Kühn, Clemens: *Formenlehre der Musik*